RAD WANDERFÜHRER DEUTSCHLAND

500 Touren in Deutschland

Gondrom

Herausgeber:
BDR Bund Deutscher Radfahrer e.V.
Otto-Fleck-Schneise 4
60528 Frankfurt/M.

Bildnachweis:
Wir danken allen Fremdenverkehrsvereinen, Kur- und Stadtverwaltungen für die großzügige Überlassung ihres Bildmaterials.
Außerdem danken wir folgenden Fotografen:
Lehnartz (19), Storto (7), Otto (5), Xeniel (2).

Lizenzausgabe für Gondrom Verlag GmbH,
Bindlach 1995

ISBN 3-8112-1390-3

Vorwort

Das Fahrrad wird immer beliebter – fast in jedem bundesdeutschen Haushalt findet sich das geliebte Vehikel. Das Fahrrad ist sowohl aktuelles Trimmgerät als auch wiederentdecktes Verkehrsmittel für den Weg zu Schule, Arbeitsstätte oder Einkauf. Und es ist ein Freizeitgefährt, das ein besonderes Naturerlebnis verschafft.

Dazu ist Fahrradfahren eine der gesündesten und preiswertesten Freizeitbeschäftigungen. Es ermöglicht auf umweltschonende und energiesparende Weise einen direkten Kontakt zur Natur und trägt so zum Ausgleich von Bewegungsmangel, Streß und Hektik bei.

Fahrrad und Auto schließen sich keineswegs gegenseitig aus, sondern sie ergänzen sich vielmehr als Fortbewegungsmittel. So sind Auto und Fahrrad für viele bei der Freizeit- und Urlaubsplanung nicht zu trennen. Immer größer wird die Zahl der Radwanderer, die am Wochenende oder in den Ferien unsere herrliche Landschaft genießt.

Deutschland ist ein Volk von Radfahrern geworden, und an diese richtet sich das Buch. Es vermittelt Tips und Ratschläge zur Reisevorbereitung und übersichtliche Tourenvorschläge für die gesamte Bundesrepublik sowie Hinweise auf Sehenswürdigkeiten am Wegesrand.

Ihnen allen viel Freude bei der Lektüre und gute Fahrt!

Inhalt

Radfahren – einst und heute

0 1 2 3 4 5 km

Auch das sollten Sie wissen

Schleswig-Holstein

Hamburg

Mecklenburg-Vorpommern

Niedersachsen

Bremen

Brandenburg

Berlin

Inhalt

Nordrhein-Westfalen

Sachsen-Anhalt

Hessen

Thüringen

Sachsen

Rheinland-Pfalz

Saarland

Baden-Württemberg

Bayern

Esbjerg
Kolding
Odense
SCHWEDEN
Korsør
D Ä N E M A R K
Rønne
Fünen
Åbenrå
Bornholm (Dänem.)
Møn
Sylt
Nordfries. Inseln
Nakskov
Falster
Flensburg
Lolland
Husum
Fehmarn
Rügen
SCHLESWIG-
Kiel
Stralsund
Heide
Usedom
Helgoland
Rostock
Itzehoe
Lübeck
MECKLENBURG-
Swinoujście (Swinemünde)
Güstrow
Ostfriesische Inseln
HOLSTEIN
Wilhelmshaven
Stade
Schwerin
Neubrandenburg
Szczecin (Stettin)
Bremerhaven
Hamburg
Emden
VORPOMMERN
Groningen
BREMEN
HAMBURG
Wittstock
Lüneburg
Schwedt
Stadskanaal
Oldenburg
Bremen
Uelzen
Wittenberge
NIEDER-LANDE
POLEN
NIEDERSACHSEN
BRANDEN-
Vechta
Salzwedel
Nienburg
Celle
BERLIN
Zwolle
Nordhorn
Berlin
Brandenburg
Hannover
Wolfsburg
SACHSEN-
Frankfurt
Enschede
Potsdam
Osnabrück
Braunschweig
Hameln
Magdeburg
BURG
Münster
Bielefeld
Goslar
Luckau
NORDRHEIN-
Höxter
Wernigerode
Dessau
Wesel
Cottbus
Hamm
Paderborn
Göttingen
ANHALT
Lauchhammer
Duisburg
Essen
Dortmund
Halle
Meschede
Nordhausen
Leipzig
Venlo
Kassel
Bautzen
Düsseldorf
Wuppertal
Görlitz
Dresden
WESTFALEN
Eisenach
Erfurt
Zittau
Siegen
Bad Hersfeld
SACHSEN
Köln
Jena
Gera
Aachen
Marburg
Chemnitz
Bonn
THÜRINGEN
Aussig
Schleiden
Gießen
Fulda
Meiningen
Saalfeld
Zwickau
Mělnik
Koblenz
HESSEN
Limburg
Karlsbad
Hof
Prüm
Coburg
Prag
Wiesbaden
Frankfurt
Eger
Cochem
Schweinfurt
Bayreuth
TSCHECHISCHE
RHEINLAND-
Mainz
Aschaffenburg
Pilsen
Trier
Würzburg
Worms
Wertheim
Erlangen
Weiden
PFALZ
REPUBLIK
SAAR-LAND
Kaiserslautern
Mannheim
Nürnberg
Ludwigs-hafen
Pisek
Ansbach
Saarbrücken
Heidelberg
Cham
Pirmasens
Heilbronn
Dinkelsbühl
Regensburg
Zwiesel
Budweis
Karlsruhe
BADEN-
Stuttgart
BAYERN
Deggendorf
Aalen
Straßburg
Ingolstadt
Passau
Tübingen
Landshut
FRANKREICH
Freudenstadt
Ulm
Augsburg
Linz
Simbach
Epinal
WÜRTTEMBERG
München
Freiburg
Steyr
Biberach
Landsberg
Rosenheim
Mühlhausen
Salzburg
Singen
Kempten
Bad Ischl
Konstanz
Garmisch-Partenkchn.
Belfort
Lindau
Basel
Kitzbühel
Oberstdorf
Zürich
Schladming
Biel
Innsbruck
S C H W E I Z
ÖSTERREICH
Feldkirch
LIECHTEN-STEIN
Landeck
Badgastein
Bern
Luzern
Lienz
Chur
ITALIEN

Zum Gebrauch dieses Buches

Das Radwandern gewinnt täglich neue Freunde. Dieses Buch, so dachten wir, soll ein wenig mehr sein als eine Sammlung von Landkarten für die Radwanderer. Es soll Ihnen auch die Landschaften erschließen, für deren Vielfalt die deutschen Länder bekannt sind. Und viele Tips für Freizeitgestaltung geben, die sich am Wege anbieten - von schönen Kirchen oder Burgen über interessante Museen bis zu Tiergehegen und Wassersport-Einrichtungen.

Inhalt: Einen Überblick über alle deutschen Radwandergebiete finden Sie auf den Seiten 4 bis 7. Dort sehen Sie: Wir machen Ihnen Vorschläge für 168 landschaftlich besonders schöne Gebiete in ganz Deutschland. In jedem Gebiet haben wir drei Routen ausgewählt – insgesamt also 504.
Eine **Übersicht der einzelnen Routen** stellen wir, detailliert, jeweils bei der Einführung in die einzelnen Bundesländerkapitel vor.

Radwander-Routen: Diese sind unterschiedlich lang – für jeden Geschmack ist also etwas dabei. Wir haben sie in eigens für Sie gezeichnete Landkarten eingetragen und zudem im Text beschrieben. (Eine Zeichenerklärung zu den Karten finden Sie auf Seite 11.)

Routennummern: Jede Route hat ihre eigene Nummer in einem kleinen rechteckigen Feld. Diese Nummer finden Sie auf den einzelnen **Übersichtsseiten** der 16 Bundesländer vor den jeweiligen Routenüberschriften. Ebenso ist diese Nummer den Routentexten vorangestellt und schließlich auch in den Routenkarten vermerkt. Diese Nummer ist gewissermaßen der rote Faden, der Sie durch dieses Buch führt und später auch auf den Straßen.

Routenführung: Die Routen sind so angelegt, daß sie von der ganzen Familie ohne große Anstrengung befahren werden können. Das gilt mit wenigen Ausnahmen, vor allem in den Mittelgebirgen. Dort haben wir dann angegeben, wo Sie mit starken Steigungen oder Gefällstrecken rechnen müssen.

Auswahl der Routen: Dabei haben wir möglichst Fahrwege und kleine Straßen ohne viel Verkehr gewählt. Überall war das nicht möglich, denn wir wollten **Rundkurse** anlegen – und so dicht ist das Radwanderwegnetz noch nicht. Zuweilen führen wir Sie also auch über stärker befahrene Straßen. Aber nach Möglichkeit nur auf kurzen Strecken. Oft müssen Sie auch gar nicht auf der Autostraße selbst radeln. Es gibt dann am Straßenrand parallele Wege für Radler und Wanderer.

Routenbeschreibungen: Die Texte, in denen wir die Routen beschreiben, sind kurz und informativ. Sie sagen Ihnen etwas über den Charakter der Landschaft – damit Sie wissen, was Sie erwartet – und unterstützen Sie durch knappe Ortsangaben beim Studieren der zugehörigen Streckenkarten.

Sehenswertes: Auf diesen Landkarten finden Sie auch kleine **runde Punkte mit Ziffern** darin. Die verweisen auf **Sehenswürdigkeiten** oder Freizeiteinrichtungen, die am Wege (oder nicht weit davon entfernt) liegen. Auf jeder Doppelseite ist ein Textblock, über dem **„Sehenswertes“** steht. Dort werden diese Angebote genauer vorgestellt.

Informationen: Auf jeder Doppelseite (meist rechts unten) finden Sie, in einem Kasten, einige **Adressen**, bei denen Sie mehr Informationen über die Gegend bekommen können.

Andere Radwandermöglichkeiten: In allen Gebieten, die wir schildern, gibt es natürlich noch andere Radwandermöglichkeiten. Soweit wir es in unserem Radwanderführer leisten konnten, haben wir solche „Schmankerln“ mit aufgenommen.

Einschränkungen und Rücksichtnahmen: solche erfolgten bei Radwanderwegen, die nur zu bestimmten Zeiten befahrbar sind, beispielsweise nicht nach starkem Regen. Oder aber sie führen durch Gebiete, die man – der empfindsamen Tier- und Pflanzenwelt zuliebe – nicht öffentlich bekanntmachen sollte.

Ein Tip: für jeden, der nach Landkarten (seien es die eigens für Sie gezeichneten in diesem Buch oder auch andere) unterwegs ist: Nehmen Sie einen guten alten **Taschenkompaß** mit! In Zweifelsfällen, an unvermuteten Kreuzungen oder Wegegabelungen, kann dieser bei der Orientierung hilfreich sein.

Anreise mit dem Auto: Wir sind davon ausgegangen, daß viele Radwanderer heute **mit dem Auto anreisen**, das Fahrrad auf dem Dach. So beginnen unsere Touren stets dort, wo auch **Parkmöglichkeiten** sind, und führen auch wieder dorthin zurück.

Fahrradverleih vor Ort: Andererseits möchten viele Radwanderer ihr Rad an **Ort und Stelle leihen**, um es abends wieder zurückzugeben. In vielen Städten ist inzwischen ein Fahrrad-Verleih eingerichtet. Sie werden also bei fast jedem, der in diesem Buch beschriebenen Gebiete eine Verleihstation finden. Die jeweils angegebenen **Informationsadressen** helfen Ihnen da weiter.

Fahrrad am Bahnhof: Bei diesen Informationsadressen ist auch angegeben, wo Sie in diesem Buch die Zusammenstellung der **Bahnhöfe** finden, **die Fahrräder verleihen** (nämlich auf den Seiten 438 bis 444). Es kann vorkommen, daß die entsprechenden Bahnhöfe nicht genau an unseren vorgeschlagenen Radwander-Routen liegen. Diese **Verleih-Bahnhöfe** wechseln hin und wieder, zumal in der gegenwärtigen Zeit, da Bundesbahn und Reichsbahn neue Wege suchen. Vorher anrufen ist deshalb sinnvoll!

Neue Postleitzahlen: Die neuen Postleitzahlen, die in diesem Radwanderführer angeführt werden gelten offiziell ab dem 1. Juli 1993 Da sich hier wie auch bei den Telephonnummern noch Änderungen ergeben können, veröffentlichen wir diese Daten ohne Gewähr und bitten dafür um Ihr Verständnis.

Liebe Radwanderer,
wenn Sie Vorschläge oder Hinweise haben, die unsere Radwander-Vorschläge betreffen, so freuen wir uns über Post von Ihnen. Und wenn Sie mit diesem Radwanderführer zufrieden sind, so freuen wir uns ganz besonders.

Fink-Kümmerly + Frey
„Radwanderführer“
Zeppelinstr. 29-31
73760 Ostfildern

Diese Zeichenerklärung gibt einen Überblick über eine Fülle von Einzelinformationen des Kartenteils im Maßstab 1 : 125000

A1 Autobahn mit Nummer	Höhle
E47 Europastraße mit Nummer	Bahnhof
236 Bundesstraße mit Nummer	Stein- und Hügelgrab
Internationaler Flughafen	Steigungen bis 7%
Sportflugplatz/Segelflugplatz	Steigungen über 7%
Kloster/Wallfahrtskirche	Fahrradverleih
Schloß/Burg	Aussichtspunkt
Ruine	Sehenswürdigkeiten
Fernsehturm	Grillplatz
Sendeanlage	Minigolf
Zoo	Golf
Windmühle	Naturpark-Schutzgebiet
Mühle	Freizeitpark
Leuchtturm	Campingplatz
Denkmal	Jugendherberge
Forsthaus	Museum
Ausflugslokal	Fähre
Trimm-Dich-Pfad	Sperrgebiet
Kabinenschwebebahn	Parkmöglichkeiten
Sessellift	Hallen- und Freibad

0 1 2 3 4 5 6 7 8 9 10 km

Als Opa in den Sattel stieg

Die Geschichte des Rades ist alt: mindestens 4500 Jahre. Die Geschichte des Fahrrades ist dagegen jung: knapp 200 Jahre. Im 18. Jahrhundert begann sie, in der Gegend von Nürnberg. Dort hatte ein Unbekannter die Idee zum Zweirad.

Ums Jahr 1780 erfand irgend jemand das Fahrrad, indem er zwei Wagenräder hintereinanderstellte und sie durch Latten verband. Auf denen war ein Pferdesattel angebracht. Der Nachteil dieser „Laufmaschine": Man konnte sie nicht lenken. Und um voranzukommen, mußte man sich mit den Beinen am Boden abstoßen.
Das berühmteste dieser Fahrzeuge stammt von dem Grafen de Sivrac. Er hatte beide Räder unter ein hölzernes Pferd montiert und fuhr so im Juni 1791 durch Paris.

Ein Forstmeister erfand die Draisine

Entscheidendes tat sich 26 Jahre später, 1817. Da stellte der badische Forstmeister Carl Friedrich Christian Ludwig Freiherr Drais von Sauerbronn seine lenkbare Laufmaschine, eine „Draisine", der Öffentlichkeit vor. Auch die wurde noch mit den Füßen abgestoßen.

Die „Velocipede" entstanden

Jahrzehnte vergingen. 1853 baute der Schweinfurter Instrumentenmacher Philipp Moritz Fischer eine Tretkurbel ans Vorderrad. Unabhängig davon konstruierte der Wagenbauer Pierre Michaux in Paris 1861 seine „Velocipede". Es waren ebenfalls Tretkurbelräder. Die Michaux-Velocipede waren die ersten, die in größeren Stückzahlen hergestellt wurden. 1865 produzierte Michaux bereits 400 Fahrräder. Die wurden in Details immer weiter verbessert. Bald konnte man den Sattel und die Tretkurbel verstellen, je nach der Größe und Sportlichkeit des Fahrers.
Die ersten Fahrräder waren fast ganz aus Holz. Dann begann man, den Rahmen aus Eisen zu schmieden. Manche dieser Räder wogen bis zu 40 Kilogramm.
Der Nähmaschinenfabrikant James Starley aus England entwickelte um 1870 ein Hochrad und begründete

Die hölzernen Hochräder, wie dieses Bild sie zeigt, wurden im Jahre 1865 hergestellt. Sie fuhren, wenn auch nicht sehr bequem. Doch es galt als ungemein schick und modern, solch ein Rad zu besitzen und es auch fahren zu können.

damit die englische Fahrradindustrie. Sein Gedanke war ganz einfach: Je größer das Vorderrad, an dem die Pedale angebracht waren, desto schneller kommt man mit einer einzigen Kurbelumdrehung voran.
Das Hinterrad wurde indessen immer kleiner; es diente nur noch als Stütze. So wollte man Gewicht sparen.

Das Fahrrad war ein Sportgerät
Von Anfang an sah man im Fahrrad weniger ein bequemes Fortbewegungsmittel als ein Sportgerät; das ist auch der Grund, warum die auf alle Arten von Sport versessenen Engländer so fleißig immer neue Modelle entwickelten.
James Starleys erstes Serienmodell hieß „Ariel". Es zeigte eine Menge technischer Neuigkeiten. So war es ganz aus Metall, fuhr auf Vollgummireifen, hatte Speichen zum Nachspannen und eine neuartige Bremse. Starleys Räder fuhren auch schneller als die von Michaux.

Die Damen sollten seitlich sitzen
Außerdem entwickelte Starley eine Übersetzung. Die Idee war genial, aber nicht brauchbar: Starley hatte

ein Getriebe eingebaut, das viel zu schwer war.
Es gab auch ein Ariel-Damenrad. Das war ungemein kurios. Die Damen sollten seitlich darauf sitzen, wie im Damensattel auf dem Pferd. So konnten sie ihre langen Röcke anbehalten, denn damals galt es für Damen als äußerst unschicklich, Hosen zu tragen oder auch nur einen Knöchel sehen zu lassen.

Als die Niedrigräder kamen, interessierten sich zunehmend auch die Damen für das Radfahren. Rechts zwei noch etwas ungefüge englische „Hobby Horses" von 1840, oben rechts ein Victoria-Rad von 1889.

Mit der Zeit kamen wahre Riesenräder auf den Markt. Bei einigen Fahrrädern war das Vorderrad fast zweieinhalb Meter hoch. Das brachte Schwierigkeiten. Die erste war das Aufsitzen. Deshalb waren an den Rädern Aufsteigehilfen montiert. Wer nicht allein in den Sattel kam, brauchte Unterstützung. Das größte Problem aber waren die Unfälle. Weil man auf dem Vorderrad saß, war der Schwerpunkt zu hoch und zu weit vorne. Ein kleiner Stein genügte,

Oben sehen Sie das Velociped von Pierre Micheaux aus dem Jahre 1861. Rechts (in einer handkolorierten Original-Fotografie aus jener Zeit) zeigen wir Ihnen die Darstellung eines sehr frühen Radrennens. Die ersten sportlichen Wettkämpfe dieser Art begannen bereits im Jahre 1828 und forderten mehr persönlichen Schneid als viele andere Sportveranstaltungen. Wer kräftige Wadenmuskeln und eine gute Fahrtechnik hatte, kam dabei zwar verhältnismäßig schnell voran.
Aber die geringste Unebenheit im Boden torpedierte ihn, den Kopf voran, in weitem Bogen ins Gelände. Eine ausgefeilte Falltechnik im Stil der Judo-Kämpfer war bei jenen Radrennen vorteilhaft.

damit sich das Fahrrad samt Fahrer überschlug. Manche Fahrer trugen schon damals einen stark gepolsterten Tropenhelm. Damit man beim Sturz nicht am Lenker hängenblieb, erfand ein Herr namens Schröter eine sich lösende Lenkstange.
Auch das Absteigen mußte gelernt werden. Am Elegantesten war es, ein Bein über das Vorderrad zu schwingen und abzuspringen. Bei drohenden Zusammenstößen wurde empfohlen, sich nach hinten abzustoßen.

Radfahren mußte gelernt werden. Es gab Fahrschulen, die ihre Unterrichtsstunden in großen Sportarenen abhielten und viel Publikum anzogen. Auch kluge Lehrbücher wurden verfaßt, die ausführlicher waren als heutzutage die Betriebsanleitung für ein Auto. Manche Unterrichtsfibel verlangte allerdings physikalisch fast Unmögliches – beispielsweise (Bild rechts), daß man sich frei balancierend im Sattel eines dahinfahrenden Hochrades halten könne. Derartige halsbrecherische Kunststücke schaffen kaum Zirkusartisten.

Reifen, die mit Luft gefüllt waren

Während der Zeit der Hochräder wurden viele technische Verbesserungen entwickelt. Bald wurden die Räder nicht mehr massiv, sondern aus Stahlrohr gebaut. Die Gleitlager, die aus Holz, Messing oder Bronze waren, ersetzte man nun durch Rollen- und Kugellager. Und die letzten Hochräder hatten statt der Reifen aus Vollgummi schon solche, die mit Luft gefüllt waren.
Diese Neuerungen waren sehr nützlich. Aber sie änderten nichts daran, daß Radfahren ein gefährlicher Sport blieb. Deshalb versuchte man ab 1877, sogenannte „Sicherheitsräder" zu bauen. Die waren etwas kleiner, damit man nicht gar so weit herunterstürzte. Die verschiedensten Arten von Übersetzungen und Kettenantrieben wurden eingebaut. Denn langsamer als mit dem Hochrad wollte niemand sein.

Dann entstand das Niederrad

Eine andere Lösung war, das kleine Stützrad nach vorne zu setzen. Dann konnte man sich nicht mehr nach vorne überschlagen. Das erfolgreich-

Was man mit Hochrädern anstellen konnte und wie sie sportlich oder bei Veranstaltungen eingesetzt wurden, sehen Sie rechts in einer zeitgenössischen Darstellung.

Es dauerte verhältnismäßig lange, bis man Fahrräder beim Militär einsetzte. Das Bild links – da sehen Sie ein Schweizer Militärfahrrad – stammt von 1895. Man hatte Pferde, die in schwierigem Gelände besser zurechtkamen. Außerdem war ein Reiter allemal schneller als ein Radler. Jedenfalls glaubte man das, bis Niederrad-Sportler noch im vergangenen Jahrhundert ganz erstaunliche Temporekorde fuhren, an die vorher niemand so recht geglaubt hätte.

ste Sicherheitsrad nach dieser Konstruktionsidee war das „Kangaroo“ aus England. Es wurde ab 1884 in großen Stückzahlen gebaut – aber warum es ausgerechnet „Känguruh“ hieß, wurde nie verraten.

Doch dann kam die große Wende. John Kemp Starley, ein Neffe des Hochrad-Starley, hatte den vernünftigen Gedanken: Wenn man das Hochrad schon kleiner baut und wenn man ohnedies einen Antrieb mit Übersetzung braucht – warum eigentlich soll man dann die beiden Räder nicht gleich groß (oder vielmehr: gleich klein) machen?

Sehr früh entstanden Radfahrer-Klubs, die sich (Bild rechts) bei Veranstaltungen stolz mit gleichen Rädern und in einheitlicher Sportkleidung zeigten.

Das Radfahren rief vor hundert Jahren auch die Kulturphilosophen auf den Plan. Victor von Lainig schrieb: „Ein Fahrzeug, bei dem man ums Gleichgewicht besorgt sein muß wie ein Seiltänzer! Und so etwas erobert sich die Welt! Zwingt nicht nur Akrobaten, gelenkige Kinder, gewandte Turner in seinen Bann, sondern die Menschheit überhaupt aus allen Gesellschafts- und Altersklassen, Männer, Greise, Großmütter, Alles, Alles! Ein neuer Zauber ist in die Welt gefahren. Das Dreirad hätte das nicht bewirkt und das Vierrad auch nicht. Das Zweirad allein war das imstand, das wackelige, auf den ersten Anblick so unpraktische Ding."

Komfortable Zweiräder wie das „Sesselrad" von 1921 (Bild rechts) wären nie möglich gewesen ohne den kreativen Geist des Tierarztes J. B. Dunlop. Der erfand fürs Fahrrad den Luftreifen, wie ihn heute auch jedes Auto hat. Und wurde sehr reich dabei.

Vor hundert Jahren hatte jede Stadt einen Radfahrerverein. Meist waren es allerdings mehrere. Wien zählte nicht weniger als 300 Radlerklubs.

So entstand das Niederrad, das den Sattel in der Mitte hatte; das Hinterrad wurde über eine Kette angetrieben. Es zeigte sich, daß diese Räder sogar noch schneller waren als die größten Hochräder.

Starley nannte sein Rad „Rover". Und der dritte Rover-Typ, der 1888 auf den Markt kam, gilt als Urmodell des heutigen Fahrrades. Seitdem wurde zum Fahrrad zwar viel nützliches, sportliches und auch komfortables Zubehör erfunden, aber seit dem „Rover" gab es keine grundlegende Änderung mehr: Starleys Konstruktion hat bis heute Bestand.

BDR – Der Bund Deutscher Radfahrer

Radwanderungen sind in den letzten Jahren immer beliebter geworden. Kein Wunder: Auf dem Fahrrad erlebt man weit mehr von der Landschaft, der Natur, als im Auto. Andererseits kommt man schneller voran als zu Fuß. Daß inzwischen viele Gegenden ein gut ausgebautes Radwandernetz angelegt haben, hat diesen Trend erfreulicherweise verstärkt.

Die Ärzte loben es, daß Radwandern so populär geworden ist. Der berühmte Dr. Cooper, der die ersten amerikanischen Astronauten fit machen mußte, hielt das Fahrrad für ein Gesundheitsinstrument erster Ordnung.

Über hundert Jahre alt

Wer nun aber meint, Radeln sei ein neuer Sport, der täuscht sich sehr. Der Bund Deutscher Radfahrer, der BDR, wurde schon 1884 in Leipzig gegründet. Das heißt: Mehr als hundert Jahre hat er bereits auf dem Sattel. Ihm gehören heute 20 Landesverbände und über 2000 Vereine an, bei denen gegenwärtig mehr als 130 000 Mitglieder eingetragen sind.

Ein breites Angebot

Dieser BDR hat inzwischen ein breites Angebot aufgebaut, das seinen Mitgliedern (aber nicht nur diesen) zur Verfügung steht:

- Gemütliche Radwanderungen
- Sportliche Radtourenfahrten
- Radrennen auf Straße, der Bahn und querfeldein
- Akrobatischer Kunstradsport
- Radball und Radpolo-Spiel
- Bicycle-Moto-Cross (BMX)
- Mountainbike (MTB)

Über einige dieser Sportmöglichkeiten lesen Sie weiter hinten in diesem Buch noch mehr – auf Seite 22 und 23 sowie von Seite 432 bis 437. Der so weit gespannte Bogen dieser Angebote von den gemütlichen Radwanderungen bis zum Fahrrad-Moto-Cross sagt viel darüber aus, wie groß das Interesse am Radfahren in Deutschland geworden ist.

Aus Fortbewegung wurde Sport

Manche einst nur als praktische Fortbewegung geschätzte Möglichkeit, das Fahrrad zu benutzen, ist inzwischen zur sportlichen Disziplin geworden (ohne daß man überall gleich Rekorde herausfahren wollte).

Nicht zu vergessen: die Radwanderung

Über dem Sport wird in den Radfahr-Vereinen die individuelle oder familiäre Radwanderung nicht vergessen (der auch dieses Buch hier dienen soll).

Im Gegenteil! Denn beschaulich Radwandern – das kann jeder, vom Kind bis zum Ur-Opa. Viele radeln gern allein oder in der kleinen Familie. Aber es gibt auch zahlreiche Radfahrfans, die es lieben, in einer vergnügten Gruppe Gleichgesinnter zu fahren.

In die Wertungskarte
Solche Radwanderungen werden von den Vereinen innerhalb des BDR regelmäßig organisiert. Doch selbst bei diesen bequemen Fahrten kann man sportliche Aspekte einbringen. Da geht es dann um die Länge der zurückgelegten Strecken, die – im Fahrtenpaß eingetragen – für den Erwerb des deutschen Radsportabzeichens gewertet wird.
Ferner gibt es die Radtourenfahrten, die ursprünglich einmal für ehemalige Radrennfahrer gedacht waren, die zwar nicht mehr regelmäßig trainieren, aber doch sportlich in Form bleiben wollten – bis ins hohe Alter.
So sind Radtourenfahrten (auch von den Vereinen des BDR organisiert) inzwischen eine ausgezeichnete Möglichkeit für jedermann, fit zu bleiben. Auch da gibt es Ausschreibungen und Wertungskarten.

Radsport- und Radfahrabzeichen
Man hat ein Deutsches Radsportabzeichen geschaffen. Es gibt auch Radfahrabzeichen, die vom Bund Deutscher Radfahrer und vom Deutschen Sportbund gemeinsam gestiftet wurden.
Jeder, der mehrmals an organisierten Radfahrten teilnimmt, kann solch ein Abzeichen bekommen.

Interessiert Sie das?
Wenn Sie mehr wissen wollen, vielleicht auch in einen Radfahrer-Verein eintreten möchten, bekommen Sie alle Informationen von den entsprechenden radsporttreibenden Vereinen in Ihrer Nachbarschaft (im Telefonbuch können Sie die Anschriften entdecken). Oder Sie wenden sich an den zuständigen Landesverband. Die Adressen finden Sie ganz hinten in diesem Buch auf Seite 447.

Die zehn goldenen Regeln

Wer mit dem Fahrrad unterwegs ist, tut gut daran, sich an allerlei Grundsätze zu halten. Teils der Verkehrssicherheit, teils aber auch seiner eigenen Sicherheit zuliebe. Andere Aspekte sprechen mit: Fahrkomfort, Gesundheit, Spaß in der radfahrenden Gruppe. Der Bund Deutscher Radfahrer hat einige dieser Grundsätze in zehn Regeln zusammengefaßt.

1. Grundregel ist die Straßenverkehrsordnung
Auf öffentlichen Straßen ist der Radfahrer ein Verkehrsteilnehmer wie jeder andere. Auch für ihn gilt die Straßenverkehrsordnung. Das Alter spielt dabei keine Rolle. Es ist kein Fehler, sich mit den Vorschriften der StVO gründlich vertraut zu machen.

2. Das Rad muß in Ordnung sein
Alle wichtigen Einrichtungen am Fahrrad müssen funktionieren: In erster Linie die Bremsen, aber auch das Licht, die Klingel, die Rückstrahler. Ebenso die Reifen. Wenn sie abgefahren oder brüchig sind, sollten sie ausgewechselt werden. Schadhafte Reifen sind nicht nur gefährlich, sie sind verboten! Vor jeder Fahrt sollte man auch prüfen, ob alle Schrauben fest angezogen sind. Flickzeug und Pumpe nicht vergessen! Es schadet nichts, vor der Tour das Flicken noch einmal zu üben.

3. Manches ist zur Sicherheit im Straßenverkehr vorgeschrieben
Von Amts wegen werden Seitenreflektoren in den Speichen sowie Front- und Rückstrahler verlangt. Abstandhalter dienen dem eigenen Schutz. Zusätzlich empfiehlt es sich, bunte Kleidung zu tragen. Das gilt besonders im Straßenverkehr sowie für Kinder. Auch ein Fahrradhelm (siehe Seite 438/439) empfiehlt sich sehr.

4. Die Sitzposition ist wichtig
Es ist nicht nur bequemer, auf dem Fahrrad richtig zu sitzen. Es ist auch gesünder. Der Sattel ist dann richtig eingestellt, wenn man sitzend bei ausgestrecktem Bein mit der Ferse das Pedal auf seinem tiefsten Stande gerade erreicht.

5. Praktische, bequeme Kleidung
Was trägt man als Radfahrer? Vor allem Unterwäsche oder ein Trikot, das Schweiß aufsaugt. Ein guter Trainingsanzug ist ideal. Für längere Fahrten empfiehlt sich eine Fahrradhose. In deren Sitzfläche ist weiches Leder eingenäht. Das verhindert Wundreiben.

6. Dem starken Verkehr aus dem Weg gehen
Nach Möglichkeit sollte man verkehrsreiche Straßen in den Städten meiden – ebenso Bundesstraßen und stark befahrene Landstraßen.

7. Für die Touren trainieren
Wer nicht trainiert ist, sollte vor einer großen Tour ausgiebig üben. Mit einer Grundstrecke von zehn Kilometern auf Straßen beginnt es. Die steigert man nach und nach auf 15 Kilometer, 20 Kilometer und mehr. Erst dann sollte man sich zu einer großen Tour entschließen.

8. Gute Tourenkarten sind wichtig
In diesem Buch sind viele Radtouren auf Detailkarten eingezeichnet. Wer sich selbst Radwanderungen ausarbeiten möchte, braucht gute Tourenkarten, möglichst im Maßstab 1:50 000. Nach ihnen kann man sich unterwegs genau orientieren. Es gibt

In der Vulkaneifel

auch (beispielsweise bei Fremdenverkehrsämtern) örtliche Radwegekarten, die nützlich sind.

9. Der Transport auf dem Rad
Wer unterwegs ist, hat Proviant dabei, Kleidung zum Wechseln (oder zumindest einen Regenumhang), Verbandszeug und anderes. Bei kurzen Fahrten kann man dies alles in einem Korb verstauen, der mit einem Gummiband auf dem Gepäckträger befestigt wird. Bei mehrtägigen Radtouren empfehlen sich Radtaschen links und rechts am Hinterrad sowie eine kleine Gepäcktasche am Lenker, in der man Radwanderkarten und Proviant unterbringt.

10. Fahrten mit der Gruppe
Für Gruppenfahrten gibt es viele Regeln. Dies sind die beiden wichtigsten: Von Zeit zu Zeit Treffpunkte ausmachen, an denen auf alle gewartet wird! Das erlaubt dem einen oder anderen, individuell zu fahren. Und: Immer auf den schwächsten Teilnehmer achten! Er bestimmt das Reisetempo.

Breitensport mit dem Fahrrad

Was Breitensport auf dem Fahrrad bedeutet, läßt sich ganz knapp sagen: Keine Rekordwettbewerbe, aber ein bißchen Anstrengung – und viel Spaß. Der Bund Deutscher Radfahrer bietet eine Reihe von Möglichkeiten an, bei denen das Mitmachen viel wichtiger ist als eine großartige Leistung. Eine Auszeichnung gibt es in jedem Fall.

Das Volksradfahren

Hier handelt es sich um Radwanderungen in der Gruppe, bei denen jeder mitmachen kann – die ganze Familie. Die Strecken sind kurz: 20 bis 30 Kilometer. Wer ein verkehrssicheres Fahrrad hat, darf mitradeln. Er bezahlt eine kleine Teilnehmergebühr, fährt mit und bekommt am Schluß eine Auszeichnung.

Solche Volksradfahr-Veranstaltungen werden von den örtlichen Radfahr-Vereinen ausgerichtet – meist einmal im Jahr.

Das Radwandern

Radwanderungen werden, anders als Volksradfahrten, von den Vereinen des Bundes Deutscher Radfahrer regelmäßig angeboten. Aber auch hier kann jedermann teilnehmen. Mitglieder in einem Verein oder in einem Landesverband des Bundes Deutscher Radfahrer können die bei diesen Radwanderungen zurückgelegten Strecken in einen Fahrtenpaß eintragen. Der gilt als Grundlage für die Jahreswertung. Hat der Radfahrer in einem Jahr mehr als die für seine Altersklasse vorgesehenen Kilometer zurückgelegt, kann er eine Jahresauszeichnung erwarten.

Gruppenfahrten mit mehr als vier Personen können in der Vereinswertung berücksichtigt werden, sofern über tausend Kilometer in der Saison zurückgelegt wurden. Die Strecken werden in eine Wertungskarte eingetragen, die der Vereinswanderfachwart führt.

Unabhängig von der Saison gibt es ab 5 000 zurückgelegten Kilometern (wobei die Strecken mehrerer Jahre addiert werden können) eine Sonderauszeichnung.

Die Radtourenfahrten Formel A

Auch bei den Radtouren kann jeder mitmachen. Die unterschiedlichen Streckenlängen (40 bis 300 Kilometer), die bei jeder Veranstaltung angeboten werden, lassen – je nach Belieben und Fitneß – die Wahl zu.

Die bekannteste Form bei den Radtourenfahrten ist die Formel A (für Ausdauer). An festgelegten Terminen (meist an Wochenenden oder Feiertagen) werden bei einer einzigen Veranstaltung verschiedene Touren in vier Klassen angeboten: über 41 bis 70 Kilometer, 71 bis 110, 111 bis 150 und über 151 Kilometer. Man radelt auf einer ausgeschilderten Strecke mit einer durchschnittlichen Geschwindigkeit von 20 bis 27 km/h.

An mehreren Kontrollstellen wird die Startkarte abgestempelt. Meist wählt

man einen Rundkurs: Die Teilnehmer kommen zum Startort zurück.
Eine Sollzeit gibt es nicht, doch setzt man meist einen Startzeitraum von etwa zwei Stunden an und auch eine Schlußzeit, während der man wieder zurück sein sollte.
Wer Mitglied beim Bund Deutscher Radfahrer ist, kann eine Wertungskarte lösen, in welche die Punkte für eine erfolgreich beendete Radtourenfahrt eingetragen werden. Wer innerhalb einer Saison 25 und mehr Punkte radelt, bekommt eine Jahresauszeichnung.
Auch permanente Radtourenfahrten sind üblich (man beschränkt sich also nicht nur auf Wochenenden und Feiertage). Das bedeutet, daß jedermann die Möglichkeit hat, an jedem Tag der Woche eine beschriebene Tour zu fahren. Die Startzeit kann er selbst wählen. Diese Touren sind zwischen 50 und 110 Kilometer lang, man startet meist an Tankstellen oder Gaststätten.

Die Radtourenfahrten Formel L

Dies ist eine zweite Möglichkeit, Radtourenfahrten zu bewerten. Formel L (für Leistung) bedeutet eine Steigerung der A-Fahrt. Hier handelt es sich um Zeitfahren. Die Strecken sind 3 bis 25 Kilometer lang. L-Wertungen werden während einer Radtourenfahrt organisiert. Man führt eine Jahresbestenliste. Um unnötige Reisen zu vermeiden, gibt es für die Vorläufe drei regionale Gruppen. Daraus kommen dann die Besten der verschiedenen Altersgruppen zu einem Finallauf zusammen. Dabei wird der Bundessieger ermittelt.

Das Deutsche Radsportabzeichen

Hier geht es um gute körperliche Leistungsfähigkeit. Jeder Erwachsene kann mitmachen. Man muß Ausdauerleistungen bieten – bei Schnellfahren, Tourenkontrollfahrten und Wanderfahrten. Je nach Geschlecht und Alter muß man folgendes bringen:

- bei Schnellfahrten 20 bis 30 Kilometer in 60 bis 75 Minuten,
- bei Tourenkontrollfahrten 50 bis 150 Kilometer in 2,5 bis 8,5 Stunden,
- bei Wanderfahrten 500 bis 1200 Wanderkilometer.

Fit durch Radfahren

Radfahren macht nicht nur Spaß. Es hält auch fit. Daß Radeln gesund ist, haben Sportmediziner längst bewiesen. Schon 1890 schrieb ein Herr namens Wilhelm Wolf das Buch „Fahrrad und Radfahrer". Er äußerte sich darin begeistert über den gesundheitlichen Wert des Radfahrens.

Wilhelm Wolf zitiert in seinem damals vielgelesenen Buch über die Radler einen Sanitätsrat aus Halle:
„Sehen wir ab von der Eitelkeit einzelner, sich auf den Straßen durch das Rad bemerkbar zu machen, so bildet das Velocipedfahren ein gewaltiges Mittel zur Kräftigung unseres Körpers. Es ist sogar ein nicht unerhebliches Heil- und Verhütungsmittel gewisser Krankheitszustände."

Gesund bleiben oder werden

Genau derselben Meinung ist Peter Konopka, der lange Zeit die Nationalmannschaft der Straßen- und Querfeldeinfahrer ärztlich betreute:
„Wer regelmäßig Rad fährt und entsprechend lebt, wird mit hoher Wahrscheinlichkeit gesund bleiben und, wenn er es nicht ist, werden."

In Siegerland-Wittgenstein

Radfahren senkt den Cholesterinspiegel

Radfahren beugt gegen viele Krankheiten – beispielsweise Erkältungen – vor, weil der Körper abgehärtet wird. Das Herz wird stärker, das Infarktrisiko geht zurück. Das amerikanische Gesundheitsministerium hat 1979 in einer Studie nachgewiesen, daß ein Pensum von 40 Kilometern Radfahren pro Woche das Risiko eines Herzinfarkts halbiert.
Das Muskelgewebe wird besser durchblutet, die Umlaufmenge des Blutes nimmt zu. Gleichzeitig kann der Körper mehr Sauerstoff aufnehmen. Die Leistungsfähigkeit erhöht sich, die Ausdauer wächst. Radfahren senkt auch den Cholesterinspiegel (zuviel Cholesterin führt zur Arterienverkalkung).
Dr. Kenneth H. Cooper war lange Jahre Chef des medizinischen Labors für Raumfahrt in Lackland (Texas) und dabei Trainer der US-Astronauten. Er empfiehlt das Radfahren auch älteren Menschen, die gesund bleiben möchten.

Das Trainingssystem der Astronauten

Dr. Cooper hat nach langjährigen Tests mit Tausenden von Menschen ein Trainingssystem entwickelt, das die Leistungsfähigkeit steigert. Dieses System war ursprünglich für Soldaten und Astronauten entwickelt worden, aber es ist für jedermann nützlich. Danach ist Radfahren (neben Laufen und Schwimmen) die beste und schnellste Möglichkeit, sich fit zu machen oder fit zu halten.

30 Punkte pro Woche

Cooper hat für sein Training eine Punktmethode ausgearbeitet, mit der man sich selbst kontrollieren kann. Das Ziel ist, pro Woche 30 Punkte zu erreichen. (Mehr Punkte schaden natürlich nicht, aber 30 genügen.)
Diese 30 Punkte hat man, wenn man an fünf Tagen der Woche jeweils 9,6 Kilometer in 21 Minuten fährt. Das schafft ein Anfänger natürlich nicht sofort. Er soll es auch gar nicht.

Cooper sieht eine Aufbauperiode von zwölf Wochen vor:

- In der ersten Woche verlangt er nur 3,2 Kilometer in zehn Minuten,
- in der zweiten 3,2 Kilometer in acht Minuten,
- in der vierten 4,8 Kilometer in elf Minuten – und so weiter. Aber stets an fünf Tagen der Woche!

Dieses Aufbauprogramm ist spielend zu bewältigen und macht großen Spaß. (Die merkwürdigen Kilometerzahlen – 3,2 oder 4,8 – kommen nur daher, daß Coopers System auf amerikanische Meilen aufgebaut ist. Eine Meile mißt 1,6 Kilometer.)

Schon ein wenig Training nützt
Um eine Radwanderung zu machen, müssen Sie natürlich nicht zehn Kilometer in zwanzig Minuten fahren können. Aber wenn Sie ganz untrainiert sind, sollten Sie sich etwas vorbereiten. Wer regelmäßig zur Arbeit oder zum Einkaufen mit dem Rad fährt, wird keine Probleme haben.

Gut auch für Übergewichtige
Daß Radfahren auch übergewichtigen oder orthopädisch geschädigten Menschen guttut, vermerkt der Bund Deutscher Radfahrer: der Stütz- und Bewegungsapparat wird bei dieser Sportart erheblich entlastet; das ist gut für die Fuß- Knie- und Hüftgelenke.

Bei Paderborn

Auf was sollte man achten?
„Sehr wichtig ist eine gesunde Ernährung. Auch die Hygiene soll man nicht vernachlässigen."

Weltmeister Georg Thoma
Eines der besten Beispiele dafür, wie fit Radfahren hält, ist Georg Thoma, der nicht mehr junge Sportler aus Hinterzarten im Schwarzwald. Thoma war Weltmeister und Olympiasieger in der Nordischen Kombination (Skilanglauf und Skispringen). Er betreibt in Hinterzarten eine Ski-Langlaufschule. Wenn kein Schnee liegt, trainiert er auf dem Fahrrad – in letzter Zeit vorzugsweise auf dem Mountainbike:
„Seit Jahren habe ich Probleme mit der Wirbelsäule. Deshalb kann ich keinen Waldlauf mehr machen. Radfahren erhält meine Kondition und verbessert sie sogar."

Was sind die Voraussetzungen, um überhaupt Radfahren zu können?
„Radfahren kann jeder, der sehen kann und gesund ist. Sogar Gehbehinderte können Radfahren."

Wie fängt man am besten an, wenn man keine Übung hat?
„Wie bei jedem Sport: langsam beginnen und jedesmal etwas weiter und länger fahren. Zunächst ist es wichtig, Umgang mit dem Rad, mit der Straße, mit dem Verkehr zu gewinnen."

Welche Vorteile hat Radfahren, wenn man sich fit halten will?
„Hier muß ich vorweg sagen: Man merkt Erfolge schon sehr schnell, auch wenn man nur wenig macht. Der große Vorteil des Radfahrens ist, daß man es sich nach seiner gegenwärtigen Verfassung einteilen kann. Man kann langsam oder schnell, kurz oder länger fahren – und das bei jedem Wetter. Je öfter man fährt, desto besser geht es und um so besser fühlt man sich. Meiner Meinung nach ist Radfahren optimal, um sich fit zu halten."

Gibt es eine Altersgrenze, ab der man besser aufhören sollte?
„Nein. So lange man sehen und sich bewegen kann, gibt es keinen Grund, aufzuhören. Wenn ich im Herbst oder im Frühjahr in Südfrankreich trainiere, sehe ich oft sehr alte Menschen auf dem Rad sitzen. Dann denke ich immer: Wenn ich in dem Alter noch so fit bin, kann ich zufrieden sein. Radfahren ist ein Sport, den man bis ins hohe Alter betreiben kann."

Welche Probleme gibt es für Radfahrer oder Radwanderer?
„Das Hauptproblem ist der Verkehr. Der hat in den letzten Jahren so zugenommen, daß man ruhigen Gewissens keinen Radfahrer mehr auf eine Hauptstraße schicken kann. Man muß Nebenstraßen nehmen oder Wege. Das hat einen großen zusätzlichen Vorteil: Man sieht seine Heimat mit anderen Augen. Ich habe durchs Radfahren den Schwarzwald erst richtig kennengelernt."

Fiat – Partner des Radsports
Neben seinem internationalen Engagement (z.B. Giro d'Italia, Tour de France, Rad-WM in Stuttgart 1991) legt die Fiat Automobil AG das Schwergewicht in Deutschland auf die Förderung des Breitensports.
Das Engagement ist Teil einer umfassenden Zusammenarbeit zwischen der Fiat Automobil AG und dem Bund Deutscher Radfahrer.
Die wichtigste Säule dieser Kooperation ist die Unterstützung regionaler Radsport- und Radtourenveranstaltungen. Dabei gilt es, in erster Linie die große Zahl lokaler, dem BDR angeschlossener Radsportvereine und deren Mitglieder im Namen von Fiat zu fördern. Dabei stellt Fiat komplette Veranstaltungspakete zur Verfügung, um Radfahrern für Jedermann und Radtouren organisieren zu helfen. Hierzu gehören Veranstaltungsplakate, Handzettel, Start-Nummern, Startkarten, Start- und Ziel-Spannbänder, Absperrbänder, Richtungspfeile sowie Wegweiser. Zur weiteren Unterstützung stellt FIAT Fahrzeuge für den BDR im Bereich Leistungssport. Auch zu den Olympischen Sommerspielen '92 in Barcelona waren Sportler, Trainer und Begleiter in FIAT-Automobilen unterwegs.

Alljährlich erscheint der Breitensportkalender des BDR mit Veranstaltungshinweisen

Schleswig Holstein

Marschen, Strände und das Land dazwischen

Zwischen dem Wattenmeer oder den Marschen im Westen und der Ostsee mit ihren langen, weißen Stränden ist Schleswig-Holstein ein Land für Radfahrer. Nicht nur, daß es kaum Steigungen gibt. Sondern Sie kommen auch auf einsamen Straßen zu hübschen Flüssen, Seen und Kanälen, zu Wäldern, Heidelandschaften und Wiesen. Die Häfen an der Nord-, der Ostsee und den Binnenseen sind ebenso malerisch wie die Städte im Land mit ihren vielen alten Gebäuden. Einige der schönsten Radtouren führen durch die Naturparks, von denen es in Schleswig-Holstein mehrere gibt.

Übersicht

Schleswig-Holstein auf einen Blick

Größe: 15 730 km².
Einwohner: 2,6 Millionen.
Bevölkerungsdichte: 165 Einwohner/km².
Landeshauptstadt: Kiel als größte Stadt des Landes (mit 243000 Einwohnern).
Wirtschaft: Schiffsbau, Fischverarbeitung, Landwirtschaft, Lebensmittel-Industrie, Fremdenverkehr.
Bekannte Flüsse: Elbe, Eider, Trave.
Höchste Erhebung: Bungsberg (168 m).
Waldfläche: 9 Prozent.
Ackerland: 39,6 Prozent.

Holstein war um das Jahr 800 Teil des Stammgebietes der Sachsen, Schleswig ab 1110 unter der Herrschaft der Schauenburger Grafen. Die enge Verbindung beider benachbarter Gebiete unterstrich 1460 König Christian I. von Dänemark (damals der Landesherr) im Vertrag zu Riben: Beide Länder sollten „ewig ungeteilt" bleiben. Doch gab es immer wieder Bestrebungen zur Teilung und Selbständigkeit. 1866 wurde Schleswig-Holstein preußische Provinz, 1920 kam ein Teil davon – Nordschleswig – durch Volksabstimmung zu Dänemark.
1946 wurde aus der preußischen Provinz das Land Schleswig-Holstein.

Im Land der Deiche und Kooge
1 Auf dem Deich von Dagebüll nach Ockholm
2 Zum Bottschlotter See
3 Zwischen Niebüll und der Norder Gosharde

An der Geltinger Bucht
4 Zum Geltinger Noor
5 Am ehedem königlichen Gut Rundhof
6 Durch das östliche Angeln

Auf der Insel Nordstrand
7 Über den Nordstrander Damm
8 Durch den Cecilienkoog
9 Über den neuen Damm durchs Meer

Um die Schlei und die Hüttener Berge
10 Einmal rund um die Schlei
11 Zum Wald am Scheelsberg
12 An der Schlei und im Naturpark

Am Wittensee
13 Durchs Moorgebiet bei Haby
14 Zum Bistensee
15 Am Schirnauer-, Witten- und Schülldorfer See

Am Dellstedter Moor
16 Durch die Dithmarsche Geest
17 Zum Naturschutzgebiet Delver Koog
18 Zwischen dem Tal der Eider und der Westerau

Im Dithmarscher Land
19 Beim Naturschutzgebiet Speicherkoog
20 Am Naturschutzgebiet Barlterkleve
21 Von Büsum nach Helmsand am Deich entlang

Am Plöner See
22 Rund um den Großen Plöner See
23 Durch den Staatsforst Eutin
24 Von einem See zum anderen

Schleswig-Holstein

Bei Grebin, in der Nähe von Plön

Im Land der Deiche und Kooge

Durch Deiche versucht man, sich vor der Nordsee zu schützen. Ein Koog ist das Land hinterm Deich, das man auf diese Weise gewinnt und sichert. In diese Gegend hoch oben im Nordwesten Deutschlands führen unsere Radtouren.

1
33 km

Auf dem Deich von Dagebüll nach Ockholm

Von Dagebüll fahren Sie südöstlich auf dem Deich entlang. Linker Hand sehen Sie alsbald das Seevogel-Schutzgebiet im Nord- und Südspeicherbecken am Hauke-Haien-Koog. So kommen Sie nach Ockholm. Dort verlassen Sie den Deich und radeln durch den Ockholmer Koog. Das erste nennenswerte Sträßchen, das links abgeht, nehmen Sie, um nun nach Norden zu fahren: über Altendeich und Martenswarft. Sie überqueren den Bongsieler Kanal und kommen an die Kreuzung, wo links das Sträßchen nach Waygaard abgeht. So fahren Sie, parallel zu dem Kanal, der „Lecker Au" heißt, nach Waygaard. Von hier kommen Sie am Südufer des Kleinen Bottschlotter Sees nordwestlich nach Broderswarft. Dort erreichen Sie den Deich, auf dem Sie nach Dagebüll zurückfahren.

Sehenswertes

① In Niebüll, der Bahnverladestation für den gesamten Verkehr nach Sylt, erfahren sie im Naturkundlichen Heimatmuseum (im Ortsteil Deezbüll) allerlei über Natur und Tiere im nordfriesischen Raum.
Im Richard-Haizmann-Museum werden neben Werken des Künstlers auch Wechselausstellungen gezeigt.

② Im Friesischen Heimatmuseum in Deezbüll, einem uthlandfriesischen Langhaus aus der Zeit um 1700 mit historischer Einrichtung, befindet sich eine heimatkundliche Sammlung.

③ Von der Mole in Dagebüll fahren Fährschiffe zu den Inseln Föhr und Amrum. Interessierte können an naturkundlichen Wattwanderungen teilnehmen.
In der Kirche St. Dionys, einem Backsteinbau von 1729, finden Sie schöne Deckenmalereien.

2
30 km

Zum Bottschlotter See

Die Tour beginnt in Niebüll. Von hier fahren Sie nach Westen durch das Marschland der Bökingharde, wie diese Gegend heißt, (eine „Harde" ist einfach ein Bezirk, der eine Reihe von Höfen umfaßt) nach Kiek in de See zum Nahnshof. Dort geht es südlich, dann südwestlich durch den Dagebüller Koog nach Dagebüll. Von dort fahren Sie auf dem Deich nach Broderswarft. Nun nehmen Sie das Sträßchen, das, am Bottschlotter See vorbei, nach Waygaard führt.

Das Marschland der Bökingharde

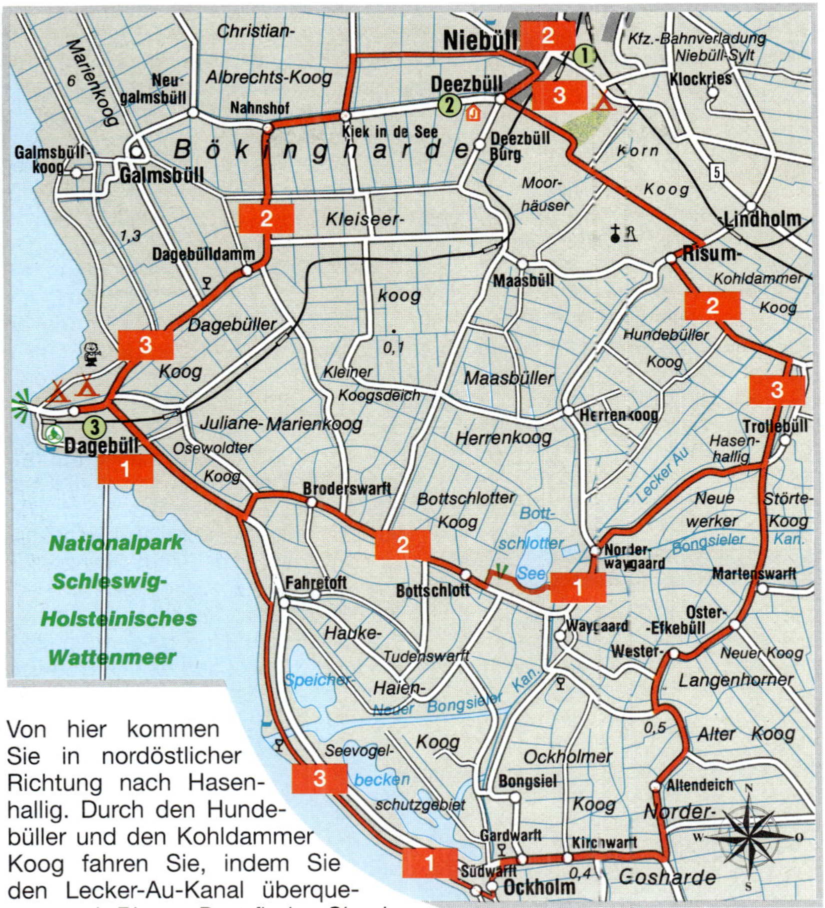

Von hier kommen Sie in nordöstlicher Richtung nach Hasenhallig. Durch den Hundebüller und den Kohldammer Koog fahren Sie, indem Sie den Lecker-Au-Kanal überqueren, nach Risum. Dort finden Sie ein Sträßchen, das Sie durch den Korn-Koog nach Niebüll zurückbringt.

Informationen

Fremdenverkehrsverband Schleswig-Holstein e.V., Niemannsweg 31, 24105 Kiel, Tel. 04 31-5 60 00

Fremdenverkehrszentrale, Am Badeteich 1, 25899 Dagebüll, Tel. 0 46 67-353

🚲 *am Bahnhof: Seite 438*

3
40 km

Große Rundfahrt:
Zwischen Niebüll und der Norder Gosharde

Von Niebüll radeln Sie über Kiek in de See und den Nahnshof nach Dagebüll.
Dort, bei Dagebüll, beginnt der Deich, auf dem Sie nun, vorbei am Seevogel-Schutzgebiet beim Hauke-Haien-Koog, nach Ockholm fahren.
Von Ockholm geht es durch die Norder Gosharde nach Hasenhallig und weiter nach Risum. Von dort kehren Sie dann durch den Korn-Koog wieder nach Niebüll zurück.

An der Geltinger Bucht

„Angeln" heißt dieses Gebiet ganz oben im Nordosten von Schleswig-Holstein. Hier finden Sie Natur- und Vogelschutzgebiete, alte Herrenhäuser und schöne Bauernhöfe, reetgedeckte Katen, grüne Weiden, leuchtende Rapsfelder – und die Ostsee.

4
25 km

Zum Geltinger Noor

Radeln Sie von Gelting nordwestlich an das Ufer der Geltinger Bucht und über Düstnishy zum Geltinger Noor! Sie umrunden das Noor und kommen an der Windmühle Charlotte vorbei. Nun sind Sie im Naturschutzgebiet Geltinger Birk. Weiter geht es an der Ostsee entlang, über Falshöft und Golsmaas bis Kroonsgaarderdrecht. Dort biegen Sie rechts, landeinwärts, ab. An Hüholz vorbei erreichen Sie auf Nebenstraßen Stenderup und Rabenholz. Dort biegen Sie rechts ab und radeln nach Gelting zurück.

Sehenswertes

① Gelting besitzt eine spätgotische Backsteinkirche mit spätgotischem Schnitzaltar. Neben der Kirche steht der hölzerne Glockenturm und das alte Pastorat von 1733, ein reetgedecktes Fachwerkhaus.

② Das Geltinger Birk ist ein 773 Hektar großes Naturschutzgebiet, das bis zu 2 Meter unter dem Meeresspiegel liegt und durch einen natürlichen Wall geschützt ist. Durch die einst windgetriebene, heute stillgelegte Mühle mit ihrem Schöpfwerk wurde das Gebiet nach und nach trockengelegt.

③ Maasholm ist ein hübscher kleiner Fischerort mit unter Denkmalschutz stehender Fischersiedlung.

④ In Kappeln gibt es zahlreiche Bürgerhäuser des 18. und 19. Jahrhunderts, eine große Windmühle und die spätbarocke Nikolaikirche aus dem 18. Jahrhundert mit reicher Ausstattung.

5
25 km

Am ehedem königlichen Gut Rundhof

Von Gelting fahren Sie an die Geltinger Bucht und – links abbiegend – am Strand entlang. Nach 600 Metern geht es erneut links ab, nach Ohrfeld. Weiter fahren Sie nach Süden über Tranbüll zum Herrenhaus in Rundhof. Das ist ein ehemaliges königliches Gut, das idyllisch zwischen breiten, teichähnlichen Wassergräben liegt. Hier zweigt die Straße nach Stangheck ab, auf der Sie – über Schörderup – Oersberg erreichen. Dort biegen Sie links ab und fahren auf einem Radweg entlang der Straße nach Sandbek. Von hier radeln Sie über Neuheim und Rabenholz nach Gelting zurück.

6
50 km

Große Rundfahrt:
Durch das östliche Angeln

Sie starten in Gelting, fahren an der Küste entlang wie Tour 4

Im Hafen von Maasholm

nach Krongaarderdrecht. Sie bleiben weiterhin am Ufer und radeln bis zum Vogelwärterhaus am Natur- und Vogelschutzgebiet Oehe-Schleimündung. Dort biegen Sie nach Maasholm ab und folgen nun dem Küstenweg am Wormshöfter Noor bis zum Gut Buckhagen. Von dort geht es über Haarmark nach Schauheck. Hier biegen Sie links auf die Bundesstraße 199 ein, auf der Sie bis Grimsnis fahren. In Grimsnis biegen Sie rechts ab und radeln über Grummark nach Sandbek. Von hier fahren Sie über Oersberg, Schörderup und Stangheck, am Herrenhaus in Rundhof vorbei, nach Gelting zurück.

Informationen

Fremdenverkehrsverband Schleswig-Holstein, Niemannsweg 31, 24105 Kiel, Tel. 04 31-5 60 00

Tourist-Information, 24395 Gelting, Tel. 0 46 43-7 77

🚲 *am Bahnhof: Seite 438*

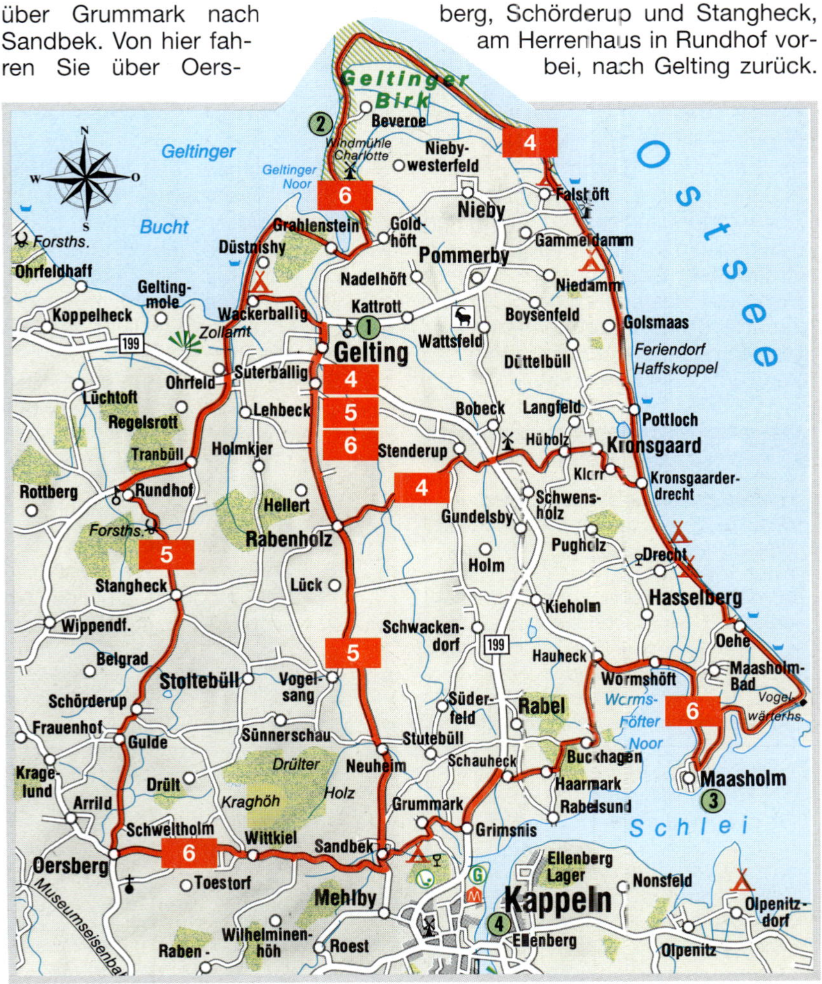

Auf der Insel Nordstrand

Es ist keine ganz richtige Insel mehr, denn man hat sie durch mehrere Dämme mit dem Festland verbunden. Auf diese Weise ist es möglich, Touren zu kombinieren, bei denen man sowohl die Insel als auch die Festlandsküste kennenlernen kann.

7
40 km

Über den Nordstrander Damm

Sie fahren von Husum nordwestlich an der Küste entlang und biegen vor Wobbenbüll links ab, über den Nordstrander Damm auf die Insel Nordstrand! Dort fahren Sie auf der Hauptstraße bis zum Engländer Deich, dann links und gleich wieder rechts über den Herrendeich. Dann biegen Sie links in den Österdeich ein und kommen so zum Deich an der See. Nun können Sie auf dem Deich am Ufer entlangfahren: über Westerdeich und Strucklahnungshörn, den Fährhafen zu den Inseln und den Halligen, nach Norderhafen. Weiter geht es auf dem Deich, auf dessen Krone Sie ganz Nordstrand umrunden können. Über den Nordstrander Damm geht es dann zurück nach Husum.

Sehenswertes

① *Naturzentrum Nordfriesland in Bredstedt: Informationen über das Wattenmeer.*

② *Naturschutzgebiet Beltringharder Koog: Vogelschutzgebiet.*

③ *Info-Haus Naturschutzgebiet.*

④ *Vogelkojen: dienten früher dem Entenfang.*

⑤ *Fühlehorn: Wattfahrten und Wattwanderungen.*

⑥ *Husum: Theodor-Storm-Haus, Freilichtmuseum Ostenfelder Bauernhaus, Nissenhaus, Schloß Husum, Altstadt.*

8
32 km

Durch den Cecilienkoog

Von Husum fahren Sie bis kurz vor Wobbenbüll. Dort geht es links ab, dann gleich wieder rechts in Richtung Cecilienkoog, wo der Weg links nach Nordstrandischmoor abzweigt. Sie fahren aber ein Stückchen nach rechts, bis Sie auf die Straße kommen, die durch den Koog zu einer kleinen Kreuzung führt, bei der das Sträßchen rechts nach Bredstedt abzweigt. Da fahren Sie nun entweder das kurze Stück durch den Bredstedter Koog nach Bredstedt, oder Sie biegen gleich wieder südlich ab, fahren durch den Sophienkoog bis zur Zufahrtstraße zum Damm nach Nordstrandischmoor. Hier biegen Sie links ab und finden dann, nach rechts führend, das Sträßchen, das Sie durch den Wallsbüller Koog nach Wobbenbüll bringt. Von dort fahren Sie nach Husum zurück.

9
55 km

Große Rundfahrt:
Über den Neuen Damm durchs Meer

Von Husum geht es bis kurz vor Wobbenbüll und über den

Nordstrand

Informationen

Fremdenverkehrsverband Schleswig-Holstein e.V., Niemannsweg 31, 24105 Kiel, Tel. 04 31-5 60 00

Kurverwaltung, Schulweg 4, 25845 Nordstrand, Tel. 0 48 42-454

🚲 am Bahnhof: Seite 438

Nordstrander Damm nach Nordstrand. Hier kommen Sie nun über den Herrendeich an die Küste der Insel und dort auf dem Damm an der Westküste entlang, über Norderhafen bis zur Nordspitze der Insel. Dort hat man einen neuen Damm gebaut, der in den von der Insel Nordstrandischmoor zum Festland führenden mündet. Was Sie rechts sehen ist nun das neue Naturschutzgebiet Beltringharder Koog. Über den Lüttmoordamm, der von Nordstrandischmoor zum Festland führt, radeln Sie zum Cecilienkoog und dann durch den Bredstedter Koog zurück nach Husum.

Um die Schlei und die Hüttener Berg

In dieser Gegend ist Schleswig-Holstein besonders vielseitig: Da erstreckt sich die charakteristische Schlei mit der Stadt Schleswig, da ragen aber auch gleich südlich davon im Naturpark die Hüttener Berge auf. Man kann sich's aussuchen.

10 – 40 km – Einmal rund um die Schlei

Von Schleswig fahren Sie durch den Stadtteil Friedrichsberg, dann über Wedelspang nach Selk. Dort biegen Sie links nach Loopstedt und Fahrdorf ab und kommen so ans Ufer der Schlei, die hier wie eine Seenkette aussieht. In Wirklichkeit ist sie eine Förde, ein weit ins Land reichender Arm der Ostsee. Von Fahrdorf radeln Sie über Stexwig, Borgwedel und Güby nach Fleckeby. Nun folgen Sie der Bundesstraße 76 in östlicher Richtung, bis es nach 3 Kilometern links nach Missunde abgeht. Sie überqueren mit der Fähre die Schlei, die hier zu einem schmalen Fluß geworden ist, und fahren dann über Brodersby, Schaalby, Moldenit und Klensby zum Brautsee. Von dort sind Sie schnell wieder in Schleswig.

Sehenswertes

① Wenn Sie sich für Möbel und Einrichtungen interessieren, fahren Sie in Schleswig zum Schloß Gottdorf. Wer Freude an mittelalterlichen Wandmalereien hat, geht in den Dom. Dort findet er außerdem den Bordesholmer Altar, ein spätgotisches Kunstwerk allerersten Ranges.

② Bei Haddeby fand man Reste der alten Wikingerstadt Haithabu und auch ein Wikinger-Kriegsschiff. Im Haithabu-Museum bei Haddeby werden die Funde gezeigt.

③ Schloß Louisenlund wurde 1755 erbaut. Mit seinen prächtigen Baumbeständen liegt es direkt an der Schlei.

④ Südlich von Ascheffel ragt 97 Meter hoch der Aschberg auf. Der ist den kleinen Abstecher wert, wenn Sie einen feinen Rundblick über den Naturpark Hüttener Berge haben möchten. (Der Naturpark reicht bis an die Schlei, Schloß Louisenlund gehört noch dazu.)

11 – 32 km – Zum Wald am Scheelsberg

Diese Radwanderung führt Sie in Deutschlands nördlichsten Naturpark – den der Hüttener Berge. Es sind die Höhenzüge einer Endmoräne, die es immerhin schaffen, den Scheelsberg 106 Meter aufragen zu lassen. Unsere

Rapslandschaft bei Schleswig

Rundfahrt beginnt in Selk. Sie radeln nach Geltorf, dann über Saar und Grevensberg, vorbei am Scheelsberg. (Dort erstreckt sich die größte zusammenhängende Waldfläche der ganzen Gegend. Man kann hier allerlei Wild, aber auch viele Sing- und Greifvögel beobachten.) Weiter geht es nach Ascheffel und Vogelsang. Dort biegen Sie links auf das Sträßchen nach Fleckeby ein. Über Borgwedel, Fahrdorf und Loopstedt kommen Sie nach Selk zurück.

12
55 km

Große Rundfahrt:
An der Schlei und im Naturpark

Wenn Sie die beiden schon beschriebenen Routen zusammenfassen, haben Sie eine äußerst abwechslungsreiche Fahrradtour vor sich. Wasser, Wald, Berge – man sollte gar nicht glauben, daß es hier so viele unterschiedliche Landschaftsformen gibt.

Informationen

Fremdenverkehrsverband Schleswig-Holstein, Niemannsweg 31, 24105 Kiel 1, Tel. 04 31-5 60 00

Fremdenverkehrsverein Hüttener Berge, 24358 Ascheffel, Tel. 0 43 53-99 72 18

🚲 *am Bahnhof: Seite 438*

Am Wittensee

Dieses Gebiet gehört überwiegend zum Naturpark Hüttener Berge, dem nördlichsten in Deutschland. Auf ebenen Straßen kommen Sie – zwischen Wittensee und dem Nord-Ostsee-Kanal – immer wieder durch hübsche Moor- und Heidelandschaften.

13 – 20 km
Durchs Moorgebiet bei Haby

Von Groß-Wittensee fahren Sie zunächst auf der Bundesstraße 203 südwestlich am Wittensee entlang, biegen aber hinter Klein-Wittensee ab und bleiben bis Bünsdorf in der Nähe des Ufers. Ab Bünsdorf geht es geradeaus südlich bis zum Schirnauer See. Der ist eigentlich nur eine Erweiterung der Oberen Eider, durch die man hier den Nord-Ostsee-Kanal gelegt hat.

Sehenswertes

① Am 100 Kilometer langen Nord-Ostsee-Kanal, der zwischen 1887 und 1895 gebaut wurde, herrscht reger Schiffsverkehr. Man sieht zahlreiche Leuchttürme, Lösch- und Ladeplätze.

② Am Eiderkanal aus dem 18. Jahrhundert wurden einige Schleusen und Treidelpfade restauriert. Eine dieser alten Schleusen – die bei Kluvensiek – hat schöne gußeiserne Brückenportale. Am ehemaligen 6 km langen Kanalstück stehen noch einige Schleusenwärterhäuser und Pferdestationen.

③ Rendsburg ist zwischen die alten Festungsbauwerke eingebettet. Weithin sichtbar die Eisenbahnhochbrücke über den Nord-Ostsee-Kanal mit einer Schwebefähre. Die gotische Marienkirche mit Holzkanzel der Spätrenaissance stammt von 1287, das Fachwerk-Rathaus mit reichbemalter Täfelung aus dem Jahre 1720 im Bürgermeistersaal entstand im Jahre 1566.

Am Schirnauer See entlang fahren Sie nach links bis Sehestedt, biegen dann links ab und kommen durch ein Moorgebiet nach Haby. Kurz vor Groß-Wittensee erreichen Sie wieder das Ufer des Wittensees.

14 – 30 km
Zum Bistensee

Sie starten in Rendsburg und radeln nordwärts über Rickert und Alt-Duvenstedt, kreuzen die Autobahn und kommen so zum Südufer des Bistensees. In einem Bogen fahren Sie über Ahlefeld und Bistensee zu seinem nordöstlichen Ufer und weiter nach Klein-Wittensee. Hier geht es wieder südlich über Bünsdorf zum Schirnauer See und rechts zurück nach Rendsburg.

Das Staatstheater in Rendsburg

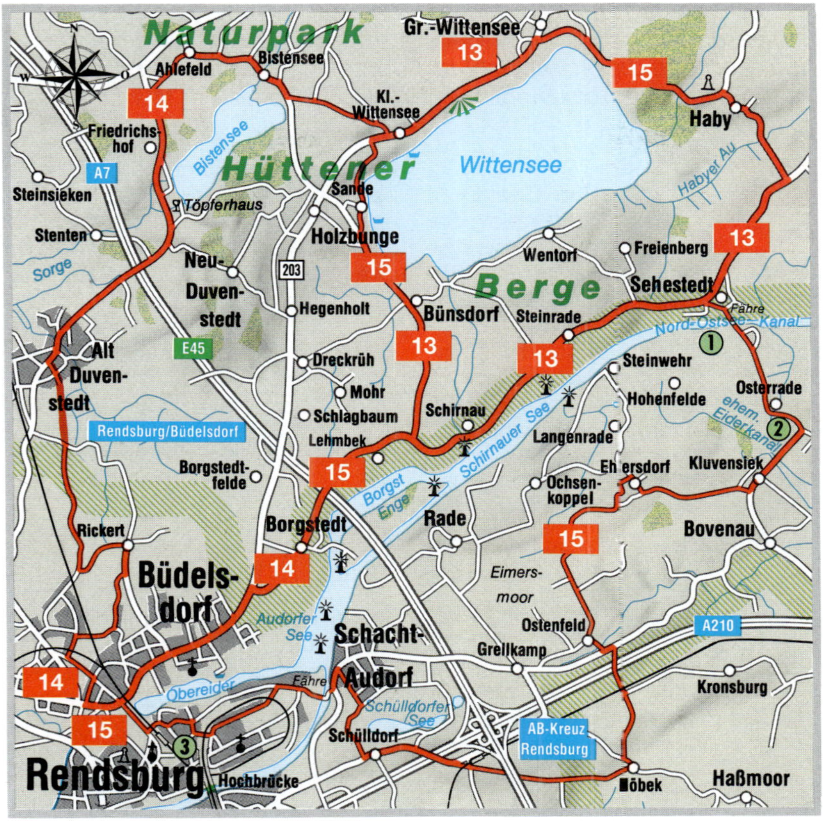

15
40 km

Große Rundfahrt:
Am Schirnauer-, Witten- und Schülldorfer See

Sie starten in Rendsburg und fahren durch Büdelsdorf nach Borgstedt. Weiter geht es nach Lehmbek. Kurz hinter dem Ort zweigen Sie links in Richtung Bünsdorf ab.
Sie fahren nun weiter am Wittensee entlang über Groß-Wittensee in die Moorgebiete bei Haby kommen alsbald und nach Sehestedt, wo Sie auf einer Fähre den Nord-Ostsee-Kanal überqueren. Nun radeln Sie wieder nach Süden über Osterrade und Kluvensiek. Von der Straße, die nach Bovenau führt, biegen Sie rechts nach Ehlersdorf ab.

Über Ostenfeld kommen Sie nach Höbek, hinter dem die Straße rechts ab nach Schülldorf und dann am Schülldorfer See vorbei vollends nach Rendsburg zurückführt.

Informationen

Fremdenverkehrsverband Schleswig-Holstein, Niemannsweg 31, 24105 Kiel, Tel. 04 31-5 60 00

Verkehrsverein, Altes Rathaus, 24768 Rendsburg, Tel. 0 43 31-2 11 20

🚲 am Bahnhof: Seite 438

Am Dellstedter Moor

In dieser Gegend ist es noch recht feucht. Sie merken das an den zahllosen winzigen Entwässerungsgräben, Kanälen und Flüßchen, die dieses Marschland durchziehen. Auch einige richtige Moore gibt es noch – doch Sie finden auch Wälder.

16 **25 km**

Durch die Dithmarscher Geest

Von Tellingstedt radeln Sie nordöstlich auf einer kleinen Straße nach Dellstedt. Da sind Sie bereits am Südrand des Dellstedter Moors mit seinen Naturschutzzonen. Von Dellstedt fahren Sie rechts auf einem winzigen Sträßchen zur Bundesstraße 203; die überqueren Sie, um nach Wrohm zu kommen. Die Landschaft, die sich zwischen Tellingstedt und Wrohm erstreckt, heißt Süderdorf. Von hier geht es weiter über Süderrade und Osterrade. Dort radeln Sie nach Offenbüttel und Bunsloh Richtung Albersdorf. Kurz vor Albersdorf biegen Sie rechts auf die Landstraße nach Tellingstedt. Dort fahren Sie umgeben von Wiesen und Wäldern durch die Dithmarscher Geest nach Tellingstedt zurück.

Sehenswertes

① *Delve ist ein altes Schifferdorf an der Eider mit vielen Reetdachhäusern und einer spätromanischen Feldsteinkirche. Innen finden Sie von der Schiffahrtsgilde gestiftete Schiffsmodelle.*

② *Das Steinkammergrab bei Linden-Pahlkrug wurde etwa zwischen 2800 und 2400 v. Chr. als Ganggrab mit Grabkammer für Mehrfachbestattungen angelegt.*

③ *In der romanischen Feldsteinkirche in Tellingstedt finden Sie eine alte Orgel von 1642. Wahrzeichen der Kirche ist der 42 m hohe schiefe Turm. Tellingstedt war zwischen dem 17. und 19. Jahrhundert eine bekannte Töpferstadt.*

④ *Der Schalenstein bei Bunsoh ist ein Großsteingrab, abgedeckt mit drei großen Steinen, zum Teil mit noch erkennbaren Abbildungen.*

⑤ *Der Brutkamp in Albersdorf ist ein Kammergrab der jüngeren Steinzeit. Vom Aussichtsturm haben Sie einen weiten Blick über das Land bis zu den Hüttener Bergen.*

17 **40 km**

Nahe dem Naturschutzgebiet Delver Koog

Von Tellingstedt fahren Sie westlich auf einer kleinen Straße durch ein Gebiet mit vielen Entwässerungsgräben über Rederstall und Barkenholm nach Linden, einem hübschen, typischen Dorf mit historischen Bauernhäusern. Dort geht es rechts ab in Richtung Linden-Pahlkrug (wo Sie eine begehbare steinzeitliche Grabkammer finden) und dann weiter auf kleinen Sträßchen nach Hennstedt. Kurz vor Hennstedt

Haus bei Dellstedt

fahren Sie rechts auf einem kleinen Sträßchen über Hollingstedt nach Delve. Hier lohnt sich ein Abstecher zum Naturschutzgebiet Delver Koog, 3 km nördlich von Delve, mit seinen seltenen Vogelarten. Weiter gehts über Schwienhusen, Wallen nach Pahlhude. Sie fahren an der Eider entlang zum Hof Tielenburg durch das Dellstedter Moor nach Dellstedt und dort rechts nach Tellingstedt zurück.

18
55 km

Große Rundfahrt:
Zwischen dem Tal der Eider und der Westerau

Von Dellstedt nördlich zum Hof Tielenburg entlang der Eider nach Delve. Richtung Hennstedt nach Brandmoor, Linden, Tellingstedt. Von dort geht es südlich bis kurz vor Albersdorf, ein Stück parallel am Flüßchen Westerau. Hier links über Bunsoh, Offenbüttel, Osterrade nach Dellstedt zurück.

Informationen

Fremdenverkehrsverband Schleswig-Holstein, Niemannsweg 31, 24105 Kiel, Tel. 04 31-5 60 00

Verkehrsverein, Nordermarkt 10, 25704 Meldorf, Tel. 0 48 32-70 46

🚲 *am Bahnhof: Seite 438*

Im Dithmarscher Land

Dithmarschen – das ist eine historische Landschaft am Rand der stürmischen Nordsee. Die Dithmarscher Bauern waren stets so selbstbewußt, daß sie kaum je unterworfen und beherrscht wurden. Im Mittelalter bildeten sie sogar eine Art von Freistaat.

Sehenswertes

① Besonders hübsch in Büsum, ist der Fischereihafen mit seiner Kutterflotte. Die kleine St.-Clemens-Kirche, auf einer 7 m hohen Warft erbaut, ist ein einschiffiger Backsteinbau aus dem 15. Jahrhundert. Spaß machen auch das Nordsee-Aquarium und die Seehund-Aufzuchtstation.

② Der Speicherkoog wurde zum Schutz der dahinterliegenden Gebiete gegen die Sturmfluten und zur Landgewinnung geschaffen. Im Naturschutzgebiet leben viele seltene Vogelarten. Auch mehrere Biotope wurden angelegt. Ein Informations-Zentrum, der „Wattwurm“, gibt weitere Auskünfte.

③ Die Meldorfer Kirche, auch „Dom der Dithmarscher“ genannt, ist eine kreuzförmige Backsteinbasilika aus dem 13. Jahrhundert, die bedeutendste mittelalterliche Kirche im Nordseeraum, mit bemerkenswerter Innenausstattung.

Hübsch sind auch viele alte Bürgerhäuser aus dem 18. und 19. Jahrhundert.

Im Dithmarscher Landesmuseum befinden sich überaus umfangreiche Sammlungen zur Dithmarscher Landes-, und Volkskunde sowie zur Schifffahrt. Im Landwirtschaftsmuseum mit einem vollständig eingerichtetem Bauernhaus erfahren Sie allerlei über das Landleben. Interessant sind auch die Dithmarscher Museumswerkstätten mit historischer Handweberei.

19 – 23 km – Beim Naturschutzgebiet Speicherkoog

Von Meldorf fahren Sie nordwestlich über Thalingburen, ein altes Wurthdorf, nach Barsfleth. Nach 2 Kilometern biegen Sie kurz vor Christianskoog nach links zum Speicherkoog (mit Naturschutzgebieten und vielen Vogelarten). Den Speicherkoog durchqueren Sie bis zur Nordsee. Dort radeln Sie links, auf Wegen parallel zum Deich, vorbei am Neuen Meldorfer Hafen (mit der Schiffahrtsschleuse), zum Naturschutzgebiet Helmsand. (Die Hallig darf während der Brutzeit nicht betreten werden.) Auf Deichwegen und kleinen Straßen geht es zurück nach Meldorf

20 – 25 km – Am Naturschutzgebiet Barlterkleve

Diese Tour führt von Meldorf südwestlich nach Elpersbüttelerdeich. Am Deich entlang fahren Sie bis zur Abzweigung nach Eesch und nach Busenwurth (ein

Der Dom in Meldorf

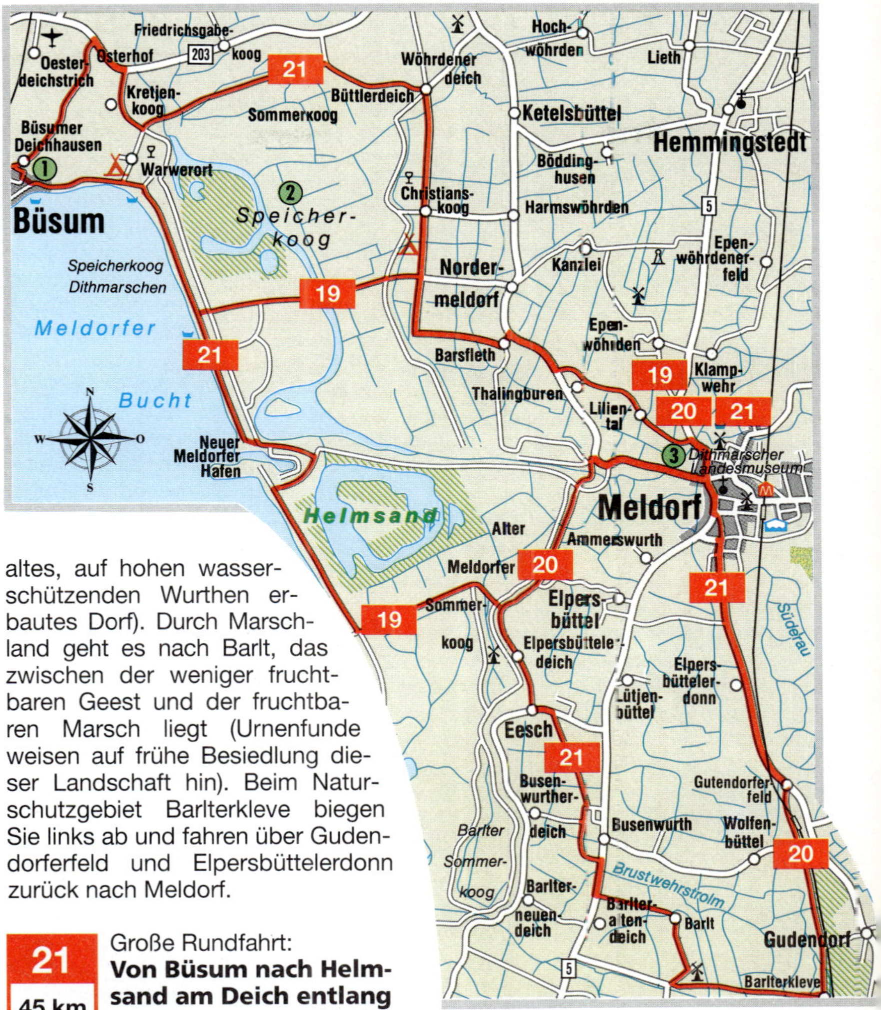

altes, auf hohen wasserschützenden Wurthen erbautes Dorf). Durch Marschland geht es nach Barlt, das zwischen der weniger fruchtbaren Geest und der fruchtbaren Marsch liegt (Urnenfunde weisen auf frühe Besiedlung dieser Landschaft hin). Beim Naturschutzgebiet Barlterkleve biegen Sie links ab und fahren über Gudendorferfeld und Elpersbüttelerdonn zurück nach Meldorf.

21
45 km

Große Rundfahrt:
Von Büsum nach Helmsand am Deich entlang

Von Meldorf fahren Sie über Thalingburen und Barsfleth zum Speicherkoog. Sie bleiben aber auf dem Sträßchen und fahren weiter über Christianskoog bis zum Wöhrdener Deich. Von dort geht es über Gut Osthof links nach Büsumer Deichhausen. Nun radeln Sie auf Wegen parallel zum Deich südöstlich bis nach Helmsand, fahren über Eesch und Barlt nach Barlterkleve und von dort links nach Meldorf zurück.

Informationen

Fremdenverkehrsverband Schleswig-Holstein, Niemannsweg 31, 24105 Kiel, Tel. 04 31-5 60 00

Fremdenverkehrsverein, Nordermarkt 10, 25704 Meldorf, Tel. 0 48 32-70 45/70 46

am Bahnhof: Seite 438

Am Plöner See

Der Plöner See ist nicht allein: Hier finden Sie eine ganze Seenplatte. Die Gewässer liegen in einer Landschaft, die sich poetisch „Holsteinische Schweiz" nennt, zwar nichts Eidgenössisches an sich hat, aber sehr hübsch ist.

22
35 km

Rund um den Großen Plöner See

Sie fahren von Plön zwischen dem Plöner und dem Schönsee nach Kleinmühlen. Von dort geht es am südöstlichen Ufer des Vierer Sees über Augstfelde und Waldshagen weiter nach Bosau. Am Bosauer Strandbad entlang kommen Sie nach Stadtbek und Bredenbek. Dort biegen Sie rechts ab bis kurz vor das Schloßgut-Gestüt Nehmten (die Gutsanlagen dürfen nicht betreten werden).
Sie radeln weiter auf einem für Kraftfahrzeuge gesperrten Sandweg durch den Nehmter Forst, vorbei an der Försterei, schönem altem Baumbestand und Pferdekoppeln über Godau, Sepel und Vogelsang nach Dersau. Dann geht es rechts direkt zur Dersauer Promenade, anschließend durch ein Gehölz und rechts ab zum Ascheberger Schloß. Hier fahren Sie auf einem Radweg neben der Bundesstraße 430 über Koppelsberg zurück nach Plön.

Sehenswertes

① Plön liegt wie eine Insel zwischen den Seen – mit seinem Spätrenaissance-Schloß (heute ein Internat), dem Prinzenhaus, der ehemaligen Hofapotheke (einem Fachwerkhaus aus dem 17. Jahrhundert) und der Johanniskirche. Im ehemaligen Witwenpalais ist heute das Kreisheimatmuseum mit Sammlungen zur Vor- und Frühgeschichte untergebracht.

② Die Kirche in Malente ist ein frühgotischer Feldsteinbau mit späteren Anbauten. Die über 300 Jahre alte Räucherkate, an der Straße nach Neversfelde, ist ein reetgedecktes Rauchhaus – ohne Schornsteine, mit einer Sammlung landwirtschaftlicher und handwerklicher Geräte.

③ Die kleine Kirche in Bosau aus dem 12. Jahrhundert ist eines der bedeutendsten Baudenkmäler in Schleswig-Holstein. Sie hat einen gotischen Schnitzaltar und ein Granit-Taufbecken von 950.

④ Über die Prinzeninsel (mit Niedersächsischem Bauernhaus von 1690) können Sie allerlei in der naturkundlichen Informationsstelle im Inselhaus sowie bei einem Gang auf dem Naturlehrpfad erfahren.

23
23 km

Durch den Staatsforst Eutin

Sie starten in Malente und fahren nordwestlich über

Am Plöner See

Malente-Neversfelde und danach links ab nach Timmdorf, das am Behler See liegt. Von dort lenken Sie ihr Rad im Bogen westwärts über Behl in Richtung Plön. In diesem charmanten, von Seen umgebenen Städtchen sollten Sie sich erst einmal umsehen, bevor die Fahrt in südliche Richtung weitergeht. Am Südostende des Vierer Sees biegen Sie scharf links ab und radeln über Kleinmühlen, Bösdorf, Oberkleveez und durch den Staatsforst Eutin zurück nach Malente.

Große Rundfahrt:
Von einem See zum anderen

24 55 km

In Malente beginnen Sie und kommen durch den Eutiner Forst und Bösdorf zum Vierer See. An dessen Südseite fahren Sie weiter nach Bosau und nach Stadtbek. Hier geht es noch weiter südlich bis zum Seedorfer See, wo Sie sich dann rechts halten und über Seedorf und Hornstorf nach Bredenbek radeln. Von dort geht es über Nehmten und Godau nach Vogelsang, weiter über Ascheberg nach Plön. Sie fahren weiter nach Behl, am Behler See vorbei und über Neversfelde zurück nach Malente.

Informationen

Fremdenverkehrsverband Schleswig-Holstein, Niemannsweg 31, 24105 Kiel 1, Tel. 04 31-560 00

Kurverwaltung, Am Lübschen Tor 1, 24306 Plön, Tel. 0 45 22-27 17

🚲 *am Bahnhof: Seite 438*

In der Wilstermarsch

Eine Marsch ist (im Gegensatz zur Geest) fruchtbares Schwemmland im Küstenbereich, gegen Überschwemmungen durch Deiche geschützt und durch Siele entwässert. Die Entwässerungsgräben sieht man bei Itzehoe überall.

25 — 35 km — Durch den Staatsforst Barlohe

Sie verlassen die malerische Stadt Itzehoe in Richtung Westen übers Juliankaholz nach Oldendorf. Weiter geht es auf einem kleinen Sträßchen über Huje, Steinörtchen, Mehlbek und Hadenfeld nach Schenefeld. Dort biegen Sie ganz scharf rechts ab und radeln über Pöschendorf und Looft bis zur Abzweigung rechts nach Drage, immer durch den Staatsforst Barlohe, wobei Sie mehrmals das Flüßchen Bekau überqueren. Ab Drage geht es über Hohenaspe, Burendahl und Ottenbüttel zurück nach Itzehoe.

Sehenswertes

① In Schenefeld steht die älteste Kirche des Landes. Sie wurde 825 erbaut und erinnert an die Ursprünge der Christianisierung des Nordens. Einige Teile des ältesten Mauerwerks sind erhalten, doch viel wurde auch umgebaut und verändert.

② Die Kaaksburg ist der gelungene Versuch, ein Römerkastell zu rekonstruieren.

③ In der Altstadt von Itzehoe steht die barocke St.-Laurentius-Kirche aus dem Jahr 1716. Ihre Ausstattung ist sehenswert. Es gibt einen romantischen Klosterhof und dort einen gotischen Kreuzgang.
Sehenswert ist auch der Prinzeßhof, in dem das Heimatmuseum untergebracht ist. Und das Rathaus von 1695 ist ebenfalls ein sehr ansehnliches Bauwerk.
Unser Radweg führt am Galgenberg vorbei. Dort hat man zwölf germanische Grabstellen aus der Zeit um 1600 bis 1200 v. Chr. gefunden.

26 — 33km — In den Niederungen des Flusses Stör

Sie fahren nördlich über Ottenbüttel und Drage bis zur Kreuzung hinter Katstelle. Dort biegen Sie rechts ab und radeln auf weiten Strecken durch den Staatsforst Barlohe über Ridders nach Hohenlockstedt, das Sie auf einer Nebenstraße nach Lohbarbek verlassen. In Lohbarbek geht es rechts nach Winseldorf und dann links zu den feuchten, teilweise auch sumpfigen Niederungen am Fluß Stör. Entlang diesem Fluß kommen Sie dann wieder zurück nach Itzehoe.

In Itzehoe

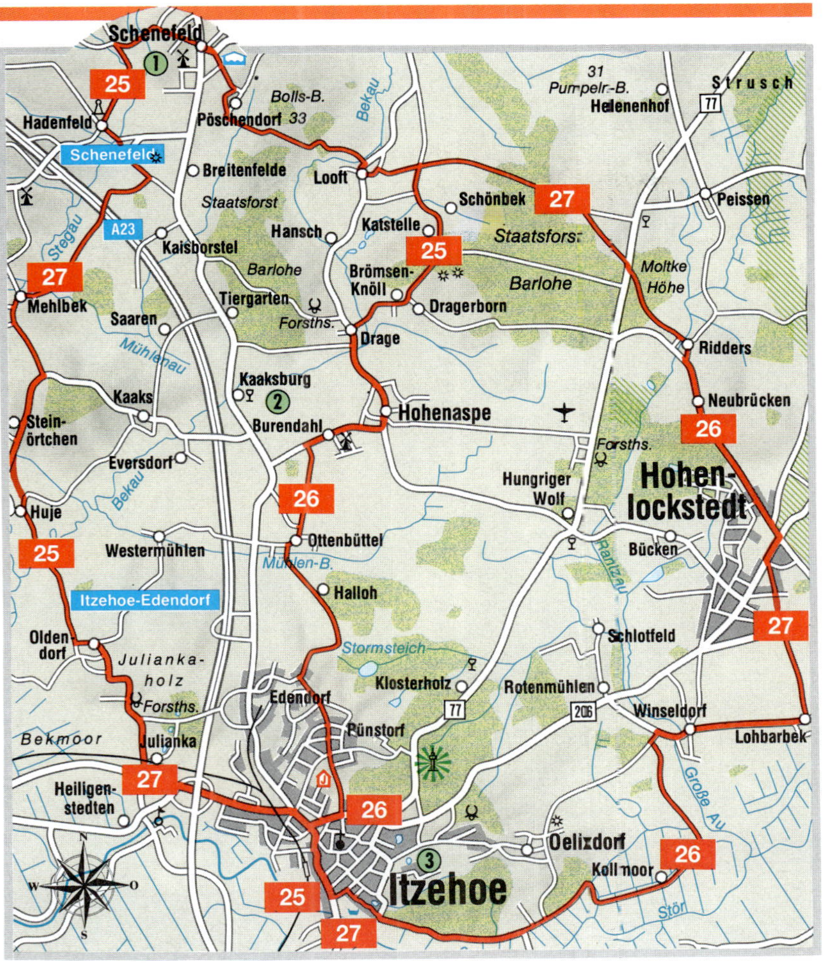

27
45 km

Große Rundfahrt:
Die Landschaft nördlich von Itzehoe

In einem großen Bogen führen wir Sie durch die Gegend im Norden von Itzehoe, auch ein Stückchen am Rande des Naturparks Aukrug entlang. Sie fahren zunächst norwestlich von Itzehoe über Julianka und Oldendorf (zwischen dem Bekmoor und dem Juliankaholz), über Huje und Mehlbek im Tal der Stegau nach Schenefeld. Über Pöschendorf radeln Sie, durch den Staatsforst Barlohe, nach Hohenlockstedt, dann über Lohbarbek, durch Winseldorf und Kollmoor nach Itzehoe zurück.

Informationen

Fremdenverkehrsverband Schleswig-Holstein, Niemannsweg 31, 24105 Kiel, Tel. 04 31-560 00
Verkehrsverein, Reichenstr. 23, 25524 Itzehoe, Tel. 0 48 21-61 309

🚲 am Bahnhof: Seite 438

Am Segeberger See

Die Stadt Bad Segeberg ist aus zwei Gründen bekannt. Erstens gibt es dort sehr eindrucksvolle Kalkberghöhlen, von denen ein großer Teil begehbar ist. Und zweitens treten dort jedes Jahr Winnetou und Old Shatterhand bei den Karl-May-Festspielen auf.

28
25 km

Am Neversdorfer und Mözener See

Von Bad Segeberg radeln Sie zunächst zu den Kalkberghöhlen und dann weiter südwärts über Christianshof und Klein Gladebrügge, Herrenmühle, Schwissel nach Bebensee. Da kommen Sie zum Neversdorfer See. An dem fahren Sie zunächst östlich, dann südlich vorbei. Bei Leezen biegen Sie rechts ab auf ein ganz kleines Sträßchen, das nach Kükels führt (passieren dabei etliche kleine Teiche) und weiter nach Wittenborn. Da haben Sie rechter Hand, aber ein ganzes Stück von der kleinen Straße entfernt, den Mözener See. Auf den steuern Sie von Wittenborn aus zu, indem Sie wiederum ein kleines Sträßchen nehmen, das nach Mözen führt. Dort begeben Sie sich auf die Bundesstraße 432, mit der Sie – auf einem sehr schön geführten Straßenstück – nach Bad Segeberg zurückfahren.

Sehenswertes

① *Die ursprünglich aus dem 12. Jahrhundert stammende St.-Marien-Kirche von Bad Segeberg hat einen prachtvollen Schnitzaltar von 1515. In der Altstadt stehen noch alte Bürgerhäuser, im ältesten von 1606, finden Sie das Heimatmuseum.*

② *Die rund 800 m langen und bis zu 15 m hohen Kalkberghöhlen mit verschiedenen Sälen sind Lebensraum für eine Fülle von Fledermausarten. Bei der Freilichtbühne ist während der Festspielzeit auch ein Apachendorf aufgebaut.*

③ *Schloß Nütschau ist ein Herrenhaus von 1577.*

29
35 km

Im Tal der Leezener Au

Von Bad Segeberg fahren Sie nach Klein Gladebrügge. Dort halten Sie sich links und fahren nach Dreggers. Von hier geht es auf Landstraßen südlich nach Sühlen und über Schlamersdorf nach Nütschau. Dort nehmen Sie die Landstraße nach Tralau und weiter nach Leezen am Neversdorfer See. Ab hier nach Kükels im Tal der Leezener Au zurück nach Bad Segeberg.

30
40 km

Große Rundfahrt: Zum Naturschutzgebiet Ihlsee

Von Bad Segeberg fahren Sie an den Kalkberghöhlen vorbei nach Klein Gladebrügge und über Bebensee nach Leezen. Hier geht es

Bad Segeberg

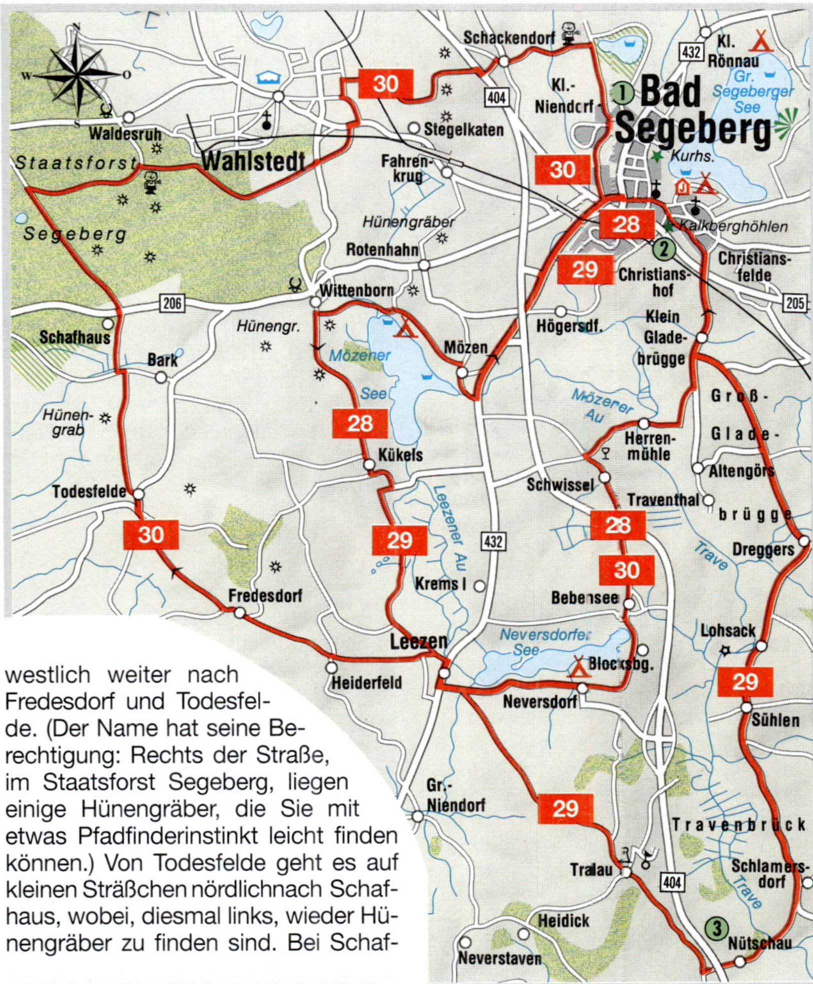

westlich weiter nach Fredesdorf und Todesfelde. (Der Name hat seine Berechtigung: Rechts der Straße, im Staatsforst Segeberg, liegen einige Hünengräber, die Sie mit etwas Pfadfinderinstinkt leicht finden können.) Von Todesfelde geht es auf kleinen Sträßchen nördlichnach Schafhaus, wobei, diesmal links, wieder Hünengräber zu finden sind. Bei Schafhaus kommen Sie in den Hauptteil des Segeberger Staatsforstes. In den dringen Sie auf einem pfeilgeraden Fahrweg ein bis zur ersten Kreuzung. Dort nehmen Sie den Fahrweg, der rechts in östliche Richtung abbiegt und Sie an Wahlstedt vorbei und durch Schackendorf zum Naturschutzgebiet am Ihlsee bringt. Über den Ortsteil Klein Niendorf geht es nach Bad Segeberg zurück.

Informationen

Fremdenverkehrsverband Schleswig-Holstein, Niemannsweg 31, 24105 Kiel, Tel. 04 31-5 60 00

Tourist-Information, Oldesloer Straße 20, 23795 Bad Segeberg, Tel. 0 45 51-5 72 33

🚲 am Bahnhof: Seite 438

Am Timmendorfer Strand

Zur Lübecker Bucht gehören einige der beliebtesten Ostseestrände. Zwischen Pelzerhaken und Travemünde gibt es kilometerweit Sand. Und zahllose Strandkörbe. Der Timmendorfer Strand ist inzwischen ein Symbolort für feinen Ostseeurlaub.

Sehenswertes

① Die Hasselburg ist ein von Wassergräben umgebenes Gutshaus mit reetgedeckter Scheune und prächtigem Torhaus. Regelmäßig finden hier Konzerte statt.

② Bei Altenkrempe steht die über 800 Jahre alte „Kirche ohne Dorf", ein mächtiges, dreischiffiges Bauwerk mit einer prächtigen Ausstattung. In diesem Gotteshaus sollten die heidnischen Wenden bekehrt werden. Außerdem aber wollte Graf Adolf III. von Schauenburg die Kirche zum Prachtbauwerk einer großen neuen Handelsmetropole machen.
Der Plan zerschlug sich, die Händler zogen Neustadt vor. Aber die Kirche ist großartig.

③ Pelzerhaken hat einen prächtigen, flachen und steinfreien Sandstrand. Sein Leuchtturm auf der vorspringenden Landspitze hat nach wie vor große Bedeutung für die Schiffahrt in der ganzen Lübecker Bucht.

④ Hansaland ist ein Vergnügungspark mit Wildwasserbahn und Westernzug, Indianerlager und Schimpansenrevue, Delphinschau und Looping-Bahn.

⑤ Der 40 000 Quadratmeter große Vogelpark liegt tief, ist feucht und sumpfig – also ganz ideal für die Brutkolonien vieler seltener Wasservögel.
Auch zahlreiche seltene Feuchtpflanzen sind hier zu Hause und gedeihen gut.

31 – 25 km – An der Neustädter Bucht

Sie starten in Neustadt und radeln auf wenig befahrenen Nebenstraßen westlich über Roge nach Gömnitz. Dort geht es nach Nordosten über Sierhagen und Hasselburg bis Altenkrempe. Biegen Sie nun links ab nach Logeberg und fahren Sie weiter über Merkendorf durch die Dünenlandschaft zur Neustädter Bucht! Über Rettin fahren Sie zurück nach Neustadt.

32 – 40 km – An Taschensee und Süseler See

Der Rundweg führt zunächst von Neustadt am Freizeitpark Hansaland vorbei nach Sierksdorf und folgt der 15 Kilometer langen

Am Timmendorfer Strand

Bucht nach Süden. Durch Scharbeutz und Timmendorfer Strand fahren Sie bis Niendorf. Dort biegen Sie rechts ab und fahren nach Groß-Timmendorf. Jetzt geht es wieder nach Norden und beim Scharbeutzer Ortsteil Kiepenberg links ab nach Schürsdorf und Klingberg am Pönitzer See. Ihm entlang fahren Sie nach Gronenberg, berühren den Taschen- und Süselersee. Über Roge (dort rechts!) erreichen Sie Neustadt.

Informationen

Fremdenverkehrsverband Schleswig-Holstein, Niemannsweg 31, 24105 Kiel, Tel. 04 31-5 60 00

Verkehrsverein, Kongreßhaus, 23669 Timmendorfer Strand, Tel. 0 45 03-24 94

🚲 am Bahnhof: *Seite 438*

Große Rundfahrt:
An der Küste und im Hinterland

33
60 km

Ab Neustadt fahren Sie zuerst an der Neustädter Bucht entlang nach Rettin, dann links über Merkendorf nach Altenkrempe. Von Altenkrempe radeln Sie über Sierhagen, Roge und Övelgönne nach Schürsdorf. Dort geht es links nach Kiepenberg, dann über Groß-Timmendorf nach Timmendorfer Strand an der Küste entlang über Scharbeutz zurück nach Neustadt.

Im Naturpark bei Ratzeburg

Unsere Radwanderungen, die hier beschrieben sind, bewegen sich im Naturpark Lauenburgische Seen. Von denen lernen Sie einige kennen – natürlich nicht alle, dazu sind es zu viele. Immerhin: Am größten fahren Sie ein Uferstückchen lang vorbei.

34 – 30 km

Am Lüttauer- und Schmalsee

Durch den Kurpark in Ratzeburg und über den ehemaligen Kleinbahndamm geht es nach Waldesruh, vorbei am Schaalseekraftwerk, zur Farchauer Mühle. Durch den Wald führt der Weg dann weiter nach Schmilau und über Alt- und Neu-Horst nach Lehmrade. Auf dem ausgebauten ehemaligen Bahndamm radeln Sie bis zum Lüttauer See und am Ufer des Lüttauer- und des Schmalsees nach Mölln. Am Ortsrand von Mölln biegen Sie rechts ab nach Fredeburg, fahren durch den Möllner Stadtpark und den Farchauer Forst. Vor der Domäne Fredeburg biegen Sie rechts nach Farchau ein und umfahren den Küchensee auf der Westseite. So kommen Sie nach Ratzeburg zurück.

Sehenswertes

① Berkenthin hat eine romanische Kirche mit gotischen Ausmalungen und einer Renaissance-Kanzel.

② Der Dom in Ratzeburg ist Norddeutschlands älteste romanische Backsteinkirche. Daneben: Das Haus der Mecklenburg-Herzöge.

③ Bei Fredeburg wurde ein Wisentgehege eingerichtet.

④ Mölln – die Stadt von Till Eulenspiegel – hat schöne alte Fachwerkhäuser und ein berühmtes gotisches Rathaus.

⑤ Der Oldenburger Wall wurde im 9. Jahrhundert als Schutzwall angelegt.

35 – 40 km

Entlang dem Ratzeburger See

Von der Schiffsanlegestelle in Ratzeburg befahren Sie die herrliche Strecke am Westufer des Ratzeburger Sees auf der ehemaligen Trasse der Kleinbahn, die schon 1933 wegen Unrentabilität eingestellt wurde. Weiter geht es auf dem gut ausgeschilderten Wanderweg, dem See entlang, an Einhaus vorbei nach Buchholz. Dort nehmen Sie die Bundesstraße 207 bis kurz vor Pogeez. Da biegen Sie links ab und radeln am Forsthaus Bartelsbusch vorbei durch den Wald nach Berkenthin. Dort überqueren Sie bei der Kirche den Elbe-Lübeck-Kanal und radeln am westlichen Ufer vorbei nach Hude. Über die Brücke geht es dann bei Anker wieder rechts ab in Richtung Neulankau und weiter am Ostufer des Kanals bis zum Schullandheim. Dort fahren Sie durch den Wald links an der Südspitze des Lankauer Sees vorbei nach Gretenberge und dort rechts ab nach Mölln. Ratzeburg erreichen Sie durch den Kreisforst Farchau.

Ratzeburg

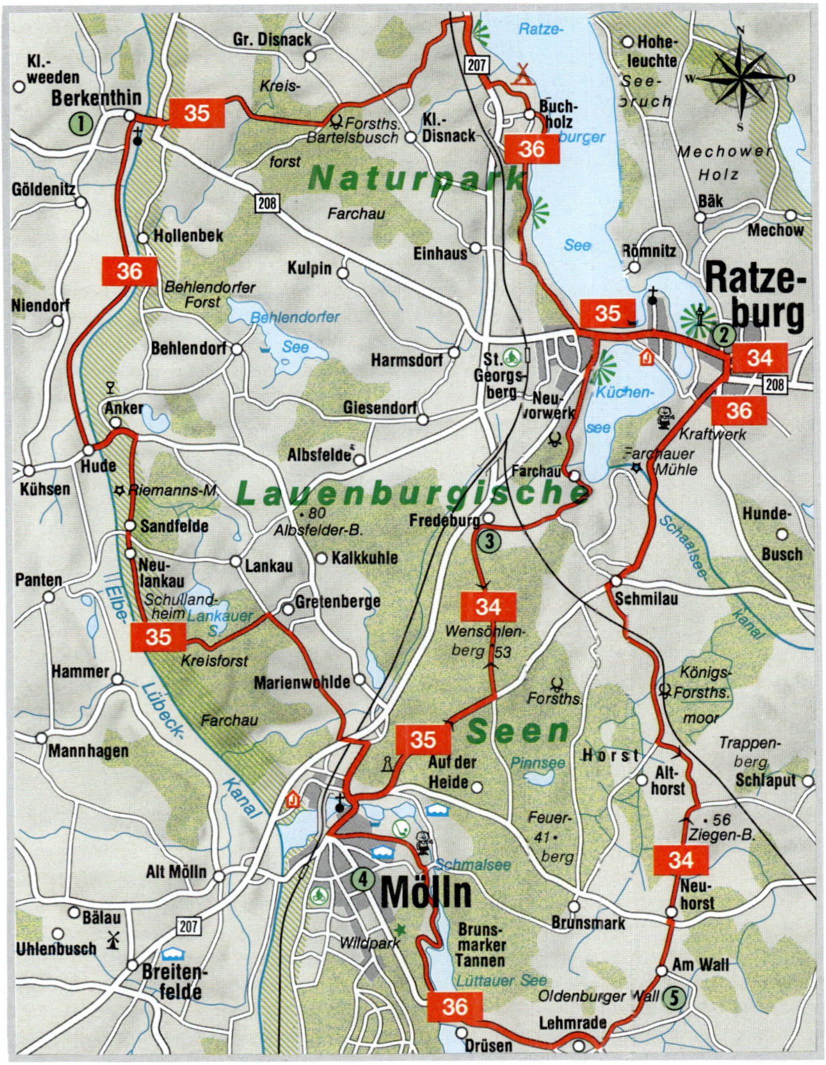

36

48 km

Große Rundfahrt:
In einem weiten Bogen durch den Naturpark

Diese Tour führt in einem weiten Kreis durch den Naturpark Lauenburgische Seen von Ratzeburg über Schmilau, Mölln, Anker und Berkenthin zurück nach Ratzeburg.

Informationen

Fremdenverkehrsverband Schleswig-Holstein, Niemannsweg 31, 24105 Kiel, Tel. 0431-560 00
Amt für Fremdenverkehr, Am Markt 9, 23909 Ratzeburg, Tel. 0 45 41-80 00 81
🚲 am Bahnhof: *Seite 438*

Das Wasser reicht bis ins Zentrum

Die lebendige, moderne Großstadt besitzt den größten Hafen der Bundesrepublik. Ihr schönes Stadtbild verdankt sie nicht zuletzt dem Flüßchen Alster, das mitten im Zentrum zur beckenartigen Binnenalster und, jenseits von Lombards- und Kennedybrücke, zur Außenalster aufgestaut ist – einem weiten, von Grünanlagen umgebenen Segelrevier. Hier, wie im riesigen, geschäftigen Hafen sind Schiffsrundfahrten lohnend. Wer einen Einkaufsbummel liebt, schlendert durch das kilometerlange Netz eleganter Ladenpassagen, das den Stadtkern durchzieht.

Übersicht

Freie und Hansestadt Hamburg auf einen Blick

Größe: 755 km².
Einwohner: 1,6 Millionen.
Bevölkerungsdichte: 2153 Einwohner/km².
Hamburg ist der größte Seehafen Deutschlands und sein bedeutendster Außenhandelsplatz.
Wirtschaft: Handel, Schiffsbau, chemische Industrie, Metallindustrie, Nahrungs- und Genußmittelindustrie, Medien.
Bekannte Flüsse: Elbe, Alster, Bille.
Waldfläche: 4,4 Prozent.
Ackerland: 14,2 Prozent.

Bereits 825 gab es ein Hammaburg. Im 11. Jahrhundert war es ein Erzbistum, im 12. Jahrhundert gründeten die Schauenburger Grafen eine Neustadt mit einem neuen Hafen. Die Hamburger bekamen Handels-, Zoll- und Schiffahrtsprivilegien. Der 7. Mai 1189 wird alljährlich als Geburt des Hamburger Hafens gefeiert.
1230 wurde die Alster aufgestaut, da man die Wasserkraft zum Betreiben einer Getreidemühle brauchte. So entstanden Außen- und Binnenalster.
Hamburg wurde eines der ersten und wichtigsten Mitglieder der Hanse und der wichtigste Umschlagplatz zwischen Nord- und Ostseeraum. 1510 wurde Hamburg Freie Reichsstadt.
1558 gründete man die Börse, eine der ersten in Deutschland. 1815 trat Hamburg dem Deutschen Bund als Freie Hansestadt bei, 1871 dem Deutschen Reich. 1946 wurde es als selbständiges Land neu gebildet.

Alsterdampfer vor der Lombardsbrücke

Hamburg

An der Unterelbe

Es ist eine originelle Landschaft, die sich da westlich von Hamburg auftut: die Haseldorfer Marsch – bereits eine typische Küstenformation mit vielen kleinen Wasserläufen. Weiter östlich, der Hauptstadt zu, wird es eine eher moorige Gegend.

37
35 km

Durch die Haseldorfer Marsch

Sie beginnen in Wedel und fahren elbabwärts – vorbei an Fährmanssand und Giesensand. Kurz danach geht es rechts ab über kleine Wege durch den Südteil der Haseldorfer Marsch über Hetlingen und Roßsteert nach Haseldorf. Von hier kommen Sie nun nördlich auf einer Landstraße über Kamperrege nach Haselau. Dort halten Sie sich links, fahren dann gleich wieder rechts ab, auf einer kleinen Straße, die Sie über Bauland bis zur Pinnau führt. Am Ufer des Flüßchens biegen Sie rechts ab und kommen so auf kleinen Wegen über Heidrege und Ober-Glinde nach Appen. Am Ortsende biegen Sie wieder rechts ab zum Schäferhof und radeln dann weiter zur Straße, die von Pinneberg nach Wedel führt. Auf der fahren Sie am Katharinenhof vorbei und durch einige historische Moorgegenden: Rechts liegt das Wittsmoor, links das Butterbargs- und das Seemoor. Und dann sind Sie wieder in Wedel.

Sehenswertes

① *Haseldorf ist ein altes, typisches Marschendorf mit einem hübschen Schloß in einem parkartigen Garten.*

② *Auf Wedels Marktplatz steht ein uriger, klobiger Roland von 1558.*

③ *Schulau bietet in seinem Fährhaus zweierlei: Erstens ein Buddelschiff-Museum. Und zweitens die berühmteste Schiffs-Begrüßungsanlage der Welt: Jeder vorbeifahrende Pott wird mit seiner Flagge, seiner Nationalhymne und einem Willkommen begrüßt. Man kann zuschauen.*

④ *Blankenese ist Hamburgs hübschester Vorort – mit einem alten Ortskern am steilen Geesthang.*

38
25 km

Rund um die Moore

Starten Sie in Blankenese, fahren Sie über Wittenbergen nach Schulau, zur Schiffsbegrüßungsanlage am Fährhaus! Dann geht es weiter nach Wedel und von

Der Hamburger Hafen

dort Richtung Pinneberg in die Moorgegend. Links haben Sie das Wittsmoor, rechts das Seemoor und das Butterbargsmoor, um die Sie nun herumfahren.
Bald taucht links der Staatsforst Rantzau auf, dann nähern Sie sich dem Schnaakenmoor. So kommen Sie nach Rissen und von dort nach Blankenese zurück.

Informationen

Tourismus-Zentrale Hamburg, Burchardstraße 14, 20095 Hamburg, Tel. 040-30 05 10

Tourist-Information, Im Hauptbahnhof, 20099 Hamburg, Tel. 040-30 05 12 03

39
45 km

Große Rundfahrt:
Zwischen Elbe und Pinnau

Von Blankenese fahren Sie die Elbe entlang, über Schulau und Wedel bis nach Giesensand.
Hinter Giesensand fahren Sie rechts nach Hetlingen, Roßsteert, Haseldorf, Kamperrege und Haselau bis zum Ufer der Pinnau.
Über Heidrege kommen Sie nach Oberglinde, dann nach Appen und, dort rechts abbiegend, zum Schäferhof, hinter dem Sie die Landstraße nach Pinneberg überqueren. Am Staatsforst Rantzau geht es über Rissen nach Blankenese zurück.

Im Alten Land

Es gibt Kundige, die behaupten, das Schönste an Hamburg läge überhaupt südlich der Elbe: es sei das „Alte Land" – mit seinen reichen und behäbigen Fachwerkhöfen, mit seinen Obstbäumen und seiner Ruhe. Unsere Routen führen Sie hindurch.

40
25 km

Auf dem Obstmarschenweg

In Finkenwerder beginnen Sie die Tour und fahren westlich über Liedenkummer im Norden (so, „Liedenkummer im Norden", heißt dieser Ort tatsächlich) am Elbufer entlang nach Cranz. Von hier geht es nach Liedenkummer im Süden (das ist der Partner vom nördlichen Liedenkummer), und da sind Sie nun schon auf dem Obstmarschenweg – der aussagt, daß Sie hier zwar durch ein Marschenland fahren, aber durch eines mit zahllosen Obstbäumen (was besonders im Frühling, zur Zeit der Baumblüte, etwas Wunderschönes ist).

Der Weg bringt Sie über Nincop und Vierzigstücken, über Francop und Hohenwisch nach Altenwerder. Von dort fahren Sie durch eine Gegend, die zur Hälfte aus Industriegelände, zur Hälfte aus Häfen besteht (und nicht die schönste Ecke von Hamburg ist) nach Finkenwerder zurück.

Sehenswertes

① In Cranz sind die Schleuse und die Werftanlagen eindrucksvoll.

② Finkenwerder war eine Insel, ein Fischer- und Bauerndorf. Der Heimat- und Seefahrts-Dichter Gorch Fock (1880-1916), der eigentlich Johann Kinau hieß und mit Vorliebe in Hamburger Platt schrieb, wurde hier geboren. In seinem Haus werden Folklore-Aufführungen geboten. Seit 1962 (als nach der großen Flutkatastrophe die Süderelbe abgedeicht wurde) ist die Insel Finkenwerder ein Stück vom Festland, ein Wohnviertel am Hafenrand geworden.

③ Bei Ehestorf liegt das Freilichtmuseum am Kiekeberg. Dorthin wurden alte Häuser und Höfe aus der Nordheide gebracht, restauriert und eingerichtet. Haustiere leben dort, im Backhaus wird Brot gebacken. Besonders interessant und typisch für ein niederdeutsches Wohnstall-Haus ist das Meybohmsche Haus, das 1797 in Krakensdorf gebaut worden war. Es gibt auch einen Honigspeicher von 1688, strohgeflochtene Bienenkörbe und einen Ziehbrunnen.

④ Der Rosengarten ist eine besonders hübsche und interessante Mischung aus Laubwald und Heidelandschaft.

41
20 km

Im Naturpark Harburger Berge

Von Hausbruch fahren Sie nach Süden ins Gebiet der Schwarzen Berge, die bereits zum Norden des Naturparks Harburger Berge gehören. Sie stellen zwar kein wildes Gebirge dar, aber da Hamburg kaum über dem Meeresspiegel

Im Alten Land

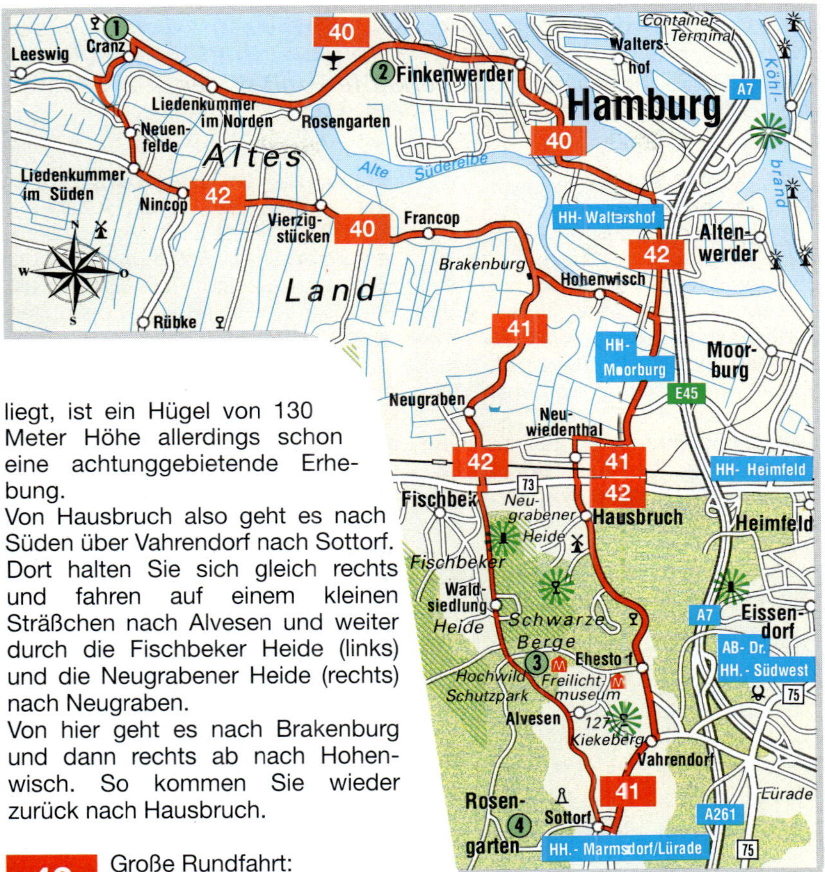

liegt, ist ein Hügel von 130 Meter Höhe allerdings schon eine achtunggebietende Erhebung.

Von Hausbruch also geht es nach Süden über Vahrendorf nach Sottorf. Dort halten Sie sich gleich rechts und fahren auf einem kleinen Sträßchen nach Alvesen und weiter durch die Fischbeker Heide (links) und die Neugrabener Heide (rechts) nach Neugraben.

Von hier geht es nach Brakenburg und dann rechts ab nach Hohenwisch. So kommen Sie wieder zurück nach Hausbruch.

42
40 km

Große Rundfahrt:
Zwischen der Elbe und den Schwarzen Bergen

Von Hausbruch fahren Sie durch den Nordzipfel des Naturparks Harburger Berge ins Gebiet der Schwarzen Berge, bis nach Sottorf. Von dort halten Sie sich wieder nördlich und fahren aus der Berggegend über Neugraben und Brakenburg zurück ins Marschenland südlich der Elbe. Sie kommen auf den Obstmarschenweg, der Sie über Francop und Nincop, über Liedenkummer im Süden und Liedenkummer im Norden ans Ufer der Elbe bringt. An deren Ufer fahren Sie ein Stückchen, sind dann in Finkenwerder. Durch die Hafengegend von Finkenwerder fahren Sie südlich und sind auf diese Weise alsbald wieder in Hausbruch.

Informationen

Tourismus-Zentrale Hamburg,
Burchardstraße 14,
20095 Hamburg,
Tel. 040-30 05 10

Tourist-Information,
Im Hauptbahnhof,
20099 Hamburg,
Tel. 040-30 05 12 03

Im Sachsenwald

Der 70 Quadratkilometer große Sachsenwald, östlich von Hamburg, ist berühmt durch seine vorgeschichtlichen Grabhügel und allerlei botanische Raritäten. Er gilt als der letzte große Teil eines frühgeschichtlichen Urwaldgebietes.

43 — 40 km — Am Wildpark Sachsenwald

Von Bergedorf fahren Sie nördlich nach Lohbrügge, dort rechts und gleich wieder links vorbei am Staatsforst Trittau über Schönningstedt nach Aumühle. Hinter Aumühle radeln Sie gleich links ab, an Friedrichsruh vorbei in den Sachsenwald.
Auf kleinen Sträßchen geht es zum Wildpark Sachsenwald. Dort halten Sie sich rechts und dann gleich wieder links. So kommen Sie auf die Straße, die am Brandhorst vorbei über Dassendorf und Hohenhorn nach Geesthacht führt. Von dort fahren Sie in einem Bogen ans Ufer der Elbe und nun am Fluß entlang, um über Borghorst und Horst nach Bergedorf zurückzuradeln.

Sehenswertes

① *Das Schloß in Reinbek wurde 1571-1577 im niederländischen Renaissancestil gebaut. Hier residierten die Herzöge von Schleswig-Holstein-Gottorf. Heute dient es als Kulturzentrum.*

② *In Friedrichsruh (einem Ortsteil von Aumühle) lebte Kanzler Otto von Bismarck. Sein Haus ist nun eine Gedenkstätte.*
Im Schloßpark von Friedrichsruh können Sie einen „Garten der Schmetterlinge" mit vielen tropischen Arten besuchen.

③ *In Bergedorf steht ein Wasserschloß aus dem 13. Jahrhundert, das allerdings mehrfach umgebaut wurde. Es enthält heute ein interessantes "Museum für Bergedorf und die Vierlande".*

④ *Die Staustufe Geesthacht sorgt dafür, den Wasserstand der Elbe um zwei Meter zu heben, damit hier auch größere Schiffe fahren können.*

44 — 30 km — Durch die Vierlande

Von Bergedorf fahren Sie südlich nach Auf der Böge, um dann auf einer kleinen Straße südöstlich am Ufer der Dove-Elbe nach Curslack zu kommen. Dort sind Sie nun bereits in den sogenannten Vierlanden, einer Marschengegend zwischen Bergedorf und der Elbe. Sie fahren auf einem kleinen Sträßchen über Neuengamme nach Kirchwerder. Kurz vorher treffen Sie schon auf ein weiteres kleines Flüßchen, das der Elbe zuströmt und nach ihr heißt: die Gose-Elbe. Sie machen einen Bogen bis nach Riepenburg am Elbufer und fahren an diesem Ufer über Achterdeich nach Altengamme. Dort halten Sie sich nördlich auf einem sehr kleinen Sträßchen, bis Sie auf den Fahr-

Romantik nahe der Großstadt

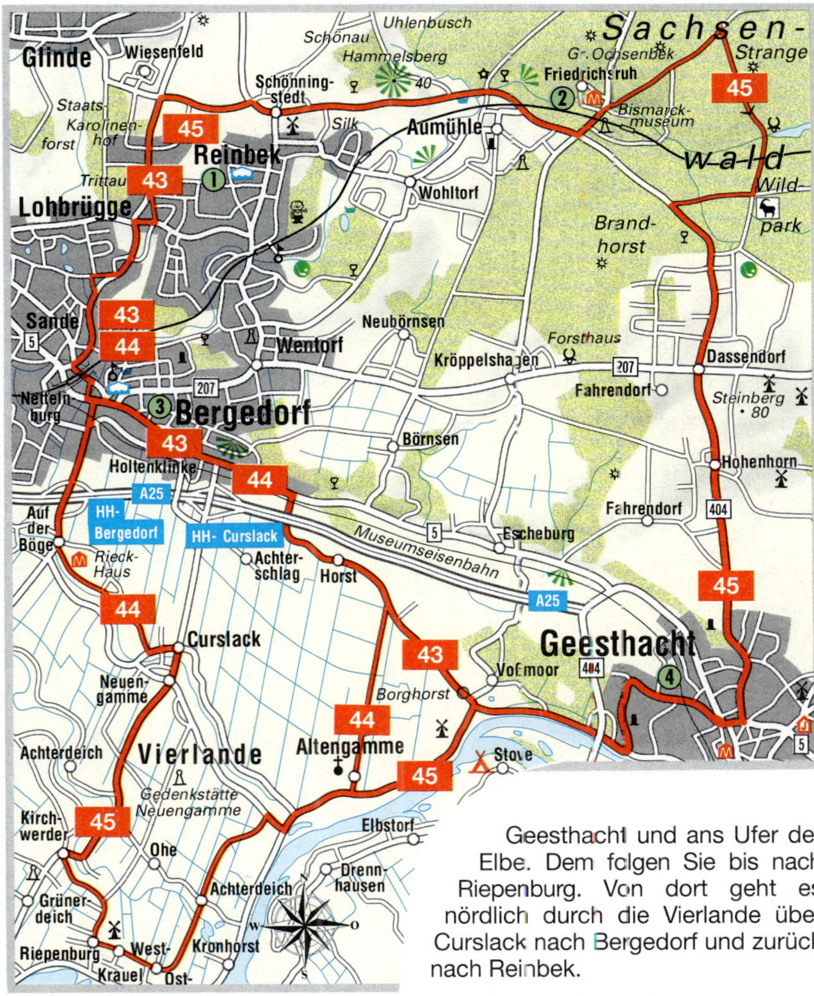

weg kommen, in den Sie links einbiegen und der Sie über Horst ganz gemütlich wieder nach Bergedorf zurückbringt.

45
45 km

Große Rundfahrt:
Zwischen Sachsenwald und Elbe

Von Reinbek fahren Sie nach Osten in den Sachsenwald und über Aumühle nach Friedrichsruh zum Wildpark. So kommen Sie nach Geesthacht und ans Ufer der Elbe. Dem folgen Sie bis nach Riepenburg. Von dort geht es nördlich durch die Vierlande über Curslack nach Bergedorf und zurück nach Reinbek.

Informationen

Tourismus-Zentrale Hamburg,
Burchardstraße 14,
20095 Hamburg,
Tel. 040-30 05 10

Tourist-Information,
Im Hauptbahnhof,
20099 Hamburg,
Tel. 040-30 05 12 03

Mecklenburg-Vorpommern

Das Meer und viele Binnenseen

Im Norden die zerfledderte Ostseeküste mit ihren einstmals stolzen Hansestädten, den weiten Sandstränden, Steilküsten und vorgelagerten Inseln Hiddensee, Rügen und Usedom, in der Mitte und im Süden Seenplatten mit unzähligen kleineren und größeren Gewässern, die meist durch Bäche und Kanäle verbunden sind. Das sanftgewellte Land gibt sich nur selten Mühe, hügelig zu erscheinen und die einzigen Hindernisse, die es zu umfahren gilt, sind die Seen. Ganz im Süden breitet sich Deutschlands zweitgrößter aus: die 115 Quadratkilometer große Müritz. Mit ihren weitgehend naturbelassenen Uferzonen ist sie Teil des neugeschaffenen Müritz-Nationalparks.

Übersicht

Mecklenburg-Vorpommern auf einen Blick

Größe: 23 835 km^2.
Einwohner: 1,9 Millionen.
Bevölkerungsdichte: 82 Einwohner / km^2.
Landeshauptstadt: Schwerin (mit 126 000 Einwohnern). Größte Stadt des Landes ist Rostock (mit 250 000 Einwohnern).
Wirtschaft: Landwirtschaft, Schiffsbau, Fremdenverkehr.
Bekannte Flüsse: Elbe, Warnow, Uecker, Reene.
Höchste Erhebungen: Helpter Berge (179 m), Ruhner Berge (178 m).
Waldfläche: 22,4 Prozent.
Ackerland: 51,7 Prozent.

Mecklenburg wurde ab 600 von Slawen bewohnt und unter Heinrich dem Löwen 1147 christianisiert. Der Name stammt von der „Mikilenburg" („große Burg") südlich von Wismar. 1808 traten die beiden dort entstandenen Herzogtümer Mecklenburg-Schwerin und Mecklenburg-Strelitz dem Rheinbund bei, wurden 1815 zum Groß-Herzogtum, 1934 zum Land Mecklenburg.
Pommern („das Land am Meer" vom Slawischen „Po morje") ist die Landschaft beiderseits der Odermündung. Der Teil westlich der Oder heißt „Vorpommern". Stralsund, Greifswald und Stettin waren im 14. und 15. Jahrhundert blühende Städte und Mitglieder der Hanse. 1648 kam Vorpommern mit den Inseln Usedom, Wollin und Rügen zu Schweden. 1815 wurden die pommerischen Länder zur Provinz Preußen. 1945 kam Vorpommern zum Land Mecklenburg (Hinterpommern unter polnische Verwaltung). 1990 wurde daraus das Land Mecklenburg-Vorpommern.

Von Wismar auf die Insel Poel
- **46** Vom Festland auf die Insel Poel
- **47** An Fliemstorf Huk und Eggers Wiek
- **48** Im Halbkreis um die Wismarbucht

Am Heiligen Damm
- **49** Durch den Wald, der „Kühlung" heißt
- **50** Besuch im Gespensterwald
- **51** Viele Kilometer an der Ostsee entlang

Über den Darß
- **52** Durch die Wälder des West-Darß
- **53** Am Bodstedter Bodden
- **54** Um den ganzen Darß herum

Auf der Insel Rügen
- **55** Zum Kleinen Jasmunder Bodden
- **56** Am flachen Prorer Wiek
- **57** Zwischen Binz und Putbus

Auf der Insel Usedom
- **58** Um Gothensee und Kachliner See
- **59** Um den Schmollensee
- **60** An der Ostsee und zehn anderen Seen

In der Mecklenburgischen Schweiz
- **61** Zur Nordspitze des Malchiner Sees
- **62** Rund um den Malchiner See
- **63** Zwischen Teterow und Malchin

Am Plauer See
- **64** Am Malchower, Drewitzer und Fleesensee
- **65** Einmal rund um den Plauer See
- **66** Vorbei an einem Dutzend Seen

Im Müritz-Seengebiet
- **67** Zum Torgelower See
- **68** Zum Rederang- und Speckersee
- **69** Zu einem halben Dutzend Seen

Mecklenburg-Vorpommern

Pavillion in Bad Doberan

Alter Hafen in Wismar

Von Wismar auf die Insel Poel

Wer das Meer liebt, hat hier die Gelegenheit, stets in seiner Nähe dahinzuradeln. Einmal auf einer Insel, dann aber auch an der Festlandküste. Beide Routen lassen sich zu einer großen, sehr schönen Fahrradtour verbinden.

46 — 30 km

Vom Festland auf die Insel Poel

Der Ort heißt Groß Strömkendorf, aber er ist nur klein. Von hier jedenfalls führt die Straße hinüber auf die Insel Poel. Sobald Sie auf der Insel im Weiler Fährdorf sind, halten Sie sich rechts und fahren über Malchow nach Vorwerk. Wenige hundert Meter hinter dem Weiler biegen Sie rechts ab auf den Feldweg, der nach Kaltenhof führt, von wo Sie auf winzigen Wegen, vorbei am Schwarzen Busch, nach Neuhof kommen. Ein Weg bringt Sie von dort nach Timmendorf mit seinem charakteristischen Leuchtturm.

Anschließend fahren Sie südlich zum Naturschutzgebiet Fauler See; am Rand des Sees zweigt ein Feldweg links ab nach Wangern. Hier biegen Sie rechts ab und nehmen die Landstraße über Weitendorf nach Kirchdorf. Von dort radeln Sie rechts über Niendorf und Fährdorf aufs Festland nach Groß Strömkendorf zurück.

Sehenswertes

① *Im Heimatmuseum in Kirchdorf auf der Insel Poel erfahren Sie viel über Land und Leute.*

② *Niederdeutsche Hallenhäuser aus dem 18. und 19. Jahrhundert prägen das Bild von Hoben.*

③ *Bürgerhäuser aus sechs Jahrhunderten umgeben den Markt in Wismar. In der Nikolaikirche, einem gotischen Backsteinbau, steht ein Schifferaltar aus dem 16.Jahrhundert.*

47 — 25 km

An Fliemstorf Huk und Eggers Wiek

Von Wismar fahren Sie durch den Vorort Wendorf nach Hinterwendorf und nach Hoben. Ein kleiner Fahrweg bringt Sie nach Fliemstorf. Nördlich liegt jetzt das Fliemstorf Huk, eine Landnase im Meer. Sie kommen nach Zierow und halten sich gleich hinterm Ort rechts. So fahren Sie ans Meer und, auf einem kleinen Weg am Eggers Wiek entlang, nach Hohen Wieschendorf. Von dort nehmen Sie das Sträßchen nach Gramkow und fahren dann über Proseken nach Wismar zurück.

48 — 90 km

Große Rundfahrt: **Im Halbkreis um die Wismarbucht**

Diese Radwanderung ist lang; da es aber praktisch keine Steigungen zu bewältigen gibt, ist sie nicht weiter schwierig.

Sie beginnen in Wismar und fahren über Zierow und Hohen Wieschendorf, dann über Gramkow nach Proseken. Nun nehmen Sie das Sträßchen nach Gägelow und weiter nach Klein Woltersdorf. Über Land-

Alter Hafen in Wismar

Informationen

Fremdenverkehrsverband Mecklenburg-Vorpommern, Platz der Freundschaft 1, 18059 Rostock, Tel. 03 81-44 84 26

Wismar-Information, Am Markt, 23966 Wismar, Tel. 0 38 41-28 29 58

🚲 *am Bahnhof: Seite 438*

straßen und Fahrwege kommen Sie zum Naturschutzgebiet Vier-eggenhöfe und an einen kleinen See. Sie fahren nach Lübow und am Ortsanfang links ab – auf der Landstraße über Kritzow und Hornstorf nach Krusenhagen, weiter über Alt-Farpen nach Blowatz. Dort halten Sie sich links in Richtung Groß Strömkendorf, wo Sie auf die Insel Poel fahren. Von Strömkendorf geht es über Redentin Dorf nach Wismar zurück.

Am heiligen Damm

Diese Gegend war schon vor Jahrzehnten bei Badegästen beliebt. Das Bad Heiligendamm liegt hier am „heiligen Damm", der das Binnenland vor dem Meer schützt. Westlich davon finden Sie ein noch berühmteres Ostseebad: Kühlungsborn.

Sehenswertes

① Kühlungsborn ist der größte Badeort an der östlichen Ostsee, sein Strand vier Kilometer lang und sehr fein.
Bis 1938 waren es drei Fischerdörfer: Arendsee, Brunshaupten und Fulgen. Man schloß sie zusammen und stützte sich bei der Namensgebung von Kühlungsborn auf den waldbedeckten Höhenzug dahinter. Der heißt „Kühlung". Sein 128 Meter hoher Diedrichshäger Berg ist die höchste Erhebung an der Ostseeküste.

② Heiligendamm ist Deutschlands ältestes Seebad. Friedrich Franz I., der Großherzog von Mecklenburg, gründete es 1793. Er glaubte dem Rostocker Professor Dr. Vogel, der unerschüttert behauptete, Meerwasser und Seeluft seien gesund.

③ Der Conventer See und seine moorigen Uferpartien wurden als „Conventer Niederung" (teilweise unter dem Niveau des Meeresspiegels) zum Naturschutzgebiet erklärt. Hier machen viele Zugvögel Rast.

④ Bad Doberan war früher einmal die Sommerresidenz der Herzöge von Mecklenburg. Heute ist es ein Eisen-Moor-Bad. Seine berühmteste Attraktion: Die Schmalspurbahn (mit der Dampflokomotive „Molli"), die seit der Jahrhundertwende mehrmals täglich durch Bad Doberan und seit langem auch bis zum Badeort Kühlungsborn dampft. Sie steht unter Denkmalschutz.

49 — 27 km

Durch den Wald, der „Kühlung" heißt

Sie starten in Bad Doberan und fahren nordwestlich, an Kellers Wald entlang über Vorder Bollhagen. Am Bollhagener Bruch, einem Wäldchen, geht es rechts ab nach Heiligendamm. Dort halten Sie sich links und kommen auf einen Fuß- und Radwanderweg, der am Strand entlang nach Kühlungsborn führt, dem bekannten Ostseebad. Aber vorher, beim Bahnhof Heiligendamm-Steilküste, biegen Sie auf einem Fahrweg links ab nach Klein Bollhagen. Von dort führt ein Sträßchen über Wittenbeck durch einen kleinen Wald, der den treffenden Namen „Kühlung" trägt. Mitten im Wäldchen kommen Sie auf die Landstraße, auf der Sie ein Stück rechts fahren, um beim "Haus zur Kühlung" gleich wieder links abzubiegen und zum Diedrichshäger Berg sowie nach Diedrichshagen zu fahren. Die Straße nach Jennewitz bringt Sie, am Hundehagener Holz vorbei, nach Reddelich. Von dort führt ein kleiner, schmaler Fahrweg nach Stülow. Im Ort halten Sie sich links und kommen so nach Bad Doberan zurück.

Kleinbahn „Molli" in Bad Doberan

50 — 23 km

Besuch im Gespensterwald

Von Bad Doberan fahren Sie den Weg über Vorder Bollhagen nach Heiligendamm. Nun halten Sie sich rechts. Hinter dem „Heiligen Damm" verläuft der Fahr- und Radweg. Der bringt Sie zum Nienhägener Holz (das bei den Leuten den schönen Namen „Gespensterwald" trägt). Dieses Wäldchen durchqueren Sie, fahren also vom Damm nach rechts, dann aber links auf der Landstraße nach Nienhagen. Von dort führt ein kleiner Fahrweg durch ein Wäldchen (das auch einen hübschen Namen hat; es heißt „Ehbruch") zwischen den Doberaner Wiesen und dem Doberaner Holz nach Bad Doberan zurück.

51 — 55 km

Große Rundfahrt:

Viele Kilometer an der Ostsee entlang

Diese große Tour ist etwas für Leute, die gern am Meeresufer entlangradeln. Die Gelegenheit haben Sie hier: Von Bad Doberan fahren Sie nach Nienhagen. Dort, beim Nienhägener Holz, erreichen Sie das Meer. Und auf dem Weg, der sich am Ufer entlangzieht, bleiben Sie bis fast vor Kühlungsborn. Durch das Wäldchen namens Kühlung und Ortschaften wie Jennewitz und Reddelich kommen Sie dann wieder nach Bad Doberan.

Informationen

Fremdenverkehrsverband Mecklenburg-Vorpommern, Platz der Freundschaft, 18059 Rostock, Tel. 03 81-44 84 26

Kurverwaltung, Goethestraße 1, 18209 Bad Doberan, Tel. 03 82 03-30 01

am Bahnhof: Seite 438

Über den Darß

Aus den Inseln Fischland, Darß und Zingst ist vor einigen Jahrhunderten durch angeschwemmten Sand eine Halbinsel geworden. Sie heißt, konsequenterweise, Fischland-Darß-Zingst. Die schönsten Radwandermöglichkeiten bietet der Darß.

Sehenswertes

① Am Weststrand haben das Meer und der Wind, die hier ungestört auf das Land prallen, eine urwüchsige Landschaft geschaffen – teils mit hohen kahlen Dünen, teils mit bizarr geformten Kiefern und Buchen, die durch die ständige Einwirkung des Westwindes zu den sogenannten „Windflüchtern“ geformt wurden.

② Das alte Seefahrer- und Fischerdorf Prerow liegt heute geschützt an einem flach abfallenden breiten und feinsandigen Strand. Geprägt wird der Ort von zahlreichen alten Wiesengehöften, Fischerkaten und Schifferhäusern. In der im 18. Jahrhundert erbauten Backsteinkirche sollten Sie den barocken Altar und die zahlreichen Schiffsmodelle anschauen. Im Darß-Museum erfahren Sie allerlei über Land und Leute des Darß.

③ Ahrenshoop an der schmalen Landbrücke mit seinen reetgedeckten Häusern und Katen hat schon frühzeitig Kunsthandwerker und Maler angezogen. So gibt es hier eine Galerie und ein Zentrum für Kunst.

④ Born an der Boddenküste ist eines der schönsten Darßdörfer mit rohrgedeckten Fischerkaten, Bauern- und Schifferhäusern sowie einer rohrgedeckten Holzkirche. Im Forsthaus gibt die Nationalparkverwaltung Auskunft über alles Wissens- und Sehenswerte vom Darß.

52 · 32 km — Durch die Wälder des West-Darß

Die Halbinsel gehört zum „Nationalpark Vorpommersche Boddenlandschaft“. „Bodden“ sind die seichten, unregelmäßig geformten Meeresbuchten an der Ostseeküste, die durch Überflutungen der Uferzonen entstanden. Der Darß ist ein urwüchsiges, einst sehr dichtes Waldgebiet - aber mit prächtigen Sandstränden.

Die Route beginnt in Born (wo die Verwaltung des „Nationalparks Vorpommersche Boddenlandschaft“ zu Hause ist – dort gibt es auch Auskünfte). Sie fahren durch die Werre zum Badeort Ahrenshoop. Dort suchen Sie die blaue Markierung auf weißem Grund – so ist ein Wanderweg beschildert, den Sie jetzt nehmen und der Sie an den Rehbergen vorbei zum großen Stern führt – einer Weg- und Straßenspinne mitten im Waldgebiet. Dort halten Sie sich links und radeln durch den Darß-Wald nach Norden, bis Sie auf den Leuchtturmweg kommen. Sie biegen links ab und fahren einen großen Bogen über die sandige Spitze des Darß, kommen dabei am Ottosee

Altes Fischerhaus in Born

vorbei. So erreichen Sie die Zeltplatzstraße (die tatsächlich so heißt). Auf der fahren Sie bis zum Zeltplatz am Ortsrand von Prerow. Dort geht es rechts ab und nun schnurgerade durch den Wald zurück nach Born.

53 – 23 km – Am Bodstedter Bodden

Von Born nehmen Sie den Wiecker Postweg. Der bringt Sie nach Wieck. In gleicher Richtung geht es weiter durch den Ort auf dem Fahrweg, der am Bodstedter Bodden entlangführt. Am Fastbültenhaken biegt dieser Weg nach Norden ab und Sie kommen an einem Gewässer vorbei, das sehr originell „Der See“ heißt. Der Weg endet in Prerow. Durch Prerow radeln Sie hindurch, bis Sie auf den Fahrweg kommen, der Sie schließlich durch den Wald nach Born zurückbringt.

Informationen

Fremdenverkehrsverband Mecklenburg-Vorpommern, Platz der Freundschaft, 18059 Rostock, Tel. 03 81-44 84 26

Kurverwaltung, Kirchnersgang 2, 18347 Ahrenshoop, Tel. 03 82 20-2 34

🚲 am Bahnhof: Seite 438

54 – 40 km – Große Rundfahrt: Um den ganzen Darß herum

Sie fahren zunächst von Born zum Künstlerdorf Ahrenshoop und von dort über den großen Stern und die Nordspitze der Halbinsel nach Prerow. Hier nehmen Sie den Weg, der Sie am Bodstedter Bodden entlang nach Born zurückführt.

Auf der Insel Rügen

Rügen ist die größte deutsche Insel, durch einen Damm mit dem Festland verbunden. Die Landschaft: hübsche Seen, dunkle Nadelwälder, bunte Heidelandschaften und finstere Moore – sogar Berge: Der Pitberg ist 161 Meter hoch.

55 – 22 km – Zum Kleinen Jasmunder Bodden

Von Putbus fahren Sie südöstlich nach Lauterbach. Von dort geht es nordöstlich auf einem kleinen Sträßchen nach Vilmnitz, am Ort gleich links und dann wieder rechts nach Posewald und Zirkow. Auf einem Fahrweg halten Sie sich in nördlicher Richtung, bis Sie bei Streu auf die Bundesstraße 196 a kommen. Da sehen Sie nun links eine Wasserlandschaft: den Kleinen Jasmunder Bodden. (Ein Bodden ist eine seichte, unregelmäßig geformte Meeresbucht, die entstand, weil sich ein Stück der Küste senkte und vom Meer überflutet wurde. Manche Bodden muten nur noch wie Seen an, weil sie scheinbar vom Meer abgeriegelt wurden. Doch die meisten von ihnen haben nach wie vor irgendwo eine direkte Verbindung zur Ostsee.)
Auf der Bundesstraße 196 a halten Sie sich links und fahren nach Karow. Hier biegen Sie links ab auf die Bundesstraße 196, der Sie 800 Meter folgen, um dann rechts auf einem Fahr- und Feldweg nach Silvitz und Dolgemost zu fahren. Gleich hinter Dolgemost biegen Sie dann wieder links ab und fahren auf der Landstraße zurück nach Putbus.

Sehenswertes

① *Binz ist seit über hundert Jahren das größte und bekannteste Seebad auf Rügen; es hat einen breiten, steinfreien Sandstrand.*

② *Granitz hat zweierlei zu bieten. Da ist zunächst das Jagdschloß, das sich Fürst Malte von Putbus 1837–1846 auf dem 106 Meter hohen Tempelberg bauen ließ. Vom Mittelturm des Schlosses (es hat fünf Türme) haben Sie einen weiten Blick über die Insel. Berühmt (und nichts für Menschen mit Höhenangst) ist die freitragende gußeiserne Wendeltreppe im Turm.*
In Dummertevitz (bei Granitz) finden Sie Steinzeitgräber, die als Freilichtmuseum rekonstruiert wurden.

③ *In Putbus ließ Fürst Malte von Putbus 1910 einen erstaunlichen runden Platz anlegen, den er „Circus" nannte und mit weißen klassizistischen Bauwerken umstellte. Aus dem Schloßgarten machte er einen besuchenswerten englischen Landschaftspark, in dem nun viele alte Bäume stehen; ein Teil ist Rot-und Damwildgehege.*

56 – 27 km – Am flachen Prorer Wiek

Von Binz, dem weithin bekanntesten und ältesten Ostseebad der Insel, fahren Sie nördwestlich durch die Schmale Hei-

Die Küste von Rügen

de bis nach Prora – rechts liegt das Prorer Wiek. (Ein Wiek ist – das Wort kommt aus der niederländischen Sprache – eine flache Bucht.) Dort biegen Sie links ab, um auf der Bundesstraße 196 a, vorbei am 60 Meter hohen Schanzenberg, nach Kiekut zu fahren. Rechts liegt der Kleine Jasmunder Bodden.

Kurz hinter Kiekut fahren Sie links ab nach Zirkow, dann nach Viervitz. Jetzt geht es mit dem sogenannten Hauptwanderweg links nach Nistelitz und dann weiter bis zur Bundesstraße 196, auf der Sie links nach Lancken-Granitz fahren.

Dort halten Sie sich dann wieder links und radeln auf einem kleinen Sträßchen durch den Wald, am Jagdschloß Granitz vorbei, zum Ostseebad Binz zurück.

Große Rundfahrt: **Zwischen Binz und Putbus**

57
35 km

Diese Tour zeigt Ihnen alles, was das östliche Rügen zu bieten hat: Bodden, einen See, das Meer – und den Badeort Binz. Von Putbus fahren Sie nördlich über Dolgemost und Silvitz nach Kiekut und Prora. Dort geht es hinunter nach Binz. Dann fahren Sie nach Lancken-Granitz und von dort über Vilmnitz und Lauterbach nach Putbus zurück.

Informationen

Fremdenverkehrsverband Rügen, August-Bebel-Straße 12, 18586 Ostseebad Sellin, Tel. 03 83 03-334/14 70

Informationsbüro, 18609 Binz, Tel. 03 83 93-3 26 01

am Bahnhof: Seite 438

Auf der Insel Usedom

Es ist Deutschlands östlichste Insel. Ein Teil von ihr gehört bereits zu Polen. Es gibt Kiefern- und Buchenwälder, die bis an die Steilküste reichen, mehrere Seen, Moore und Wiesen, hübsche Wege – und auch Sträßchen mit holprigen Kopfsteinen.

58 | 30 km — Um Gothensee und Kachliner See

Sie beginnen die Tour in Ahlbeck. Von hier fahren Sie südwestlich, zwischen dem Gothensee und dem Wolgastsee, über Korswandt und Ulrichshorst nach Zirchow. Weiter geht es auf einem Fahrweg, aus dem dann ein bescheidenes Weglein wird, über Bossin nach Dargen. Von hier fahren Sie zur Bundesstraße 110, biegen links ab und halten sich nach 500 Metern rechts. Über Katschow kommen Sie, am Kachliner See vorbei, nach Labömitz und Reetzow. Da sind Sie nun schon wieder am Ufer des Gothensees, an dem entlang Sie über das Dorf Bansin zum Seebad Bansin fahren. Hier haben Sie die Ostseeküste erreicht, nämlich die Oderbucht, und fahren nun an der Küste über Heringsdorf nach Ahlbeck zurück.

Sehenswertes

① *Das Seebad Bansin liegt, in einer Dünenlandschaft von Wäldern und Hügeln umgeben, an einer flachen Bucht. Es ist schon seit dem Ende des letzten Jahrhunderts ein Badeort und entstand als Villenkolonie (Dorf Bansin liegt anderthalb Kilometer entfernt); viele Häuser aus jener Zeit sind recht hübsch. Bansin hat einen 50 bis 70 Meter breiten, kilometerlangen Strand an einer flachen Bucht. Die Promenade zieht sich über Heringsdorf bis Ahlbeck hin.*
In einem Tropenhaus sehen Sie exotische Pflanzen und Seetiere.

② *Ahlbeck ist Badeort seit 1883. An der Strandpromenade (die am Ufer bis Bansin verläuft) stehen viele hübsche Villen, die um die Jahrhundertwende gebaut wurden. Zur Promenade gehört eine der ganz wenigen erhaltenen Seebrücken der Ostsee.*

③ *Mellenthin besitzt ein von Wassergräben umgebenes Schloß von 1575. Der offene Kamin in der Halle (von 1613) ist prächtig.*
Die frühgotische Kirche mit den alten Fresken im Kreuzgewölbe stammt von 1338.
Einen Kilometer nördlich von Mellenthin liegen die Reste einer Schwedenschanze.

59 | 27 km — Um den Schmollensee

Vom Dorf Bansin fahren Sie auf der Bundesstraße 111 nordwestlich bis zum Bahnhof Schmollensee. Da sind Sie bereits am Ufer des Schmollensees, haben aber vorher schon links der Straße andere, kleinere Seen aufblitzen sehen. Am Ufer des Schmollensees fahren Sie über Pudagla nach Nep-

Das Seebad Bansin

permin am Balmer See. (Der ist aber gar kein richtiger See, sondern steht über das Achterwasser mit der Ostsee in Verbindung.) Von Neppermin kommen Sie nach Mellenthin und auf die Bundesstraße 110. Der folgen Sie bis kurz vor Kachlin, um dann scharf links nach Katschow abzubiegen und über Labömitz und Reetzow nach Bansin Dorf zurückzufahren.

Informationen

Fremdenverkehrsverein „Insel Usedom“ e.V., Peenemünder Straße 1, 17438 Wolgast, Tel. 03 83 75-76 93

Kurverwaltung, Seestraße 64, 17429 Bansin, Tel. 03 83 78-2 94 33

🚲 am Bahnhof: Seite 438

60
37 km

Große Rundfahrt:
An der Ostsee und zehn anderen Seen

Ob es genau zehn Seen sind, die Sie bei der Fahrt erblicken, haben wir nicht gezählt. Es könnten, die kleinen mitgerechnet, viel mehr sein. Sie starten in Ahlbeck und fahren südwestlich über Zirchow und Dargen zur Bundesstraße 110. Die nehmen Sie westlich bis zur Abzweigung nach Mellenthin, halten sich nun nordöstlich und fahren über Neppermin und Pudagla zum Nordrand des Schmollensees. Am Bahnhof Schmollensee geht es rechts ab nach Dorf Bansin. Hier biegen Sie nun links ab zum Seebad Bansin und fahren an der Küste der Ostsee nach Ahlbeck zurück.

In der Mecklenburgischen Schweiz

Der Vergleich mit der Schweiz ist ein wenig kühn. Das Landschaftsbild bestimmen die Spuren der Eiszeit: Moränen bilden den von Westen nach Osten ziehenden mecklenburgischen Abschnitt des Baltischen Höhenrückens.

Sehenswertes

① Teterow hat noch zwei mittelalterliche Stadttore und eine Pfarrkirche aus dem 13. Jahrhundert. Unterm Chorgewölbe, das mit gotischen Fresken geschmückt ist, steht ein spätgotischer Flügelaltar. Aus der gleichen Zeit stammen das Triumphkreuz und die Maria auf der Mondsichel.
Im Teterower See liegt die Burgwall-Insel. Da stand einst eine Slawenburg. Mit der Fähre kommen Sie hinüber (die alte Holzbrücke ist längst kaputt.)
Westlich des Teterower Sees liegt der Bergring Teterow – die einzige Grasberg-Motorradrennstrecke in Europa.

② Remplin besitzt die Reste eines einst stattlichen Herrenhauses aus der Barockzeit (Nordflügel, Torturm, Gutsküche und Verwalterhaus stehen noch). Schön ist der Schloßpark mit hübschen Plastiken.

③ Malchin zeigt noch Teile der alten Stadtbefestigung: Das Kalensche Tor und das Steintor (beide aus dem 15. Jahrhundert, mit Zinnen und Spitzbogen-Blenden) sowie den Fangelturm. Die Pfarrkirche St. Maria und St. Johannes stammt – mitsamt dem Flügelaltar und der Triumphkreuzgruppe – aus spätgotischer Zeit.
Im Rathaus finden Sie ein interessantes Heimatmuseum.

④ Bristow ist ein interessantes Dorf mit allerlei historischen Bauten – darunter einem kuriosen Rundviehhaus.

61 — 20 km — Zur Nordspitze des Malchiner Sees

Von Teterow fahren Sie zuerst ein kleines Stück südlich auf der Bundesstraße 108, nehmen aber dann gleich links das Sträßchen, das über Glasow und Bristow zur Nordspitze des Malchiner Sees führt. Allerdings können Sie dort am Ufer nicht entlangfahren. Sie müssen sich von Bristow links halten und kommen so nach Wendischhagen. Von dort führt ein Fahrweg links ab durch das Landschaftsschutzgebiet am Ostberg vorbei und über Pampow zur Bundesstraße 104. Auf dieser kommen Sie nach Teterow zurück.

62 — 40 km — Rund um den Malchiner See

Von Malchin fahren Sie südwestlich auf der Landstraße zum Malchiner See: nach Seedorf, wo der Buchenwald bis ans Ufer reicht, dann am Eichberg vorbei nach Dahmen. Diese Gegend ist von Wasserläufen durchzogen, die alle dem Malchiner See zuströmen.

Am Malchiner See

Große Rundfahrt:
Zwischen Teterow und Malchin

63
55 km

Von Teterow fahren Sie über Teschow nach Alt Sührkow. Dort geht rechts ein Sträßchen nach Hohen Mistorf ab. Von dort kommen Sie auf noch kleineren Straßen über Neu Panstorf zur Bundesstraße 104. Auf der fahren Sie nach Remplin und Malchin. Nun geht es um den Malchiner See bis Bristow – und dann über Glasow nach Teterow zurück.

Hinter Dahmen umrunden Sie den Westzipfel des Sees, kommen nach Ziddorf und dort rechts auf ein Sträßchen nach Schorssow. Überall sehen Sie jetzt auch Teiche und kleine Seen. Von Schorssow geht es über Bülow nach Bristow und Wendischhagen. Ein Sträßchen bringt Sie weiter entlang einem Kanal nach Remplin. Dort nehmen Sie die Bundesstraße 104, die Sie rechts ab nach Malchin zurückbringt.

Informationen

Fremdenverkehrsverband Mecklenburgische Schweiz, Am Bahnhof, 17139 Malchin, Tel. 0 39 94-47 55/56

🚲 *am Bahnhof: Seite 438*

Am Plauer See

Der See mit seinen vielen Bademöglichkeiten gehört zur Mecklenburgischen Seenplatte, aber auch zum Landschaftsschutzgebiet „Müritz-Seenpark". Das irritiert etwas, denn der Plauer See und die Müritz liegen 50 Kilometer auseinander.

64
20 km

Am Malchower, Drewitzer und Fleesensee

Sie starten in Malchow und fahren nach Norden – teilweise auf kleinen Fahrwegen. Rechts liegt der Malchower See, dann der Fleesensee. So kommen Sie nach Silz. Vorbei am Hohen Berg (der es immerhin auf 84 Meter bringt) fahren Sie nach Nossentiner Hütte, das in der hübschen Nossentiner Heide liegt. Von hier geht es westlich zum Drewitzer See und auf Fahrwegen dann über Sparow zurück nach Malchow.

65
42 km

Einmal rund um den Plauer See

Starten Sie in Plau, dem Hauptstädtchen des Sees! Da fahren Sie zunächst um die Südspitze dieses Gewässers. Es sind Nebenwege, auf denen Sie sich bewegen, aber Sie können sich nicht verfahren: Solange Sie links das Wasser sehen, sind Sie richtig. Sie kommen zunächst zur Plötzenhöhe, und da haben Sie gleich mehrere Seen neben sich: Rechter Hand liegen nun der Gaarzer See und der Burgsee nebst einigen anderen kleinen Weihern und Teichen. „Am See" heißt dann auch der nächste winzige Ort. Über Silbermühle kommen Sie zur Dresenower-Mühle und dann nach Bad Stuer, ganz an der Südspitze des Plauer Sees. Jetzt geht es nördlich, und da können Sie sich nicht direkt am Ufer halten; es gibt dort keinen Fahrweg.

Über Suckow kommen Sie nach Zislow. Da liegt der Große Plätschsee. Östlich fahren Sie an ihm vorbei (im Westen müßten Sie den Campingplatz durchqueren) und kommen so zum Petersdorfer See sowie nach Lenz. Jetzt geht es wieder am Ufer des Plauer Sees weiter. Sie sehen dennoch zwischen ihrer Straße (es ist alsbald die Bundesstraße 192) und dem See einige kleinere Gewässer – den Aalsee beispielsweise und den Tauchowsee.

Dann sind Sie in Alt Schwerin. Aber nicht nur links am Weg haben Sie Seen, auch rechts sind einige: der Drewitzer See beispielsweise. Und dann sehen Sie, wenig später, den Samoter See. Von der Bundesstraße 192 biegen Sie links in die 103 ein, um wieder südlich zu fahren – am Heidekrug vorbei, nach Quetzin und von dort nach Plau zurück.

Sehenswertes

① *Alt Schwerin: als landwirtschaftliches Freilicht-Museum mit Tagelöhner-Katen und einklassiger Dorfschule ausgebaut.*

② *Plau: ein malerisches Fachwerkstädtchen mit Bergfried und frühgotischer Kirche.*

Am Plauer See

Von Malchow fahren Sie über Nossentiner Hütte bis kurz vor Sparow. Hier biegen Sie rechts ab und erreichen in Alt Schwerin die Bundesstraße 192. Auf dieser fahren Sie bis kurz vor Karow, biegen dann links auf die Bundesstraße 103 und erreichen über Quetzin und Plau die Südspitze des Plauer Sees. Von Bad Stuer, über Zislow und am Großen Plätschsee vorbei, erreichen Sie Lenz am Petersdorfer See. Hier fahren Sie östlich und kommen auf kleinen Wegen wieder nach Malchow zurück.

66
55 km

Große Rundfahrt:
Vorbei an einem Dutzend Seen

Es ist eine ganze Seenplatte, die Sie hier besuchen. (Und Sie sehen bei Ihrer Rundfahrt mehr als zwölf Seen, wenn Sie alle Weiher dazurechnen.)

Informationen

Fremdenverkehrsverband „Mecklenburgische Seenplatte", Marienfelder Weg 4 a, 17207 Röbel, Tel. 03 99 31-5 13 81

Tourist-Information, Marktstraße 22, 19395 Plau, Tel. 03 87 35-23 45

🚲 am Bahnhof: Seite 438

Im Müritz-Seengebiet

Die Müritz ist nach dem Bodensee der größte deutsche Binnensee. Man bemüht sich sehr, den See selbst und die Natur in der Umgebung des Gewässers intakt zu erhalten. Große Flächen sind zu Schutzgebieten erklärt worden.

67 – 25 km – Zum Torgelower See

Von Waren nehmen Sie das Sträßchen, das nordöstlich führt. Entlang der berühmten Eichen-Linden-Allee kommen Sie nach Torgelow und zum Torgelower See. Ein Weg bringt Sie dann von Torgelow um die Südspitze des Sees nach Alt Schloen und weiter bis zur Landstraße, die nach Groß Plasten führt. Auf der biegen Sie rechts ab und fahren dann auf der Bundesstraße 192 über Schloen nach Waren zurück.

Sehenswertes

① Waren liegt sehr schön zwischen vielen Gewässern – der Müritz auf der einen, zahlreichen kleineren Seen auf der anderen Seite. Sie sehen dort die frühgotische Kirche St. Marien und St. Georg (von den Türmen haben Sie einen sehr schönen Blick auf die Seenlandschaft), das Alte Rathaus (ein Backsteingebäude aus dem 16. und 17. Jahrhundert) sowie das dekorative Neue Rathaus (aus dem 19. Jahrhundert).
Interessant ist das Müritz-Museum mit seinen Sammlungen und dem Aquarium, das die lokalen Fischarten zeigt.
Südwestlich von Waren steht das Neorenaissanceschloß Klink.

② Die Müritz ist mit 115 Quadratkilometern Deutschlands zweitgrößter See. Man kann Segeln und Surfen, Rudern und Paddeln. Am naturgeschützten Ostufer brüten See- und Fischadler, Kraniche und Wanderfalken.

③ Im Müritz-Nationalpark liegen zahllose größere und kleinere Seen – ein zauberhaftes Gebiet, um es auch abseits der Routen mit dem Fahrrad zu erkunden.

68 – 28 km – Zum Rederang- und Speckersee

Von Waren fahren Sie an der Binnenmüritz (dem nördlichsten Teil des Sees) entlang und kommen auf ein Sträßchen, das westlich vom Feisnecksee in den Müritz-Nationalpark führt. An der Südspitze des Feisnecksees zweigt ein Weg links ab und bringt Sie ans Nordufer des Rederangsees. Hier halten Sie sich wieder links und kommen zur Nordspitze des Specker-Sees. Der Weg mündet dann in eine Straße, die – immer noch im Müritz-Nationalpark – links über den Schwarzenhof und Federow nach Kargow-Unterdorf führt. Von dort bringt Sie ein kleiner Weg am Bahnhof Kargow sowie am Papenberg vorbei nach Waren zurück.

Schloß Klink bei Waren

69 — 48 km

Große Rundfahrt:
Zu einem halben Dutzend Seen

Für diese Route brauchen Sie zuweilen Spürsinn und Pfadfindergeist, denn die kleinen Wege wollen gefunden sein, und nicht immer sind Schilder da. Aber Sie können sich nicht sehr verfahren – immer wieder kommen Sie an ein Sträßchen.

Von Waren geht es auf der Landstraße über Neu Falkenhagen und Jägerhof durch das Landschaftsschutzgebiet Torgelower See zu diesem See. Hinter Jägerhof führt rechts ein kleines Wegchen nach Carlsruh und von dort nach Torgelow. Sie fahren halb um den Torgelower See nach Alt Schloen und weiter bis zur Straße nach Groß Plasten. Hier biegen Sie rechts ab und fahren über Schloen in Richtung Waren. Doch in einem kleinen Wald biegen Sie links ab nach Kargow-Unterdorf. Von dort geht es nach Federow und weiter zum Speckersee, Rederangsee, Feisnecksee und nach Waren zurück – zum Müritzsee.

Informationen

Fremdenverkehrsverband „Mecklenburgische Seenplatte", Marienfelder Weg 4 a, 17207 Röbel, Tel. 03 99 31-5 13 81

Landratsamt Waren, Kietzstr. 10/11, 17192 Waren, Tel. 0 39 91-73 70

am Bahnhof: Seite 438

Am Tollensesee

Gleich südwestlich der Stadt Neubrandenburg dehnt sich ein Landschaftsschutzgebiet aus, das „Tollenseseebecken" genannt wird. Es umfaßt den See selbst, aber auch weite Uferzonen, die man in Zukunft von einer Zersiedelung schützen will.

70 – 32 km – Im Tal der Linde

Von Neubrandenburg fahren Sie zunächst auf kleinen Fahrwegen durchs Lindetal nach Burg Stargard. Sie kommen da an der Hintersten Mühle mit ihrem kleinen Tiergehege vorbei, an einem Kiessee und am Waldgebiet „Kleines Mühlenholz". In Burg Stargard finden Sie ein Sträßchen, das Sie südwestlich nach Rowa bringt und dann durch Äcker und Wiesen nach Ballwitz. Von hier erreichen Sie schnell Zachow. Wenn Sie sich dort nördlich halten, bringt Sie ein Radwanderweg über Groß-Nemerow, dann über Klein-Nemerow ans Ufer des Tollensesees. Dort, in Klein-Nemerow, haben Sie allerlei Möglichkeiten zum Baden und zum Wassersport. Am See entlang führt nun ein Sträßchen nördlich nach Neubrandenburg zurück (wobei Sie unterwegs immer wieder Gelegenheit haben, noch mal ins Wasser zu steigen).

Sehenswertes

① *Vollständig erhalten blieb die 2,3 Kilometer lange und 7,5 Meter hohe Ringmauer von Neubrandenburg. Sie ist bestückt mit etlichen Türmen und 56 Wiekhäusern, deren kleine Fachwerkerker einst der Verteidigung dienten. Es gibt auch prächtige Stadttore. Im Friedländer Tor ist heute ein Zentrum für bildende Kunst, im Treptower Tor finden Sie ein ur- und frühgeschichtliches Museum.*

② *Der Bergfied der einstigen Burg Stargard aus dem 13. Jahrhundert dient heute als Aussichtsturm. Am Fuße des Burgbergs im Ort befindet sich im Alten Hospital das Heimatmuseum.*

③ *Der 13 Kilometer lange und bis zu 2,5 Kilometer breite Tollensesee ist beliebtes Wassersportrevier.*

71 – 40 km – Rund um den Tollensesee

Der Tollensesee beginnt gleich am Stadtrand von Neubrandenburg. Schon dort haben Sie Möglichkeiten zum Wassersport. Und die gibt es bei dieser Rundfahrt immer wieder. Sie nehmen ganz einfach die Straße, die rund um den See führt (mit einigen kleinen Umwegen, weil es eben nicht überall eine Uferstraße gibt). Doch Sie können sich am Ostufer des Sees – rechts das Wasser, links das Waldgebiet des Nemerower Holzes – bis Klein-Nemerow halten. Dort fahren Sie landeinwärts auf Radwegen über Groß-Nemerow nach Zachow. Von hier sind es nun – wieder über kleine Straßen – nur wenige Kilometer bis nach Usadel. Und da sind Sie nun schon wieder an einem Gewässer,

An der Stadtmauer, Neubrandenburg

Informationen

Fremdenverkehrsverband
Mecklenburg-Vorpommern
Platz der Freundschaft
18059 Rostock,
Tel. 03 81-44 84 26

Neubrandenburg Information,
Turmstraße 11,
17033 Neubrandenburg,
Tel. 03 95-5 82 22 67

🚲 *am Bahnhof: Seite 438*

das einst ein Stück Tollensesee war, nun aber – mehr oder weniger getrennt – „Lieps“ heißt. Sie kommen nach Prillwitz und von dort nach Zippelow. Über Neu-Wustrow und Wustrow nähern Sie sich wieder dem Tollensesee, den Sie dann hinter Alt Rehse wieder erreichen. Wieder fahren Sie zwischen Wald und Wasser dahin – links das Brodaer Holz, rechts der Tollensesee. So kommen Sie nach Neubrandenburg zurück.

72
43 km

Große Rundfahrt:
Vom See nach Burg Stargard

Diese Rundfahrt zeigt Ihnen die landschaftliche Vielfalt des Gebiets: Wald, Felder und Seen in der Nähe von Burg Stargard. Von Neubrandenburg nehmen Sie die Straße am Westufer des Tollensesees bis nach Alt Rehse. Weiter geht es über Wustrow und Prillwitz – um den Lieps herum – nach Zachow. Hier halten Sie sich nun östlich und fahren, durch Wiesen und Äcker, über Ballwitz und Rowa nach Burg Stargard. Im Lindetal führt der Weg zurück nach Neubrandenburg.

Im Müritz-Nationalpark

In diesem Teil des Müritz-Nationalparks geht es weniger um die Müritz selbst als um ganz andere Seen: beispielsweise um den Schweingartensee und den Großen Fürstenseer See – neben zahllosen kleineren Gewässern.

73
30 km

Am Großen Fürstenseer und Schweingartensee

Von Neustrelitz kommen Sie zur Bundesstraße 198. Dort geht östlich ein Rad- und Wanderweg in Richtung Carpin ab. Er bringt Sie zunächst zum nördlichen Teil des Großen Fürstenseer Sees. Von dort geht es dann, durch das Naturschutzgebiet zwischen Großem Fürstenseer und Schweingartensee (und an der Nordspitze des Schweingartensees vorbei) nach Carpin.
(Sollten Sie sich in dieser Gegend verfahren, ist es nicht schlimm. Sie steuern unfehlbar den 101 Meter hohen Galgenberg an, von dem ein Landsträßchen nach Carpin führt.) Von Carpin geht es zunächst nach Groß Schönfeld, das östlich vom Rödliner See liegt, dann auf kleinen Wegen über Rödlin-Thurow nach Thurow (das inmitten mehrerer kleiner Seen liegt). Kurz vor Zinow kommen Sie auf die Bundesstraße 198, biegen rechts ein und fahren durch den Strelitzer Stadtforst nach Neustrelitz zurück.

Sehenswertes

① Neustrelitz wurde erst 1733 durch den Herzog von Mecklenburg gegründet. Die Stadt zeigt noch viele Zeugnisse der ursprünglichen spätbarocken Bebauung. Barock ist auch der Stadtpark. Im angrenzenden Tierpark sehen Sie allerlei Gehege und schöne alte Bäume.

② Der Müritz-Nationalpark bietet das Kuriosum, daß sein östlicher Teil (um den es uns hier geht) 25 Kilometer von der Müritz, diesem zweitgrößten deutschen See, entfernt ist. Es handelt sich eben um ein großes geschütztes Gebiet (es mißt immerhin 308 Quadratkilometer), dem der prominente See den Namen gab. Kürzlich erst – 1990 – wurde das Gebiet als Nationalpark unter strengsten Natur- und Landschaftsschutz gestellt.

74
33 km

Seen, Teiche, Tümpel – wohin das Auge blickt

Von Neustrelitz fahren Sie nach Strelitz Alt und nehmen dort die Landstraße nach Fürstensee. Hier sind Sie an der südwestlichen Spitze des Fürstenseer Sees. Ein winziges Sträßchen bringt Sie über Wokuhl nach Grammertin. Überall sehen Sie größere und kleinere Seen, Teiche, Tümpel – Wasserflächen, wohin das Auge blickt.
Von Grammertin radeln Sie über Wutschendorf und Goldenbaum in Richtung Carpin. Aber kurz vor der

Schloßpark in Neustrelitz

Ortschaft biegen Sie links ab auf den Rad- und Wanderweg. Dieser Weg bringt Sie, an der Nordspitze des Schweingartensees und des Großen Fürstenseer Sees vorbei, durch die prächtige Landschaft des Nationalparks nach Neustrelitz zurück.

75
40 km

Große Rundfahrt:
Zwischen Rödliner und Großer Fürstenseer See

Diese Tour ist einfach zu fahren (es geht kaum auf und ab), zeigt Ihnen aber ungemein viel Landschaft. Vor allem: nahezu unzählbare Seen, Teiche und Tümpel.
Sie beginnen in Neustrelitz und fahren auf der Bundesstraße 198 bis nach Zinow. Hier ist schon der erste See. Sie biegen ab nach Thurow und kommen zum zweiten sowie zum dritten See.
Alsdann fahren Sie weiter nach Rödlin-Thurow (wo es nicht nur den Rödliner See gibt, sondern um diesen herum eine ganze Reihe kleinerer Gewässer).
Und so geht es dann weiter: über Groß Schönfeld südlich nach Carpin, weiter südwestlich über Wutschendorf nach Wokuhl, dann nordwestlich über Fürstensee nach Neustrelitz zurück.
Und überall, wohin Sie auch blicken, sehen Sie die glitzernden Flächen der zahllosen Gewässer in diesem Müritz-Nationalpark.

Informationen

Fremdenverkehrsverband „Mecklenburgische Seenplatte“, Marienfelder Weg 4 a, 17207 Röbel, Tel. 03 99 31-5 13 81

Stadtverwaltung, Markt 1, 17235 Neustrelitz, Tel. 0 39 81-25 31 19

am Bahnhof: Seite 438

Niedersachsen

Zwischen Meer, Heide und Mittelgebirge

Zwischen der ostfriesischen Küste und den ersten Erhebungen der deutschen Mittelgebirge erstreckt sich die Norddeutsche Tiefebene. Zahlreiche Flüsse und Kanäle durchziehen dieses flache Land, in Mooren leben seltene Vögel und anderswo ausgestorbene Pflanzen. In weiten Heidelandschaften können Sie Schafherden, Wachholderbüsche und das berühmte Heidekraut sehen. Prächtige Städte und Dörfer mit Schlössern und Burgen, mit Fachwerkhäuschen und alten Marktplätzen laden immer wieder zu längeren Pausen ein. Hier ist das Land so eben, daß der Wind vom Meer sogar noch ungehindert Windmühlen antreibt.

Übersicht

Niedersachsen auf einen Blick

Größe: 47 348 km².
Einwohner: 7,3 Millionen.
Bevölkerungsdichte: 154 Einwohner/km².
Landeshauptstadt: Hannover (mit 505 000 Einwohnern auch die größte Stadt des Landes).
Wirtschaft: Landwirtschaft, Fahrzeug- und Schiffsbau, Lebensmittelindustrie, Fremdenverkehr.
Bekannte Flüsse: Elbe, Leine, Aller, Ems, Weser.
Höchste Erhebungen: Wurmberg (971 m), Bruchberg (928 m).
Waldfläche: 20,7 Prozent.
Ackerland: 36,9 Prozent.

Das Land Niedersachsen ist in seiner jetzigen Gestalt ein 1946 künstlich zusammengewürfeltes Gebiet aus den Ländern Braunschweig, Oldenburg und Schaumburg-Lippe sowie der Provinz Hannover.
Braunschweig war ein Herzogtum der Welfen, gehörte von 1807 bis 1813 zum Königreich Westfalen, wurde von 1884 bis 1906 preußisch regiert, war dann bis 1913 unter mecklenburgischer Regentschaft.
Oldenburg entstand 1180 nach dem Ende des Herzogtums Sachsen, wurde später ein Großherzogtum und 1918 ein deutscher Freistaat mit demokratischer Verfassung.
Schaumburg-Lippe entstand nach 1640, wurde 1807 ein Fürstentum, war seit 1815 Mitglied des Deutschen Bundes und seit 1918 Freistaat. Hannover war Teil des Herzogtums Braunschweig, dann ein Teil des Königreichs Westfalen. Auf dem Wiener Kongreß erhob man es selbst zum Königreich. Aber 1866 wurde es von Preußen als Provinz annektiert.

Niedersachsen

In der Lüneburger Heide
100 Sie fahren Auf dem Töps
101 Besuch in der Gutswassermühle
102 Rings um den Naturschutzpark

Im Westen von Lüneburg
103 Durch die Schwarze Heide
104 An die Totenstatt
105 Zwischen Bardowick und Amelinghausen

Im Osten der Lüneburger Heide
106 An der Ilmenau und dem Elbe-Seitenkanal
107 Durch den Bobenwald und die Südheide
108 Vom Elbe-Seitenkanal zur Heide

In der Wildeshauser Geest
109 Durch die Pestruper Heide
110 Durch Poggenpohlssand und das Alte Moor
111 Durch die Ahlhorner Heide

Am Rande der Verdener Heide
112 Durch das Heidegebiet
113 Entlang dem Schleusenkanal
114 Zwischen Verden und Langwedel

Überall ist Heideland
115 Durch die Ahrensheide
116 Durch den Eichenurwald der Ahldener Schlenke
117 Zwischen Hodenhagen, Walsrode und Rethem

Bei Quakenbrück und der Ankumer Höhe
118 Am Fuß der Ankumer Höhe
119 Am Rand des Naturparks
120 Im großen Bogen um das Artland

An der Böhrde und dem Großen Moor
121 Durch den Sulinger Bruch ins Tal der Sule
122 Im Tal der Großen Aue
123 Durch den Rauhen Busch

Durch die Wälder der Lingener Höhe
124 Durch den Baccumer Wald
125 Im Tal der Großen Aa
126 Im mächtigen Bogen um die Lingener Höhe

An der niederländischen Grenze
127 Zum Dreiländer See
128 An der Engdener Wüste
129 Im Norden und Süden von Bad Bentheim

Rund ums Steinhuder Meer
130 Durch das Tote Moor
131 Am Naturschutzgebiet Meerbruch
132 Bis nach Wunstorf im Süden

In den Heiden der Gifhorner Schweiz
133 Zum Clausmoor und zum Tankumsee
134 Durch das Große Moor
135 In einem weiten Kreis um Gifhorn

Am Südhang des Teutoburger Waldes
136 Durch die Laer und Glandorfer Heide
137 Durch das Waldgebiet Freeden
138 Durch den Staatsforst Palsterkamp

Durch das Wesertal zum Süntel
139 Im Tal der Weser
140 An der Hämelschenburg
141 Durch die Genossenschaftsforste

Im Naturpark Elm-Lappwald
142 Über den Drachenberg
143 Über die Ferienstraße
144 Rund um den Staatsforst

Im Naturpark Harz
145 Durch den Pöhlder Forst
146 Zum Wiesenbeker Waldteich
147 Im Tal der Oder

An der Leybucht

Hinter grünen Deichen breitet sich sattes Marschland aus, das von Entwässerungskanälen in Hunderte von Inseln aufgeteilt ist. Die Dörfer mit den mächtigen Kirchen wurden im Mittelalter auf künstlichen Hügeln – sogenannten Warften – erbaut.

76
30 km

Durch den Leybuchtpolder

Sie starten in Greetsiel. Durch ein Gebiet mit unzähligen winzigen Entwässerungskanälen fahren Sie über Hauen, Pilsum und Groothusen nach Pewsum. Diese ganze Gegend – das ist alles die Großgemeinde Krummhörn. In Pewsum biegen Sie auf die Straße nach Eilsum ein und radeln über Grimersum bis Friedrichshof. Dort halten Sie sich links und fahren durch den Leybuchtpolder bis zum Störtebekerdeich, auf dem Sie links nach Greetsiel zurückfahren.

77
35 km

Auf dem Königsweg

Von Norden fahren Sie nordwestwärts und erreichen so in kurzer Zeit den Ort Norddeich. Dort radeln Sie links auf den Deich. Auf dem fahren Sie im großen Bogen der Küstenlinie entlang, praktisch direkt am Meer, bis zum Ende der Leybucht.

Bei Westermarscherloog verlassen Sie den Deich und biegen rechts ab, an der nächsten Kreuzung wieder rechts. Wo das Flüßchen Norder Tief in die Leybucht mündet, überqueren Sie dann das Sammelbecken hinter der Schleuse und erreichen den Königsweg, in den Sie nach rechts einbiegen. Auf ihm fahren Sie bis zur nächsten Straßenmündung links beim Leybuchtpolder, dann nach Friedrichshof, dort links ab durch das fruchtbare Marschland zurück nach Norden.

Sehenswertes

① *Norddeich hat einen betriebsamen Fischereihafen.*

② *Die typisch friesische Stadt Norden hat noch viel schöne alte Bausubstanz. Die Ludgerikirche mit Arp-Schnitger-Orgel von 1688 gehört dazu.*

③ *Greetsiel ist ein malerisches Fischerdorf mit niederländisch-barocken Häusern am kleinen Kutterhafen.*

④ *Im ostfriesischen Freilichtmuseum Pewsum erfahren Sie allerlei über das einstige Leben auf der immer wieder von Sturmfluten bedrohten Krummhörn.*

78
55 km

Große Rundfahrt:
Zwischen Norddeich und Krummhörn

Bei dieser großen Tour starten Sie in Norden und radeln zunächst nach Norddeich. Dort fahren Sie auf den Deich und bleiben dort bis Greetsiel. Dann radeln Sie über Pewsum nach Friedrichshof und kehren so zurück nach Norden.

Der Fischereihafen von Greetsiel

Informationen

Fremdenverkehrsverband Nordsee-Niedersachsen-Bremen e.V., Bahnhofstr. 19-20, 26104 Oldenburg, Tel. 04 41-92 17 10
Tourist-Information, Zur Hauener Hooge 15, 26730 Greetsiel, Tel. 0 49 26-9 18 80
🚲 am Bahnhof: Seite 438

Im Jeverland

„Jeverland" heißt die Landschaft, die nordwestlich von Wilhelmshaven liegt. Es ist ein ganz ebenes, von unglaublich vielen Kanälen und Rinnsalen durchzogenes Gebiet. Den Namen hat es von dem Städtchen Jever.

79
35 km

Durch den Upjever Forst

Von Jever fahren Sie südlich nach Rahrdum, dort links nach Sibetshausen und dann auf einem kleinen Sträßchen nach Moorhausen. Weiter geht es nach Sillenstede und dort scharf rechts: so kommen Sie - immer zwischen vielen Teichen hindurch - nach Grafschaft und Schortens.
Über die Stadtteile Jungfernbusch und Heidmühle fahren Sie zum Klosterpark. Vom reizvollen Klosterpark geht es, vorbei am Forsthaus Upjever, durch den Upjever Forst nach Schanz, Grappermöns und Dreihäuser, dann über Sandel und Cleverns nach Jever zurück.

Sehenswertes

① In Waddewarden steht die Johannes-Kirche von 1233. Sie besitzt einen 600 Jahre alten, aus blauem Granit gefertigten Taufstein, Fensteröffnungen mit gotischen Fresken sowie einen spätgotischen Altar mit der Abendmahlsszene.

② Das vierflügelige Schloß in Jever wurde vor 450 Jahren für die letzte und bis heute hochverehrte Regentin des Städtchens, Fräulein Maria von Jever, um einen älteren Turm herum gebaut. Besonders schön ist der Audienzsaal mit Kassettendecke und farbigen Ledertapeten.
Ein schattiger Park umgibt die Anlage, die heute als Museum dient.

③ Die Stephans-Kirche in Schortens (sie wurde 1153 gebaut) ist die älteste im Jeverland. Das große Kirchenschiff wird durch einen spätgotischen Lettner vom Chor getrennt, in dem ein Flügelaltar von 1500 steht.

80
40 km

Durch die Dörfer in der Umgebung von Jever

Sie starten in Waddewarden. Auf kleinen Sträßchen radeln Sie westlich über Elmsenhausen, Westrum, Stummhausen, Birkshof und Bussenhausen nach Eggelingen. Dort geht es über Schluis links nach Wiefels und über Annenburg nach Cleverns. Hier fahren Sie wieder links nach Rahrdum, machen einen Abstecher nach Jever. Über Rahrdum, Moorhausen und Sillenstede geht es zurück nach Waddewarden.

In Jever

81 — 45 km

Große Rundfahrt:
Am Ems-Jade-Kanal entlang

Sie beginnen Ihre Rundfahrt in Jever, fahren zunächst nach Rahrdum und nun rechts über Cleverns und Schanz zum Upjever Forst. Dann biegen Sie rechts ab über Langstraße nach Abickhafe. Am Ems-Jade-Kanal entlang fahren Sie nach Dykhausen, Panneboe und weiter nach Schortens. Über Grafschaft und Sillenstede geht es links ab zurück nach Jever.

Informationen

Fremdenverkehrsverband Nordsee- Niedersachsen-Bremen e.V., Bahnhofstr. 19/20, 26104 Oldenburg, Tel. 04 41-92 17 10

Verkehrsverein, Am Markt 18, 26441 Jever, Tel. 0 44 61-7 10 10

🚲 am Bahnhof: Seite 438

Vom Duhner Watt zur Wurster Heid

„Land Wursten" heißt die Gegend, die sich südwestlich von Cuxhaven längs der Nordseeküste bis nach Bremerhaven erstreckt. In Ufernähe findet man das Watt, dahinter aber liegt die Wurster Heide.

Sehenswertes

① Die Kugelbake bei Cuxhaven ist ein schon 1730 errichtetes Schifffahrtszeichen aus Holz. (Solche und ähnliche Baken benutzte man einst und man benutzt sie noch heute - um die Fahrwege für die Schiffe zu kennzeichnen.) Ganz in der Nähe der Cuxhavener Kugelbake finden Sie ein Becken mit Seehunden.

② Cuxhaven ist wegen seiner Häfen und Schiffs-Anlegestellen interessant. Da gibt es den Amerika-Hafen und den Passagierhafen Steubenhöft, den Fischerei-, den Fähr- und den Yachthafen. Nördlich wurde 1732 aus Wrackteilen das Hafenbollwerk „Alte Liebe" angelegt.
Sie sehen dort noch zwei ungleiche Türme: einen alten Leuchtturm und einen modernen Radarturm.
Im Süden: Schloß Ritzebüttel mit einem Puppen- und einem Buddelschiff-Museum.

③ Sahlenburg bietet das Finkenmoor und den Finkenmoor-Teich. Dort brüten viele Wasservögel. Und auf dem Teich blühen Seerosen.

④ In Stickenbüttel hat man ein Wrackmuseum eingerichtet. Sie sehen viele Funde, die aus gesunkenen Schiffen stammen, und allerlei Wissenswertes zur Geschichte der Seenot-Rettung.

⑤ Spieka-Neufeld hat etwas Nostalgisches: einen kleinen, ganz ursprünglichen Fischerhafen.

82 — 15 km

Strandbad-Spazierfahrt nach Duhnen

Das ist eine kleine Tour - nicht mehr als eine beschauliche Spazierfahrt. Sie radeln zunächst von Cuxhaven an die Küste und dort auf dem Damm bis zur Kugelbake. Nun können Sie bis zum Ortsende von Duhnen an der Küste entlangfahren, in unmittelbarer Nähe der Strandbäder. Dann machen Sie eine enge Schlaufe und fahren in entgegengesetzter Richtung durch Duhnen, bis die Hauptstraße rechts nach Stickenbüttel abzweigt. In der Ortsmitte von Stickenbüttel halten Sie sich links in Richtung Döse und fahren dort rechts auf der Hauptstraße zurück nach Cuxhaven.

83 — 20 km

Durch die Marschen bei Spieka

Sie starten in Berensch und fahren südlich auf einer schönen Straße durch ein Stück Naturschutzgebiet der Oxstedter Heide

Cuxhaven

Große Rundfahrt:

Beim zwanzig Meter hohen Wolfsberg

84

48 km

Diese Tour scheint lang. Aber die Gegend ist so eben, daß man keine Probleme hat.

Sie starten in Cuxhaven, fahren zur Kugelbake, dann am Strand entlang und durch Duhnen nach Stickenbüttel. Dort biegen Sie rechts ab nach Sahlenburg, fahren durch den Wernerwald und am 20 Meter hohen Wolfsberg vorbei.

Über Arensch kommen Sie nach Berensch. Hier radeln Sie auf der Störtebekerstraße über Oxstedt, vorbei an Nordholz, nach Spieka. Hinterm Damm geht es zurück über Spiekaer Altendeich und Spieka-Neufeld nach Berensch. Hinter Berensch fahren Sie rechts ab nach Spangen und kommen über Stickenbüttel zurück nach Cuxhaven

nach Oxstedt. Dann verlassen Sie die Heidelandschaft und begeben sich ins Wattgebiet. So kommen Sie nach Spieka. Dort schwenken Sie wieder in nördliche Richtung ein, fahren nach Altendeich und Spieka-Neufeld. Hier nun erreichen Sie den Deich. Hinter ihm fahren Sie gemütlich durch die Marschen zurück zum Ausgangspunkt: nach Berensch.

Informationen

Fremdenverkehrsverband Nordsee
Bahnhofstr. 19/20,
26104 Oldenburg,
Tel. 04 41-92 17 10

Fremdenverkehrsverband,
Heinrich- Grube-Weg 2,
27476 Cuxhaven Tel. 0 47 21-470 81

🚲 am Bahnhof: Seite 438

Am Bederkesaer See

Bederkesa ist ein alter Rittersitz. Über Jahrhunderte war er eng mit der Hansestadt Bremen verbunden. Bederkesa liegt inmitten einer Seenlandschaft mit Wald und Moor. Unsere Touren führen teils über Straßen, teils über gekennzeichnete Radwege

85
20 km

Im Holzurburger Forst

Am Seeufer in Bederkesa beginnt eine Ortsstraße, die Sie zunächst nördlich, dann östlich in Richtung Höring führt. Dabei kommen Sie zuerst durch den Holzurburger Wald und später am Hadelner Kanal entlang. Am Ende des langgezogenen Ortes Höring überqueren Sie den Kanal nach rechts und fahren durch das Moor, teilweise am Bächlein Mühe entlang, über Mühedeich nach Ankelohe. Von dort geht es durch mooriges Gebiet nach Lintig, wo Sie rechts dann wieder nach Bederkesa abbiegen.

86
30 km

Durch das Meckelstedter Moor

Vom Bederkesaer See fahren Sie über Höring nach Ankelohe. Von dort bringt Sie ein Nebensträßchen nach Neubachenbruch, dort rechts nach Moorausmoor durch das Meckelstedter Moor und am Rand des Langen Moors, teilweise begleitet von dem Flüßchen Mooraue, nach Moorausmoor-Abbau – und Sie können sich gut vorstellen, wie diese Namen zustande kamen: Hier hat man das Moor zunächst trockengelegt und dann den Torf abgebaut. Mooraue und Mühe sind solche Entwässerungsbäche. Heute handelt es sich um stille Moorflächen, auf denen seltene Tiere und Pflanzen zu Hause sind. Von Moorausmoor-Abbau fahren Sie rechts über Meckelstedt und Lintig zurück nach Bederkesa.

87
60 km

Um den Flögelner See

Von Bederkesa fahren Sie über Mühedeich, Ankelohe und Moorausmoor nach Meckelstedt. Dahinter zweigen Sie links ab auf ein Ortssträßchen, das nach Hainmühlen führt, parallel zu einem winzigen Flüßchen, das „Obe-

Sehenswertes

① *Im Flögelner Horst wurde ein vorgeschichtlicher Lehrpfad angelegt, der zu mehreren Großsteingräbern führt.*

② *In Bederkesa steht eine reetgedeckte Windmühle von 1881. Ihr hölzernes Räderwerk können Sie besichtigen.*

③ *Im Langen Moor sind seltene Tiere und Pflanzen zu Hause: Störche, Fischreiher und Wildschwäne; Seidelbast, Wollgras und fleischfressender Sonnentau.*

Die Windmühle von Bederkesa

re Wittgeeste" heißt. In Hainmühlen biegen Sie links ab und fahren durch das Großenhainer Holz bis zur Straßenkreuzung, wo Sie rechts in Richtung Langel und Ringstedt abbiegen.

Über die Untere Wittgeeste und den Bederkesa-Geeste-Kanal kommen Sie über Kührstedt zum Hof Mortensen. Von da geht es auf einem Sträßchen bis zur größeren Straße, die von Bederkesa nach Drangstedt führt. Dort biegen Sie rechts ein und radeln in Richtung Bederkesa, biegen aber gleich wieder links ab in die Straße nach Fickmühlen, nach Flögeln und zum Flögelner See. Ihn können Sie umrunden und dann kurz vor Flögeln links auf die Ortsstraße in Richtung Bederkesa abbiegen.

Informationen

Kurverwaltung
Amtsstraße 8
27624 Bederkesa
Tel. 04745-9 43 30

🚲 am Bahnhof: Seite 438

Durch die Moore der Emsniederung

Einst beherrschten die Moore das ganze Emsland, bis man im 18. und 19. Jahrhundert versuchte, das Land zu kultivieren und die Moore durch Entwässern und Torfstechen trockenzulegen. Erst in unserem Jahrhundert wurden weite Strecken besiedelt.

88 **30 km**

Zwischen drei Mooren

Von Papenburg fahren Sie zunächst ein Stückchen am Mittelkanal entlang. Bei der Windmühle halten Sie sich links und an der zweiten großen Kreuzung rechts. So kommen Sie aus Papenburg hinaus bis nach Bokel. Von dort geht es auf kleinen Fahr- oder Feldwegen im Zickzack nach Nenndorf. Dort halten Sie sich links, nehmen die Straße nach Tunxdorf und weiter zum Erholungsgebiet am Tunxdorfer Waldsee. Auf der gleichen Straße geht es dann weiter südlich nach Aschendorf. Hier halten Sie sich wieder links und fahren östlich durch Aschendorf-Moorsiedlung zwischen dem Untermoor, dem Obermoor (nördlich der Straße) und dem Wilden Moor (südlich) nach Torfwerk, wo Sie sich ebenfalls links halten und auf der Straße entlang dem Splittingkanal bis zum Mittelkanal und so zum Ausgangspunkt zurückfahren.

Sehenswertes

① Papenburg: Deutschlands älteste und größte Moorsiedlung. Mehr darüber: im Freilicht-Museum am Splitting-Kanal. Zum Thema „Schiffahrt“ gibt es ein Freilicht-Museum am Wieker Hauptkanal.

② Aschendorf: Amandus-Kirche (von 1498 – mit bemerkenswerter Ausstattung), Schloß Altenkamp (mit Barockgarten).

③ Surwolds Wald: Märchenschau, Riesenrutsche, Sommer-Rodelbahn.

89 **30 km**

Am Fuchtel-Mörte entlang

Sie starten in Surwold und fahren teils durch den Surwolds-Wald und den Börgerwald, weiter über den Großen Schloot nach Neubörger. Dort biegen Sie rechts ab. Links liegt nun die ausgedehnte Fuchtel-Mörte (es handelt sich um ein Naturschutzgebiet – den Rest eines Hochmoores). Sie kommen an den Ortsrand von Neulehe und fahren über den Deverhof nach Aschendorf-Moor-Siedlung, weiter östlich bis Torfwerk, von dort südlich am Splittingkanal entlang und durch das Wilde Moor über den Ort Börgermoor nach Surwold zurück.

90 **60 km**

Große Rundfahrt:

Über den Küstenkanal

Sie beginnen in Papenburg, fahren über Bokel und Nenndorf nach Aschendorf. Dort geht es südlich über Aschendorferkämpe und Herbrumerkämpe nach Neu-Herbrum, auf kleinen Straßen vorbei an Lehe und bald über den Küstenkanal nach Dörpen.

Sie fahren südlich nach Ahlen, wo Sie ostwärts abbiegen, und kreuzen

Der Tunxdorfer Waldsee

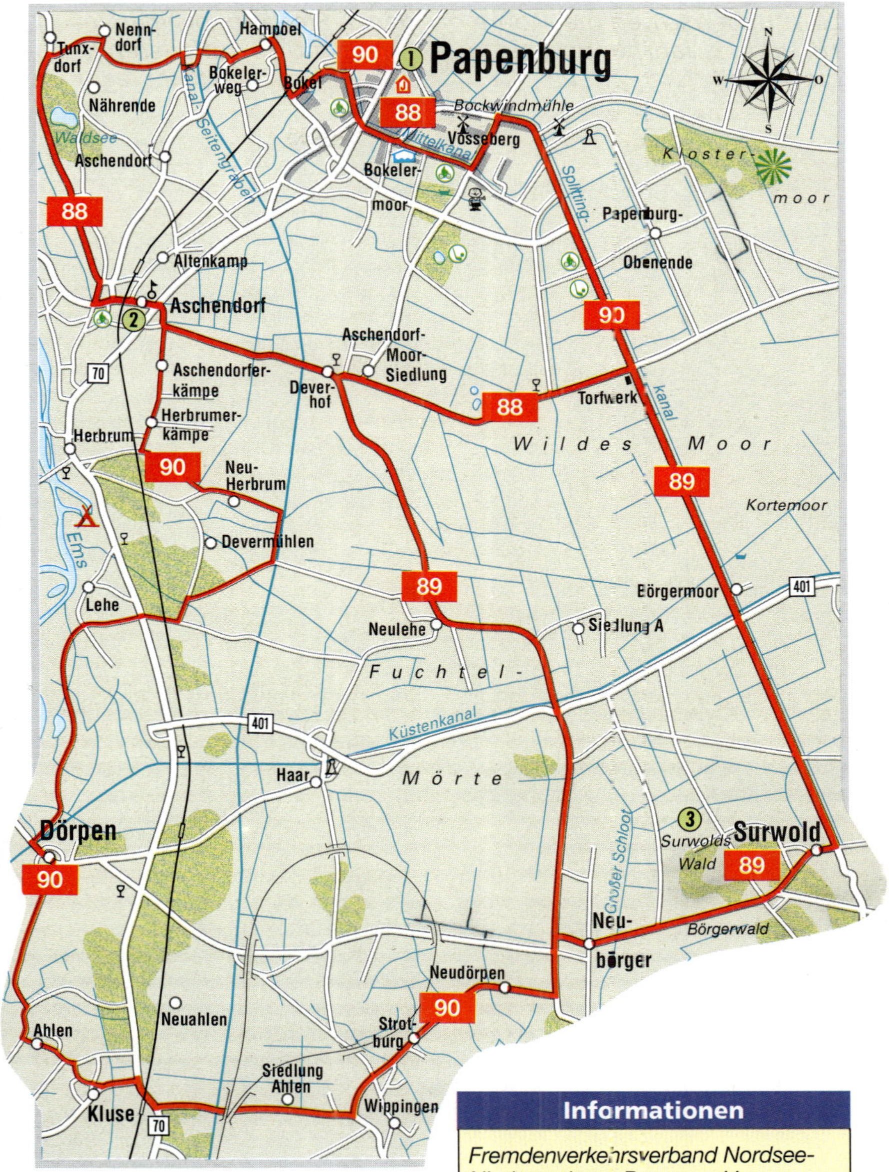

die Versuchslinie der Magnetschwebebahn „Transrapid". Weiter geht es nun nach Neudörpen und Neubörger. Von dort über Surwold und Torfwerk zurück nach Papenburg.

Informationen

Fremdenverkehrsverband Nordsee-Niedersachsen-Bremen e.V.,
Bahnhofstraße 19-20,
26104 Oldenburg, Tel. 04 41-92 17 10
Fremdenverkehrsverein, Rathaus,
26871 Papenburg, Tel. 0 49 61-8 22 21
🚲 am Bahnhof: Seite 438

Am Zwischenahner Meer

Unser Gebiet gehört zum Ammerland, einer stillen Gegend zwischen Ems und Weser. Hier gibt es viele Moorflächen, es fehlt auch nicht an Gewässern. Das Prominenteste ist das Zwischenahner Meer – schlicht als „See" bekannt.

91
12 km

Rund ums Zwischenahner Meer

Diese Tour ist eher eine kleine Spazierfahrt, ringsherum um das Zwischenahner Meer. Das ist nun, anders als man es in dieser Gegend erwarten sollte und auch im Gegensatz zu vielen anderen Seen des Norddeutschen Tieflandes, kein ausgedehnter Moortümpel. Es entstand ganz anders, nämlich durch den Einbruch eines unterirdischen Salzlagers. Doch auch hier schreitet die Verlandung seit Jahrhunderten fort, und so gibt es in der Umgebung des Sees reiche Moorlager. Hier gewinnt das staatl. anerkannte Moorheilbad Bad Zwischenahn sein natürliches Heilmittel. Dort, in Bad Zwischenahn, beginnt die Tour rings um den See. Sie führt auf kleinen Nebensträßchen über Kayhausen und Halfstede, Aue und Dreibergen nach Rostrup und von dort nach Bad Zwischenahn zurück. Die Sträßchen sind überwiegend sehr hübsch, und man hat einen prächtigen Blick übers Wasser.

Sehenswertes

① Westerstede hat eine sehr eindrucksvolle romanische Kirche mit gotischen Malereien.

② Im Vogelpark bei Westerstede sind 150 Vogelarten (darunter auch viele exotische) zu sehen und zu hören.

③ Ocholt besitzt eine Wind- sowie eine Wassermühle. Bei der wird zuweilen Volkstheater gespielt.

④ Beim Kurpark von Bad Zwischenahn finden Sie das „Ammerländer Bauernhaus", Deutschlands ältestes Freiland-Museum mit allerlei historischen Bauten aus der Gegend.

92
45 km

Durch das grüne Ammerland

Sie starten in Rostrup und radeln durch das grüne Ammerland, in Richtung Westerstede, über Deepenfurth und Fikensolterfeld, vorbei am neuen Südholt, einem kleinen Wäldchen, in dem auch der Vogelpark liegt. In Westerstede machen Sie kehrt und fahren auf kleinen Straßen über Fikensolt und Lindern nach Ocholt. Von dort kommen Sie durch das Ocholter Feld nach Howiekerfeld. In Karlshof angekommen, fahren Sie nun auf schmalen Feldwegen durch das Fintlandsmoor und über den Fintlandsmoorgraben. Über das Flüßchen Aue hinweg erreichen Sie Lohorst.

Beim Zwischenahner Meer

Dort biegen Sie links ab nach Westerscheps und Holtange. Dabei kommen Sie an einigen Windmühlen vorbei. In Holtange halten Sie sich dann wieder links, um über Querensteder Mühle und Ohrwege zurück nach Rostrup zu radeln.

93
57 km

Große Rundfahrt:
Im großen Bogen um Meer und Moor

Bei dieser Strecke lernen Sie nun die beiden typischen landschaftlichen Erscheinungsformen dieses Teils des Ammerlandes kennen: das Fintlandsmoor ebenso wie den großen See, das Zwischenahner Meer. Zweckmäßigerweise beginnen Sie in Bad Zwischenahn und fahren nun südwestlich nach Holtange. Von dort geht es dann südwestlich am Rand des Fintlandsmoors nach Ocholt und nach Westerstede. Dort halten Sie sich südöstlich nach Rostrup und biegen nun links ab, um das Zwischenahner Meer zu umrunden und so wieder nach Bad Zwischenahn zurückzukommen.

Informationen

Fremdenverkehrsverband Nordsee-Niedersachsen-Bremen e.V., Bahnhofstaße 19-20, 26104 Oldenburg, Tel. 04 41-92 17 10

Kurverwaltung, Auf dem Hohen Ufer 24, 26160 Bad Zwischenahn, Tel. 0 44 03-5 90 81

🚲 am Bahnhof: Seite 438

Am Teufelsmoor

Dieses Teufelsmoor bei Osterholz-Scharmbeck und Worpswede sagt schon, wie diese Gegend beschaffen ist: moorig. Sie kommen an vielen kleinen Bächen vorbei, an Gräben und an Dörfern, die aus einer einzigen, schnurgeraden Straße bestehen.

94
35 km

Durch das Sankt-Jürgens-Land

Von Worpswede fahren Sie nordöstlich nach Schlußdorf. Dort biegen Sie rechts ab und fahren über die Semkenfahrt (einen der größeren Entwässerungsgräben) und den Tüschendorf-Worphauser Graben nach Grasberg. Immer durch mooriges Gebiet geht es ins Tal der Wörpe und nach Lilienthal. Sie fahren weiter auf einem Wiesenweg durch ein Landschaftsschutzgebiet und kommen zum Deich, der sich entlang der Wümme hinzieht. Dem folgen Sie, vorbei an Entwässerungsgräben, einem Schöpfwerk und alten Bauerngehöften, bis nach Höftdeich.
Dort biegen Sie rechts ab und fahren, vorbei am Kirchlein Sankt Jürgen, durch das Sankt-Jürgens-Land über Niederende nach Moorhausen. Dort geht es rechts über Viehland nach Worpswede zurück.

Sehenswertes

① *Myhle: an der Mühlenstraße. Elf Wind- und Wassermühlen.*

② *Osterholz-Scharmbeck: interessantes Heimatmuseum.*

③ *Worpswede: Künstlerkolonie. Maler, Museen und Galerien.*

④ *Sankt Jürgen: Die Kirche wurde vor 700 Jahren auf einen Hügel gebaut. Schöner Blick ringsum.*

⑤ *Lilienthal: im Michaelis-Hof Kutschen, Schlitten und Bauernwagen.*

95
30 km

Rund um die Hammewiesen

Sie fahren von Worpswede nordöstlich, dann nördlich nach Neu Sankt Jürgen. Dort biegen Sie links ab und radeln am Schütt vorbei zum Ort Teufelsmoor. Da sind Sie auch schon mittendrin in diesem Moorgebiet (das südlich der Straße den Namen „Hammewiesen" trägt). Sie fahren weiter bis an den südlichen Rand von Myhle und nach Osterholz-Scharmbeck. Den Ort durchqueren Sie und radeln südlich. Bei Tietjenshütte überqueren Sie zum zweitenmal die Hamme. An der nächsten Kreuzung, vor Moorhausen, nehmen Sie links den Weg zurück über Viehland nach Worpswede.

96
50 km

Große Rundfahrt:
Von einem Moor zum anderen

Diese Route führt Sie von einer Moorlandschaft zur nächsten. Sie beginnen in Worpswede und fahren über Schlußdorf südlich nach Grasberg. Da haben Sie ein Stück des südlichen Teufelsmoors erlebt.
Von Grasberg geht es über Lilienthal nach Höftdeich. Links vom Weg, jenseits der Wümme, liegt das Block-

Hünengrab bei Osterholz-Scharmbeck

land, ebenfalls ein Moorgebiet. Sie fahren nach Moorhausen und weiter nördlich über Osterholz-Scharmbeck nach Myhle. Nun haben Sie im Osten die moorigen Hammewiesen. Weiter geht es im großen Bogen über den Ort Teufelsmoor nach Neu Sankt Jürgen. Damit sind Sie mitten in diesem Moor (das heute gar nichts Teuflisches mehr an sich hat) und fahren zurück nach Worpswede.

Informationen

Fremdenverkehrsverband Nordsee-Niedersachsen-Bremen e.V., Bahnhofstr. 19/20, 26104 Oldenburg, Tel. 04 41-92 17 10

Verkehrsamt, Bergstr. 13, 27726 Worpswede, Tel. 0 47 92-14 77

🚲 am Bahnhof: *Seite 438*

In der Wümmeniederung

Auf den Geestflächen dieser dünnbesiedelten Landschaft liegen viele hübsche kleine Dörfer und Einzelgehöfte – aber auch noch Zeugen aus vergangenen Zeiten, beispielsweise die Hünengräber südwestlich von Rotenburg.

97 – 40 km – Zum Großen und Kleinen Bullensee

Von Rotenburg radeln Sie südlich in den Wald zum Grafler Holz. In Grafel biegen Sie links ab und fahren durch das Große Hamerloh. So kommen Sie zum Kleinen und Großen Bullensee am Rand eines sehr schönen Naturschutzgebiets. Über Hastedt fahren Sie nach Hassel, weiter auf Radwegen im Hasselbachtal nach Riekenbostel und (vorbei an den Federlohmühlen – alten Wassermühlen, die der Federlohmühlenbach antrieb) nach Kirchwalsede. Von dort über Westerwalsede nördlich hinauf nach Unterstedt. Rechts dieses Wegs können Sie mehrere Hünengräber finden. Vor Unterstedt halten Sie sich links und kommen so zur Ahauser Wassermühle am Ahauser Bach. Von der Mühle radeln Sie nördlich, überqueren die Wümme, den Reithbach sowie den Everinghausen-Scheesseler-Kanal und kommen nach Waffensen. Von dort fahren Sie im Bogen durch Wiesen und kleine Waldstücke – wobei Sie immer wieder kleine Gewässer überqueren müssen – zurück nach Rotenburg.

98 – 40 km – Beim Höhns- und Hahnenhorstmoor

Von Rotenburg radeln Sie nördlich durch Wald und Wiesen in Richtung Westerholz. Vorher aber biegen Sie rechts ab zum Höhnsmoor. Ein Fahrweg bringt Sie am Rand des Moors nach Westeresch. Dort biegen Sie rechts nach Scheessel ab, fahren südöstlich durch das Hahnenhorstmoor und das Gut Veerse, wo Sie das Flüßchen Veerse überqueren, nach Bartelsdorf. Von dort geht es über Wensebrock ins Tal der Wiedau. In diesem Tal fahren Sie bis Worth und biegen dann nach Hastedt südlich ab. Von hier kommen Sie über den Großen und Kleinen Bullensee zurück nach Rotenburg.

Sehenswertes

① Scheessel: Auf dem sehr alten Meyerhof Werkstätten mit Blaudruck und anderem traditionellem Kunstgewerbe.

② Rotenburg: Malerisches Städtchen mit gutem Heimatmuseum in einem uralten Niedersachsenhaus.

③ Ahauser Mühle: Startpunkt für (Fuß-)Wanderungen in der Auenlandschaft der Wümme.

④ Großer Bullensee: Naturschutzgebiet mit Wassersport.

An der Wümme

Informationen

Fremdenverkehrsverband Nordsee-Niedersachsen-Bremen e.V.,
Bahnhofstr. 19-20,
26104 Oldenburg,
Tel. 04 41-9 21 70

Fremdenverkehrsamt, Große Str. 1,
27356 Rotenburg (Wümme),
Tel. 0 42 61-7 11 00

am Bahnhof: Seite 438

99
60 km

Große Rundfahrt:
Im weiten Kreis um Rotenburg

Sie kombinieren die beiden Touren, die wir schon beschrieben haben, zu einer einzigen großen. Die ist recht ausgedehnt. Aber weil keine bedeutenden Steigungen vorkommen, werden Sie kaum Probleme haben. Sie starten in Rotenburg, fahren hinauf nach Westeresch und weiter über Scheessel nach Hastedt. Dort geht es nun südlich, über Kirchwalsede zur Ahauser Mühle und nach Rotenburg zurück. Sie lernen die ganze Vielfalt dieser Landschaft kennen. Nur auf die beiden Bullenseen müssen Sie verzichten.

In der Lüneburger Heide

Einst wuchsen hier Wälder aus Eichen, Birken und Rotbuchen. Schonungslose Beweidung und großer Holzbedarf ließen eine karge Heidelandschaft entstehen. Die schützt man heute: Heidschnucken verhindern, daß Bäume hochkommen.

100
40 km

Sie fahren Auf dem Töps

Sie starten in Hanstedt, radeln südlich nach Nindorf und weiter nach Schätzendorf. Dort geht es rechts ab nach Ollsen und nun durch Meineckes Privatforst (in dem eine ganze Reihe von Hünengräbern zu finden ist) nach Undeloh. Von dort kommen Sie nach Wilsede und, vorbei am 169 Meter hohen Wilseder Berg (der höchsten Erhebung der Norddeutschen Tiefebene mit einem schönen Blick über die Wald- und Heideflächen) nach Haverbeck.

Von dort geht es rechts über Ehrhorn und Wehlen nach Inzmühlen. Dort fahren Sie rechts ab, durch ein Weidegebiet, zunächst nach Wesel, dann ein Stückchen nördlich, wonach Sie rechts in Richtung Hanstedt abbiegen.

Dabei durchfahren Sie ein Waldgebiet, das einen originalen Namen trägt: „Auf dem Töps".

Sehenswertes

① Der Wildpark Lüneburger Heide ist 500 000 Quadratmeter groß. In den schattigen Gehegen werden nicht nur heimische Großwildarten gehalten – Rot-, Schwarz- und Damwild. Man sieht auch Wapitis, Bären und Wölfe.

② In Undeloh finden Sie neben schönen alten Heidehäusern auch die romanische Magdalenen-Kapelle (sie wurde im 17. Jahrhundert erneuert) mit dem danebenstehenden hölzernen Glockenturm.

③ Wilsede, in der Mitte des Naturschutzparks Lüneburger Heide, ist ein bewohntes Museumsdorf. Mehrere Heidehäuser wurden hierher versetzt.
Das „Heidjerhaus" von 1609 dient heute als Heimatmuseum. Hier wird vorgeführt, wie die Heidebauern vor 200 Jahren lebten und arbeiteten.

④ Durch Nieder-Haverbeck und dessen Umgebung führt ein urgeschichtlicher Museumspfad, der Sie zu einigen Findlingsblöcken, aber auch zu einer Reihe von Hünengräbern bringt.

101
35 km

Besuch in der Gutswassermühle

Ihr Ausgangspunkt ist Buchholz in der Nordheide. Von dort radeln Sie südöstlich über Reindorf nach Lüllau und biegen dort links nach Jesteburg ab. Von hier fahren Sie über Asendorf nach Hanstedt. Dort halten Sie sich westlich und fahren durch das Waldstück „Auf dem Töps" über Wesel nach Inzmühlen. Hier halten Sie sich nun erneut rechts und kommen, vorbei an den Fischteichen der Gutswas-

Informationen

Fremdenverkehrsverband Lüneburger Heide e.V., Lünerweg 22, 21337 Lüneburg, Tel. 0 41 31-5 20 63

Verkehrsverein, Am Steinberg 2, 21271 Hanstedt, Tel. 0 41 84-525

🚲 *am Bahnhof: Seite 438*

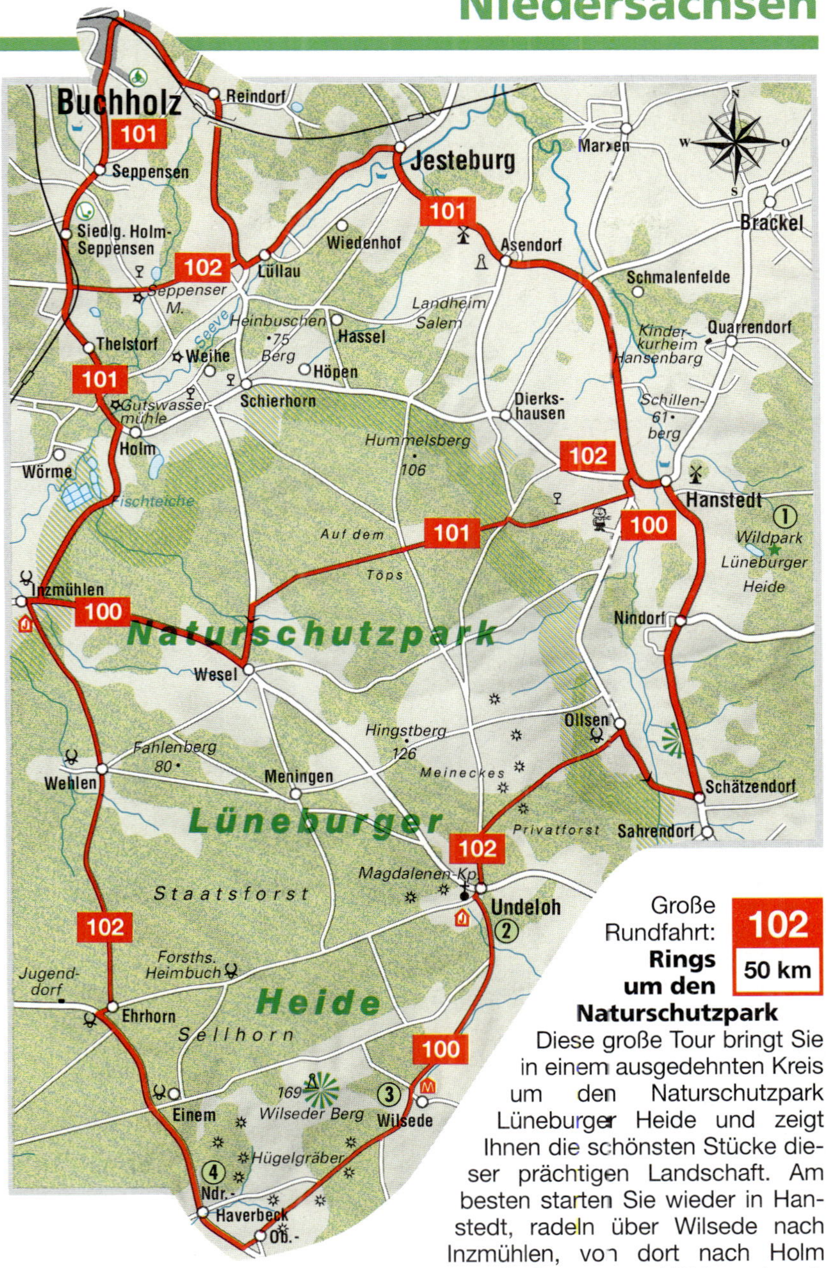

ser-Mühle an der Seve (die Mühle stammt von 1758 und ist häufig der Schauplatz kultureller Veranstaltungen), über Seppensen nach Buchholz zurück.

Große Rundfahrt: **Rings um den Naturschutzpark**

102
50 km

Diese große Tour bringt Sie in einem ausgedehnten Kreis um den Naturschutzpark Lüneburger Heide und zeigt Ihnen die schönsten Stücke dieser prächtigen Landschaft. Am besten starten Sie wieder in Hanstedt, radeln über Wilsede nach Inzmühlen, von dort nach Holm über die Gutswasser-Mühle und noch ein Stück nördlich bis zu der Straße, die über die Seppenser Mühle nach Lüllau führt. Über Jesteburg kommen Sie dann nach Hanstedt zurück.

Im Westen von Lüneburg

Hier beschäftigen wir uns mit der Landschaft, die zwischen dem Naturschutzpark Lüneburger Heide und der Stadt Lüneburg liegt – eine Gegend mit vielen kleinen Wäldern und durchzogen von der deutschen Ferienstraße Alpen–Ostsee.

103 — 45 km
Durch die Schwarze Heide

Sie starten in Lüneburg und radeln über den Ortsteil Kreideberg nach Bardowick. Dort biegen sie links ab und erreichen über die Bardowicker Straße die Orte Vögelsen, Dachtmissen und Kirchgellersen. Dort biegen Sie ab nach Heiligenthal und radeln, an Wagenhorst vorbei, nach Embsen und Betzendorf. Am Ortsbeginn halten Sie sich scharf links und kommen so nach Heinsen. Über Kolkhagen fahren Sie im Tal des Melbecker Bachs nach Melbeck und fahren weiter durch die Schwarze Heide zurück nach Lüneburg.

Sehenswertes

① *Bardowick war vom 9. bis 12. Jahrhundert ein bedeutender Handelsplatz. Das spätromanische Westwerk des mächtigen gotischen Doms stammt aus jener Zeit. Der feingeschnitzte Altar und das Chorgestühl sind spätgotisch. Im malerischen Nikolaihof, der vom 15. bis 18. Jahrhundert als Spital diente, sind die uralten Küchen im Männer- und Frauenhaus besonders interessant.*

② *Lüneburg kam im Mittelalter durch unterirdische Salzvorkommen zu Wachstum und Wohlstand. Und zu Sorgen: Der vom Grundwasser ausgelaugte Salzstock unter der westlichen Altstadt läßt die Fundamente absinken. Die alten Häuser stehen schon bedenklich schief.*
Das Lüneburger Rathaus gehört zu den schönsten Bauwerken der Stadt. Es ist eigentlich eine ganze Gebäudegruppe aus dem 13. bis 18. Jahrhundert.
Der Alte Kran am Fischmarkt stammt aus dem 14. Jahrhundert.

③ *Östlich der Straße von Oldendorf nach Amelinghausen liegt die Oldendorfer Totenstatt, eine Ansammlung von Großsteingräbern aus der Jungsteinzeit – darunter eines, das 80 Meter lang ist.*

104 — 35 km
An die Totenstatt

In Amelinghausen geht die Fahrt los. So kommen Sie nördlich zur Oldendorfer Totenstatt und weiter nach Oldendorf. Über Wetzen erreichen Sie – durch das Wald- und Heidegebiet, das „Gellerser Anfang" genannt wird, Südergellersen. Von dort kommen Sie in einem Bogen über den 91 Meter hohen Hambornsberg nach Kirchgellersen. Da sind Sie nun einige hundert Meter auf der deutschen Ferienstraße Alpen–Ostsee unterwegs, bevor Sie rechts abbiegen, um über Heiligenthal, Embsen und Betzendorf nach Amelinghausen zurückzufahren.

In der Lüneburger Heide

Informationen

Fremdenverkehrsverband Lüneburger Heide e.V., Lünerweg 22, 21337 Lüneburg, Tel. 0 41 31-5 20 63

Fremdenverkehrsamt, Rathaus, 21315 Lüneburg, Tel. 0 41 31-30 95 96

🚲 *am Bahnhof: Seite 438*

105 **60 km** Große Rundfahrt: **Zwischen Bardowick und Amelinghausen**

Diese große Tour bringt Sie zu einigen Sehenswürdigkeiten. In Lüneburg beginnen Sie und kommen nach Bardowick mit seiner prächtigen Kirche. Sehr gemütlich fahren Sie dann südwestlich bis Amelinghausen, in dessen Nähe die Steingräber interessant sind. In einem großen Bogen fahren Sie dann über Betzendorf und Melbeck nach Lüneburg zurück.

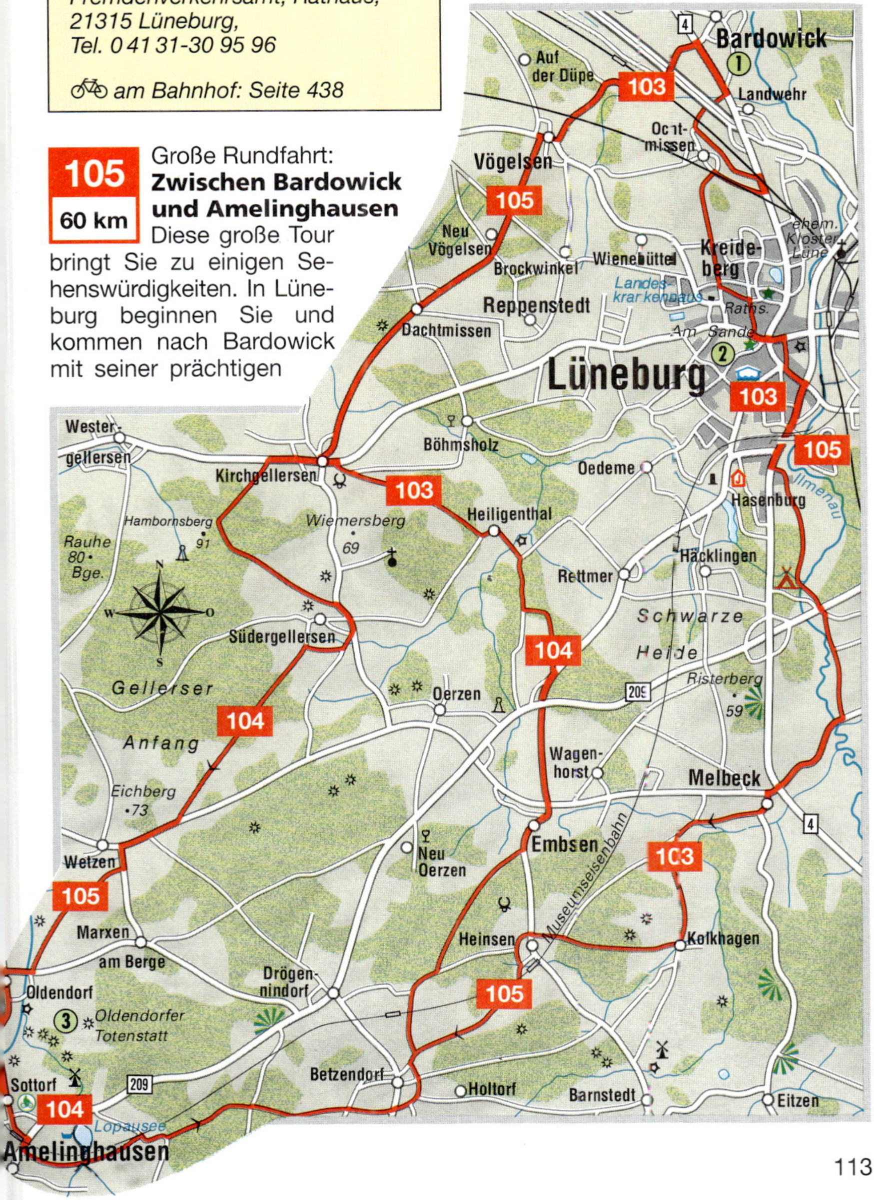

Im Osten der Lüneburger Heide

Diese Fahrradtouren führen Sie gemütlich und ohne nennenswerte Steigungen durch eine ruhige Landschaft im Osten der Lüneburger Heide. Sie können sich's aussuchen, ob Sie am Elbe-Seitenkanal oder an der Ilmenau entlangfahren wollen.

106 – 30 km

An der Ilmenau und dem Elbe-Seitenkanal

Von Uelzen geht es durch den Stadtteil Hainberg nach Westerweyhe und dann über Kirchweyhe ins Tal der Ilmenau hinüber. In diesem hübschen Tal bleiben Sie (Sie kommen durch Emmendorf und Klein Bünstorf) bis zum Heilbad Bevensen. Dort fahren Sie nach rechts auf die Straße nach Jastorf. Am Jastorfer See vorbei, einem Naturschutzgebiet, kommen Sie auf schmalen Sträßchen entlang dem Elbe-Seitenkanal. Und sehen (wenn Sie in der Gegend von Jastorf ein paar Schritte ans Wasser gehen), wie dieser Kanal und die geschlängelte Ilmenau einander zweimal überkreuzen. Über Walmstorf fahren Sie zum Uelzener Stadtteil Ripdorf und dann zurück nach Uelzen.

Sehenswertes

① Kloster Medingen stammt aus dem Jahre 1336 und ist seit 1559 ein Damenstift. Das gotische Brauhaus blieb aus älterer Zeit erhalten, doch besonders interessant ist der Neubau von 1788: ein wichtiges architektonisches Beispiel vom Übergang des barocken zum klassizistischen Stil.

② Kloster Ebstorf wurde zwar schon im 12. Jahrhundert gegründet und nach der Reformation ein evangelisches Damenstift, doch Klosterkirche, Kreuzgang und Bibliothek stammen aus dem 14. Jahrhundert. Hier gibt es kostbare Bilderhandschriften zu sehen, darunter eine Nachbildung der Ebstorfer Weltkarte. Sie war die größte mittelalterliche Rundkarte.

③ Die Marienkirche in Uelzen: eine dreischiffige Hallenkirche. Sie steht auf einem Findlingssockel und wurde 1281 erstmals erwähnt. In einer Seitenkapelle sehen Sie Berühmtes: das goldene Schiff - einen frühgotischen Tafelaufsatz aus vergoldetem Kupferblech. Auch die Heilig-Geist-Kapelle mit ihrem Flügelaltar von 1515 und sehr schönen Glasmalereien ist sehenswert.

107 – 40 km

Durch den Bobenwald und die Südheide

Von Bad Bevensen fahren Sie südlich über Nassennottorf und Emmendorf nach Westerweyhe. Von dort geht es auf Fahrwegen durch den Bobenwald nach Ebstorf. Ein Nebensträßchen bringt Sie dann durch die ruhige Landschaft der Südheide über Wessenstedt, Haarstorf, Schier, Oldendorf und Bornsen nach Rieste.

Museumsdorf Hösseringen, Brümmerhof

Am Ortsbeginn halten Sie sich scharf rechts und fahren über Varendorf nach Addenstorf. Hübsche kleine Bachläufe mit langen Namen gibt es in dieser Gegend; so überqueren Sie den Bienenbütteler Mühlenbach. Dann fahren Sie auf einem winzigen Sträßchen nach Jelmstorf und über Bruchtorf, vorbei am Kloster Medingen, über das links mehr zu lesen ist, zurück nach Bad Bevensen.

108
45 km

Große Rundfahrt:
Vom Elbe-Seitenkanal zur Heide

Eine große Tour führt von Bad Bevensen entlang dem Elbe-Seitenkanal über Jastorf und Uelzen bis Westerweyhe. Hier bleiben Sie in nordwestlicher Richtung und fahren (wie bei Tour 107) durch den Bobenwald, dann über Ebstorf, Wessenstedt und Rieste wieder zurück nach Bad Bevensen.

Informationen

Fremdenverkehrsverband Lüneburger Heide, Lünerweg 22, 21337 Lüneburg, Tel. 0 41 31-5 20 63

Arbeitsgemeinschaft Fremdenverkehr, Veerßerstraße 45, 29525 Uelzen, Tel. 05 81-80 01 32

am Bahnhof: Seite 438

In der Wildeshauser Geest

Hier führen wir Sie auf angenehmen Wegen durch den Naturpark Wildeshauser Geest. Was Ihnen geboten wird, ist schöne, grüne Landschaft mit vielen kleinen Flüssen und Bächen, die sich durch die Wiesen und Felder schlängeln.

109
13 km

Durch die Pestruper Heide

Von Wildeshausen nehmen Sie südwestlich die Landstraße in Richtung Visbek. Sie fahren an dem kleinen Ort Lüerte vorbei und biegen nach einem Kilometer links ab – nach Düngstrup und Kleinenkneten. Dort biegen Sie links ab, radeln zur Lohmühle und fahren durch die Pestruper Heide nach Wildeshausen zurück.

Sehenswertes

① *Dötlingen ist ein richtiges behäbiges Bilderbuchdorf inmitten einer dünnbesiedelten Landschaft. Dort stehen strohgedeckte Gehöfte, alte Fachwerkhäuser und eine Kirche aus dem 12. Jahrhundert mit von Efeu umranktem Turm.*

② *Der „Visbeker Bräutigam" ist ein frühzeitliches Steingrab: eine über hundert Meter lange Steingruppe mit einer riesigen Grabkammer. Die „Visbeker Braut", der „Opfertisch" und der „Brautwagen" (der eine besonders schwere Steinplatte hat) sind andere frühzeitliche Grabstätten ganz in der Nähe.*

③ *Die Wildeshauser Alexander-Kirche wurde 851 gegründet, doch ihre heutige Form erhielt sie dreihundert Jahre später. Die ältesten Mauern bestehen aus gewaltigen Findlingen. Vor allem in der Sakristei blieben schöne Fresken aus dem 13. und 15. Jahrhundert erhalten.*

④ *Das Pestruper Gräberfeld gilt bei Fachleuten als die „klassische Quadratmeile der Prähistorie". Mit seinen über 500 Grabhügeln aus der Bronzezeit ist es der größte vorgeschichtliche Friedhof in Deutschland.*

110
25 km

Durch Poggenpohlssand und das Alte Moor

Von Wildeshausen geht es im Tal der Hunte nach Dötlingen, dann auf schmalen Fahrwegen, über Poggenpohlssand und auf der Landstraße fast bis Amelhausen. Kurz vorher biegen Sie ab auf ein winziges Sträßchen nach Heinefelde, dann fahren Sie durch das Alte Moor und, vorbei an der Aumühle, nach Holzhausen. Hinter Holzhausen biegen Sie links ab und kommen nach Wildeshausen zurück.

Die Alexander-Kirche in Wildeshausen

111
45 km

Große Rundfahrt: **Durch die Ahlhorner Heide**

Auch bei dieser Tour brauchen Sie vor großen Höhenunterschieden keine Sorge zu haben. Die höchsten Gipfel der Berge erreichen hier etwa 40 Meter. Sie fahren von Wildeshausen über Dötlingen nach Amelhausen. Bei den ersten Häusern biegen Sie links ab und radeln südlich vom Großen Moor nach Großenkneten.

Auf Landstaßen geht es von dort gemütlich durch die Ahlhorner Heide. Über Visbek und dann durch die Pestruper Heide kommen Sie schließlich nach Wildeshausen zurück.

Informationen

Fremdenverkehrsverband Nordsee-Niedersachsen-Bremen e.V.,
Bahnhofstr. 19-20,
26104 Oldenburg,
Tel: 04 41- 92 17 10

Verkehrsverein
Historisches Rathaus,
27793 Wildeshausen,
Tel: 0 44 31- 65 64

🚲 am Bahnhof: Seite 438

Am Rand der Verdener Heide

Es ist eine historische Gegend und eine interessante: Hier mündet die Aller in die Weser, es gibt alte Flußarme und einen Schleusenkanal; außerdem sind weite Teile der Landschaft von kleinen Wasserläufen durchzogen

Sehenswertes

① Rund um das Renaissanceschloß Etelsen erstreckt sich ein Schloßgarten im Stil englischer Gotik – mit einem Mausoleum.

② Cluvenhagen hat schöne alte Häuser, die auf Wurten stehen – das sind vor langer Zeit künstlich aufgeworfene Hügel. So standen sie geschützt vor dem Hochwasser. Denn als man diese Häuser baute, gab es hier noch keine Deiche, die dem Wasser den Weg ins Land versperren konnten.

③ Verden konnte mit Resten der alten Stadtmauer, mit Befestigungen und engen Gassen sein mittelalterliches Stadtbild erhalten. Der Dom mit dem mächtigen Satteldach ist (bis auf den romanischen Turm) ein Werk des 14. und 15. Jahrhunderts. Von der 1270 abgebrannten Vorgängerkirche stammt ein Rest des Kreuzgangs.
Als „Stadt der Pferde" mit den berühmtesten Warmblüter-Auktionen Deutschlands besitzt Verden auch das Deutsche Pferdemuseum, in dem man vieles zum Thema „Das Pferd in der Geschichte der Menschheit" erfährt.
Entlang eines botanischen Lehrpfades wachsen über 300 Pflanzen aus allen Erdteilen. Außerdem gibt es einen Rhododendronpark und einen Rosengarten.

④ Der Freizeitpark Verden bietet einen Märchenwald, einen Sauriergarten und andere harmlose Vergnügungen – beispielsweise auch Ponyreiten für Kinder.

112 – 20 km

Durch das Heidegebiet

Diese Radtour führt ein Stück in die Verdener Heide hinein. Von Verden fahren Sie nordöstlich nach Scharnhorst, biegen dann aber (nachdem Sie ein Fluggelände passiert haben) scharf links ab. Sie kommen durch ein Gebiet mit zahlreichen Hügelgräbern, erreichen Walle und fahren dort ein Stück auf der Bundesstraße 215. Nach 500 Metern geht es links ab in Richtung Dauelsen. Sie überqueren die Autobahn und biegen kurz vor Dauelsen links ab. So kommen Sie nach Verden zurück.

113 – 30 km

Entlang dem Schleusenkanal

Dies ist fast mehr eine Wasser- als eine Landpartie, denn ständig begegnen Sie Gewässern: Dem Schleusenkanal (mit dem der Schiffahrt die Windungen der Weser erspart werden, der aber auch wegen der Wasserführung des Flusses nötig ist), dann der Weser selbst sowie einigen Wasserläufen, die einst zur Aller gehörten.

Das Pferdemuseum in Verden

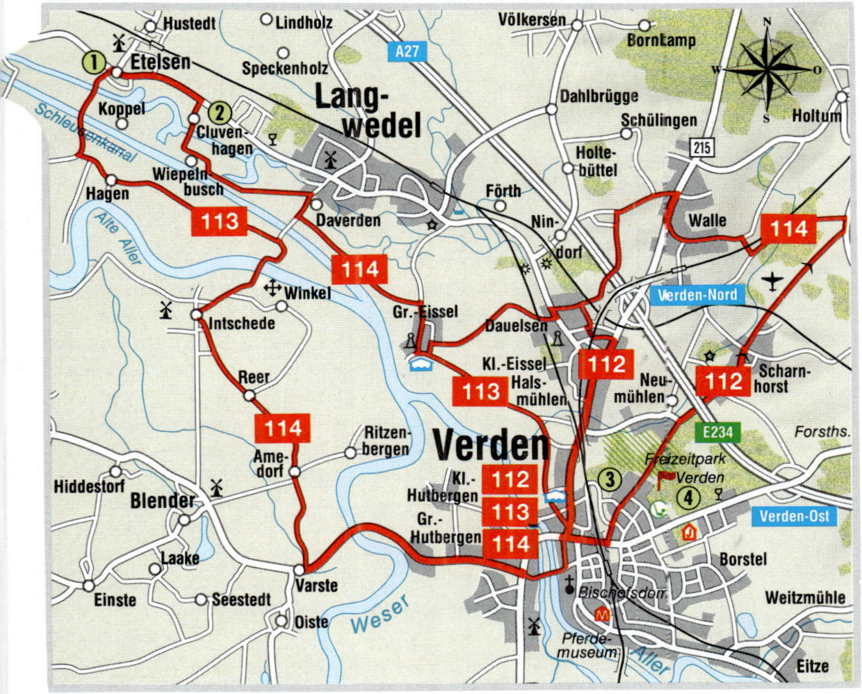

Um das zu erleben, fahren Sie von Verden auf kleinem Sträßchen nach Groß-Eissel und dann parallel zum Schleusenkanal an Langwedel vorbei über Daverden und Cluvenhagen nach Etelsen. Hier kommen Sie an weiteren Gewässern vorbei: an Teichen und kleinen Flüssen, die zur „Alten Aller" gehören und nun eine interessante, für die Tier- und Pflanzenwelt wichtige Wasserlandschaft bilden.

Von dort geht es über den Schleusenkanal nach Hagen. Nun fahren Sie, wiederum auf ganz kleinen Sträßchen, am anderen Ufer des Kanals zur Landstraße, die nach Intschede führt. Auf der überqueren Sie auch die Weser, die sich hier schlängelnd durchs Land zieht. Von Intschede radeln Sie über Reer und Amedorf nach Varste und auf der Landstraße zurück nach Verden.

114
40 km

Große Rundfahrt:
Zwischen Verden und Langwedel

Eine Kombination der beschriebenen Touren: Sie beginnen in Verden, radeln über Scharnhorst und Walle nach Dauelsen, fahren dann nach Groß-Eissel und über Etelsen sowie Amedorf zurück nach Verden.

Informationen

Fremdenverkehrsverband Nordsee-Niedersachsen-Bremen e.V., Bahnhofstraße 19-20, 26104 Oldenburg Tel. 04 41-92 17 10

Tourist Information, Ostertorstraße 7a, 27283 Verden, Tel. 0 42 31-1 23 17

am Bahnhof: Seite 438

Überall ist Heideland

In der Gegend südlich von Walsrode gibt es fast zahllose Heidegegenden: Schneeheide, Ahrensheide, Düshorner Heide, Krelinger Heide - das nimmt gar kein Ende. Aber es gibt auch Moore hier, Wälder und kühn geschlängelte Flüßchen.

Sehenswertes

① In Walsrode lebte Hermann Löns. Im Heidemuseum gibt es ein Hermann-Löns-Zimmer, wo der Nachlaß des Heidedichters aufbewahrt wird.
Ein Stückchen nördlich der Stadt, im Vogelpark Walsrode, leben über 80 Wasservogelarten zusammen mit vielen weiteren Arten heimischer und exotischer Vögel. Die dortige Paradieshalle ist eines der größten Vogelhäuser in Deutschland.
Der Park selbst ist sehr schön. Vor allem zwischen April und Juni - dann blühen dort 200 Rhododendron- und Azaleenarten.

② In Rethem liegt der Londy-Park. Dort steht eine Bockwindmühle aus dem Jahr 1493 (die allerdings von anderswo hierher versetzt wurde). Bei Festlichkeiten nimmt man sie in Betrieb.

③ Die Pfarrkirche zum Heiligen Kreuz in Kirchwahlingen ist der älteste Sakralbau weit und breit: sie stammt aus dem 12. Jahrhundert. Vom Turm haben Sie einen prächtigen Blick auf das Tal der Aller.

④ Das hufeisenförmig gebaute Schloß Ahlden mit seinem Wallgraben wurde vor rund 700 Jahren als Wasserburg gebaut und vor 400 Jahren zu einem Fachwerkschlößchen umgestaltet. Hier lebte Kronprinzessin Sophie Dorothea von Hannover - die Großmutter Friedrichs des Großen - in der Verbannung.

115 – 22 km – Durch die Ahrensheide

Schon diese kleine Route läßt Sie mit einigen Heidelandschaften Bekanntschaft machen. Sie fahren zunächst von Walsrode über ein Landsträßchen nach Benzen und – im Tal der sich schlängelnden Böhme – weiter nach Altenboitzen. Die Landschaft rechts der Straße ist bereits eine Heidegegend: Die Schneeheide. In Altenboitzen geht es links ab, das Sträßchen wird noch kleiner, und jetzt fahren Sie mitten durch eine Heidelandschaft: durch die Ahrensheide. Sie kommen nach Hellberg. Von dort geht es links nach Wiedenhausen und dann pfeilgerade – zwischen der Ahrensheide und der rechts liegenden Düshorner Heide – nach Walsrode zurück.

116 – 30 km – Durch den Eichenurwald der Ahldener Schlenke

Sie starten in Hodenhagen, radeln über Wiedenhausen

Schloß Ahlden

durch die Ahrensheide nach Altenboitzen. Dort biegen Sie links ab. über Klein-Eilstorf führt Sie ein Fahrweg durch eine Landschaft mit allerlei winzigen Wasserläufen nach Wehrberg. Die Landstraße bringt Sie nach Altenwahlingen, dann geht es wieder auf kleinen Sträßchen nach Kirchwahlingen und Rethem. Dort überqueren Sie die Aller und fahren über Hedern nach Neu Bosse. Links haben Sie die Aller, die sich hier in großen Schleifen durchs flache Land zieht, rechts die ausgedehnte Schotenheide (in der, wie es heißt, 1948 der letzte freilebende Wolf in Deutschland erlegt wurde). Durch die Ahldener Schlenke (einen Eichenurwald mit zahlreichen Reiherhorsten - alles unter Naturschutz) erreichen Sie Ahlden und über die Alte Leine und die Aller wieder Hodenhagen.

117 — 45 km — Zwischen Hodenhagen, Walsrode und Rethem

Sie lernen jetzt die ganze Landschaft zwischen Hodenhagen, Walsrode und Rethem mit ihren schönen, großen Heideflächen kennen. Diese Tour beginnt in Hodenhagen und führt Sie

Informationen

Fremdenverkehrsverband Lüneburger Heide, Lüner Weg 22, 21337 Lüneburg, Tel. 0 41 31-5 20 63

Tourist-Information, Lange Straße 20, 29664 Walsrode, Tel. 0 51 61-20 37

🚲 am Bahnhof: Seite 438

in nördlicher Richtung an der Ahrensheide vorbei nach Walsrode. Hier links nach Benzen, Altenboizen, Klein-Eilstorf nach Rethem. Von dort parallel zur Aller über Hedern, Neu-Bosse, Eilze, Ahlden über die Allerbrücke nach Hodenhagen.

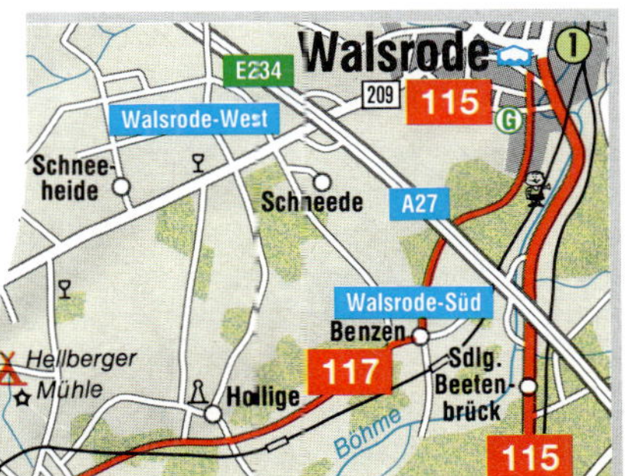

Bei Quakenbrück und der Ankume

Das Gebiet gehört bereits zum Naturpark Nördlicher Teutoburger Wald. Hier kam in der Eiszeit ein Gletscher zum Halten und schmolz ab. Die Senke füllte sich mit Sand und Ton. So entstand die flache, sehr fruchtbare Landschaft.

118 – 40 km

Am Fuß der Ankumer Höhe

Beginnen Sie Ihre Tour in Quakenbrück, am westlichen Stadtrand! Sie radeln ein kurzes Stück auf der Straße, die „Artland-Route" heißt, an Groß Mimmelage vorbei geradeaus über Börslage und Langelage nach Farwick. Hinter diesem Ort biegen Sie links nach Druchhorn ab und fahren von dort bis Ankum. Da sind Sie nun bereits am Rand des Naturparks Nördlicher Teutoburger Wald, am Fuß der Ankumer Höhe. Diese Höhe ersparen Sie sich freilich und radeln über Bentlage, Striekel und Eggermühlen nach Döthen. Hinter Döthen fahren Sie rechts nach Kettenkamp und Nortrup im Tal des Kollriedenbachs. Von hier geht es auf kleinen Sträßchen über Groß Mimmelage auf die „Artland-Route" und nach Quakenbrück zurück.

119 – 40 km

Am Rand des Naturparks

Von Quakenbrück fahren Sie westlich durch eine hübsche, von vielen kleinen Wasserläufen durchzogene Landschaft nach Menslage. Dort biegen Sie zunächst auf die Straße nach Berge ein, fahren in Andorf aber gleich wieder rechts ab und radeln auf einem kleinen Umweg im Bogen über Hahlen, Henger Voege und Huflage nach Berge.

Auch hier sind Sie nun bereits wieder im Naturpark Nördlicher Teutoburger Wald. Sie fahren südwärts über Schmonerbrink und zweigen dort links ab nach Hekese, wo Sie auf das Sträßchen kommen, das Sie nach Bockraden bringt. Kurz vor Bockraden fahren Sie links nach Kettenkamp. Über Hammerfeld, Nortrup und Groß Mimmelage fahren Sie nach Quakenbrück zurück.

Sehenswertes

① Quakenbrück hat eine malerische Altstadt, die St.-Sylvester-Kirche und ein Stadtmuseum mit kompletter Apotheke aus dem 19. Jahrhundert.

② Hier finden Sie mehrere Großsteingräber, die aus der Bronzezeit stammen.

③ Lohnend in Eggermühlen sind zunächst das Schloß mit Orangerie, dann aber auch zwei alte malerische Wassermühlen.

④ Der Artländer Dom in Ankum stammt aus romanischer Zeit.

Rathaus in Quakenbrück

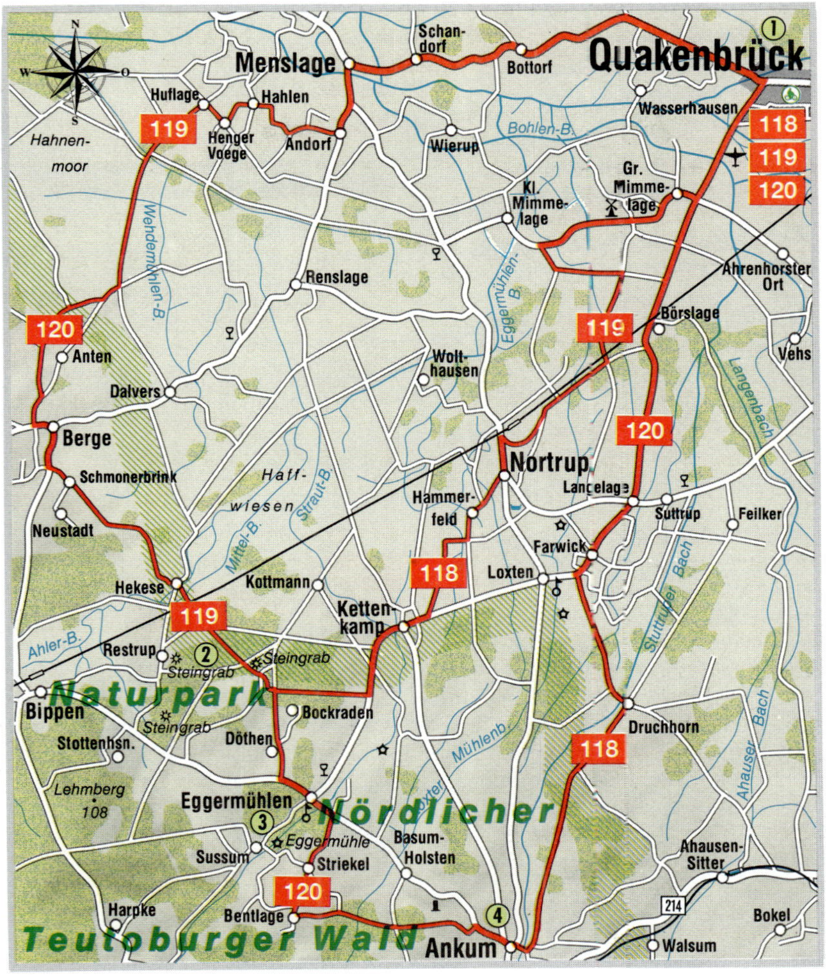

120
45 km

Große Rundfahrt:
Im großen Bogen um das Artland

Sie starten in Quakenbrück und fahren rund ums Artland: erst südlich nach Ankum, von dort weiter nach Eggermühlen. Da halten Sie sich nun nordwestlich und kommen, am Rand des Naturparks Nördlicher Teutoburger Wald entlang, nach Berge. Von dort fahren Sie über Menslage nach Quakenbrück zurück.

Informationen

Fremdenverkehrsverband Osnabrück Stadt und Land, Iburger Straße 225, 49082 Osnabrück, Tel. 05 41-9 52 20

Fremdenverkehrsamt Artland, Markt 1, 49610 Quakenbrück, Tel. 0 54 31-18 20

am Bahnhof: Seite 438

An der Böhrde und dem Großen Moo

Dies ist eine flache, wegen der vielen Moore nur spärlich besiedelte Gegend. Auch bei einer Radwanderung ist man beständig von diesen interessanten Moorgebieten umgeben. Schwarzes, Hohes, Großes Moor – das hört nicht auf.

121 – 35 km
Durch den Sulinger Bruch ins Tal der Sule

Von Kirchdorf fahren Sie nach Osten in das Tal der großen Aue. In Oldenburg biegen Sie links ab und fahren auf einem Landsträßchen am Rand des Hochmoors und dann des Siedener Moors nach Norden. Die erste kleine Straße nehmen Sie, um links abzubiegen und am anderen Ufer der Allerbeeke ein Stück nach Süden zu fahren – durch den Sulinger Bruch bis ins Tal der Sule. Dort fahren Sie ein Stückchen auf der Landstraße, dann aber wieder rechts auf einem schmalen Weg über Coldewey nach Lindern. Hier biegen Sie links ab, wieder auf ein kleines Sträßchen, das Sie vorbei an Feldhausen nach Schlahe bringt. Es geht weiter südlich, bis Sie die Landstraße erreichen, auf der Sie Barenburg ansteuern. Hier fahren Sie rechts über die Große Aue durch den Ortsteil Schweineinsel und dann ein Stück an der Großen Aue entlang. Nach vier Kilometern fahren Sie links und über Scharringhausen nach Kirchdorf zurück.

Sehenswertes

① *Sulingen: typisches Niedersachsen-Städtchen mit vielen Fachwerkhäusern.*

② *Böhrde: Landschaftlich interessanter Höhenzug in der Moorlandschaft mit Kiefern, Birken, Wiesen und Wald.*

③ *Ströhen: Natur-Tierpark auf dem Gelände eines Bauernhofes aus dem 13. Jahrhundert.*

Informationen

Fremdenverkehrsverband Nordsee-Niedersachsen-Bremen e.V., Bahnhofstr. 19-20, 26104 Oldenburg, Tel. 04 41-92 17 70

Stadverwaltung, Galtener Str. 12, 27232 Sulingen, Tel. 0 42 71-8 80

🚲 am Bahnhof: Seite 438

122 – 35 km
Im Tal der Großen Aue

Von Ströhen fahren Sie über Oberauerort links im Tal der Großen Aue nach Norden. Sie erreichen Renzel (zu dem das Große Renzeler Moor gehört, ein Naturschutzgebiet). Es geht nach Drellbrücke und weiter im Tal der Großen Aue. Dann führt nach zwei Kilometern eine Landstraße rechts ab über Scharringhausen nach Kirchdorf. Kurz hinter dem Ort geht es rechts ab durch die Böhrde nach Rauher Busch und von dort auf kleinen Sträßchen über Gösloh, Darlaten und Steinloh nach Ströhen.

123 – 70 km
Große Rundfahrt:
Durch den Rauhen Busch

Sie starten in Sulingen und fahren nordwestlich nach Landwehr, dann über Rathlosen und Barrien, vorbei an Varrel, nach Ströhen. Am Darlatenmoor entlang geht es durch den Rauhen Busch über Kuppendorf nach Oldenburg, dort links zum Allermoor und nach Sulingen zurück.

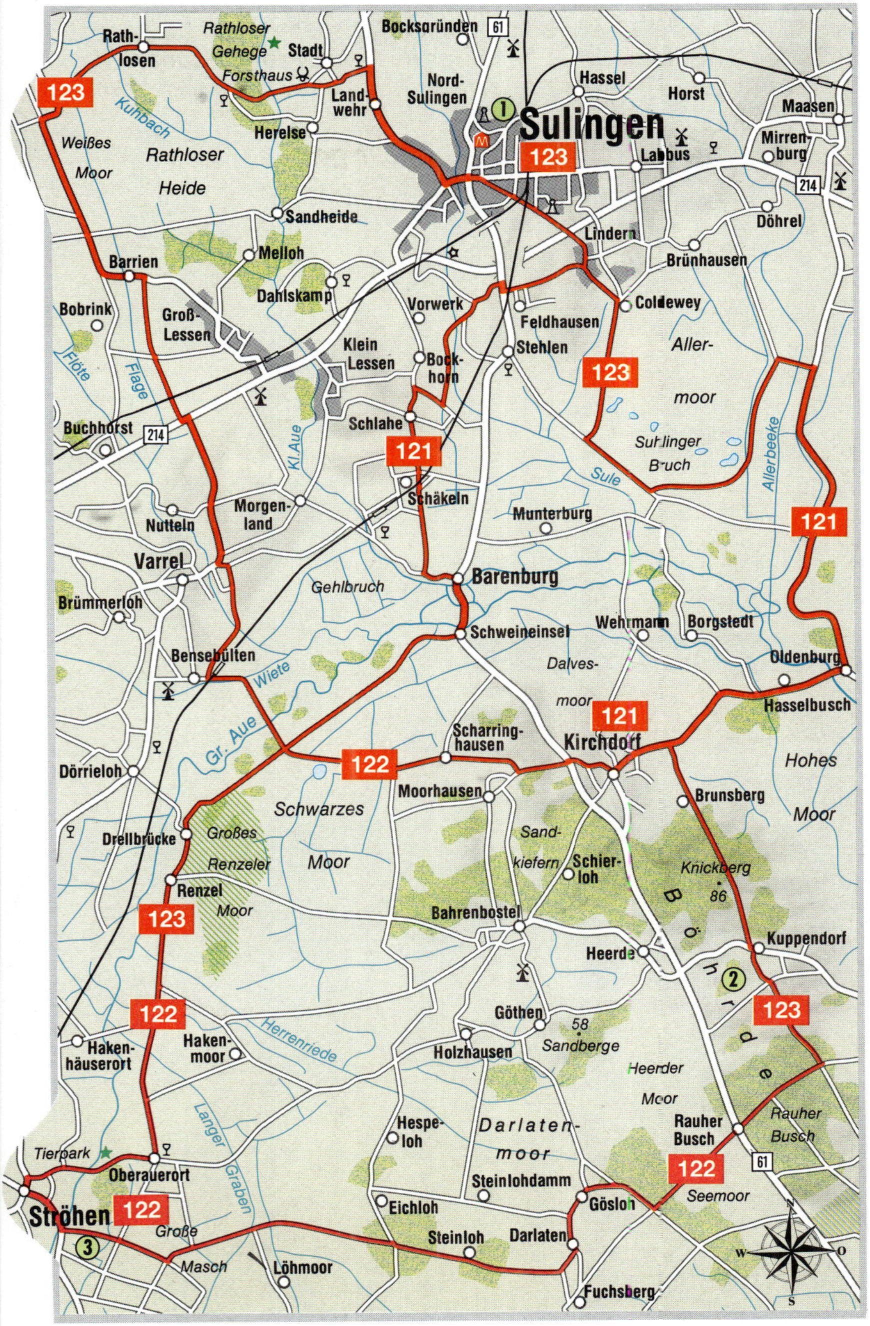
Rath-losen
Rathloser Gehege
Stadt
Forsthaus
Bocksgründen
61
Nord-Sulingen
Land-wehr
Herelse
Sulingen
Hassel
Horst
Maasen
Mirren-burg
Labbus
214
Döhrel
Lindern
Brünhausen
Coldewey
Weißes Moor
Kuhbach
Rathloser Heide
Sandheide
Melloh
Barrien
Dahlskamp
Vorwerk
Feldhausen
Stehlen
Bobrink
Groß-Lessen
Klein Lessen
Bock-horn
Aller-moor
Flöte
Flage
Schlahe
Sulinger Bruch
Buchhorst
Kl. Aue
Sule
Allerbeeke
Schäkeln
Munterburg
Nutteln
Morgen-land
Varrel
Barenburg
Gehlbruch
Brümmerloh
Schweineinsel
Wehrmann
Borgstedt
Bensebülten
Wiete
Dalves-moor
Oldenburg
Hasselbusch
Gr. Aue
Scharring-hausen
Kirchdorf
Hohes Moor
Dörrieloh
Moorhausen
Brunsberg
Schwarzes Moor
Drellbrücke
Großes Renzeler Moor
Sand-kiefern
Schier-loh
Knickberg
86
Renzel
Bahrenbostel
Kuppendorf
Böhrde
Heerde
Göthen
58
Sandberge
Haken-häuserort
Haken-moor
Herrenriede
Holzhausen
Heerder Moor
Langer Graben
Hespe-loh
Darlaten-moor
Rauher Busch
Tierpark
Oberauerort
Steinlohdamm
Seemoor
Ströhen
Eichloh
Gösloh
Große Masch
Steinloh
Darlaten
Löhmoor
Fuchsberg
121
122
123
1
2
3
N
O
S
W

Durch die Wälder der Lingener Höh

Lingen liegt inmitten der reizvollen Emslandschaft, deren Charakter weitgehend von dem vielgewundenen Fluß bestimmt wird. Hier gibt es außerdem viele kleine Bäche und Kanäle, aber auch schöne Kiefern- und Mischwälder.

124 — 30 km
Durch den Baccumer Wald

Beginnen Sie Ihre Tour in Lingen zunächst entlang der Bundesstraße 214, bis Sie links die Abzweigung nach Baccum sehen! Weiter geht es durch Waldstückchen und das kleine Grumsmühlen nach Langen. Dort finden Sie ein Sträßchen, das Sie nach Espel und weiter durch den Wald nach Sudderweh bringt. Dort biegen Sie rechts ab, fahren am 91 Meter aufragenden Windmühlenberg vorbei und durch das Thuiner Holz nach Thuine. Dort überqueren sie die Bundesstraße 214, halten sich beim Kloster Thuine wieder rechts und radeln durch den Baccumer Wald auf einem Rad- und Wanderweg, bis Sie wieder auf die Bundesstraße 214 stoßen, der Sie auf einem Rad- und Wanderstreifen zurück nach Lingen folgen.

Sehenswertes

① *Die Kirche in Lengerich besitzt einen romanischen Findlingsturm aus dem 12. Jahrhundert und ein spätgotisches Kirchenschiff aus dem 15. Jahrhundert.*
Im Süden Lengerichs (unsere Radtour führt daran vorbei) liegt der acht Hektar große Saller See. Man kann dort baden, Boot fahren und surfen.

② *Der neugestaltete (und autofreie) Marktplatz von Lingen wird von schönen alten Bürgerhäusern umgeben. Auch das kleine Rathaus mit dem spätgotischen Stufengiebel steht hier.*

③ *Die gotische Kirche von Thuine mit ihrem romanischen Turm ist überraschend reich ausgestattet.*

④ *Die spätromanische Kirche in Freren hat eine historische Orgel.*

125 — 45 km
Im Tal der Großen Aa

Starten Sie in Freren! Zunächst fahren Sie südwestlich über Ostendorf, Kuhlort und Sandvoort nach Beesten. Dort halten Sie sich rechts und fahren im Tal der Großen Aa über den Ort Auf der Blankemate nach Lünne. Durch das Waldgebiet Venneberg kommen Sie auf ein Sträßchen, das Bramsche mit Mundersum verbindet. Sie fahren durch den Ort bis zur Bundesstraße 214, biegen rechts ein und radeln durch den Baccumer Wald nach Thuine. Von dort geht es nach Sud-

Marktplatz in Lingen: Folklore-Gruppe

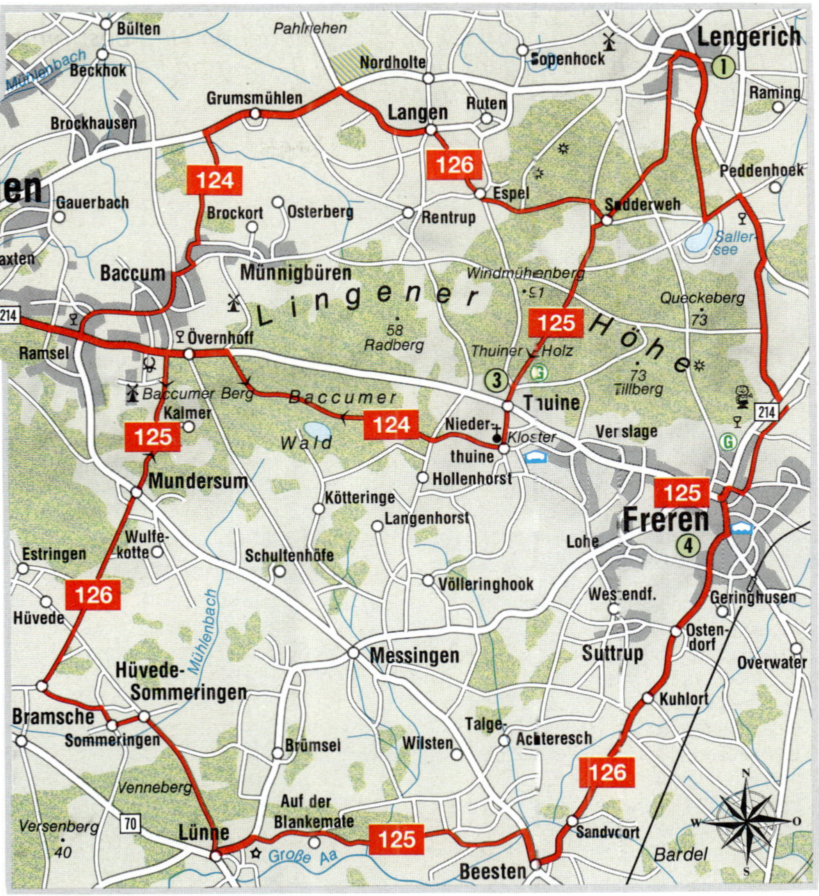

derweh und weiter durch den Wald nach Lengerich. Von Lengerich nach Freren zurück fahren Sie entlang der Straße, die am Saller See vorbeiführt. Das ist ein sehr beliebtes Erholungsgebiet, und hier können Sie auch baden.

126
55 km

Große Rundfahrt:
Im mächtigen Bogen um die Lingener Höhe
Sie fahren von Lingen über Baccum und Langen nach Sudderweh, biegen dort nach Lengerich ab und radeln über Freren und Beesten im großen Bogen südwärts bis zur Bundesstraße 214, die Sie nach Lingen zurückbringt.

Informationen

Städt. Verkehrsbüro,
Neues Rathaus,
49808 Lingen/Ems,
Tel. 0591-9 14 41 44

Gesamtgemeindeverwaltung,
Markt 1, 49832 Freren,
Tel. 0 59 02-95 00

🚲 am Bahnhof. Seite 438

An der niederländischen Grenze

Hier kommen Sie in eine Landschaft der Venns. Ein Venn (manchmal auch „Fehn" geschrieben) ist im Niederländischen ein Sumpf, ein Moor. Es gibt in dieser Gegend Venn-Kolonien, deren Aufgabe es einst war, die Moore urbar zu machen.

127 – 25 km – Zum Dreiländer See

Sie beginnen Ihre Tour in Bad Bentheim und fahren nach Süden, entlang dem Gildehauser Venn, bis Sie zum Rüenberger Venn kommen. Da sind Sie dann auch gleich am Dreiländer See, einem großen Freizeitpark mit vielen Wassersportmöglichkeiten. Es wird Ihnen auffallen, daß hier eigentlich nur von zwei Ländern die Rede sein kann: von den Niederlanden und von Deutschland. Aber nein, es ist anders gemeint: Hier grenzen nämlich auch Niedersachsen und Nordrhein-Westfalen aneinander. Und das gibt dann, zusammen mit den Niederlanden, eben die drei Länder.
Nun, vom Dreiländer See, fahren Sie über Bardel nach Lindemann und weiter in Richtung Gut Alte Maate. Vorher aber geht es links durch Achterberg auf die Landstraße, die nach Gildehaus führt. So kommen Sie nach Bad Bentheim zurück.

Sehenswertes

① Der Forst Bentheim (oder „Bentheimer Wald") ist weithin etwas sehr Ursprüngliches. Hier gibt es bis zu 450 Jahre alte Eichen, Buchen und Tannen. Der „Totenwald" zeigt sogar urwaldähnliche Waldstücke. Es gibt dort einen interessanten Forstlehrpfad.

② Bei Gildehaus-Romberg liegt ein geologisches Freilichtmuseum mit allerlei Fossilien aus der Zeit vor 100 Millionen Jahren.

③ In Bad Bentheim steht ein interessantes Schloß, das aus einer uralten Burg hervorging – und die Stadt hat eine der stärksten Solequellen in ganz Europa.

④ Im Kloster Bardel finden Sie ein sehr interessantes Brasilien-Museum, das über die Arbeit der Franziskanermönche im Ausland informiert.

⑤ Das Gildehauser Venn ist Naturschutzgebiet. Hier wachsen allein 50 streng geschützte Pflanzen.

128 – 30 km – An der Engdener Wüste

Sie starten am Kurhaus in Bad Bentheim und fahren nach Schüttorf. Dort überqueren Sie die Vechte und biegen links ein, um

In Bad Bentheim

über Möllmann und Groß Limbeck – an vielen kleinen Dörfchen und Höfen vorbei - nach Drievorden zu fahren.
Von dort geht es erst im Tal des kleinen Alder Bachs, dann im Tal der Vechte am Südrand eines Gebiets, das „Engdener Wüste" heißt (es ist allerdings ein Feuchtgebiet) zum Ort Engden. Von dort radeln Sie nach Mönch. Da überqueren Sie wieder die Vechte und biegen links auf ein Sträßchen nach Hestrup ein. Nun fahren Sie wieder links nach Neerlage, vorbei am Isterberg (das ist ein richtiger Berg mit achtunggebietenden 68 Meter Gipfelhöhe) und im Bogen zurück nach Helper. Dort geht es rechts ab durch den Forst Bentheim und nach Bad Bentheim zurück.

Große Rundfahrt:
Im Norden und Süden von Bad Bentheim
129
55 km

Von Bad Bentheim radeln Sie zum Dreiländer See, dann über Bardel und Lindemann, Gildehaus und Romberg durch den Forst Bentheim. Kurz vor Helper biegen Sie links ab, über Hestrup und Mönch, dann rechts über Drievorden und Schüttorf nach Bad Bentheim zurück.

Informationen

Fremdenverkehrsverband Nordsee-Niedersachsen-Bremen e.V., Bahnhofstr. 19-20, 26104 Oldenburg, Tel. 04 41-92 17 10

Städtisches Verkehrsbüro, Schloßstr. 18, 48455 Bad Bentheim, Tel. 0 59 22-73 13 und 31 66

am Bahnhof: Seite 438

Rund ums Steinhuder Meer

Nordwestdeutschlands größter Binnensee – mit 3000 Hektar – ist flach wie ein Teller. Die größte Tiefe beträgt dreieinhalb Meter. Man schwimmt, man segelt, man angelt. Und ißt im Ferienort Steinhude hervorragend gute Aale in allen Zubereitungsarten.

130
30 km

Durch das Tote Moor

Sie fahren von Neustadt am Rübenberge durch das Tote Moor mit seinen seltenen Pflanzen, dann am Steinhuder Meer entlang bis Mardorf. Dort biegen Sie rechts ab und radeln zum Teil durch schönen Wald, bis Sie am Rande des Schneerener Moors auf einen Fernwanderweg stoßen. Auf dem fahren Sie bis Schneeren, schwenken auf den Wanderweg zur Schneerener Ziegelei ein, überqueren die Bundesstraße 6, radeln weiter am Eckberg vorbei nach Eilvese, biegen gleich danach auf den Wanderweg ein und fahren am Tannenbruch und am Toten Moor entlang wieder nach Neustadt.

Sehenswertes

① Im Neustädter Renaissanceschloß „Landestrost" können Sie ein Torfmuseum besichtigen.

② Mitten im Steinhuder Meer liegt die Inselfestung Wilhelmstein. Graf Wilhelm von Schaumburg-Lippe ließ sie während des Siebenjährigen Krieges, zwischen 1761 und 1767, anlegen. Heute dient sie als militärhistorisches Museum. Von Steinhude fahren Passagierboote hinüber.

③ In Hagenburg sehen Sie ein Schaumburg-Lippesches Fürstenschloß aus dem 17. Jahrhundert. Im Schloßpark: ein Forst- und ein Fischlehrpfad.

④ Wunstorf hat viele hübsche Fachwerkhäuser und eine romanische Stiftskirche aus der Zeit um das Jahr 1200.

131
25 km

Am Naturschutzgebiet Meerbruch

Von Hagenburg aus radeln Sie am Naturschutzgebiet Meerbruch entlang und durch die Meerbruchwiesen auf dem neuen Heudamm nach Mardorf. Von dort geht es direkt am See entlang bis zur Neuen Moorhütte. Dort beginnt ein Naturschutzgebiet mit den Brutplätzen zahlreicher Vögel. Auf dem Vogeldamm fahren Sie daran entlang. Über Steinhude radeln Sie dann, wieder am See entlang, zurück nach Hagenburg.

132
50 km

Große Rundfahrt:
Bis nach Wunstorf im Süden

Die große Rundfahrt beginnen Sie in Neustadt. Zunächst radeln Sie bis Steinhude. Dort biegen Sie nach Wunstorf ab (ein kleines

Die Inselfestung Wilhelmstein

Sträßchen führt durch eine waldige Gegend dorthin). Über Bokeloh erreichen Sie – im Tal von Westaue und Seegraben – Idensen. Von dort kommen Sie, vorbei an Düdinghausen, nach Hagenburg. Nun fahren Sie bis Mardorf und von dort am Steinhuder Meer entlang zur Neuen Moorhütte und nach Neustadt zurück.

Informationen

Fremdenverkehrsbüro der Stadtverwaltung, Marktstraße, 31535 Neustadt am Rübenberge, Tel. 0 50 32/8 42 11

🚲 am Bahnhof: Seite 438

In den Heiden der Gifhorner Schwe

„Gifhorner Schweiz" ist eine sehr romantisierende Bezeichnung für das Gebiet links und rechts der Aller beim Städtchen Gifhorn. Was aber nicht ausschließt, daß es hier schön ist: Man findet Moor- und Heidelandschaften.

133 20 km

Zum Clausmoor und zum Tankumsee

Vom Zentrum Gifhorns fahren Sie ein kleines Stück östlich zum Mühlenmuseum. Dort halten Sie sich südlich und fahren am Ostrand der Stadt entlang durchs Clausmoor zum kleinen Ort Clausmoor. So kommen Sie zum Clausmoorhof. Dort biegen Sie rechts ab zum Allerkanal, der auf einem kleinen Weg überquert wird. An der anderen Seite des Kanals geht es zum Tankumsee und direkt am Elbe-Seiten-Kanal weiter – südwestlich bis zur Straße, die nach Gifhorn führt. Auf der fahren Sie zurück.

134 50 km

Durch das Große Moor

Vom Gifhorner Ortsteil Gamsen fahren Sie auf einem kleinen Sträßchen über den Marie-Luisenhof nach Neubokel. Dort biegen Sie rechts nach Wilsche ab und fahren auf einem Wanderweg durch die Ringelahsheide, am Krähenberg, Bärenberg und Dammberg vorbei, nach Ummern. Dort nehmen Sie rechts die Straße nach Wesendorf. Von da kommen Sie auf kleinen Sträßchen und Radwegen durch die Kahlen Heide nach Wahrenholz. Dort nehmen Sie scharf rechts Kurs nach Süden zum Großen Moor. Beim Bösebruch überqueren Sie die Ise und kommen zum Bernsteinsee. Sie fahren wieder ein kleines Stück zurück und fahren auf einer Straße, die man schnurgerade durch das Große Moor gezogen hat, über Platendorf nach Gifhorn zurück.

135 65 km

Große Rundfahrt:

In einem weiten Kreis um Gifhorn

Diese Rundfahrt macht Sie mit allen landschaftlichen Charakteristiken dieser Gegend bekannt: mit Mooren, Heideflächen und den künstlich durchs Land gezogenen Schiffskanälen. Sie beginnen in Gifhorn und fahren zunächst ins Clausmoor. Schnell sind Sie am Allerkanal

Sehenswertes

① Bei Wahrenholz am „Großen Moor" steht eine Wassermühle aus dem 15. Jahrhundert.

② Das Gifhorner Welfenschloß, ein stattlicher Rennaissancebau von 1533, beherbergt das Heimatmuseum.
Lohnenswert ist auch ein Besuch des Mühlenmuseums mit sieben Originalmühlen.

③ „Tankumsee" ist ein Freizeit- und Erholungsgebiet mit weißsandigem Badestrand.

In Gifhorn

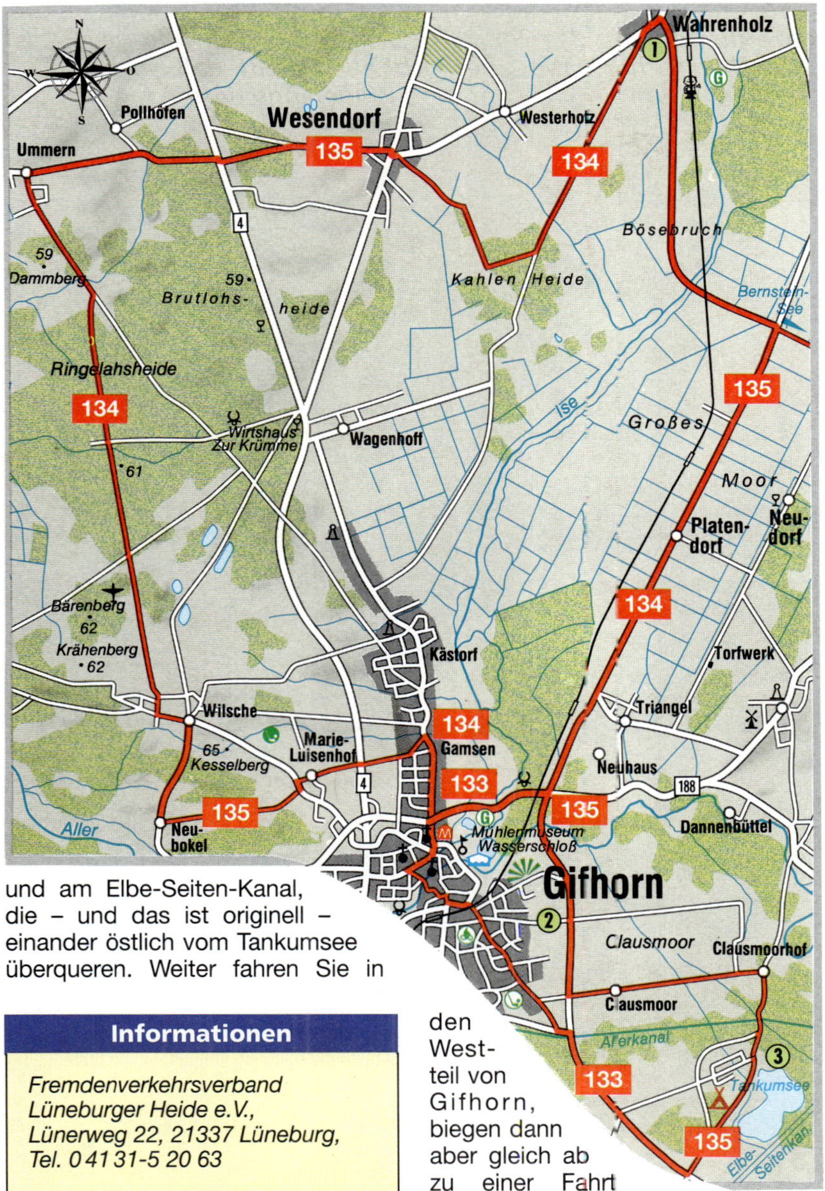

und am Elbe-Seiten-Kanal, die – und das ist originell – einander östlich vom Tankumsee überqueren. Weiter fahren Sie in den Westteil von Gifhorn, biegen dann aber gleich ab zu einer Fahrt durch die Ringelahsheide. Auch die Kahle Heide besuchen Sie – und dann fahren Sie in weitem Bogen durch das Große Moor nach Gifhorn zurück.

Informationen

Fremdenverkehrsverband Lüneburger Heide e.V., Lünerweg 22, 21337 Lüneburg, Tel. 0 41 31-5 20 63

Kulturamt, Schloßplatz 1, 38156 Gifhorn, Tel. 0 53 71-8 24 83

🚲 am Bahnhof: Seite 438

Am Südhang des Teutoburger Wald

Die Routen, die hier vorgeschlagen werden, führen durch eine abwechslungsreiche Landschaft. Sie fahren vor allem durch Laub-, Nadel- und Mischwälder. Aber ein wenig Kondition sollten Sie mitbringen. Ab und zu geht es tüchtig bergauf.

136 – 35 km
Durch die Laer und Glandorfer Heide

Sie starten in Bad Iburg und fahren auf ruhigen Straßen südöstlich über Remsede nach Bad Rothenfelde. Auf kleinen Sträßchen geht es von dort über Kram-Brook nach Bad Laer und weiter über den Heideweg durch die Laerheide nach Glandorf. Dort nehmen Sie die Windmühlenstraße, den Liener Landweg und die Glandorfer Straße durch die Glandorfer Heide nach Lienen. Dort geht es rechts ab und zurück nach Bad Iburg.

Sehenswertes

① Im Heimatmuseum von Georgsmarienhütte finden Sie eine Ausstellung über die Entwicklung des Stahlwerks, das dem Ort den Namen gab.

② Das Schloß von Bad Iburg besitzt einen barocken Rittersaal. Im Uhrenmuseum können Sie von der Sanduhr bis zur Kirchtumuhr allerlei Zeitmesser früherer Jahrhunderte sehen.

③ In Glandorf steht noch eine Windmühle aus dem Jahre 1810.

④ Bad Laer ging aus einer Kirchenburg hervor. Imposant ist der „Griese Turm" von 1050 mit seinen dicken Mauern und dem Treppengiebel.

⑤ Im Kurpark von Bad Rothenfelde stehen zwei Gradierwerke von 1776 und 1818. Auch ein Museum mit Autoveteranen gibt es.

137 – 35 km
Durch das Waldgebiet Freeden

Sie beginnen Ihre Tour in Georgsmarienhütte. Über das Kloster Oesede geht es südlich aufwärts, vorbei am Musenberg, nach Limberg. Dort fahren Sie am Zeppelinstein vorbei und auf Forstwegen durch den Freeden-Forst, eines der größten zusammenhängenden Waldgebiete der Gegend (hier ist es besonders schön im Frühjahr, wenn der Lerchensporn blüht), nach Bad Iburg. (Der Große Freeden selbst ist ein Berg: 270 Meter hoch. Sie fahren in Sichtweite an ihm vorbei.) In Bad Iburg kommen sie am Schloß und am Kurhaus vorbei, fahren über den Amtsweg, dann rechts die Hagener Straße und gleich wieder in einen Forstweg, der über die kleinen Ortschaften Hunecke und Am Urberge führt. Bauernhöfe, Obstbaumwiesen und Waldstücke begleiten Sie durch die Heggestraße, auf dem Altenhagener Esch und die Liedstraße abwärts durch die Hüggelschlucht. Von dort fahren Sie nach Großheide und Westrup, an der Sutthauser Mühle vorbei nach Sutthausen und nach Georgsmarienhütte zurück.

Schloß Iburg

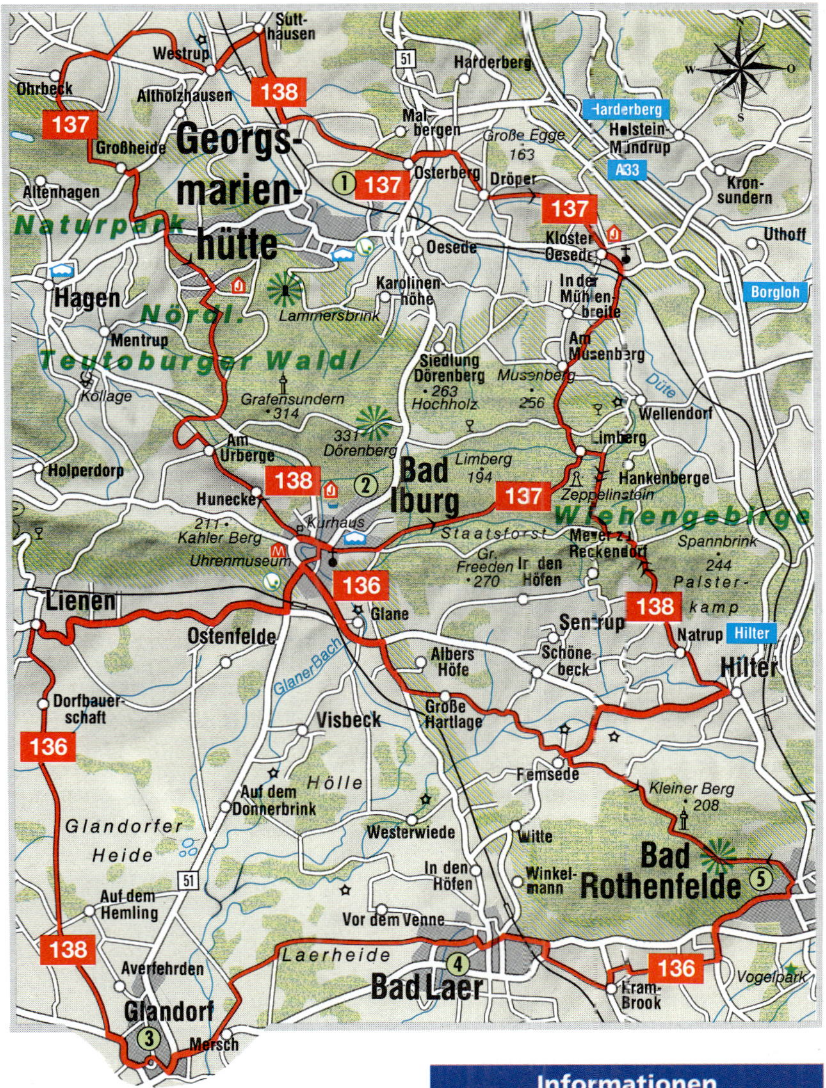

138

65 km

Große Rundfahrt:

Durch den Staatsforst Palsterkamp

Von Bad Iburg nordwestlich nach Ohrbeck, Kloster Oesede, Limburg durch den Staatsforst Palsterkamp nach Hilter, Remsede, Bad Rothenfelde, Bad Laer, Glandorf, Lienen zurück nach Bad Iburg.

Informationen

Fremdenverkehrsverband Osnabrücker Land, Iburger Str. 225, 49082 Osnabrück, Tel. 05 41-9 52 20

Kurverwaltung, Am Gografenhof 4, 49186 Bad Iburg, Tel. 0 54 03-40 16 12

am Bahnhof: Seite 438

Durch das Wesertal zum Süntel

Hier ziehen sich die ersten Anhöhen des Weserberglandes hin. Die Landschaft ist belebt, interessant, teilweise romantisch. Sie kommen durch ausgedehnte Wälder und auch zu einem Naturschutzgebiet, in dem stille Moore liegen.

139
25 km

Im Tal der Weser

Die Tour beginnt in Hameln. Sie fahren im Tal der Weser durch das Naturschutzgebiet Wacholderberg bis Fischbeck. Von dort kommen Sie – immer im Wesertal – auf kleinen Sträßchen und Radwegen über Gut Stau nach Hessisch Oldendorf zum Ortsteil Krückeberg. Nun geht es östlich, über Weibeck und Pötzen, bis Unsen. Da biegen Sie rechts ab, fahren an Holtensen vorbei und durch den Stadtforst wieder hinunter nach Hameln.

Sehenswertes

① In Hessisch Oldendorf stehen guterhaltene Adelshöfe. Einer ist der Münchhausenhof aus dem späten 16. Jahrhundert. Er hat Renaissancegiebel, einen Treppenturm und schöne Portale. Auch viele Fachwerkhäuser des Ortes stammen aus dieser Zeit.

② Das evangelische Damenstift in Fischbeck setzt sich aus vielen Fachwerkgebäuden zusammen, die zwischen dem 13. und 18. Jahrhundert entstanden. Da sind ein Kreuzgang mit romanisch-gotischen Doppelarkaden und eine bedeutende romanische Basilika.

③ In Hameln finden Sie viele alte Fachwerkhäuser – darunter das Hochzeitshaus von 1610 bis 1617 mit den Rattenfängerfiguren am Giebel und einem schönen Glokkenspiel oder das Rattenfängerhaus von 1603.

④ Die Hämelschenburg ist ein Prachtbau der Weserrenaissance. Möbel, Gemälde und Waffen stammen aus vier Jahrhunderten.

140
40 km

An der Hämelschenburg

Von Hameln fahren Sie südlich, parallel zur Weser, bis Kirchohsen, wo Sie den Fluß überqueren und anschließend, teilweise entlang der kleinen Emmer, zur Hämelschenburg und weiter nach Amelgatzen fahren. Dort geht es rechts nach Aerzen, weiter über Königsförde und Dehmke nach Herkendorf, dann über Hope und Bannensick durch den Hamelner Stadtforst zurück nach Hameln.

141
55 km

Große Rundfahrt:
Durch die Genossenschaftsforste

Bei dieser großen Route lernen Sie vor allem alle die prächtigen Wälder kennen, die Hameln

Alte Marktstraße in Hameln

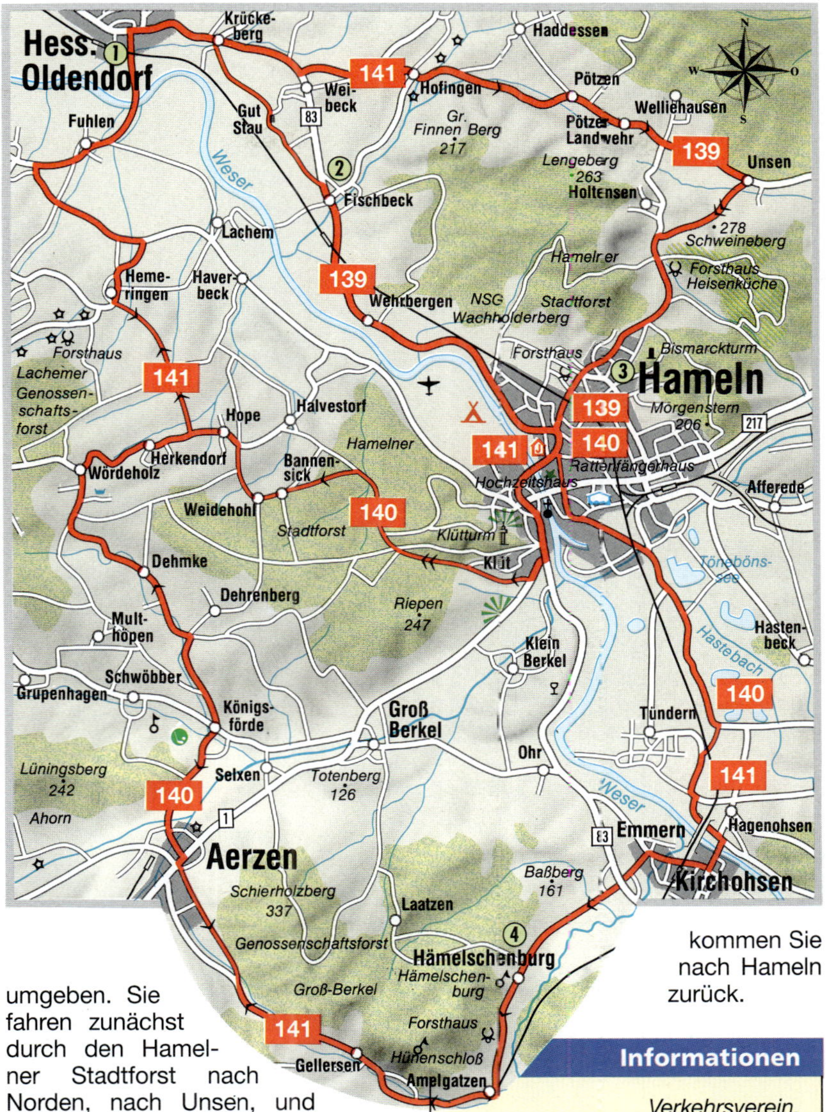

umgeben. Sie fahren zunächst durch den Hamelner Stadtforst nach Norden, nach Unsen, und dann weiter westlich nach Hessisch Oldendorf. Nun radeln Sie südlich, und immer wieder kommen Sie durch den Wald. Da ist der Lachemer Genossenschaftsforst, der Genossenschaftsforst Groß-Berkel – hier weiß man, wie man Wälder pflegt. Über Aerzen und Amelgatzen kommen Sie nach Hameln zurück.

Informationen

Verkehrsverein,
Deisterallee 3, 31785 Hameln,
Tel. 0 51 51-20 26 17
Fremdenverkehrsverband
Weserbergland-Mittelweser,
Inselstr. 3, 31787 Hameln,
Tel. 0 51 51-245 66

🚲 *am Bahnhof: Seite 438*

Im Naturpark Elm-Lappwald

Der Elm ist ein Muschelkalkgebiet. Hier gedeihen, so sagt man, die schönsten Buchenwälder Norddeutschlands. Und die Gegend selbst ist sehr geschichtsträchtig. Einst war sie Grenzgebiet zwischen Germanen und Slawen.

142 – 25 km – Über den Drachenberg

Von Schöppenstedt fahren Sie entlang der Straße nach Sambleben (das ein eindrucksvolles Barockschloß hat). Auf kleinen Sträßchen und breiten Forstwegen kommen Sie durch den südlichen Elmer Wald, fahren zum Tetzelstein und erreichen auf Forstwegen das Reitlingstal – einen sehr schönen, von Höhen umschlossenen Talkessel mit anmutigen Wiesen. Dann geht es in Serpentinen aufwärts zum 314 Meter hohen Drachenberg und wieder abwärts. Die Straße bringt Sie weiter nach Lutterspring (wo eine der stärksten Quellen Norddeutschlands sprudelt). Von dort fahren sie durch den Wald nach Langeleben und auf Forstwegen quer durch den Elmwald nach Eitzum. Nach Schöppenstedt kommen Sie größtenteils auf der Trasse der ehemaligen Bahnstrecke zurück.

Sehenswertes

① Bei Schöppenstedt (in Kneitlingen) wurde Till Eulenspiegel geboren. In Schöppenstedt hat man ihm zu Ehren ein Museum eingerichtet.

② Schöningen hat sehr hübsche Fachwerkhäuser, besonders am Markt, ein Renaissanceschloß und, hoch über der Stadt, eine schöne romanische Kirche

③ In Watenstedt wurde ein Haus- und Landwirtschaftliches Museum aufgebaut. Mehrere alte Werkstätten sind komplett eingerichtet.

143 – 60 km – Über die Ferienstraße

Sie beginnen in Schöningen. Vom Klostergut kommen Sie durch den Wald, vorbei an den Wallanlagen der Elmsburg. Kurz hinter dem Steingrab biegen Sie links ab nach Twieflingen, einem ehemaligen Raubritternest. Weiter geht es über Dobbeln und Jerxheim nach Watenstedt. Über Warle, Schliestedt, Schöppenstedt und Eitzum fahren Sie nach Langeleben, von dort rechts ab über Lelm, Süpplingen und Warberg. Auf einem Stück der Deutschen Ferienstraße Alpen–Ostsee kommen Sie nach Schöningen zurück.

144 – 70 km – Große Rundfahrt: Rund um den Staatsforst

Bei dieser Route lernen Sie nicht nur den Staatsforst Schönin-

Till Eulenspiegel in Schöppenstedt

gen, sondern auch eine ganze Reihe anderer schöner Waldgebiete kennen. Wenn Sie nach Schöppenstedt fahren, machen Sie gleich zu Anfang im Staatsforst einen Besuch. Dann, auf der Strecke nach Lutterspring, fahren Sie durch den Bornumer Interessentenforst. Wenn Sie weiter von Lutterspring über Langeleben nach Lelm fahren, haben Sie auf der einen Seite der Straße den Sunstedter Interessentenforst, auf der anderen den Alten Hain. Aber dann, wenn Sie über Warberg nach Schöningen zurückfahren, kommen Sie noch einmal ein Stück durch den Staatsforst.

Informationen

Landesfremdenverkehrsverband Niedersachsen-Bremen, 38640 Goslar, Tel. 0 53 21-3 40 40

Stadtverwaltung 38364 Schöningen, Tel. 0 53 52-51 20

🚲 am Bahnhof: Seite 438

Im Naturpark Harz

Der Harz ist Deutschlands höchstes Mittelgebirge. Und er ist als „Naturpark Harz" eine der schönsten deutschen Landschaften. Zum Wandern eignet er sich hervorragend. Auch zum Radfahren, wenn es nur nicht immer auf und ab ginge!

145 – 25 km – Durch den Pöhlder Forst

Beginnen Sie in Herzberg! Da fahren Sie zunächst auf kleinen Sträßchen bis zum 280 Meter hohen Ochsenberg. Hier geht es scharf links. Sie überqueren die Bundesstraße 27 und fahren dann auf schmalen, aber guten und ruhigen Wegen im Zickzack nach Pöhlde. Dabei überqueren Sie die Oder. Ein Stückchen fahren Sie im Tal der Beber - und sehen am anderen Ufer König Heinrichs Vogelherd: Wo jener Heinrich (angeblich) mit dem Vogelfangen beschäftigt war, als die Herzöge der deutschen Stämme daherkamen, die Hüte schwenkten und ihn zum König wählten. (Das ist eine Sage, weiter nichts.)
Von Pöhlde geht es auf einer Landstraße durch das Naturschutzgebiet Pöhlder Forst bis kurz vor dem Ort Rhumspringe - wobei Sie an der Rhume-Quelle vorbeikommen. Auf kleinen Wegen fahren Sie nun nach Osten, vorbei am 308 Meter hohen Barbiser Kopf.
Vom Barbiser Kopf radeln Sie etwa einen Kilometer bis zur Kreuzung mit der Straße, die rechts nach Königshagen führt. Sie biegen aber links ein. Jetzt fahren Sie ein Stück der Beber entlang, dann nach Scharzfeld und nach Herzberg zurück.

Sehenswertes

① *Herzberg besitzt einen idyllischen Marktplatz sowie ein 1510 erbautes vierflügeliges Schloß mit farbenprächtigem Fachwerk (besonders am Uhrturm). Es beherbergt ein Zinnfiguren-Museum.*

② *In der Einhornhöhle sehen Sie sehr schöne Tropfsteine.*

③ *Der Oder-Stausee bietet viele Wassersport-Möglichkeiten.*

④ *In Pöhlde wurde ein mittelalterlicher Königshof ausgegraben.*

⑤ *Die Rhume-Quelle ist eine der wasserreichsten in Europa. Sie wird unter anderem mit versickertem Oder-Wasser gespeist.*

146 – 15 km – Zum Wiesenbeker Waldteich

Das ist eine kleine, aber hübsche Spazierfahrt. Sie beginnt in Bad Lauterberg. Da fahren Sie südöstlich auf einem Landsträßchen zum netten Wiesenbeker Teich (wo Sie ein sehr angenehmes Waldschwimmbad finden). Dort endet die Straße für Autos, aber das

Im Zentrum von Bad Lauterberg

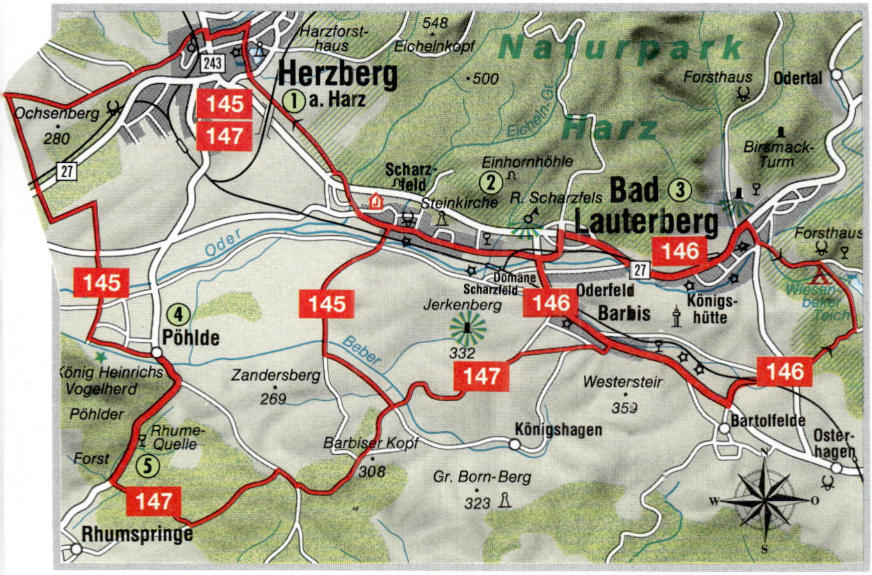

kann Ihnen gleichgültig sein: Fahrräder dürfen um den ganzen Teich herumfahren. So kommen Sie, von Autos ungestört, auf die Straße, die nach Bartolfelde führt.

Dort müssen Sie sich dann auf die Bundesstraße 243 begeben, die Sie - an einigen historischen Mühlen vorbei - nach Barbis und weiter zur Domäne Scharzfeld bringt (wobei sich gegenüber die Ruine Scharzfels erhebt).

Hier biegen Sie nun in die Straße ein, auf der Sie geruhsam - im Tal der Oder dahinfahrend - wieder Bad Lauterberg erreichen.

147 **40 km**

Große Rundfahrt:
Im Tal der Oder

Die Route beginnt in Herzberg und bringt Sie, am Ochsenberg und an König Heinrichs Vogelherd vorbei, zur Rhume-Quelle. Sie fahren weiter, am Barbiser Kopf vorbei, ins Tal der Beber. Das überqueren Sie und kommen nun auf ein Landsträßchen, das Sie, am 332 m hohen Jerkenberg vorbei, nach Barbis bringt.

Hier halten Sie sich rechts, um über Bartholfelde den Wiesenbeker Teich zu erreichen - Gelegenheit, nach der ziemlich langen und auch ein wenig anstrengender Strecke ein Bad zu nehmen.

Von dort sind es wenige Kilometer nach Bad Lauterberg. Dort begeben Sie sich auf das Sträßchen, das im Tal der Oder zwischen dem Fluß und der Bundesstraße 27 nach Herzberg zurückführt.

Informationen

Harzer Verkehrsverband
Marktstraße 45,
38640 Goslar, Tel. 0 53 21-3 40 40

Kurverwaltung, Ritscherstraße 4
37431 Bad Lauterberg
Tel. 0 55 24-9 20 40

am Bahnhof: Seite 438

CYCLOP

Zwei Städte und das Meer

Offiziell heißt das kleinste deutsche Bundesland „Freie Hansestadt Bremen". Es besteht kurioserweise aus zwei Stadtgemeinden, die gut 60 Kilometer auseinander liegen: die einstmals selbständige Stadtrepublik Bremen an der Weser und die erst im frühen 19. Jahrhundert angelegte Seestadt Bremerhaven. An und um den Marktplatz, der „guten Stube" der historischen Stadt, lernt man Bremen von der sympathischsten Seite kennen: den steinernen Roland, das prächtige Rathaus, den feierlichen Dom, Marienkirche, Bürgerhäuser, Böttcherstraße, Freiluftcafés und den alten Ratskeller mit seinen unermeßlichen Weinvorräten.

Übersicht

Bremen auf einen Blick

Größe: 404 km².
Einwohner: 680 000 (Freie Hansestadt Bremen 551 000, Bremerhaven 130 000).
Bevölkerungsdichte: 1685 Einwohner/km².
Wirtschaft: Schiffsbau, Handel, Schiffahrt, Nahrungs- und Genußmittelindustrie, Fischverarbeitung.
Bekannte Flüsse: Weser
Waldfläche: 1,8 Prozent
Ackerland: 5,6 Prozent

Bremen ist der zweitgrößte Seehafen Deutschlands (zur Stadt gehört auch Bremerhaven, einer der größten Seefischmärkte Europas).

Schon im 8. Jahrhundert gab es eine Kirchsiedlung auf der „Domdüne", 845 wurde daraus ein Erzbistum. Marktprivilegien erhielt Bremen bereits im 9. Jahrhundert. Eine Kaufmannssiedlung entstand, die mit der Domsiedlung verschmolz. 1358 trat Bremen der Hanse bei; seit 1806 war es Freie Hansestadt. Im 19. Jahrhundert gehörte es zum Deutschen Bund und ab 1871 zum Deutschen Reich. Nach 1945 wurde die Stadt Bremen zum Land Bremen erklärt, zu dem auch die Stadt Bremerhaven gehört.

Auf dem Marktplatz in Bremen

Bremen

In der Wümmeniederung

Die Wümme ist ein anmutiges, wenn auch unübersichtliches Flüßchen, das sich in einem Netz von Seitenarmen über die grüne Niederung zwischen Weser, Aller und Elbe ergießt. Das frühere Moorgebiet ist durch Radwege gut erschlossen.

Sehenswertes

① Die 700 Jahre alte Klosterkirche mit gotischem Ostgiebel gilt als die Urzelle von Lilienthal.
Im Niedersächsischen Kutschenmuseum sind über 20 alte Kutschen und Schlitten mit Zubehör ausgestellt.

② Fischerhude ist ein hübsches Dorf mit stattlichen Höfen, die oft versteckt hinter hohen Eichen an den vielfach verzweigten Armen der Wümme liegen. Das älteste, ein über 400 Jahre altes Fachwerkhaus, wurde zusammen mit dem „Spieker" und dem Backhaus sowie einem Heideschafstall als Bauernhausmuseum eingerichtet. Fischerhude ist auch als Künstlerkolonie bekannt.
Die Wümmeniederungen mit ihren Weiden und Erlen sind ein Paradies für Vögel.

③ In Bredenau, einem Ortsteil von Fischerhude, lebte viele Jahre der Maler Otto Modersohn. In dem 200 Jahre alten Fachwerkhaus „Spieker" können Sie seine Bilder mit vielen Motiven aus Fischerhude und Umgebung bewundern.

④ Die stattliche Turmwindmühle in Oberneuland wurde 1848 als sogenannte „Galerieholländer" gebaut. Heute dient sie als Museum, in dem Sie allerlei über die Funktion und Konstruktion solcher Mühlen erfahren, aber auch Ausstellungen zum Thema Korn und Brot finden.

148 — 15 km
Hin und her über die Wümme

Starten Sie im Norden Bremens, im Ortsteil Borgfeld an der Wümme, und fahren Sie auf kleinem Sträßchen nach Hexenberg und Ebbensiek, wo Sie den Wümme-Nordarm überqueren. Von dort geht es südlich, dann rechts ab, über den Marksgraben, die Reetlake, den Wümme-Mittelarm, den Wümme-Südarm – und gleich darauf wieder rechts, dem Wümme-Südarm folgend, zurück nach Borgfeld.

149 — 25 km
Zum Königsmoor und Behlingsee

Ausgangspunkt ist Fischerhude. Sie fahren westlich in

Die Bremer Stadtmusikanten

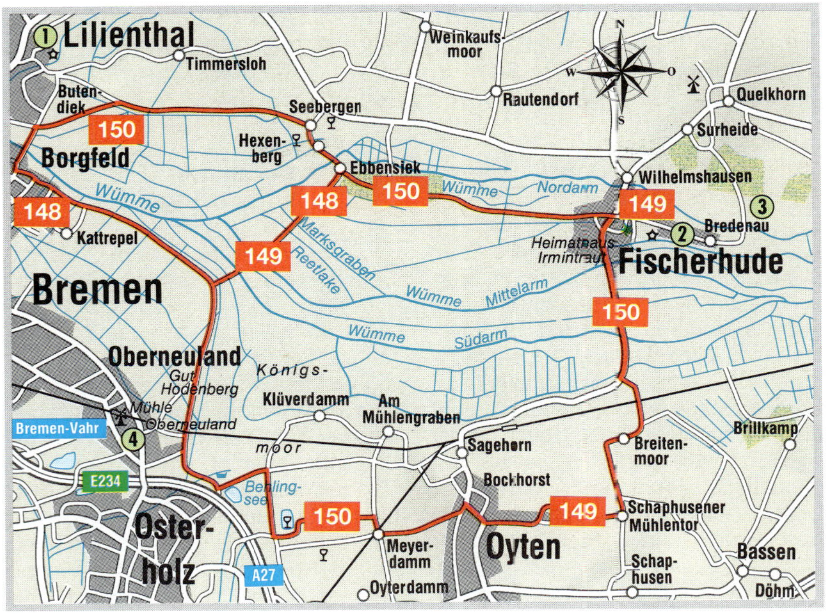

Richtung Borgfeld bis Ebbensiek und dort links ab, überqueren diverse Arme der Wümme, fahren dann aber links auf der Deichstraße immer am Wasser entlang, östlich am Stadtteil Oberneuland mit dem Gut Hodenberg vorbei, bis zur Autobahn. Die unterqueren Sie aber nicht, sondern biegen schon vorher links ab und radeln ein kleines Stück an ihr entlang zum Königsmoor und dort entlang dem Behlingsee.

Am Ende des Behlingsees biegen Sie in den Seeweg links ein, fahren nach Meyerdamm und Bockhorst nach Schaphusener Mühlentor. Hier geht es links ab nach Breitenmoor und durch die Wümmewiesen zurück nach Fischerhude.

150
35 km

Große Rundfahrt:
Rings um alle Arme der Wümme

Diese Route läßt Sie gewissermaßen die ganzen verzweigten Eigentümlichkeiten der Wümme einkreisen – die verschiedenen Arme des Flusses sowie die zahlreichen Kanäle in dieser Landschaft.

Sie starten in Borgfeld, radeln bis Ebbensiek und weiter nach Fischerhude. Durch die Wümmewiesen geht es nun über Schaphusener Mühlentor nach Oyten.

Dann fahren Sie durchs Königsmoor und über den Behlingsee nach Borgfeld zurück.

Informationen

Fremdenverkehrsverband Nordsee-Niedersachsen-Bremen e.V., Bahnhofstr. 19-20, 26104 Oldenburg, Tel. 04 41-92 17 10

Rathaus Lilienthal, Klosterstraße 16, 28865 Lilienthal, Tel. 0 42 98-92 90

Im Nordwesten der Stadt

Im Nordwesten von Bremen ist die Weser nicht sehr diszipliniert. Sie teilt sich immer wieder in mehrere Arme, bildet dadurch Inseln und interessante Feuchtgebiete. Östlich von ihr gibt es ein ganzes Netz von Rinnsalen und kleinen Sümpfen.

151
25 km

Durch Süder-Osterstade

Sie starten an der Kirche in Neuenkirchen und fahren in westliche Richtung durch die Marschwiesen zum Landesschutzdeich. Den überqueren Sie und radeln – immer in Sichtweite des Deiches – durch das Marsch- und Wiesenland. Kurz vor Rade lenken Sie rechts über den Deich, dann aber gleich wieder links und weiter über Hassel auf der Landstraße Richtung Aschwarden. Dort, in Aschwarden, geht es rechts nach Bruch, und in Richtung Uthlede. Diese Landschaft heißt „Süder-Osterstade". Doch schon vorher, beim Viehsteigfleth, biegen Sie rechts ab nach Meyenburg. Dort geht es wieder scharf rechts und so kommen Sie auf kleinen Sträßchen über Schädelkamp und Siedschelje nach Siethlandswehr, wo Sie rechts ein kleines Stück auf die Straße nach Schwanewede einbiegen, aber gleich wieder rechts ab nach Hinnebeckerfurth und über Hinnebeck fahren - vorbei an Voßberg, Voßberg-Kronsmoor und der Mühle Göspe zurück nach Neuenkirchen.

Sehenswertes

① *Vom Fährhaus in Farge werden vorüberfahrende Schiffe über Lautsprecher begrüßt.*

② *Berne hat eine beachtliche romanisch-gotische Pfarrkirche.*

③ *In Vegesack lohnt der Besuch des Yachthafens. Im Wasserschloß befinden sich Sammlungen zum Schiffbau und zur Heimatkunde.*

152
45 km

Durch den Forst Düngel

Sie beginnen die Tour in Vegesack beim Schloß Schönebeck und fahren nordwestlich über Schwanewede an Eggestedt vorbei nach Meyenburg. Dort fahren Sie rechts an der Wassermühle Meyenburg vorbei nach Brakland. Am Wege liegen Steingräber, dann kommt das Forsthaus, von wo Sie links quer ab durch den Forst Düngel nach Lehnstedt rollen. Hier biegen Sie rechts auf die Straße ein und gleich wieder links ab Richtung Kahler Berg und Hagen. In Hagen nehmen Sie die Straße nach Uthlede und weiter bis zum Viehsteigfleth, wo Sie links nach Meyenburg abbiegen. Von dort fahren Sie zurück nach Schwanewede und Vegesack.

153
40 km

Große Rundfahrt: **Zwischen Neuenkirchen und dem Königsmoor**

Von Neuenkirchen fahren Sie über Bruch und Uthlede nördlich

Lichterfest auf dem Bremer Marktplatz

Informationen

Verkehrsverein, Hillmannplatz 6,
28195 Bremen,
Tel. 04 21-30 80 00

Gemeindeverwaltung, Damm 4,
28790 Schwanewede,
Tel. 0 42 09-740

🚲 am Bahnhof: Seite 438

hinauf bis nach Hagen. Dabei berühren Sie den Rand des Königsmoors. Wenn Sie jetzt von Hagen südlich fahren, kommen Sie wieder am Königsmoor vorbei (diesmal an der östlichen Seite) und über den Kahlen Berg nach Lehnstedt. Von hier geht es nach Brakland, Meyenburg, Siedschelje, Hinnebeckerfurth und Voßberg nach Neuenkirchen zurück.

Im Wasserland der Weser

Hier führen wir Sie durch schöne Marschgebiete, teils durch kultiviertes Land, teils aber auch durch kleine Moore Sie bewegen sich vor allem im Gebiet der Flüßchen Ollen, Neue Ollen und Ochtum, die alle der Weser zuströmen.

154 — 25 km — Rund um Niedervieland

Dies ist eine Spazierfahrt im Westen der Stadt Bremen. Sie beginnen in der Südervorstadt Bremens und radeln auf der Straße am südlichen Ortsrand von Woltmershausen in Richtung Rablinghausen. Bevor Sie Rablinghausen erreichen, biegen Sie aber links ab zur Köhlerbrücke, die über das Flüßchen Ochtum führt. Bleiben Sie auf der rechten Seite der Ochtum, und radeln Sie ganz dicht am Flüßchen entlang über Sandhausen nach Mühlenhaus. Im Norden und Osten liegt jetzt ein entwässertes Gebiet namens Niedervieland, das Sie in einem schönen Bogen umfahren – indem Sie weiter auf dem kleinen Sträßchen bis ans Weseruferfahren und sich dann rechts halten. An der Weser entlang radeln Sie über Hasenbüren und Seehausen nach Rablinghausen und zurück zur Bremer Südervorstadt.

Sehenswertes

① Delmenhorst war einst ein Grafensitz. Vom 42 Meter hohen Wasserturm haben Sie einen schönen Blick auf die Burginsel und bis zu den Bremer Hafenanlagen.

② Bremens Altstadt ist von hier schnell erreicht. Am Marktplatz sehen Sie das Alte Rathaus, das 1405 gebaut wurde und 1509 seine Renaissancefassade bekam. Auch der Bremer Roland steht hier, eine Steinsäule von 1404 – das Zeichen für die Freiheit der Stadt.
In der dreischiffigen Basilika des St.-Petri-Doms finden Sie Krypten aus dem 11. Jahrhundert. Auch die prächtige Barockkanzel ist sehenswert – und der Grabstein des Freiherrn von Knigge.
Die schmale Böttcherstraße, einst eine Handwerkergasse, wurde behutsam in eine Museumsstraße umgewandelt. Dort steht unter anderem das Ludwig-Roselius-Haus, ein Patrizierhaus von 1588, mit Kunstwerken von Riemenschneider und Lucas Cranach d. Ä. Und im Paula-Becker-Modersohn-Haus sind die bedeutendsten Werke der Künstlerin gesammelt.

155 — 45 km — Um das Schönemoor und die Ollenweiden

Wenn Sie in Delmenhorst starten und nach Norden radeln, kommen Sie zuerst nach Heide (da hört die dichte Bebauung allmählich auf). Über Schierbrok fahren Sie bis Mönchhof. Rechts liegt ein

Markt auf dem Domshof

typisches Gebiet: das Schönemoor. Hinter Mönchhof kommen Sie ins Tal der Hörspe und fahren, parallel zum Flüßchen, zum Ort Hörspe. Dabei überqueren Sie die Neue Ollen. Weiter geht es (wobei Sie auch die Ollen überqueren) über Barschlüte nach Ritzenbüttel, wo Sie rechts nach Lemwerder abbiegen. Hinter Lemwerder kommen Sie ins Tal von Weser und Ochtum, dem Sie bis kurz hinter Altenesch folgen. Beim Ort Ochtum überqueren Sie die Ochtum und fahren, am Rand von Niedervieland, über Mühlenhaus und Sandhausen zur Köhlerbrücke. Über Brokhuchting radeln Sie dann zurück nach Delmenhorst.

Informationen

Verkehrsverein Bremen, Hillmannplatz 6, 28195 Bremen, Tel. 04 21-30 80 00

Verkehrsverein Delmenhorst, Delmengarten 5, 27749 Delmenhorst, Tel. 0 42 21-12 04 79

156 55 km

Große Rundfahrt:
Zwanzig Kilometer am Weserufer

Dies ist eine schöne, große Rundfahrt, die Sie mit vielen Gewässern im Süden Bremens bekanntmacht – vor allem mit der Weser selbst, an deren Ufer (oder in dessen Nähe) Sie ein großes Stück zurücklegen. Sie beginnen die Fahrt in Bremen-Südervorstadt, biegen dann bei der Köhlerbrücke links ab und fahren über Delmenhorst nördlich nach Ritzenbüttel und Lemwerder. Da sind Sie nun schon im Tal von Weser und Ochtum, dem Sie bis Ochtum folgen. Dann biegen Sie links ab, gleich wieder rechts, und kommen über Hasenbüren und Seehausen in die Südervorstadt zurück.

Brandenburg

Flüsse, Kanäle und der Spreewald

Nur wenige Hauptstädte sind von einem ähnlich weiten Netz von Seen, Flüssen und Kanälen umgeben wie Berlin, das mitten im Bundesland Brandenburg liegt. Wo in Brandenburg kein Wasser ist, erstrecken sich weite Kiefernforste und Laubwälder in der sanft hügeligen Landschaft, aber auch riesige Obstanbaugebiete. Südlich, in der Niederlausitz, breitet sich der ungewöhnlich reizvolle Spreewald aus. Zwischen Mooren, Wiesen und Erlenbruchwäldern zerrinnt die Spree in einem unüberschaubaren Labyrinth von schmalen Wasserläufen. Wer dieses Biosphärenreservat kennenlernen möchte, muß das Fahrrad stehen lassen und sich einem der schmalen Spreewaldkähne anvertrauen.

Übersicht

Brandenburg auf einen Blick

Größe: 29 060 km².
Einwohner: 2,6 Millionen.
Bevölkerungsdichte: 91 Einwohner/km².
Landeshauptstadt: Potsdam (mit 140 000 Einwohnern auch die größte Stadt).
Wirtschaft: Landwirtschaft, Textil- und Lebensmittel- sowie metallverarbeitende Industrie.
Bekannte Flüsse: Elbe, Havel, Spree.
Höchste Erhebung: Fläming (201 m).
Waldfläche: 36 Prozent.
Ackerland: 40 Prozent.

Im 7. Jahrhundert zogen von Osten Slawen ein, die als Inselfeste die Brennaburg errichteten. Daraus und aus der im 12. Jahrhundert gegründeten Domstadt wurde die Stadt Brandenburg. Seit 1157 herrschten die Askanier als Markgrafen über Brandenburg. Nach deren Aussterben (1320) zersplitterten die Gebiete und wurden zu Zankäpfeln zahlreicher Herrscher, bis Anfang des 15. Jahrhunderts die Hohenzollern die Oberhand gewannen. Burggraf Friedrich VI. erhielt 1415 die Markgrafschaft und Kurwürde von Brandenburg erblich, die den Hohenzollern bis 1918 blieb. Unter Friedrich Wilhelm, dem Großen Kurfürsten (1649-1688), wurde Brandenburg zum brandenburgisch-preußischen Staat und zur Großmacht Preußen.
Berühmte Männer von Friedrich dem Großen bis zu Kaiser Wilhelm II. haben bis 1918 die Geschicke Brandenburgs und damit Deutschlands bestimmt.

Im Fürstenberger Wald-Seen-Gebiet
157 Am Stolp-, Sidow- und Moderfitzsee
158 Um den Wurl- und den Großen Lychensee
159 Durch die ganze Seenlandschaft

Am Templiner See
160 Am Schutzgebiet Knehdenmoor
161 Rund um den Lübbesee
162 Eine Tour um drei Seen

Auf der Granseer Seenplatte
163 Im Tal der Havel
164 Südlich von Gransee und Zehdenick
165 Großer Wentowsee und Hoher Timpberg

Am Ruppiner See
166 Zum Tietzen- und Tornowsee
167 Zwischen Neuruppin und Herzberg
168 Besuch beim Gudelacksee

In der Bernauer Heide
169 Um den Liepnitzer- und den Wandlitzer See
170 Basdorfer, Bernauer und Ladeburger Heide
171 Drei Seen und drei Heidegebiete

Durch die Märkische Schweiz
172 Rund um den Scharmützelsee
173 Zum Großen Klobichsee
174 Beide Touren zu einer Fahrt verbunden

Im Potsdamer Havelseegebiet
175 Am Großen Zern-See
176 Um Saarow- und Schlänitzsee
177 Ein halbes Dutzend Seen auf einmal

Am Scharmützelsee
178 Um den Petersdorfer See
179 Rund um den Scharmützelsee
180 Beide Seen und ein Stück Wald

Brandenburg

Im Schlaubetal

Im Spreewald

Schloß Sanssouci mit Weinbergterrassen

Im Fürstenberger Wald-Seen-Gebie

Der ausführliche Name der Gegend, „Landschaftsschutzgebiet Fürstenberger Wald- und Seengebiet", muß verdient sein. Hier ist er es gewiß. Es gibt eine Reihe von Seen – vom Stolpsee bis zum Großen Lychensee –, und auch an Wald ist kein Mangel.

Sehenswertes

① *In wald- und seenreicher Umgebung liegt das kleine Städtchen Fürstenberg, durchzogen von Havelarmen und Havelseen; es ist beliebter Ausgangspunkt für Wasserwanderungen.*
Von der einstigen Alten Burg, dem ältesten Bauwerk der Stadt Fürstenberg, blieben drei Renaissanceflügel erhalten.
Das dreiflügelige Barockschloß mit seiner schweren Rokoko-Eichentür dient heute, sehr zweckmäßig, als Krankenhaus.
In der Stadtkirche, einem Backsteinbau im neubyzantinischen Stil, hängt über dem Altar ein sieben Meter hoher Batikteppich.
In der Heimatstube finden Sie Sammlungen zur Ur- und Frühgeschichte des Wald-Seen-Gebiets, zur Schifferzunft und zu den Glashütten.

② *Seinen Namen bekam der Ort Himmelpfort vom ehemaligen Zisterzienserkloster aus dem 13. Jahrhundert. Von dem Kloster blieben nur das spätgotische Backstein-Brauhaus mit einem Blendgiebel und ein im 17. Jahrhundert als Dorfkirche ausgebauter Flügel der einst gotischen Klosterkirche erhalten.*

③ *In Lychen stehen noch Reste der einstigen Stadtmauer und das Stargarder Tor sowie die Ruine des Fürstenberger Tores.*
Schön sind die Glasgemälde aus dem 11. Jahrhundert in den Sakristeifenstern der frühgotischen Pfarrkirche St. Johannes.

157 — 20 km

Am Stolp-, Sidow- und Moderfitzsee

Von Fürstenberg fahren Sie nördlich in Richtung Ravensbrück. Vor der Bahre zweigt rechts eine Straße ab, die zur Gedenkstätte führt und dann in einen Rad- und Wanderweg übergeht. Die nehmen Sie und gelangen entlang dem Nordufer des Stolpsees nach Himmelspfort. Hier biegen Sie links ab. In nördlicher Richtung geht es zwischen dem Sidow- und Moderfitzsee hindurch. Dann biegen Sie gleich rechts ab und radeln am nordwestlichen Ufer des Moderfitzsees (Bademöglichkeit) entlang zur Bahnlinie, kreuzen diese und fahren nordwärts bis zur Landstraße Fürstenberg-Lychen. An der Kreuzung biegen Sie links ab und fahren auf der Landstraße, vorbei am Südzipfel des Oberkastavensees, nach Fürstenberg zurück.

Schloß Fürstenberg

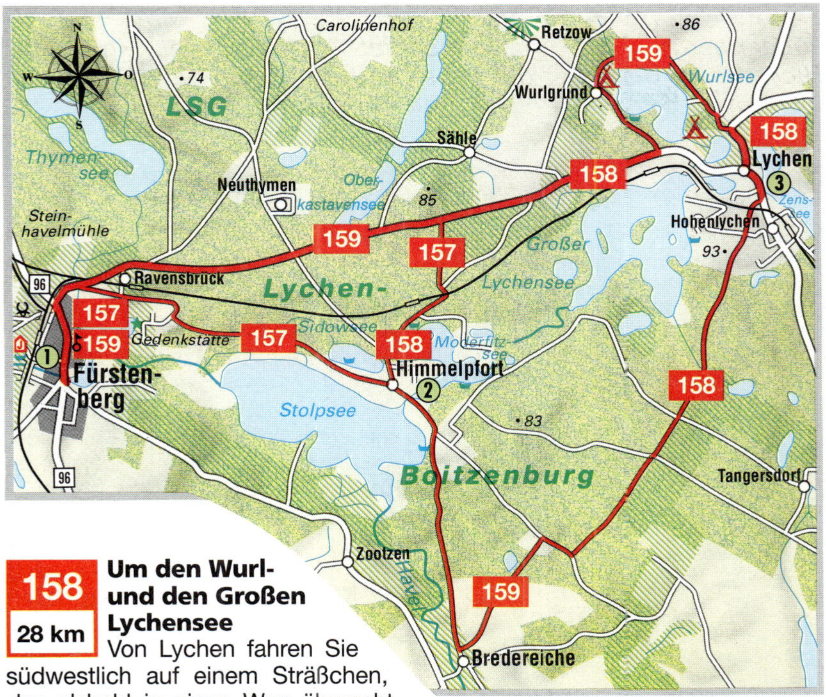

158 — 28 km

Um den Wurl- und den Großen Lychensee

Von Lychen fahren Sie südwestlich auf einem Sträßchen, das alsbald in einen Weg übergeht, nach Bredereiche an der Havel. Dort biegen Sie rechts ab und radeln auf einer Nebenstraße nördlich nach Himmelpfort. Von hier, wie bei Tour 157 beschrieben, zur Landstraße Fürstenberg-Lychen. An der Kreuzung rechts ab und in östlicher Richtung, teilweise in unmittelbarer Nähe des Großen Lychensees, bis zum Abzweig nach Wurlgrund und Retzow. Hier links ab, entlang dem Wurlsee bis an den Anfang dieses Orts. Dort zweigt rechts eine Ortsstraße ab, die zu einem Zeltplatz führt. Ein Fahr- und Wanderweg beginnt dort, der den Wurlsee umrundet und Sie wieder nach Lychen zurückbringt.

159 — 40 km

Große Rundfahrt:
Durch die ganze Seenlandschaft

Von Fürstenberg aus fahren Sie in nordöstlicher Richtung bis kurz vor Lychen. Hier biegt links eine Straße ab, die zum Wurlsee führt. Diesen umrunden Sie und fahren über Lychen und durch ein großes Waldgebiet nach Bredereiche. Von hier aus nach Himmelpfort und um den Stolpsee zur Gedenkstätte Ravensbrück und nach Fürstenberg.

Informationen

Landesfremdenverkehrsverband Brandenburg e.V., Friedrich-Ebert-Straße 115, 14467 Potsdam, Tel. 03 31-2 56 32/29 56 32

Gemeinde Fürstenberg, 16798 Fürstenberg, Tel. 03 30 93-3 92 30

🚲 am Bahnhof. Seite 438

Am Templiner See

Es gibt nicht nur einen See in dieser Gegend. Hier wimmelt es von Gewässern: Netzowsee, Lübbesee, Pansee, Fährsee – um nur die nächstliegenden zu nennen. Die ganze Gegend nennt sich: „Landschaftsschutzgebiet Templiner Seenkreuz".

Sehenswertes

① Templin ist nicht groß; es hat gerade 14 500 Einwohner. Es ist eine alte Stadt, doch weiß niemand, wann sie gegründet wurde. Fest steht, daß die Markgrafen von Brandenburg dem pommerschen Herzog Barnim das Land zwischen Havel und Welse abkauften. Das war ums Jahr 1230. Es ist unwahrscheinlich, daß Templin damals schon bestand.

Doch dann wurde die kleine Stadt sehr schnell und wohlbedacht angelegt. Sie sollte offenbar von Anfang an Bedeutung haben, denn sie wurde sofort befestigt: Die Feldsteinmauern der Wehranlage entstanden bald nach der Stadtgründung; sie stammen bereits aus der zweiten Hälfte des 13. Jahrhunderts. Diese Wehranlage, die den Stadtkern einschließt, ist immerhin über 1700 Meter lang. Das war viel für eine neugegründete Stadt. Und schon im Jahre 1270 wurde Templin urkundlich erwähnt.

Die drei gotischen Stadttore wurden im frühen 14. Jahrhundert gebaut. Alles in allem war das eine sehr respektable Befestigung. Besonders schön: Sie blieb sehr gut und fast komplett erhalten.

Leider blieb aus jener Zeit sonst nicht viel übrig, denn 1735 brannte Templin fast völlig nieder. Die St.-Georg-Kapelle am Berliner Tor (sie stammt aus dem 14. Jahrhundert) steht noch. Und auch der Unterbau des Tores an der Kirche St. Maria Magdalena entstand wohl bereits in jener Zeit.

160
15 km

Am Schutzgebiet Knehdenmoor

Von Templin fahren Sie ein Stückchen nordwestlich, bis zum Abfluß des Templiner Sees. Hier geht rechts eine Straße ab, die sich am Ortsende in einem Fahr- und Wanderweg fortsetzt und sich stets ganz dicht am Ufer des Sees hält. Der Weg biegt dann vor dem Bauchsee nach links ab zum Gleuensee. Am Rand des Naturschutzgebietes Knehdenmoor fahren Sie nach Knehden (wo Sie eine Naturschutzstation finden). Dort geht ein Weg am Westufer des Gleuensees entlang zur Klosterwalder Mühle. Sie halten sich rechts und fahren nun, am östlichen Ufer des Gleuensees entlang, über Ringofen bis zum Fährkrug

Das Mühlentor in Templin

(zwischen dem Bauchsee und dem Fährsee). Von hier fahren Sie auf der Landstraße, die am Südufer des Templiner Sees entlangführt, nach Templin zurück.

161 – 25 km – Rund um den Lübbesee

Von Templin fahren Sie in dessen südöstliche Vorstadt Kuckucksheim und von dort nach Postheim. Das liegt bereits am Lübbesee.
Von hier geht ein Wanderweg rund um den See – vorbei am Waldrastplatz, bis er bei Albrechtsthal auf ein Sträßchen stößt.
Dieser Wanderweg bringt Sie nach Ahlimbsmühle. Nun geht es ein paar hundert Meter nördlich, dann zweigt ein anderes Sträßchen ab nach Petersdorf und führt dann weiter nach Ahrensdorf.
In Ahrensdorf biegen Sie links ab und kommen direkt wieder zum Ufer des Lübbesees, dem Sie nun nordwestlich folgen. Über Morgenland fahren Sie nun zur Nordspitze des Sees.
Dort finden Sie einen Weg, der Sie nordwestlich zum Südufer des Templiner Sees führt. Und auf diese Weise kommen Sie nun wieder ins Stadtzentrum zurück.

Informationen

Landesfremdenverkehrsverband Brandenburg e.V., Friedrich-Ebert-Str. 115, 14467 Potsdam, Tel. 03 31-2 56 32/29 56 32

Stadtinformation, Am Markt 12, 17268 Templin, Tel. 0 39 87-26 31

am Bahnhof: Seite 438

162 – 35 km – Große Rundfahrt – Eine Tour um drei Seen

Sie beginnen in Templin und fahren zunächst einmal um den Lübbesee.
Wenn Sie dann von Petersdorf nach Ahrensdorf gefahren sind, behalten Sie diese Richtung weiter bei und kommen pfeilgerade zum Seehof. Dort biegt ein Weg links ab, der sich am Südufer des Fährsees entlangzieht. Auf diese Weise kommen Sie zum Fährkrug, fahren nun zwischen dem Bauchsee und dem Fährsee hindurch und umrunden den Gleuensee. Das bringt Sie zum Nordufer des Templiner Sees. So fahren Sie nach Templin zurück.

Auf der Granseer Seenplatte

Hier kommt die Havel auf die Idee, ihre Wasserkraft durch zahllose kleine Seen und Tümpel zu verschwenden. Den Rest schluckt der Vosskanal, den man parallel zu ihr anlegte, damit Schiffsverkehr möglich wurde. Die Havel wird zum Rinnsal.

163 – 40 km – Im Tal der Havel

In Gransee halten Sie sich zunächst nördlich und fahren über die Bundesstraße 96 (an dem Gewässer namens Gransee vorbei) über Plan und Altlüdersdorf bis zur Abzweigung südöstlich nach Wentow. Ein Fahrweg bringt Sie nach Wentow und zum Südufer des Großen Wentowssees. Sie fahren weiter bis Zabelsdorf. Am Ortsende nehmen Sie links die Landstraße nach Marienthal und dann einen Fahrweg, der nach Burgwall führt. Dabei überqueren Sie die Havel. Sie fahren in östlicher Richtung weiter. An einer Hochspannungsleitung biegt der Fahrweg nach Südosten ab, und wenn Sie nun auf dem schnurgeraden Straßenstück nach Neuhof fahren, sehen Sie rechts die zahllosen Gewässer, die hier die Landschaft im Tal der Havel füllen. Von Neuhof geht es nach Zehdenick. Dort überqueren Sie die Havel und den Vosskanal (der ab hier parallel zur Havel läuft) und nehmen in der Ortsmitte die Straße, die Sie über Karlshof und Badingen nach Gransee zurückbringt.

Sehenswertes

① In Marienthal steht eine wunderhübsche Dorfkirche: Ein Fachwerkbau von 1782 mit einem Dachtürmchen.

② Gransee bekam 1262 die Stadtrechte. Ein Teil der als ovaler Ring angelegten Stadtbefestigung blieb gut erhalten, darunter das Ruppiner Tor und der Pulverturm, beide aus dem 15. Jahrhundert.
Die spätgotische Backsteinkirche St. Marien ist architektonisch ebenso bemerkenswert wie ihre Einrichtung. Da gibt es unter anderem zwei spätgotische Flügelaltäre.
Die Spitalkapelle St. Spiritus stammt aus frühgotischer Zeit.
Im Heimatmuseum am Klosterplatz finden Sie eine kleine, interessante Möbelsammlung.

③ Zehdenick ist ein einst berühmter Wallfahrtsort. Das ehemalige Zisterzienserinnen-Kloster wurde schon 1230 gegründet. Wenige Gebäude und ein Flügel des Kreuzgangs blieben erhalten.

164 – 30 km – Südlich von Gransee und Zehdenick

Sie fahren von Gransee ostwärts über Badingen nach Zehdenick. In der Ortsmitte geht es rechts ab auf die kleine Landstraße nach Kleinmutz. Hier biegen Sie bei der Kirche links ab und radeln am Hohen Timpberg vorbei (der 92 Meter aufragt) - auf einem schnurgeraden Straßenstück nach

Bei Gransee

Häsen. Dort nehmen Sie das ganz kleine Sträßchen, das Sie über Kraatz-Buberow nach Gransee zurückbringt.

165 **47 km**

Große Rundfahrt:
Großer Wentowsee und Hoher Timpberg

Auf dieser Tour erleben Sie die Vielfalt dieser vorwiegend durch die Havel charakterisierten Landschaft: Viele Gewässer im Norden, ansehnliche Erhöhungen im Süden.

Zunächst fahren Sie von Gransee in die Gewässerzone: über Altlüdersdorf zum Großen Wentowsee. Östlich geht es nun ins Gebiet der Havel und ihrer Teiche, über Burgwall und Neuhof nach Zehdenick. Nun kommt der hügelige Teil. In dem Gebiet, das Sie jetzt befahren, ragen immerhin der Hangelberg und direkt am Weg auch noch der Hohe Timpberg auf.

Über Häsen und Kraatz-Buberow fahren Sie nach Gransee zurück.

Informationen

Landesfremdenverkehrsverband Brandenburg e.V., Friedrich-Ebert-Straße 115, 14467 Potsdam, Tel. 03 31-2 56 32/29 56 32

Kreisverwaltung Gransee e.V., Karl-Marx-Platz 1, 16775 Gransee, Tel. 0 33 06-75 20

am Bahnhof: Seite 438

Am Ruppiner See

Die Überschrift vereinfacht: Es geht hier nicht nur um den Ruppiner See, sondern auch um den Molchowsee, den Tietzensee und den Zermützelsee. Die sind eigentlich ein einziges Gewässer – Ausbuchtungen des Flüßchens Rhin.

166
33 km

Zum Tietzen- und Tornowsee

Der nördliche Teil dieser Seenlandschaft bildet zusammen mit vielen Waldstücken das Landschaftsschutzgebiet „Neuruppin-Rheinsberg-Fürstenberger Wald- und Seengebiet". Das ist ein anspruchsvoller Name – so hochtrabend geht es gar nicht zu. Von Neuruppin fahren Sie auf der Bundesstraße 167 in Richtung Alt Ruppin. Vor der Brücke über den Rhin biegen Sie links ab und radeln am Ufer des Molchowsees über Molchow nach Zermützel. Am Ortseingang halten Sie sich links und kommen über eine schmale Holzbrücke nach Stendenitz. Ein Waldweg führt Sie am östlichen Ufer des Tornowsees entlang. An dessen nördlichem Ende, bei der Boltenmühle, halten Sie sich links. So kommen Sie nach Kunsterspring. Dort biegen Sie links ab und fahren – streckenweise schnurgerade - durch den Wald nach Neuruppin zurück.

Sehenswertes

① *Der Heimattierpark Kunsterspring ist eine großzügige Anlage mit vielen Gehegen für einheimische (aber auch fremde) Tierarten, harmonisch in die Landschaft eingefügt. Gleich nebenan finden Sie im Tal der Kunster ein weitgehend unberührtes Naturschutzgebiet.*

② *In Alt Ruppin steht eine frühgotische Pfarrkirche, die im 16. Jahrhundert erweitert wurde. Der schöne Kanzelaltar stammt von 1712, der Orgelprospekt von 1750.*

③ *Neuruppin wurde nach einem großen Brand 1787 völlig neu angelegt, mit schachbrettförmigen Straßenvierteln und einheitlich frühklassizistischen Bürgerhäusern im sogenannten Zopfstil. Die Klosterkirche ist der Rest eines im 13. Jahrhundert gegründeten Dominikanerklosters.*

167
35 km

Zwischen Neuruppin und Herzberg

Von Neuruppin fahren Sie über den Seedamm nach Wuthenow und auf einen Weg nach Gnewikow. Dort halten Sie sich links, fahren nach Lichtenberg und Radensleben. Dort biegen Sie links ab und fahren durch kleine Waldgebiete nach Herzberg. Wieder biegen Sie links ab und fahren auf der Bundesstraße 167 in Richtung Alt Ruppin. Beim Bahnhof Wulkow geht es erneut links ab – über Wulkow und Nietwerder nach Alt Ruppin und Neuruppin zurück.

Zwischen den Seen

168

38 km

Große Rundfahrt:
Besuch beim Gudelacksee

Von Neuruppin fahren Sie auf der Bundesstraße 167 nach Alt Ruppin. Beim Bahnhof biegen Sie rechts ab und fahren über Nietwerder nach Schönberg. Gleich hinter diesem Ort zweigt links ein kleiner Fahrweg nach Gühlen am Gudelacksee ab. An der Nordspitze des Sees geht es links, bis Sie zur Landstraße kommen, die nach Alt Ruppin führt. Hier fahren Sie erneut links bis zur Brücke über den Rhin, wo rechts ein Fahrweg nach Molchow abzweigt. Dann radeln Sie am Molchowsee zurück nach Neuruppin.

Informationen

Landesfremdenverkehrsverband Brandenburg e.V., Friedrich-Ebert-Str. 115, 14467 Potsdam, Tel. 03 31-4 22 21/29 56 32

Tourismusinformation, 16816 Neuruppin, Tel. 0 33 91-23 45

am Bahnhof: *Seite 438*

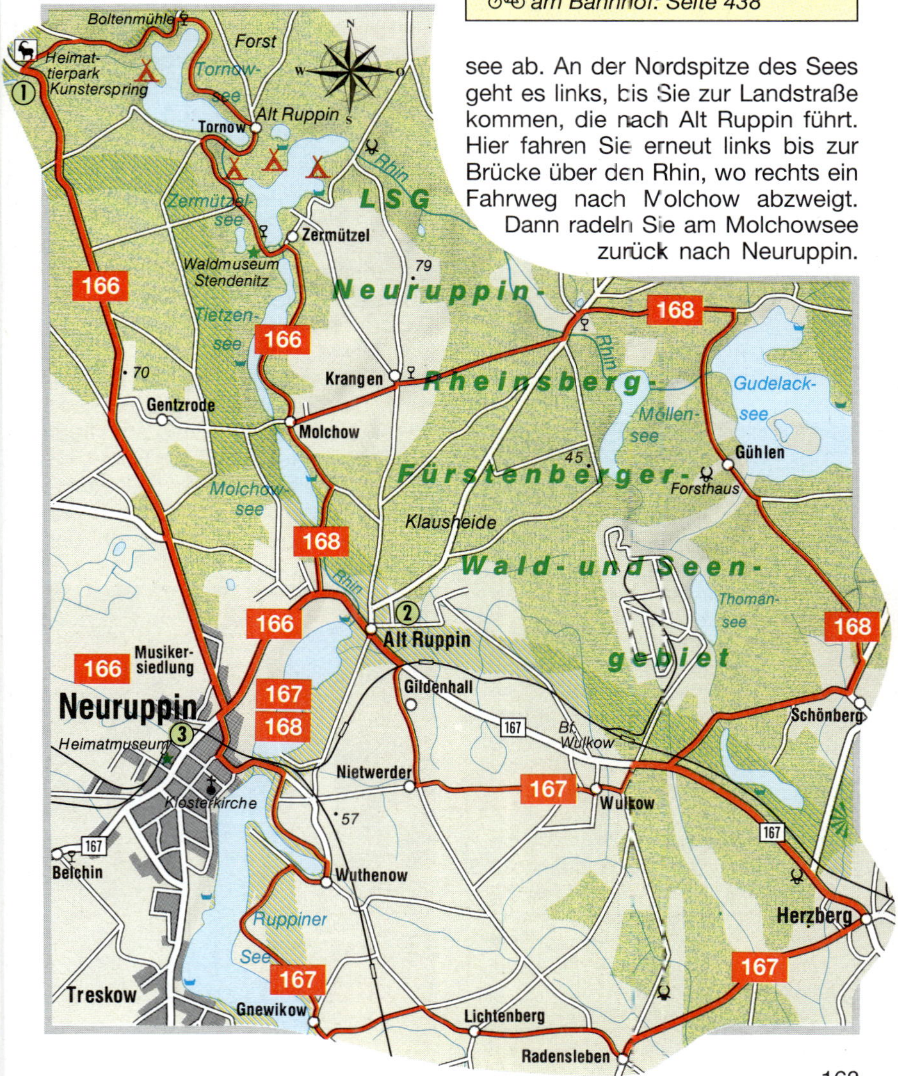

In der Bernauer Heide

Wie es am Rand von Groß-Berlin nicht selten ist: Kaum hört die dichte Bebauung auf, da dehnt sich fast ohne Übergang schon die weite Landschaft aus. Die Bernauer Heide gehört zu diesen Gebieten – zusammen mit Wandlitzer und Liepnitzer See.

169 · 25 km

Um den Liepnitzer und den Wandlitzer See

Sie steigen in Wandlitz aufs Fahrrad und fahren östlich zum Liepnitzsee. An dessen südlichem Ufer kommen Sie über Ützdorf nach Lanke. Sie haben das ganze, langgestreckte Gewässer fast ständig links neben sich und sehen auch die Insel im Liepnitzer See, den Großen Werder. (Übrigens fahren Sie hier in einem Landschaftsschutzgebiet spazieren, das „Briesetal und Mühlenbeck" heißt.) In Lanke wechseln Sie auf die andere Seeseite und fahren nun am Nordufer bis zum Parkplatz am Pfuhle zurück. Von dort radeln Sie zum Wandlitzer See und um diesen herum. Das ist nicht immer ganz direkt am Ufer möglich, weil dort viele Grundstücke angrenzen. Aber man kann sich – immer den See links im Auge – zurechtfinden. Auf diese Weise kommen Sie nach Wandlitz zurück.

Sehenswertes

① In Wandlitz entstand das größte märkische Landwirtschaftsmuseum (teilweise ist es als Freilichtmuseum eingerichtet) unter dem schönen Namen „Museum der agraren Produktivkräfte".
Während der DDR-Zeiten entstand im Wandlitzer Wald die streng abgesperrte Wohnsiedlung der Staatsprominenz. Die sehr spießige Villa von Erich Honecker soll zu einer Art von negativer Gedenkstätte umfunktioniert werden.

② Bernau besitzt noch Mauern und Tore der mittelalterlichen Befestigung. Die Pfarrkirche St. Marien ist ein spätgotischer Backsteinbau, in dem ein sehr schöner spätgotischer Hochaltar mit sechs Flügeln zu sehen ist.

170 · 35 km

Basdorfer, Bernauer und Ladeburger Heide

Sie starten in Wandlitz und fahren entlang der Birkenallee nach Südwesten auf Basdorf zu. Am Ortsanfang biegen Sie links in den Wald, nordöstlich an der Siedlung Waldheim vorbei, zur Kreuzung, an der es dann südlich zum Ort Gorinsee geht. Das ist nun schon Heideland: Rechts haben Sie die Basdorfer, links die Bernauer Heide. Der kleine Gorinsee (den es dort wirklich gibt) liegt rechts von Ihnen.
Beim Ort Gorinsee biegen Sie links ab und fahren auf der Landstraße entlang der Heide und der Hügel, die den originellen Namen „Gehackte Berge" tragen, nach Schönow. In Schönow haben Sie praktisch den

Im Wandlitzer Museum

Rand von Groß-Berlin erreicht. Auch Bernau, wohin Sie jetzt kommen, ist eigentlich nur eine Vorstadt. Nordöstlich geht es nach Ladeburg, und jetzt kommen Sie durch ein neues Heidegebiet: die Ladeburger Heide. Auf kleinen Straßen fahren Sie nach Ützdorf am Liepnitzer See und an dessen südlichem Ufer zurück nach Wandlitz.

171 — 48 km

Große Rundfahrt:
Drei Seen und drei Heidegebiete

Diese Tour führt Sie durch eine Landschaft, wie man sie so nahe bei Berlin kaum für möglich halten würde.

In Wandlitz beginnen Sie, fahren südlich über Gorinsee nach Schönow und Bernau.

Im großen Bogen umkreisen Sie so die Bernauer Heide, haben bis Gorinsee rechts die Basdorfer Heide und kommen nun, wenn Sie über Ladeburg nach Ützdorf am Liepnitzer See fahren auch noch durch die Ladeburger Heide.

In Ützdorf halten Sie sich östlich und erreichen Lanke an der Ostspitze des Liepnitzsees. An der Nordseite dieses Gewässers fahren Sie nun hinüber über die Pfuhle zum Wandlitzer See, umrunden diesen und sind dann wieder in Wandlitz zurück.

Informationen

Landesfremdenverkehrsverband Brandenburg e.V., Friedrich-Ebert-Straße 115, 14467 Potsdam, Tel. 03 31-2 56 32/29 56 32

Verkehrsamt, 16348 Wandlitz, Tel. 03 33 97-66 30

🚲 am Bahnhof: Seite 438

Durch die Märkische Schweiz

Dieses Gebiet hat mit der Schweiz nicht viel zu tun. Immerhin: Es zeigt Seen, viel Wald – und hügelig ist es auch. Man hat die ganze Landschaft unter Schutz gestellt: So wurde daraus ein „Naturpark Märkische Schweiz“.

Sehenswertes

① Die Märkische Schweiz liegt zwischen den Höhen des Barnim im Nordwesten und Norden, der Lebuser Hochfläche im Osten und Südosten, dem Berliner Urstromtal im Süden und dem Oderbruch im Nordosten.
Es ist ein landschaftlich äußerst reizvolles Gebiet mit Hügeln, Felsen, Schluchten, Wäldern und Seen. Der größte ist der 146 Hektar große, bis zu 45 Meter tiefe Schermützelsee, der einst durch Abschmelzen von Eis entstanden ist. Charakteristisch für dieses Gebiet sind die sogenannten „Kehlen“, eiszeitliche Schluchten, zum Teil in tiefem Wald verborgen, durchflossen von Bächen.
Von den Höhen hat man einen prächtigen Überblick, so von den Bollsdorfer Höhen am Nordrand des Schermützelsees, mit einem 50 Meter zum See abfallenden Steilufer. An den Hängen der Märkischen Schweiz gedeihen prächtige Laubmischwälder und an den fischreichen Seen leben Kraniche, Rohrdommeln, Haubentaucher und Eisvögel.
Die ganze Märkische Schweiz wurde vor zwei Jahren zum Biosphärenreservat.

② Mitten in der Märkischen Schweiz liegt Buckow – und zwar gleich an drei Seen, dem Schermützel-, dem Buckow- und dem Griepensee.
Hier lebte Bertold Brecht mit seiner Frau Helene Weigel bis zu seinem Tod. Das Brecht-Weigel-Haus ist heute Gedenkstätte.

172 **20 km**

Rund um den Schermützelsee

Von Buckow fahren Sie nördlich durch den Stadtpark zum Schermützelsee. Um den radeln Sie einmal herum bis zu seiner Südspitze; es gibt da einen schönen Fahrweg am Ufer. An der Südspitze des Sees finden Sie eine Straße, die Sie, am Abendrothsee vorbei, zum Ortsanfang von Waldsieversdorf bringt. Von hier führt ein Fahrweg um den Kleinen Däbersee und den Papillensee (der nur eine Ausbuchtung des Kleinen Däbersees ist) zur Bahnlinie. An der geht es rechts ab; parallel zu ihr radeln Sie südöstlich nach Dahmsdorf. Dort, am Ortsanfang, fahren Sie links ab und nördlich, am Großen Klobichsee vorbei, auf einem Fahrweg nach Münchehofe. Hier geht es erneut links und über das Forsthaus Alte Mühle nach Buckow zurück.

173 **30 km**

Zum Großen Klobichsee

Von Buckow fahren Sie wieder durch den Stadtpark, biegen dann aber rechts ab auf

Das Brecht-Weigel-Haus in Buckow

Große Rundfahrt:
Beide Touren zu einer Fahrt verbunden

174
30 km

den Poetensteig, einem bekannten Wanderweg, der Sie ans Nordufer des Großen Tornowsees und zum Ort Tornow bringt. Von dort geht es, nördlich des Flüßchens Stöbber und teilweise auch an dessen Ufer, zur Eichendorfer Mühle.

Anschließend kommen Sie, wiederum auf Waldsträßchen, durch den Hermersdorfer Forst nach Hermersdorf und weiter auf der Landstraße nach Obersdorf. Von hier fahren Sie südwestlich und überqueren zunächst die Bahnlinie.

Anderthalb Kilometer hinter dem Bahnübergang zweigt rechts ein Feldweg zum Brigittenhof ab, der dann als Fahrweg nach Dahmsdorf führt. Dort, am Ortsanfang, geht es rechts ab und auf einem Fahrweg in die Gegend des Großen Klobichsees. Nördlich fahren Sie weiter nach Münchehofe. Hier geht es dann links zum Forsthaus Alte Mühle und westlich zurück nach Buckow.

Die beiden schon beschriebenen Touren durch die Märkische Heide lassen sich leicht verbinden. Sie fahren von Buckow durch den Pritzhagener Forst zum Großen Tornowsee, zur Eichendorfer Mühle und nach Hermersdorf. Von hier geht es auf der Landstraße über Obersdorf bis zum Fahrweg, der über den Brigittenhof nach Dahmsdorf führt. Entlang der Eisenbahn, um den Papillen- und Kleinen Däbersee, kommen Sie nach Waldsieversdorf, nördlich zum Abendrothsee und, um den Schermützelsee herum, zurück nach Buckow.

Informationen

Märkische Tourismuszentrale e.V., Bahnhofstraße 34, 15848 Beeskow, Tel. 0 33 66-2 29 49

Fremdenverkehrsamt „Märkische Schweiz", Königstraße 12, 15848 Buckow, Tel. 03 34 33-6 59 81

🚲 *am Bahnhof: Seite 438*

Im Potsdamer Havelseengebiet

Das ist das schöne an der Havel: Sie begnügt sich nicht damit, ein Fluß zu sein – sie hat es sich in den Lauf gesetzt, viele Seen zu bilden. Templiner See, Schwielowsee, Großer und Kleiner Zernsee, Schlänitzsee – das hört überhaupt nicht auf.

175 – 30 km

Am Großen Zernsee

Von Potsdam am westlichen Ufer des Templiner Sees durch die Pürschheide bis Caputh am Schwielowsee. Dort halten Sie sich nordwestlich, kommen so nach Geltow und weiter, an der Havel entlang (die hier selbst den Charakter eines Sees hat) zum Großen Zernsee. An dessen östlichem Ufer radeln Sie über Nattwerder nach Grube. Mitten im Ort fahren Sie rechts zum Bahnhof. Hier zweigt, wieder rechts, eine Straße ab, die über Golm nach Eiche führt. Dort biegen Sie rechts ab nach Kuhfort und radeln am Rand des Wildparks West nach Potsdam zurück.

Sehenswertes

① Werder ist eine alte Stadt, die auf einer Halbinsel mitten im Potsdamer Havelseengebiet liegt, umgeben vom größten ostdeutschen Obstgebiet. Im Frühling wird drei Wochen lang Blütenfest gefeiert.

② Potsdam war ein Fischerdorf, bis Friedrich Wilhelm I., der Soldatenkönig, es im 17. Jahrhundert zu seiner Residenz machte. Friedrich der Große, sein Sohn, gestaltete Potsdam um und formte ein deutsches Versailles daraus. Nach seinen Skizzen baute Architekt von Knobelsdorff Schloß Sanssouci.

③ Glindow besorgte einst Ziegelfabrikation. Die alten Ziegelöfen stehen (unter Denkmalschutz) noch am Südufer des Glindowsees.

④ Caputh war eine Tagelöhner-Siedlung, bevor es ein vornehmer Wohnort wurde. Einige der alten, primitiven Katen der Tagelöhner hat man stehen lassen.

176 – 50 km

Um Saarow- und Schlänitzsee

Von Werder fahren Sie nordwestlich über Phöben bis kurz vor Schmergow. Gleich hinter dem Ort geht es rechts ab nach Ketzin und dort wieder rechts über Paretz und Uetz bis zur Autobahn. Unter dieser hindurch radeln Sie nach Marquardt und zur Bundesstraße 273. Auf ihr kommen Sie über den Saarow-Paretzer-Kanal. Gleich danach, in Schlänitz, biegen Sie rechts zum Schlänitzsee ab. Von dort geht es über Grube und Nattwerder zum Großen Zernsee. Entlang diesem See und der Havel kommen Sie nach Geltow. Dort fahren Sie rechts über die Brücke, welche die Havel vom Schwielowsee trennt, und geradeaus weiter nach Petzow. Dort nehmen Sie die Abzweigung rechts und fahren am Ufer des Glindowsees über Glindow nach Werder zurück.

Die Glienicker Brücke

177
60 km

Große Rundfahrt:
Ein halbes Dutzend Seen auf einmal

Sie beginnen in Potsdam. Nun fahren Sie zunächst südwestlich bis zu der Brücke zwischen der Havel und dem Schwielowsee. Über Petzow, Werder, Phöben und Schmergow erreichen Sie Ketzin, fahren dann über Uetz nach Marquardt und Grube. Über Golm und Kuhfort radeln Sie nach Potsdam zurück. Bei dieser Rundfahrt kommen Sie an mindestens einem halben Dutzend Seen vorbei.

Informationen

Landesfremdenverkehrsverband Brandenburg e.V.,
Friedrich-Ebert-Str. 115,
14467 Potsdam,
Tel. 03 31-2 56 32/29 56 32

Potsdam-Information,
Friedrich-Ebert-Str. 5,
14467 Potsdam,
Tel. 03 31-29 33 85

am Bahnhof: Seite 438

Am Scharmützelsee

Das ist ein sehr schönes Gebiet: Weithin idyllisch und naturbelassen – wenn man vom nördlichen Teil des Scharmützelsees absieht. Da ist fast alles zugebaut. Aber drumherum gibt es viel Natur.

178 – 19 km
Um den Petersdorfer See

Sie beginnen in Bad Saarow-Mitte und fahren zunächst ein Stückchen westlich aus dem Ort, bis Sie auf die Waldstraße stoßen, die rechts nach Rauen führt. Da geht es durch den Wald, am winzigen Teufelssee vorbei und durch die Rauener Berge, die mit ihren 124 Metern Gipfelhöhe noch nicht beängstigend sind. Sie fahren nicht nach Rauen hinein, sondern noch vor der Autobahn rechts ab auf ein kleines Sträßchen, das Sie zum Markgrafenstein bringt, einem Naturdenkmal. Dort hört die Straße auf, aber ein Wander- und Radfahrweg führt weiter nach Petersdorf, das an der Südspitze des kleinen Petersdorfer Sees liegt. An dessen nordwestlichem Ufer fahren Sie nun entlang, bis bald hinter dem See ein Sträßchen rechts nach Langewahl abgeht. Am Anfang des Orts halten Sie sich rechts und kommen so nach Neu Golm. Von dort führt die Golmer Straße nach Bad Saarow-Mitte zurück.

Sehenswertes

① In Bad Saarow-Pieskow versuchte 1922 und 1923 der russische Schriftsteller Maxim Gorki, sein Lungenleiden zu kurieren. Sein Holzhaus ist nun eine Gorki-Gedenkstätte.

② Wendisch Rietz ist ein Ferienort mit allerlei Freizeit-Unterhaltung. An der Südspitze des Scharmützelsees steht eine Wassermühle von 1533 unter Denkmalschutz.

179 – 30 km
Rund um den Scharmützelsee

Das ist eine feine Tour, die stets am Ufer des Scharmützelsees entlangführt, durch eine sympathische Gegend und fast immer unmittelbar am Wasser.

Von Bad Saarow-Mitte kommen Sie zunächst durch eine hübsche Parklandschaft. Da gibt es den Fontanepark und den Kleistpark. Sie radeln über Dorf Saarow bis nach Bad Saarow-Strand. Dort hat man das eigentliche Seebad der Stadt angelegt.

Sie fahren weiter entlang dem See, die Bebauung hört auf. Sie kommen durch die reine Landschaft bis nach Wendisch Rietz. Durch den Ort müssen Sie hindurchfahren, da gibt es am Ufer keine Straße, und dann

Schleuse am Scharmützelsee

müssen Sie sogar ein Stückchen auf der Bundesstraße 246 radeln, bis zur Brücke, die über das Wässerchen führt, das den Großen und Kleinen Glubigsee mit dem Scharmützelsee verbindet. Aber gleich nach der Brücke fahren Sie links ab und kommen so auf das kleine Ufersträßchen, das Sie nun nordwärts über Waldfrieden nach Diensdorf-Radlow und Pieskow bringt. So fahren Sie weiter nördlich, bis Sie wieder in Bad Saarow-Mitte sind.

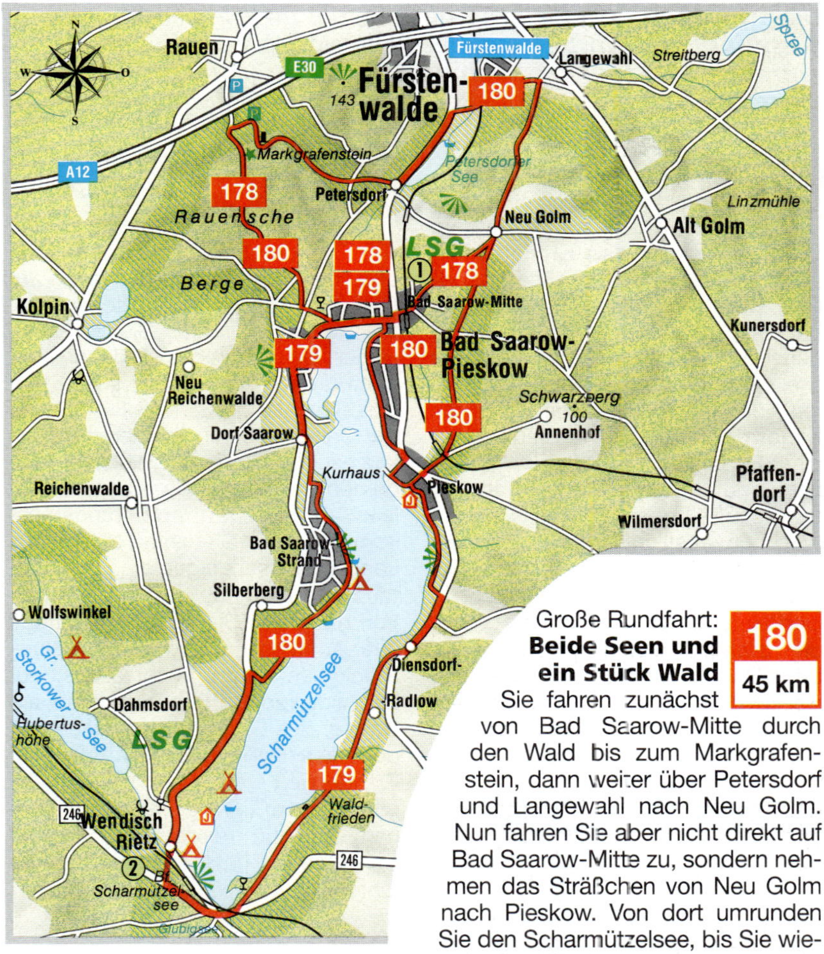

Große Rundfahrt:

Beide Seen und ein Stück Wald

180

45 km

Sie fahren zunächst von Bad Saarow-Mitte durch den Wald bis zum Markgrafenstein, dann weiter über Petersdorf und Langewahl nach Neu Golm. Nun fahren Sie aber nicht direkt auf Bad Saarow-Mitte zu, sondern nehmen das Sträßchen von Neu Golm nach Pieskow. Von dort umrunden Sie den Scharmützelsee, bis Sie wieder in Bad Saarow-Mitte sind.

Informationen

Freizeit- und Tourismusverein Scharmützelsee, Hauptstr. 2, 15864 Wendisch-Rietz, Tel. 03 36 79-50 45

Fremdenverkehrsamt, Seestr. 5, 15526 Bad Saarow-Pieskow, Tel. 03 36 31-21 42

am Bahnhof: Seite 438

Im Schlaubetal

Die Schlaube ist ein kleines Flüßchen, das im Wirchensee entspringt und einst eine ganze Reihe von Wassermühlen antreiben mußte. Auch kann sie es nicht lassen, mehrere kleine Seen zu bilden. Zum Beispiel den Großen Müllroser See.

181
40 km

Am Großen Müllroser und Helenesee

Von Müllrose führt am Ostufer des Großen Müllroser Sees ein Landsträßchen südlich. Kurz vor dem Bahnübergang biegen Sie rechts ab und nehmen den Rad- und Wanderweg, der am Ufer des Sees entlangführt. Sie fahren vorbei am Delenzsee, über die Ragower Mühle und Kupferhammer zum Forsthaus „Siehdichum". Dort geht eine kleine Straße links ab, die Sie nach Rießen bringt. Hier führt ein Weg nordwestlich zu einer sternförmigen Kreuzung mitten im Wald. Dort radeln Sie nordöstlich nach Groß Lindow und dann zum Helenesee, der allerlei Wassersportmöglichkeiten bietet. An seinem Ufer radeln Sie bis zu dem Fahr- und Wanderweg, der nach Kaisermühl führt und Sie nach Müllrose zurückbringt.

Sehenswertes

① Am Oder-Spree-Kanal und dem Müllroser See mit Bademöglichkeiten liegt Müllrose mit einer barocken Pfarrkirche von 1746.

② Im 11 Hektar großen Naturschutzgebiet „Urwald Fünfeichen" finden sie Traubeneichen, Hainbuchen und den Winterlindenwald mit über 300jährigem Eichenbestand.

③ Das Schlaubetal mit seinen Landschafts- und Naturschutzgebieten ist ein wildromantisches Gebiet mit Mooren, Heiden, Wäldern mit reicher Pflanzen- und Tierwelt.

182
45 km

Zur Oelse und zum Oelsener See

Von Müllrose fahren Sie auf der Landstraße über Mixdorf nach Grunow und weiter zur Oelsener Mühle am Oelsener See. Ein Stückchen fahren Sie an einem seiner beiden Arme entlang über Oelsen nach Groß Briesen. Dort biegen Sie links ab zur Jankemühle an der Oelse. In deren Tal fahren Sie ein kurzes Stückchen bis zur Klingemühle und biegen dann wieder links ab, bis Sie auf die Landstraße kommen, die Sie links durch das Landschaftsschutzgebiet Schlaubetal zum Forsthaus Jakobsee bringt. Von da fahren Sie zur Bundesstraße 246. Auf dieser fahren Sie ein kleines Stückchen nach rechts, bis zur Bremsdorfer Mühle. Dort führt am Ostufer des Großen Treppelsees und dann des Hammersees ein Rad- und Wanderweg bis zum Forsthaus „Siehdichum". Vom Forsthaus können Sie nun nördlich im Tal der Schlaube bis nach Müllrose zurückfahren.

183
70 km

Große Rundfahrt: Am Urwald Fünfeichen

Sie fahren von Müllrose zum Helenesee, nach Groß Lindow und durch die Rießener Berge nach Rießen. Dort nehmen Sie, rechts abbiegend, die Landstraße, bis eine kleinere Straße links nach Fünfeichen abzweigt. Von dort radeln Sie rechts auf der Bundesstraße 246, vorbei an der Bremsdorfer Mühle, bis Sie links zum Forsthaus Jakobsee abbiegen. Über die Jankemühle und Groß Briesen fahren Sie nach

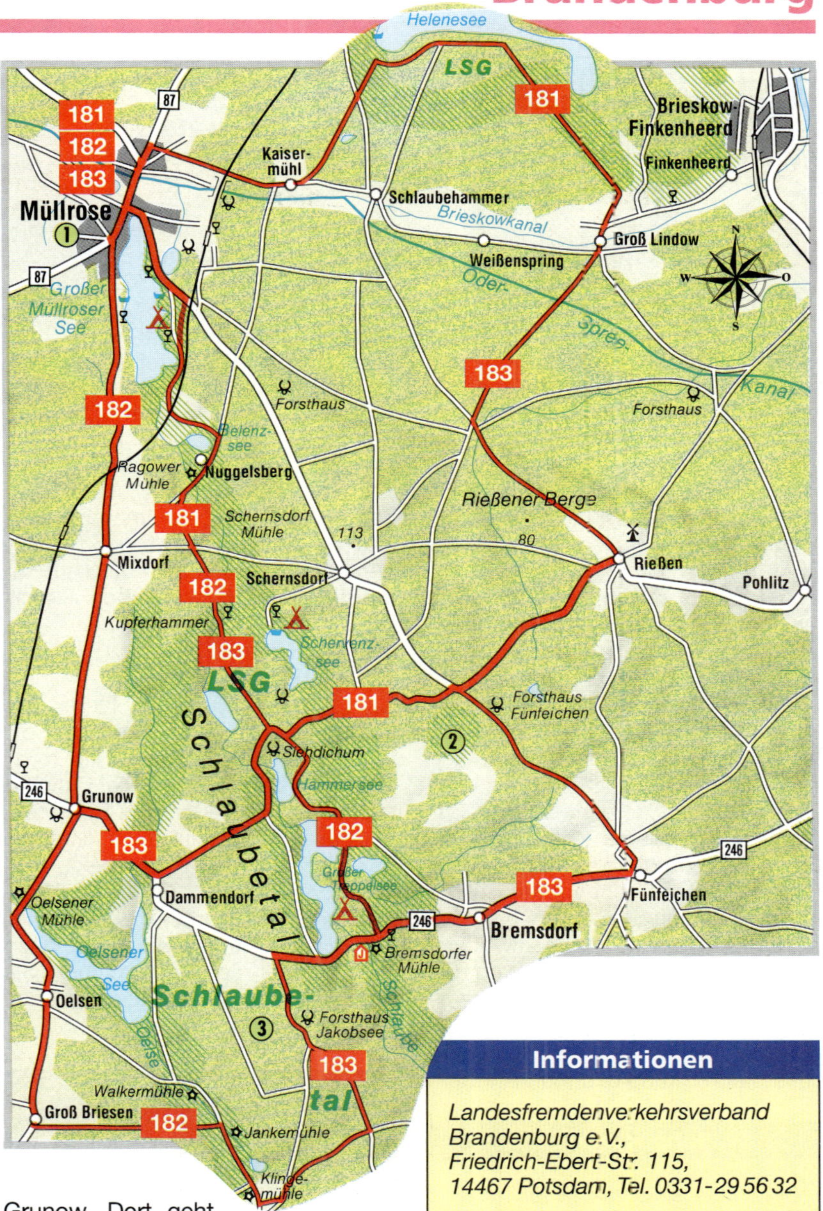

Grunow. Dort geht es rechts, wieder ein Stück auf der Bundesstraße 246, bis zum Ortsanfang von Dammendorf. Da beginnt das Landsträßchen, das Sie zum Forsthaus „Siehdichum" bringt. Von dort fahren Sie zurück nach Müllrose.

Informationen

Landesfremdenverkehrsverband Brandenburg e.V., Friedrich-Ebert-Str. 115, 14467 Potsdam, Tel. 0331-29 56 32

Fremdenverkehrsverein Schlaubetal und Umgebung e.V., Kietz 5, 15299 Müllrose, Tel. 033606-667

am Bahnhof: Seite 438

Im Spreewald

Das ist der schönste Teil der Niederlausitz: der Spreewald. Diese Niederungslandschaft ist einmalig in Europa. Einst war der Spreewald ein richtiger Urwald. Heute ist er gezähmt. Seinen Zauber macht vor allem das Wasser aus.

184 – 50 km – Entlang der Hauptspree

Der Spreewald ist zum „Biosphärenreservat" ernannt und entsprechend geschützt worden. Das ist er wohl wert; hier zerrinnt die Spree mangels Gefälle in ein unüberschaubares Netz von Bächen, Kanälen, Gräben und Rinnsalen. Auf diesen „Fließen" stochert man mit flachen Holzkähnen dahin. Als Radfahrer muß man an festen Wegen nehmen, was das Wasser übriggelassen hat.

Von Lübben fahren Sie auf einem Wander- und Radweg an einer Art von Kanal entlang, der „Hauptspree" heißt – zum Unterschied von den vielen, vielen Wasser-Verästelungen, die es sonst hier gibt. Dieser Wanderweg bringt Sie nach Lübbenau. Von dort fahren Sie über Stennewitz nach Lehde, in ein romantisches Dörfchen, das teilweise ein bäuerliches Freilandmuseum ist. Aber Ihr Rad- und Wanderweg geht vor der Brücke über die Hauptspree rechts am südlichen Ufer weiter. Nach etwa vier Kilometern überquert der Weg die Hauptspree und führt über Leipe nach Burg Kauper. Hinter dem Ort kommen Sie zur Landstraße, die Sie links nach Straupitz bringt. Auf dem Weg dorthin überqueren Sie eine ganze Zahl von kleinen Bächen und Flüßchen, auch den sogenannten Nordumfluter. In Straupitz biegen Sie links auf die Bundesstraße 320 ein und fahren, am 87 Meter aufragenden Weinberg entlang (bietet eine schöne Aussicht über das Spreewald-Gelände), über Neu Zauche bis zu der Kreuzung, an der ein Sträßchen links nach Wußwerk führt. Dieses Sträßchen nehmen Sie, kommen nach Alt Zauche und von dort auf kleinen, geraden Wegen, jedoch oft die Richtung ändernd, nach Lübben zurück.

Sehenswertes

① *Lübben: spätgotische Kirche.*

② *Lübbenau: Spreewald-Museum im klassizistischen Schloß.*

③ *Lehde: Freilichtmuseum aus typisch Spreewälder Bauten.*

185 – 35 km – Im südlichen Spreewald

Von Lübbenau fahren Sie südlich nach Groß Klessow und weiter nach Boblitz. Hier müssen Sie nun rechts in die Bundesstraße 115 einbiegen, bis bei Göritz links ein Sträßchen nach Stradow abzweigt. Dort führt ein Weg nach Fleißdorf, Naundorf und Burg Kolonie – typische Spreewälder Siedlungen. Dann biegen Sie links nach Burg Kauper ab. Dort nehmen Sie den Fahrweg über Leipe zurück nach Lübbenau.

Spreewaldhafen Lübbenau

186
60 km

Große Rundfahrt:
Ums Biosphären-reservat Spreewald

Von Lübben benutzen Sie die kleinen Wege nach Alt Zauche und fahren weiter auf die Bundesstraße 320. Die nehmen Sie bis Straupitz. Dort geht es rechts auf die Landstraße, die Sie durch die schönsten Gebiete nach Fleißdorf führt. Sie biegen ab nach Stradow und kommen bei Göritz zur Bundesstraße 115. Die bringt Sie nach Lübbenau. Dort nehmen Sie dann wieder den Rad- und Wanderweg entlang der Hauptspree nach Lübben.

Informationen

Fremdenverkehrsverband Spreewaldkreis, Lindenstr. 14, 15907 Lübben, Tel. 0 35 46-30 90

Amt für Fremdenverkehr, 03222 Lübbenau, Tel. 0 35 42-36 68

🚲 *am Bahnhof: Seite 438*

Die Hauptstadt mit dem Radwandernetz

Die Hauptstadt zwischen Wäldern und Seen ist eine der schönstgelegenen Metropolen Europas. Innerhalb des Stadtgebiets gibt es ein Radwegenetz von rund 350 Kilometern Länge. In der Millionenstadt gibt es Kunst (Museumsinsel, Schloß Charlottenburg, Dahlemer Museen und Neue Nationalgalerie), Kultur (Oper, Ballett, klassisches und modernes Theater, Kabarett und Filmfestspiele, Philharmoniker und alljährliche Jazztage), Museen aller Richtungen und Bummelboulevards (allen voran den 3,7 Kilometer langen Kurfürstendamm).

Übersicht

Berlin auf einen Blick

Größe: 883 km².
Einwohner: 3,4 Millionen.
Bevölkerungsdichte: 3862 Einwohner/km².
Wirtschaft: Dienstleistungsgewerbe, Elektroindustrie, Fremdenverkehr.
Bekannte Flüsse: Spree, Havel, Dahme.
Waldfläche: 19,9 Prozent.
Ackerland: 12,4 Prozent.

Im 13. Jahrhundert entstanden an den Ufern der Spree die Städtchen Cölln und Berlin. Beide entwickelten sich zum größten Handelszentrum von Brandenburg, das im 14. Jahrhundert auch Anschluß an die Hanse hatte. 1709 wurden beide Städte und mehrere Siedlungen zusammengeschlossen und als Berlin zur Residenzstadt des neuen Königreichs Preußen gemacht. 1871 wurde Berlin deutsche Reichshauptstadt.
Nach dem Zweiten Weltkrieg wurde Berlin in vier Besatzungszonen aufgeteilt, die zunächst von den vier Siegermächten gemeinsam regiert wurden. Die weltpolitische Konfrontation führte dazu, daß Berlin in einen westlichen und einen östlichen Teil zerlegt wurde – hier von Amerikanern, Engländern und Franzosen verwaltet, dort von den Russen. 1961 wurden beide Teile Berlins durch eine 45 Kilometer lange Mauer völlig getrennt.
Seit dem Fall der Mauer, 1989, ist Berlin wieder offen. Nach einem Parlamentsbeschluß von 1989 wurde es zur Hauptstadt der Bundesrepublik Deutschland ernannt.

Kaiser-Wilhelm-Gedächtniskirche

Von Spandau nach Schönwalde

Berlin hat ringsum viele schöne Wälder. Einer ist der Spandauer Forst. Einst muß es hier noch mehr Wasser gegeben haben. Der Teufelsbruch bei Schönwalde war noch vor 200 Jahren ein Teufelssee, der als Fischgewässer verpachtet war.

187 – 43 km

Zum verlandeten Teufelsbruch

Von Spandau nehmen Sie die Straße, die nordwärts am westlichen Havelufer über Nieder Neuendorf nach Hennigsdorf führt. In Henningsdorf fahren Sie zum Bahnhof und noch einen Kilometer in gleicher Richtung weiter, bis links eine Landstraße nach Marwitz abgeht. In Marwitz gibt es einen Fahrweg, der westlich in die Marwitzer Heide führt. Nach drei Kilometern biegen Sie von diesem Weg links ab und nach weiteren zwei Kilometern erneut links. So fahren Sie südlich nach Wansdorf und kommen dann auf die Straße, die Sie zur Siedlung Schönwalde bringt. Nordöstlich der Siedlung Schönwalde liegt der Teufelsbruch, von dem schon die Rede war. Der ehemalige Teufelssee verlandete, wurde zum Moor, das als sehr wertvoll und erhaltungswürdig gilt. Die Straße führt Sie nun in den Spandauer Forst und an den Rehbergen vorbei nach Spandau zurück.

Sehenswertes

① Der Teufelsbruch (oder auch „das Teufelsbruch“, wie die Berliner sagen), ein verlandeter, vermoorter See, ist Berlins zweitgrößtes Naturschutzgebiet – vor allem aber sein wertvollstes.
Der Teufelsbruch gilt als Berlins Kältepol: Es gibt (auch in heißen Sommern) kaum einen Monat ohne Bodenfrost. Gerade das ist für viele auf Kälte eingestellte Tiere und Pflanzen wertvoll. Sie haben hier einen Zufluchtsort.

② Der Spandauer Forst gehört mit seinen großen Naturschutzgebieten Teufelsbruch (von dem eben schon die Rede war), Großem Rohrpfuhl, Kleinem Rohrpfuhl und dem Kuhlaken-System zu den schönsten Berliner Waldgebieten. Da es außer den 40 Meter aufragenden Rehbergen keine weiteren Erhebungen gibt, ist der Spandauer Forst für die Berliner das ideale Gebiet fürs Spazierengehen und Radfahren. Doch eintönig ist die Gegend deshalb keineswegs, im Gegenteil. Man ist überrascht über die vielen Waldlandschaften, die hier auf engstem Raum für Abwechslung sorgen.

188 – 37 km

Nahe beim Falkenhagener See

Sie fahren von Spandau durch den Spandauer Forst nach Schönwalde und weiter nordwestlich – allerdings nicht nach Wansdorf hinein, sondern auf der Landstraße weiter nach Pausin. Dort führt eine Straße links durch die Bütenheide zum Forsthaus Brieselang. Da finden Sie wieder ein Sträßchen, das Sie zu einem Gelän-

Die Zitadelle Spandau

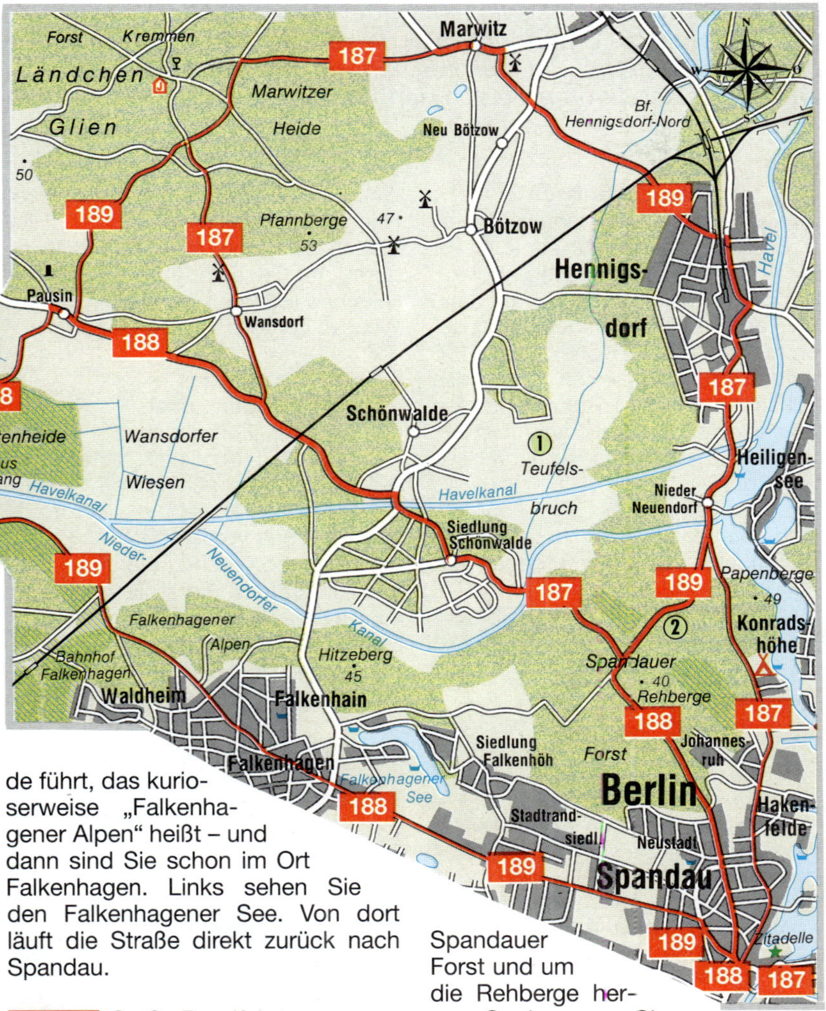

de führt, das kurioserweise „Falkenhagener Alpen" heißt – und dann sind Sie schon im Ort Falkenhagen. Links sehen Sie den Falkenhagener See. Von dort läuft die Straße direkt zurück nach Spandau.

189
48 km

Große Rundfahrt:
Durch Bütenheide und Marwitzer Heide

Sie fahren von Spandau westlich nach Falkenhagen und weiter zum Forsthaus Brieselang. Dann geht Ihr Weg durch die Bütenheide über Pausin in die Marwitzer Heide. Über Marwitz kommen Sie nach Hennigsdorf.
In Nieder Neuendorf gabelt sich die Straße. Sie fahren rechts in den Spandauer Forst und um die Rehberge herum. So kommen Sie nach Spandau zurück.

Informationen

Verkehrsamt Berlin,
Martin-Luther-Straße 105,
10825 Berlin,
Tel. 030-2 12 34

🚲 *am Bahnhof: Seite 438*

Im Berliner Urstromtal

Gleich südöstlich von Berlin (strenggenommen gehört das Gebiet bereits zu Brandenburg) – da kommt die Spree noch ganz unordentlich daher, mit vielen Schlingen und Mäandern, recht unentschlossen, wohin sie sich denn nun begeben soll.

190 – 37 km – Bei den Kranichsbergen

Von Erkner fahren Sie ein Stück östlich, bis kurz vor der Autobahn links ein Weg abbiegt, der erst zum Flakensee führt, dann am Rand der Kranichsberge (mit der furchterregenden Höhe von 106 Metern) zum östlichen Ufer des Kalksees und nach Rüdersdorf. Sie radeln weiter nordöstlich, am Ostufer des Stienitz-Sees entlang nach Hennickendorf.

Von hier führt rechts ein Fahrweg nach Lichtenow. Den nehmen Sie und radeln weiter nach Kagel, am Liebenberger See vorbei und auf einem Fahrweg durch den Forst Hangelsberg nach Klein Wall. Hier biegen Sie rechts ab nach Alt Buchhorst. Am Ortsanfang halten Sie sich links und kommen am Peetz- wie am Werlsee vorbei nach Erkner zurück.

Sehenswertes

① *In Erkner gibt es ein Gerhart-Hauptmann-Museum. In der Lassenschen Villa wohnte der Dichter von 1886 bis 1889. Teile der einstigen Einrichtung blieben erhalten. Das schönste an Erkner aber ist die Umgebung, denn Erkner liegt eingebettet zwischen Seen und kleinen Feuchtgebieten, die von Bächen und Flüssen – der Müggelspree und der Löcknitz – durchzogen werden. Das Löcknitztal ist eine idyllische Auenlandschaft mit seltenen Pflanzen und Tieren, teils mit Waldgebieten.*

② *Der Erholungsort Grünheide liegt hübsch zwischen Peetz- und Werlsee. Auf einem kleinen Hügel steht die neugotische Backsteinkirche „Zum Guten Hirten“, innen mit hölzernem Tonnengewölbe. Malerisch liegt auch der Ortsteil Alt Buchhorst zwischen Peetz- und Möllensee.*

191 – 32 km – Durch das Tal der Spree

Ab Erkner lenken Sie Ihr Rad östlich, unter der Autobahn hindurch nach Fangschleuse. Weiter geht es, am Werl- und Peetzsee vorbei, nach Alt Buchhorst, von dort rechts über Klein Wall und durch den Forst Hangelsberg zum Ortsanfang von Hangelsberg. Nun fahren Sie südwestlich im Tal der Spree, im Berliner Urstromtal. Es trägt den imponierenden Na-

Auch in Berlin: Der Grunewaldturm

men „Grünau-Grünheider-Wald- und Seengebiet“. Auf einer schönen Straße am nördlichen Ufer der Spree geht es über Mönchwinkel, Spreeau und Freienbrink nach Erkner zurück.

192
54 km

Große Rundfahrt:
Ein halbes Dutzend Seen und die Spree

Diese Rundfahrt bringt Sie von Erkner zum Flaken-, Kalk- und Stienitzsee, zum Liebenberger See und auf diese Weise nach Klein Wall im Forst Hangelsberg. Dort fahren Sie scharf links nach Hangelsberg und sind nun im Urstromtal der Spree, dem Sie über Spreewerder, Spreeau und Freienbrink nach Erkner zurück folgen.

Informationen

Verkehrsamt Berlin,
Martin-Luther-Straße 105,
10825 Berlin 62, Tel. 0 30-2 12 34

am Bahnhof: Seite 438

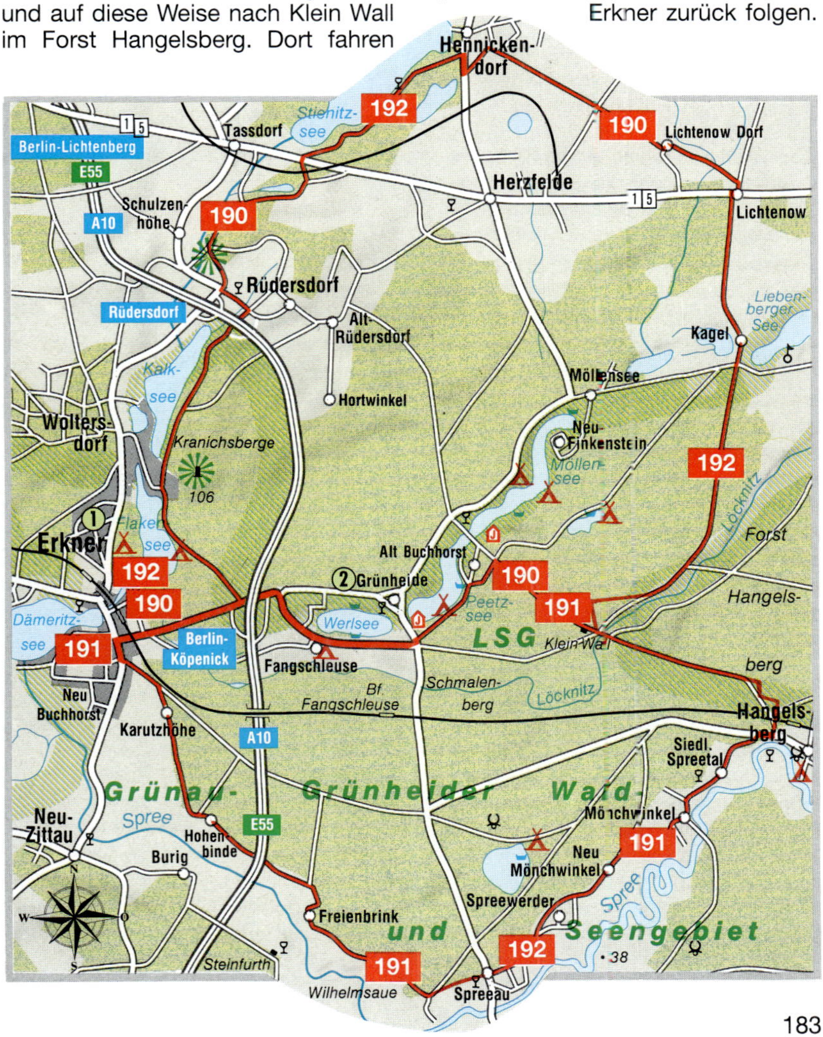

Im Grunewald

Der Große Berliner Wannsee ist ein schönes Baderevier, der prächtige Grunewald etwas zum Wandern. Oder zum Radfahren. Er ist Landschaftsschutzgebiet, während die Pfaueninsel, die im Großen Wannsee liegt, zum Naturschutzgebiet erklärt wurde.

Sehenswertes

① Der Teufelsberg ist künstlich. Er besteht aus 25 Millionen Kubikmeter Trümmerschutt, ist 120 Meter hoch, wurde schön bepflanzt und bietet eine weite Aussicht.

② Der 32 Quadratkilometer große Grunewald wurde in den letzten Jahren mit Mischwald neu aufgeforstet. Er hat einen reichen Vogel- und Wildbestand. Auch Muffelwild ist dort zu Hause. Seit Ende des vergangenen Jahrhunderts (vorher war er königliches Jagdrevier) ist er beliebtes Ausflugsziel der Berliner.

③ Die Pfaueninsel trägt ein Lustschloß im Stil einer romantischen Ruine. Dort wurde ein Handwerksmuseum untergebracht. Inzwischen ist die Pfaueninsel Berlins größtes Naturschutzgebiet mit zahlreichen interessanten Pflanzenarten.

④ Schloß Glienicke ist ein Werk des berühmten Architekten Karl Friedrich Schinkel. Es bekam 1826 seine klassizistische Gestalt.
Bei Klein-Glienicke finden Sie einen Schloß- und Volkspark, einen der wenigen aus dem vorigen Jahrhundert erhaltenen Landschaftsparks. Er wurde so angelegt, daß man sich vorstellen kann, vom kühlen Germanien mit wenigen Schritten zum sonnigen Süden zu spazieren.

⑤ Am Großen Wannsee liegt Berlins größtes Freibad. Der Stadtteil Wannsee ist einer der vornehmsten in Berlin.

193
27 km

Am Großen Wannsee

Vom Ort Wannsee fahren Sie auf der Pfaueninsel-Chaussee zum Ufer des Sees. Da sehen Sie die Pfaueninsel auch schon liegen. Dieses umfangreiche Wassergebiet aus Fluß und Seen wird durch die Havel gebildet. Am Ufer dieser Seenlandschaft fahren Sie westlich zur Glienicker Brücke, dann links einen Kilometer auf der Königstraße. Und so geht es weiter: Rechts in die Straße Am Böttcherberg und zum Griebnitzsee. An dessen Südufer ostwärts bis Kohlhasenbrück. Rechts ab auf dem Königsweg durch den Forst Düppel in Richtung Zehlendorf. An der Querstraße Andrézeile kurz vor Düppel links ab, gleich darauf rechts in die Lindenthaler Allee. Auf der bis zur Argentinischen Allee. Hier links ab in die Straße Am Schlachtensee. Entlang dem Südufer des Sees zur Avus, der einstigen Rennstrecke. Hinter der Anschlußstelle Spanische Allee links

Am Strandbad Wannsee

Informationen

Verkehrsamt Berlin,
Martin-Luther-Straße 105,
10825 Berlin, Tel. 0 30-2 12 34

am Bahnhof: Seite 438

in den Kronprinzessinnenweg, am Ufer des Großen Wannsees zur Königstraße. Auf dieser fahren Sie rechts nach Wannsee zurück.

194 — 25 km

Rund um den Teufelsberg

Vom Stadtteil Nikolassee fahren Sie auf der Straße Am Schlachtensee östlich bis zur Argentinischen Straße. Hier links in die Limastraße zur Fischerhüttenstraße. Auf dieser links zum Südufer der Krummen Lanke und in den Grunewald. Unter der Avus hindurch, rechts ab auf dem Kronprinzessinnenweg parallel zur Avus nordwärts. Bei der Anschlußstelle Hüttenweg halb links in den Teltower Weg, gleich beim nächsten Waldweg rechts ab. So zum Teufelsberg und zur Teufelseechaussee. Hier rechts ab bis zur Lyckallee. Dann links über Lyck-, Kranzallee und die Straße Am Postfenn zur Havelchaussee. Entlang der Havel südlich zur Autobahn und zum Kronprinzessinnenweg. Auf dem zurück nach Nikolassee.

195 — 45 km

Große Rundfahrt:
An einem halben Dutzend Seen

So viele Seen – mit dem Wannsee angefangen – berühren Sie tatsächlich bei dieser großen Rundfahrt. Wenn Sie im Ort Wannsee beginnen fahren Sie – wie schon beschrieben – am Griebnitzsee vorbei zur Argentinischen Allee in Zehlendorf. Hier geht es links (an der Krummen Lanke vorbei) in die Limastraße, um den Teufelsberg herum und auf der Havelchaussee zur Autobahn. Über den Kronprinzessinnenweg und die Königstraße kommen Sie nach Wannsee zurück.

Burgberge, Sportseen und viele alte Städte

Das bevölkerungsreichste Land der Bundesrepublik hat nicht nur industrielle Ballungsgebiete, sondern auch viel Landschaft. Von den Ausläufern der Norddeutschen Tiefebene, wo sich noch Windmühlen drehen, über Eifel und Sauerland bis zum Teutoburger Wald erstrecken sich die Mittelgebirge mit weiten Wäldern und einsamen Tälern, über denen sich mächtige Burgen und Ruinen erheben. Stauseen wurden zu beliebten Freizeitzentren. Die Mittelgebirgslandschaft bringt es allerdings mit sich, daß es beim Fahren immer wieder kräftig bergauf und bergab geht.

Übersicht

Nordrhein-Westfalen auf einen Blick

Größe: 34 070 km^2.
Einwohner: 17,1 Millionen.
Bevölkerungsdichte: 502 Einwohner/km^2.
Landeshauptstadt: Düsseldorf (mit 576 000 Einwohnern) als viertgrößte Stadt des Landes. Die größte Stadt ist Köln (mit 1 000 000 Einwohnern).
Wirtschaft: Steinkohlenbergbau, Stahl-, Automobil-, chemische und Lebensmittelindustrie.
Bekannte Flüsse: Rhein, Ruhr, Weser, Lippe.
Höchste Erhebungen: Kahler Asten (814 m), Schwarzer Mann (698 m), Weißer Stein (690 m).
Waldfläche: 24,7 Prozent.
Ackerland: 33 Prozent.

Nordrhein-Westfalen wurde 1946 aus der Provinz Westfalen und der Nordrheinprovinz zusammengeschlossen. Seit 1947 gehört auch das Land Lippe dazu.
Die Provinz Westfalen war ursprünglich nur der westliche Teil des Herzogtums Sachsen, wurde aber im 12. Jahrhundert ein eigenes Herzogtum beim Erzstift Köln. 1815 kam das Gebiet dann als Provinz Westfalen an Preußen. Nach dem Zweiten Weltkrieg machte man Westfalen zu einem eigenständigen Bundesland - zusammen mit den Gebieten am Niederrhein (vom Bonn bis zur deutsch-niederländischen Grenze), denen man den Kunstnamen „Nordrhein" gab. So entstand Nordrhein-Westfalen.

Beiderseits der Weser
196 Durch den Staatsforst Heisterholz
197 An den Schleusenkanälen
198 Über den Mittellandkanal

Im nördlichen Teutoburger Wald
199 Im Tal von Werre und Weser
200 Zum Wiehengebirge
201 Vom Tal zu den Bergen im Naturpark

An der Grenze zu den Niederlanden
202 Durch das Vredener Feld
203 Durch das Vitiverter Venn
204 Im Berkel-Tal und an der Lohner Heide

Im Herzen des Münsterlandes
205 Über den Dortmund-Ems-Kanal
206 Durch das Weiße Venn
207 Zwischen Münster und Ascheberg

Im Süden des Teutoburger Waldes
208 In der Ebene bei Versmold
209 Im Tal des Glaner Bachs
210 Zwischen Versmold und Bad Iburg

Am Merfelder Bruch
211 Durch den Kottenbrock
212 Durch das Schwarze Venn
213 Zwischen dem Letter Bruch und Dülmen

Am Niederrhein
214 Durch den Reeser Bruch
215 Durch den Forst Xanten
216 Am Alten und am Neuen Rhein

Im Naturpark Hohe Mark
217 Im Gartroper Busch
218 Durch den Staatsforst Wesel
219 Im Wald und auf der Heide

Nordrhein-Westfalen

Rheinpanorama in Köln

Beiderseits der Weser

Dieses Gebiet ist recht flach, denn hier bewegen Sie sich überwiegend im Tal der Weser. Es gibt schöne Straßen, die dem Fluß folgen. Und ein kleines Wäldchen auch, das sich stolz „Staatsforst Heisterholz" nennt, südwestlich von Petershagen.

196

25 km

Durch den Staatsforst Heisterholz

Sie starten in Minden und begeben sich gleich ans westliche Ufer der Weser, auf die (allerdings schön zu fahrende) Bundesstraße 61. Über den kleinen Ort Auf dem Thoren erreichen Sie Petershagen, halten sich links und fahren nach Harrienstädt. Das kleine Sträßchen führt mitten durch den Staatsforst Heisterholz. Der ist planmäßig, wie ein Schachbrett, von sich kreuzenden Fahrwegen durchzogen. Sie kommen immer sehr schnell auf eine mit Wegweisern bestückte Straße.

Bei Harrienstädt überqueren Sie den kleinen Petersbach und fahren nun auf der Mühlenstraße (bei Nordholz steht eine Windmühle) über Kutenhausen nach Minden zurück.

Sehenswertes

① *Schlüsselburg: mit einer Festung von 1306.*

② *Heimsen: mit eindrucksvoller Kirche aus dem 13. Jahrhundert.*

③ *Seelenfeld: mit der Königsmühle von 1731.*

④ *Neuenknick: mit einer Bockwindmühle von 1747.*

⑤ *Petershagen: mit dem Schloß, einer mittelalterlichen Wasserburg.*

⑥ *Minden: mit einer berühmten historischen Altstadt, einem Dom und malerischen Fachwerkhäusern.*

197

40 km

An den Schleusenkanälen

Sie fahren von Petershagen nördlich auf einem Wanderweg dicht am Westufer der Weser entlang bis nach Gernheim und Ovenstädt, dann weiter nach Großenheerse. Über Buchholz (dort können Sie – wie bei Nordholz – ebenfalls eine Windmühle sehen) kommen Sie nach Müsleringen. Da sind Sie den letzten Kilometer schon an einem Schleusenkanal entlanggefahren, der hier eine große Ausbiegung der Weser abschneidet und auf dem man oft Schiffe sehen kann. Den Kanal überqueren Sie, kommen nach Schlüsselburg und kreuzen dann bei Gut Schlüsselburg die Weser. Nun fahren Sie im Wesertal wieder stromaufwärts durch Heimsen, Ilvese, Döhren und Neuenknick nach Feuerschicht. Dort halten Sie sich rechts, fahren nach Ilse und – über einen anderen Schleusenkanal – nach Windheim. Dem Kanal folgen Sie jetzt (bei Jössen überqueren Sie ihn erneut) - und so kommen Sie in einem Bogen nach Petershagen zurück.

Der Mittellandkanal

198
65 km

Große Rundfahrt:
Über den Mittellandkanal

Von Petershagen fahren Sie dem Wanderweg entlang flußabwärts über Hävern und Buchholz bis zum Schleusenkanal bei Müsleringen. Am Gut Schlüsselburg geht es über die Weser und weiter nach Heimsen, Ilvese, Döhren, Neuenknick und Feuerschicht.
Hier fahren Sie rechts ab nach Windheim und Jössen, dann am Schleusenkanal entlang nach Lahde.
Von Lahde ein Stück der Weser entlang auf der Bundesstraße 482. Kurz vor dem Ort Auf dem Sande fahren Sie ab über Wietersheim auf kleinen Sträßchen nach Minden. Kurz vorher überqueren Sie den Mittellandkanal (und zwar genau dort,

wo er originellerweise auf einer Brücke über die Weser hinwegführt). Dann überqueren Sie in Minden die Weser selbst und, wenn Sie nördlich aus der Stadt herausfahren, noch einmal den Mittellandkanal. Über Harrienstädt und durch den Staatsforst Heisterholz mit seinen schnurgeraden Fahrwegen geht es dann zurück nach Petershagen.

Informationen

Landesverkehrsverband Westfalen, Friedensplatz 3, 44135 Dortmund, Tel. 02 31-52 75 06

Verkehrsamt, Großer Domhof 3, 32423 Minden, Tel. 05 71-8 93 85

am Bahnhof: Seite 439

Im nördlichen Teutoburger Wald

An Berglandschaften ist hier kein Mangel: Im Nordwesten das Wiehengebirge, im Nordosten das Weserbergland, im Süden der Teutoburger Wald. Ein Teil unserer Radwanderungen reicht in den Naturpark Nördlicher Teutoburger Wald hinein.

Sehenswertes

① Der Naturpark Nördlicher Teutoburger Wald/Wiehengebirge ist 111 200 Hektar groß. Er wurde in den Sechzigerjahren geschaffen. Wiehengebirge und Teutoburger Wald verlaufen fast parallel. Das Wiehengebirge ist Deutschlands nördlichster Höhenzug - eine rund siebzig Kilometer lange westliche Fortsetzung des Weserberglandes.

② Die Ulenburg auf einer bewaldeten Anhöhe gehörte einem mittelalterlichen Rittergeschlecht. Heute ist sie eine malerische Ruine.

③ Nördlich vom Stadtteil Dehme liegt ein Vogelpark mit einheimischen und exotischen Arten.

④ Die Freizeitanlage „Großer Weserbogen“ bietet Möglichkeiten zum Baden, Bootfahren und Windsurfen.

⑤ Bad Oeynhausen ist vor allem durch seine heißen Solequellen bekannt geworden, die mit hohem Druck aus der Erde dringen und im Kurpark einen 52 Meter hohen Geysir bilden. Schon 1830 wurde hier die erste Thermalquelle erbohrt.
Bad Oeynhausen besitzt das interessante Norddeutsche Auto- und Motorradmuseum, außerdem aber auch das sehr hübsche Deutsche Märchen- und Wesersagen-Museum. Hier wird die Märchenwelt nicht wissenschaftlich trocken dargestellt - hier erlebt man Märchen. Optisch wie akustisch.

199

20 km

Im Tal von Werre und Weser

Hier führen wir Sie auf einer sanft hügeligen Spazierfahrt durch Talabschnitte von Werre und Weser, aber auch durch die Wohngebiete des gepflegten Heilbads Oeynhausen. Von dessen nordöstlichem Ortsteil Eidinghausen geht es zuerst nach Norden. In Wöhren fahren Sie rechts ab nach Lohbusch zur Weser. (Dabei berühren Sie bereits den Naturpark Nördlicher Teutoburger Wald.) Dem Fluß entlang fahren Sie nun auf einem Radweg über Hahnenkamp. Die Werre, die bald dahinter in die Weser mündet, überqueren Sie kurz vor dieser Einmündung und fahren dann am Ostrand von Bad Oeynhausen bis nach Lohe am südlichen Stadtrand. In Sandmann geht es rechts ab. So kommen Sie am Kurpark vorbei zum Ausgangspunkt Eidinghausen.

Im Kurpark von Bad Oeynhausen

200 — 25 km — Zum Wiehengebirge

Diese Route führt Sie bis zu den ersten Anhöhen des Wiehengebirges. Dazu fahren Sie von Bad Oeynhausens Ortsteil Eidinghausen zunächst westlich. Sie erreichen die offene Landschaft, die sich südlich des Wiehengebirges erstreckt. Teils auf Radwegen, teils auf kleinen Ortsverbindungsstraßen fahren Sie durch Hedingsen, dort links nach „Auf dem Brink" und dann durch Wulferdingsen nach Norden bis Wallücke. Dabei müssen Sie einen Höhenunterschied von etwa 100 Metern überwinden. Biegen Sie jetzt links ab und fahren Sie im großen Bogen zurück über Bredenhagen und Grimminghausen! Nachdem Sie Westscheid durchquert haben, erreichen Sie die eindrucksvolle Strecke durch heideähnliche Landschaft bis Obernbeck. Von dort geht es nach Eidinghausen zurück.

Informationen

Fremdenverkehrsverband Teutoburger Wald, Felix-Fechenbach-Str. 3
Postfach 2947,
32756 Detmold, Tel. 0 52 31-62 34 73

Verkehrsamt Bahnhofstraße 45,
32545 Bad Oeynhausen,
Tel. 0 57 31-24 51 83

🚲 am Bahnhof: Seite 439

201 — 45 km — Große Rundfahrt: **Vom Tal zu den Bergen im Naturpark**

Von Bad Oeynhausen machen Sie südwärts einen großen Bogen über Lohe und Rehme und kommen ins Tal der Weser. Dort bleiben Sie bis Lohbusch. Nun führt Sie die Route über Eidinghausen und Werste hinauf zu den ersten Hügeln des Naturparks Nördlicher Teutoburger Wald. Es geht noch nicht steil hinauf, aber ein bißchen treten müssen Sie schon.
Sie fahren über Wulferdingsen und Bredenhagen alsbald wieder in flacheres Land, besuchen Ulenburg und Beck. Auf einer gemütlichen Strecke kehren Sie dann nach Bad Oeynhausen zurück.

An der Grenze zu den Niederlanden

Diese Landschaft im Westen des Münsterlandes ist weithin flach, mit vielen kleinen bis winzigen Dörfern oder Einzelgehöften, die durch kleine Wege verbunden sind – wie gemacht für Radfahrer. Und man trifft dort auch viele auf dem Fahrrad an.

Sehenswertes

① In Vreden wurde schon in karolingischer Zeit ein weltliches Stift für adelige Damen gegründet. Zwischen dem 9. und 11. Jahrhundert standen hier mehrere Gotteshäuser nacheinander. Dann wurde die romanische Stiftskirche gebaut. Sie wurde im Krieg beschädigt und zeigt sich heute modern – bis auf das schöne spätromanische Nordportal und das prächtige Äbtissinnen-Grabmal von 1700. Auch die Krypta sollten Sie sich ansehen: ein seltenes Beispiel ottonischer Architektur.
Bei Ausgrabungen an der Stiftskirche fand man Interessantes aus mehreren Jahrhunderten. Man sieht es im ehemaligen Gasthaus „Zum Heiligen Geist“ aus dem 15. Jahrhundert. Hier ist das Hamaland-Museum zuhause.
Im Bauernhaus-Museum im Stadtpark befaßt man sich mit bürgerlicher und bäuerlicher Wohnkultur sowie mit traditionellem Handwerk.

② In Stadtlohn werden traditionell Töpferwaren hergestellt, auch Fliesen und Steinzeug. Einige Töpfereien kann man besichtigen.

③ In Südlohn steht seit 1507 die St.-Vitus-Kirche. Sie besitzt die bedeutendsten und umfangreichsten Gewölbemalereien des Münsterlandes.

④ Gut Barnsfeld ist uralt und typisch: Schon im 13. Jahrhundert war es ein befestigtes Rittergut.

202 – 20 km
Durch das Vredener Feld

Von Vreden fahren Sie südlich über Großemast. Kurz hinter dem Ort biegen Sie links ab und fahren an der Wallburg vorbei über Wenningfeld nach Stadtlohn. Mehr oder weniger verläuft diese Tour im Talgrund des sich schlängelnden Flüßchens Berkel.
Von Stadtlohn fahren Sie nördlich nach Schulze-Eming und von dort nordöstlich nach Holtkamp. Hier halten Sie sich nun in westliche Richtung, um auf ganz kleinen Straßen über Garthaus nach Pennekamp und noch ein Stück weiter zu fahren. Da kommen Sie auf eine größere Straße, die sich fast schnurgerade durch das Vredener Feld zieht – bis Sie alsbald wieder in Vreden sind.

203 – 28 km
Durch das Vitiverter Venn

Sie fahren von Stadtlohn nordwestlich nach Wenningfeld und finden dort einen auch für Fahrräder geeigneten Wanderweg, der durch das Vitiverter Venn führt. Auf diesem Weg radeln Sie bis

Bei Vreden

Wienkamp. Dann fahren Sie rechts ab nach Südlohn. Weiter geht es über Lohner Brook und Dirking nach Bleking und Schulteholthausen.
Von hier müssen Sie, rechts abbiegend, ein Stück der Bundesstraße 525 nehmen – bis hinter Nordvelen. Dort halten Sie sich links und kommen am Rand der Lohner Heide über Elsing und Immingfeld nach Stadtlohn zurück.

204
35 km

Große Rundfahrt:
Im Berkeltal und an der Lohner Heide

Sie starten in Vreden und fahren durch das Vredener Feld über Pennekamp und Holtkamp nach Stadtlohn. Da liegt nun im Süden die schöne Lohner Heide, die Sie umrunden, indem Sie über Immingfeld, Hessing, Elsing, Nordvelen und Schulteholthausen nach Südlohn fahren. Von hier geht es auf einem Sträßchen durch das Vitiverter Venn und dann auf einem Wanderweg nach Wenningfeld. Von dort kommen Sie auf teils breiteren, teils aber auch ganz kleinen Straßen über die Wallburg nach Vreden zurück.

Informationen

Münsterland-Touristik „Grünes Band“, Postfach 1265, 48542 Steinfurt, Tel. 0 25 51-9 39 20

Verkehrsverein, Markt 6, 48691 Vreden, Tel. 0 25 64-46 00

am Bahnhof: Seite 439

Im Herzen des Münsterlandes

Man könnte meinen, für das Münsterland habe man das Fahrrad erfunden. Es gibt zahllose kleine Wege, die für Fahrräder geeignet sind. Aber es ist kaum Gefahr, sich zu verirren. Immer wieder trifft man einen Radler, der einen weiter weist.

205
35 km

Über den Dortmund-Ems-Kanal

Von Münster fahren Sie östlich im Bogen, zwischen den Ortsteilen Mauritz und Hafen, über Stapelskotten nach Wolbeck. Von dort kommen Sie auf einem Radweg durch die Tiergartenheide ins Tal der Werse zum Ort Watermann. Sie radeln über Lammerding und Adolfshöhe, an Albersloh vorbei, nach Rinkerode und zur Bundesstraße 54. Auf dieser fahren Sie ein kleines Stück rechts bis kurz vor Hemmer, biegen links ab und radeln durch den Staatsforst Münster bis Wittlerbaum. Dort geht es rechts nach Amelsbüren. Sie überqueren den Emmerbach und den Dortmund-Ems-Kanal. Dann kommen Sie nach Wilbrenning. Dort biegen Sie rechts ab und fahren nach Münster zurück.

Sehenswertes

① *Viel Schönes gibt es in Münster: den Prinzipalmarkt mit Giebelfassaden und Laubengängen, das Alte Rathaus mit Friedenssaal, die spätgotische Lambertikirche und den romanisch-gotischen Dom. Sehenswert ist auch der Mühlenhof.*

② *Im Pängelanton-Eisenbahn-Museum gibt es Kuriositäten rund um die Eisenbahn.*

③ *Im Drostenhof befindet sich das Landesmuseum für Geschichte und Kultur Westpreußens.*

④ *In der Burg Davensberg ist ein Heimatmuseum untergebracht.*

⑤ *Die schon vor 1000 Jahren erwähnte St.-Lambertus-Kirche in Ascheberg stammt in ihrer heutigen Form aus dem 16. bis 18. Jahrhundert.*

206
28 km

Durch das Weiße Venn

Sie starten in Ascheberg, fahren zunächst nordwestlich nach Davensberg und kommen dann weiter auf kleinen Fahrwegen durch das Weiße Venn und nach Venne. Von dort geht es auf kleinen Wegen über die Autobahn nach Finkenbrink und anschließend auf die große Straße, die rechts nach Ascheberg führt. Auf der bleiben Sie ein kurzes Stück, bis Wittlerbaum, wo Sie links abbiegen. Kleine Sträßchen bringen Sie nach Rinkerode. Hinter dem Ort fahren Sie rechts, um nach Bonenkamp und Ashege, durch die Hohe Heide und über Osterbauerschaft nach Ascheberg zurückzukommen.

Der Drostenhof

Ein Stück hinter dem Ort geht es rechts ab in das Weiße Venn. Das durchqueren Sie im Bogen südwärts bis Ascheberg, um dann über Osterbauerschaft, Ashege, Adolfshöhe, Watermann und Wolbeck nach Münster zurückzukommen.

207
50 km

Große Rundfahrt:
Zwischen Münster und Ascheberg

Von Münster halten Sie sich südwestlich nach Willbrenning, fahren dort links über den Dortmund-Ems-Kanal nach Amelsbüren.

Informationen

Münsterland-Touristik „Grünes Band", Postfach 1265, 48542 Steinfurt, Tel. 02551-9 39 20

Stadtwerbung und Touristik Münster, Berliner Platz 22, 48127 Münster, Tel. 0251-4922710

am Bahnhof: Seite 439

Im Süden des Teutoburger Waldes

Die Gegend liegt am Südabhang des Nördlichen Teutoburger Waldes, was aber nicht besagt, daß hier mittelgebirgliche Höhenunterschiede zu überwinden wären. Viele der Strecken sind fast eben. Die Landschaft ist hübsch und angenehm.

208 – 25 km
In der Ebene bei Versmold

Das ist eine kleine Rundreise - eher eine Spazierfahrt. Von Versmold in der Ebene südlich des Teutoburger Waldes (die Strecke ist tasächlich fast flach) fahren Sie durch Loxten und Hengelage nach Norden. Vorbei an kleinen Siedlungen und Hofgütern erreichen Sie bei Bad Rothenfelde den Südabhang des Teutoburger Waldes. Nun fahren Sie westlich bis Bad Laer. Von hier geht es, wieder auf Nebensträßchen und Radwegen, an Winkelsetten vorbei nach Versmold zurück.

Sehenswertes

① Bad Iburg zeigt eine malerische Innenstadt und, diese überragend, einen mächtigen Baukomplex von Schloß und Benediktinerkloster.

② In Bad Laer sehen Sie alte westfälische Fachwerkhäuser.

③ Bad Rothenfelde hat im Kurpark ein Gradierwerk aus dem 18. Jahrhundert, über das man Salzwasser rieseln läßt, um Meeresklima herzustellen. Nicht weit vom Kurpark: eine Sammlung von Auto-Veteranen. Außerhalb von Bad Rothenfelde: das „Vogelparadies" mit einem Tropenhaus.

④ In Füchtorf steht Haus Harkotten. Es wurde zu Beginn des 14. Jahrhunderts als Burg gebaut, mit weitverzweigten Deichen und Wasserläufen. Im 18. Jahrhundert erfolgte der Umbau zum Schloß.

209 – 35 km
Im Tal des Glaner Bachs

Diese Rundfahrt bringt Sie zu den ersten Hängen des Teutoburger Waldes.

Von Bad Laer fahren Sie zunächst südwestlich auf einem Nebensträßchen über Harkotten nach Füchtorf. Dort biegen Sie in einen Wanderweg ein, der Sie nach Schierloh führt. Eine Nebenstraße bringt Sie dann weiter nach Glandorf. Und nun nehmen Sie den auch für Fahrräder geeigneten Wanderweg, der sich - weitgehend im Tal des Glaner Bachs (wobei viele kleine Nebenbäche überquert werden) - nach Bad Iburg zieht.

Wenn Sie das Städtchen gar nicht besuchen wollen - von Glane führt eine kaum befahrene Landstraße nach Osten und bringt Sie über Schönebeck und Kuckucksmühle nach Hilter. Und hier sind Sie schon im Gebiet des Naturparks Nördlicher Teutoburger Wald-Wiehengebirge (auch wenn es sich eigentlich gar nicht um den Nördlichen, sondern

Im Teutoburger Wald

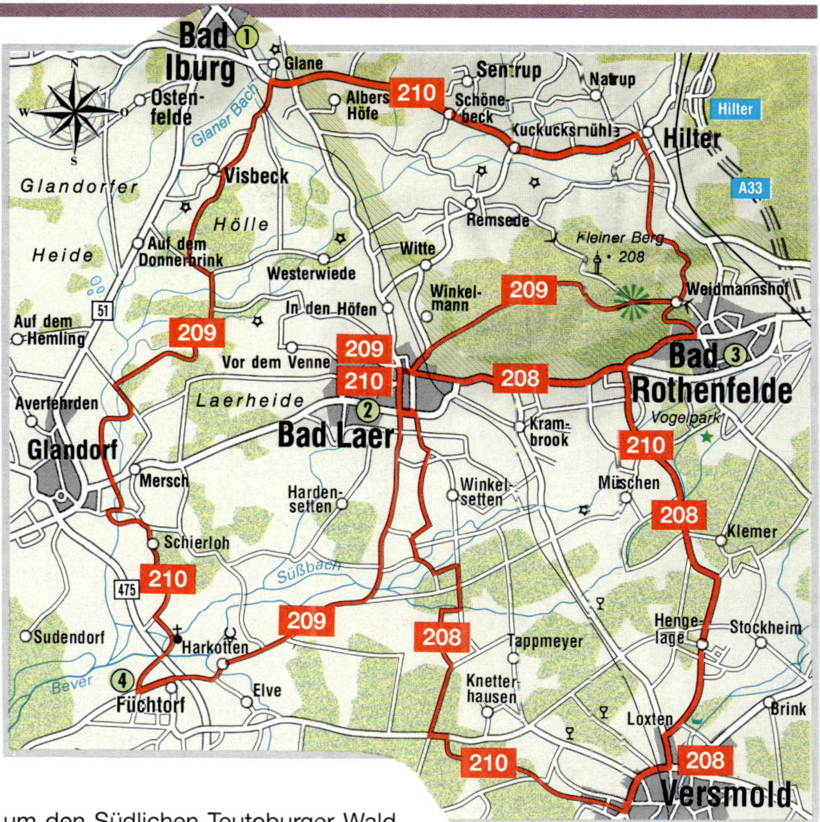

um den Südlichen Teutoburger Wald handelt). In Hilter biegen Sie rechts ab. Jetzt geht es etwa hundert Meter hinauf durch den Wald zum Kleinen Berg, auf der anderen Seite hinab nach Weidmannshof und dann rechts nach Bad Laer zurück. Diese Strecke ist zwar im letzten Teil etwas bergig, aber nicht besonders anstrengend.

Informationen

Münsterland-Touristik „Grünes Band", Postfach 1265, 48565 Steinfurt, Tel. 0 25 51-9 39 20

Stadtverwaltung, Münsterstr. 16, 33775 Versmold, Tel. 0 54 23-20 40

🚲 *am Bahnhof: Seite 439*

210
50 km

Große Rundfahrt:
Zwischen Versmold und Bad Iburg

Diese große, schöne Rundfahrt macht Sie sowohl mit den südlichen Abhängen des Teutoburger Waldes als auch mit der Ebene davor bekannt. Außerdem lernen Sie hier die Hauptsehenswürdigkeiten der Gegend kennen. Von Bad Laer begeben Sie sich zunächst südwestlich nach Füchtorf und dann nördlich vorbei an Glandorf nach Bad Iburg. Von dort geht es östlich nach Hilter und nun südlich nach Bad Rothenfelde, nach Versmold und von dort nach Bad-Laer zurück.

Am Merfelder Bruch

Beim Merfelder Bruch (er gehört zum Naturpark Hohe Mark) gibt es noch viele kleine Hochmoore. Die größte Attraktion des Merfelder Bruchs sind aber die Wildpferde, die hier im letzten europäischen Wildgestüt leben.

211 – 30 km – Durch den Kottenbrock

Sie verlassen Dülmen in nördlicher Richtung und fahren auf Nebenstraßen, teils durch Waldstückchen, über Schenk nach Groß Hölting. Das letzte Stückchen fahren Sie im Tal des Eisbachs. In Groß Hölting biegen Sie links ab und kommen nach Lette. Hier halten Sie sich wieder links und nehmen ein Stück die Bundesstraße 474 bis nach Rüstkamp.
Hier biegen Sie rechts ab, um nun auf kleinen Landstraßen in Richtung Süden zu fahren.
Sie kommen durch den Kottenbrock, überqueren Kottenbrocks Bach und gelangen dann schnell nach Merfeld. Von hier fahren Sie bis nach Bickmann. Dort biegen Sie wieder links ab, um durch den Dülmener Wildpark nach Dülmen zurückzufahren.

Sehenswertes

① Westlich von Wulferhook beginnt ein vorbildlich angelegter Naturlehrpfad.

② Im Merfelder Bruch, jener urtümlichen Bruchwald-, Wiesen-, Heide- und Moorlandschaft, lebt Deutschlands einzige Wildpferde-Herde friedlich in einem riesigen Gehege.
Sie ist ganz sich selbst überlassen und wird nur einmal im Jahr - am letzten Maisonntag - zur Aussortierung der Junghengste zusammengetrieben.
Die Herde (meist sind es doch 200 bis 250 Tiere) strömt dann in die Fangbahn, wo die halbstarken Hengste unter lebhafter Anteilnahme der Zuschauer von mutigen Männern eingefangen und anschließend an Ort und Stelle versteigert werden.

③ Der Dülmener Wildpark ist eine nach englischem Vorbild gestaltete riesige Parklandschaft mit Mischwald, Lichtungen, erlengesäumten Wiesen, Teichen und Tümpeln. Der Herzog von Croy ließ den Park 1834 anlegen, nachdem er dort ein Schloß hatte.
Heute ist der Park für jedermann frei zugänglich; er wird auch viel besucht. Man findet dort einen reichen Wildbestand.

212 – 30 km – Durch das Schwarze Venn

Sie starten in Lette und nehmen die Landstraße, die fast pfeilgerade durch den Letter Bruch führt. Sie kommen auf die

Wildpferdgehege im Merfelder Bruch

große Überlandstraße, die links nach Dülmen führt. Die nehmen Sie - aber Sie fahren etwa einen halben Kilometer rechts, um dann wieder links auf eine Landstraße abzubiegen, die Sie über Brockmühle und Maria Veen nach Riege bringt. Dort halten Sie sich wieder links, um über Lökerhok und Grote Bahne zu fahren. Sie kommen dann durch das Schwarze Venn (ein Venn oder Vehn ist ein Sumpfgebiet) und ganz in die Nähe des Merfelder Bruchs, wo die Wildpferde sind.
Die kleine Straße bringt Sie nach Bickmann. Dort fahren Sie links nach Merfeld und bei Rüstkamp auf die Bundesstraße 474, auf der Sie nach Lette zurückkommen.

213
40 km

Große Rundfahrt:
Zwischen dem Letter Bruch und Dülmen

Diese Route führt Sie auf Landstraßen im großen Bogen durch die schönsten Teile dieses Naturparks. Sie starten in Dülmen und fahren über Schenk und Schröttmann nach Groß Hölting, von dort nach Lette.
Nun geht es durch den Letter Bruch nach Maria Veen und weiter nach Riege. Dort fahren Sie durch das Schwarze Venn über Bickmann und durch den Wildpark nach Dülmen zurück.
Sie haben genügend Möglichkeiten, Tiere zu sehen: die Wildpferde im Merfelder Bruch oder das Wild im Dülmener Hochwildgehege.

Informationen

Münsterland-Touristik
„Grünes Band", Postfach 1265,
48565 Steinfurt, Tel. 0 25 51-9 39 20

Verkehrsamt, Markt 1-3,
48236 Dülmen, Tel. 0 25 94-1 22 92

am Bahnhof: Seite 439

Am Niederrhein

Die Landschaft am Niederrhein hat viele Freunde. Sie ist ruhig, beschaulich und (was fürs Radfahren ja kein Nachteil ist) recht eben. Der Alte Rhein hatte sich früher in viele Arme geteilt, die zum Teil als Seen und Teiche übriggeblieben sind.

214 – 23 km
Durch den Reeser Bruch

Von Rees fahren Sie am Alten Rhein (einem der historischen Rheinarme) entlang über Bergswick nach Woyerhof. Auf kleinen Wegen umrunden Sie den Rosenhofsee, fahren über Dörnenwand nach Gut Hübsch und von dort östlich nach Overkamp. Überall, links und rechts, sehen Sie kleine Gewässer, die der Rhein hinterlassen hat. Von Overkamp geht es nördlich über Haffen-Mehr nach Holtershof und dann durch den Reeser Bruch ein Stück auf der Bundesstraße 8 über Groin schließlich wieder nach Rees zurück.

Sehenswertes

① *Rees hat am südlichen Ortsrand eine Windmühle, in der noch heute Korn gemahlen wird.*

② *Der Rosenhofsee ist der interessanteste einer ganzen Reihe von Baggerseen in einer Rheinschleife: er hat eine Möwenbrutinsel.*

③ *Im Freizeitzentrum Wardt gibt es allerlei Spaß – vor allem aber das großzügig angelegte Nibelungenbad mit Wellenfreibecken und Strand.*

④ *Xanten hat einen archäologischen Park, in dem eine ganze Römerstadt ausgegraben und restauriert wurde: Mauern und Türme, Amphitheater und Tempel, Mühlen und Backöfen. Auch ein Rheinhafen wurde wieder hergestellt. Man kann nach Rezepten der alten Römer essen, trinken und auch spielen. Immer wieder finden dort auch Aufführungen statt.*

215 – 40 km
Durch den Forst Xanten

Von Rees fahren Sie über die Rheinbrücke der Bundesstraße 67 ans andere Ufer, verlassen dort aber die Bundesstraße schnell, um über Niedermörmter und Obermörmter ans Rheinufer zu kommen. An dem fahren Sie ein Stückchen entlang bis Vynensche Gatt. Dort geht es dann ein wenig landeinwärts. Über Vynen kommen Sie – entlang an einigen Seen und kleinen Teichen, die Reste des Alten Rheins sind – nach Wardt. Von dort geht es am Freizeitgelände „Nibelungenbad" ebenso wie am berühmten archäologischen Park vorbei nach Xanten. Dort nehmen Sie Kurs nach Westen, fahren über Niederbruch und Biesenhof nach Nabershof. Noch ein Stückchen bleiben sie auf dieser Straße, dann geht es nordöstlich ab nach Kahlenberghof. Durch den Hochwald Forst Xanten fahren Sie an Marienbaum vorbei nach Gesthuysen und Kiers. Dort geht

Kloster Mörmter

rechts die Straße ab, die Sie nach Niederdorf bringt und zur Rheinbrücke, über die Sie nach Rees zurückkommen.

216 63 km

Große Rundfahrt:

Am Alten und am Neuen Rhein

Sie beginnen Ihre Tour in Xanten und fahren zunächst westlich über Biesenhof, Nabershof und Kahlenberghof durch den Hochwald Forst Xanten vorbei an Marienbaum nach Gesthuysen und Niederdorf zur Rheinbrücke nach Rees. Hier halten Sie sich zunächst nordöstlich, fahren über Groin und den Reeser Bruch zum Gut Hübsch. Sie kommen nun in das Gebiet des Alten Rheins, an dem Sie dann auch entlangfahren nach Bergswick und Rees. Dort überqueren Sie den Neuen Rhein und fahren nun – mehr oder weniger an dessen Ufer entlang – über Niedermörmter, Vynen und Wardt nach Xanten zurück.

Informationen

Fremdenverkehrsverband Westfalen, Friedensplatz 3, 44135 Dortmund 1, Tel. 02 31-52 75 06

Verkehrsamt, Rathaus, 46509 Xanten, Tel. 0 28 01-372 38

am Bahnhof: Seite 439

Im Naturpark Hohe Mark

Man nennt diesen Naturpark den „Grünen Garten des Ruhrgebiets". Obwohl der Naturpark direkt beim größten Ballungsraum der Bundesrepublik liegt, eben an jenem Ruhrgebiet, blieb seine Landschaft von fast unberührter Schönheit.

217 – 30 km

Im Gartroper Busch

Von Hünxe fahren Sie zunächst südlich zum 60 Meter hohen Wevelnberg, dort halten Sie sich links auf der Landstraße, die südöstlich führt. Die bringt Sie an der Hünxer Heide vorbei (sie liegt rechts) und dann durch ein sehr schönes Waldstück, das nördlich der Straße „Hünxer Wald" heißt, südlich „Staatsforst Wesel". Doch es ist der gleiche, prächtige Forst. Wenn Sie die Straße erreicht haben, die von Dinslaken nach Hardinghausen führt, biegen Sie auf diese ein und fahren ostwärts – zunächst durch die Schwarze Heide, dann durch die Kirchheller Heide, ein sehr schönes Naturschutzgebiet. Vor Hardinghausen halten Sie sich wiederum links und nehmen die Straße nach Rutert. Erneut geht es links, und nun sind Sie bereits im Gartroper Busch, dem beherrschenden waldigen Gebiet dieser Gegend. Sie kommen nach Heisterkamp und dann (seit Rutert fahren Sie schon auf kleinen Fahrsträßchen durch den Wald) nach Gartrop. Dort kommen Sie auf die Landstraße, die Sie in der Talebene der Lippe nach Hünxe zurückführt – nicht, ohne zweimal den Wesel-Dattel-Schiffahrtskanal zu überqueren, der parallel zur Lippe verläuft.

Sehenswertes

① In Hünxe, an der gotischen Pfarrkirche, hängen 300 Jahre alte Netze; damit fing man in der Umgebung Wölfe. Gut erhalten ist die fränkische Wallanlage, eine der eindrucksvollsten ihrer Art.

② Das Wasserschloß in Gartrop, aus dem 17. Jahrhundert, wurde im 19. Jahrhundert umgebaut. Die Einrichtung ist interessant.

③ Der Flugplatz „Schwarze Heide" wird von Sportfliegern fleißig benutzt. Auch Rundflüge werden angeboten.

④ Dinslaken besitzt eine schön ausgestattete katholische Pfarrkirche mit einem Hochaltar von 1490 und einem eindrucksvollen Kruzifix aus dem 14. Jahrhundert. In der Schloßruine sehen Sie mittelalterliche Gewölbe; sie dienen als Freilichtbühne.

218 – 30 km

Durch den Staatsforst Wesel

Von Dinslaken fahren Sie östlich nach Sträterei. Sie überqueren den Schwarzenbach und kommen in den Staatsforst Wesel, einen sehr schönen Wald, der kom-

Naturpark Hohe Mark

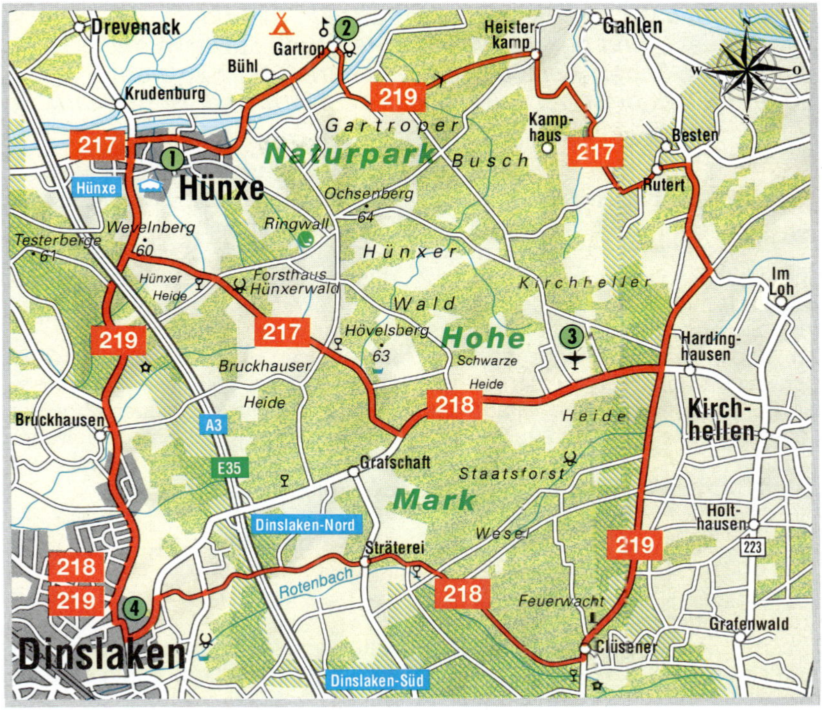

plett unter Naturschutz steht. Ein Fahrweg führt im Tal des Rotenbachs bis nach Clüsener. Links sehen Sie, ganz interessant, einen Feuerwachtturm stehen, der früher ständig mit einem Wächter besetzt war. Die Straße führt dann nördlich an einigen Gewässern vorbei und am Rand des Naturschutzgebiets kurz vor Hardinghausen. Dort halten Sie sich links, um – durch die Kirchheller Heide und die Schwarze Heide – zum Wevelnberg zu fahren. Dann geht es südlich durch die Hünxer Heide und über Bruckhausen nach Dinslaken zurück.

219
40 km

Große Rundfahrt:
Im Wald und auf der Heide

Diese Tour ist landschaftlich ganz besonders schön. Von Dinslaken fahren Sie zunächst östlich durch den Staatsforst Wesel und dann am Rand der Kirchheller Heide an Hardinghausen vorbei nach Rutert.
Hier sind Sie im Gartroper Busch, in dem Sie fast bis Hünxe bleiben. Dann, ab Hünxe, haben Sie noch ein Stückchen Hünxer Heide, bis Sie wieder in Dinslaken sind.

Informationen

Landesverkehrsverband Westfalen, Friedensplatz 3, 44135 Dortmund 1, Tel. 02 31-52 75 06

Gemeindeverwaltung, 46569 Hünxe, Tel. 0 28 58-6 90

am Bahnhof: Seite 439

Durch die Haard

Recklinghausen ist eine Industriestadt am Rand des Ruhrgebiets. Und dennoch ist es eine grüne Stadt: In der Umgebung liegen viele Weiden und Parks, der bewaldete Höhenrücken der Haard und sogar der Naturpark Hohe Mark.

220 – 20 km

Durch den Forst Haltern

Von Oer-Erkenschwick fahren Sie erst durch Oer und machen dann einen großen Bogen: Auf kleinen Fahrwegen kommen Sie durch den Forst Haltern bis zur Lippe – an Sankt Johannes, am Schwarzen Berg (124 m), den Weseler Bergen (126 m) und – auf der anderen Seite der Straße – am Dachsberg (123 m) vorbei. Bei Flaesheim erreichen Sie zwar nicht den Fluß, aber den parallel zu ihm laufenden Weser-Dattel-Kanal. Den überqueren Sie einen Kilometer hinter Flaesheim (weil am anderen Ufer ein See im Wege liegt).

Dann folgen Sie dem Kanal, an Westleven vorbei, bis kurz vor Leven. Hier geht es rechts ab, wieder über den Kanal, und dann auf kleinen Wegen durch den Forst Haltern zurück nach Oer-Erkenschwick.

Sehenswertes

① *Dreierlei ist bei Flaesheim interessant. Zunächst die Schleuse, die vier Meter Höhenunterschied im Weser-Dattel-Kanal ausgleichen muß, damit der Schiffsverkehr funktioniert.*
Dann die Stiftskirche Maria Magdalena mit ihrer prächtigen Ausstattung.
Und drittens der Naturlehrpfad, der hier beginnt. Er gibt über die Besonderheiten der Haard Auskunft – des bewaldeten Höhenrückens zwischen Recklinghausen und der Lippe, der einst von einem Kreidemeer bedeckt war.

② *In Datteln steht das Hermann-Grochtmann-Museum mit alten Möbeln, Gerätschaften und Ausstellungen heimischen Handwerks.*

③ *Recklinghausen wurde vor allem durch die Ruhrfestspiele bekannt (alljährlich von Mai bis Juli) und durch sein großartiges Ikonen-Museum.*

④ *Von der Horneburg blieb nicht viel – aber eine eindrucksvolle Kapelle aus dem 16. Jahrhundert.*

221 – 40 km

Südlich des Naturparks

Bei dieser Tour fahren Sie nur ein kleineres Stück im Naturpark, doch auch die Gegend, die Sie hier befahren, ist interessant – allerdings dichter bebaut. Ab Recklinghausen fahren Sie auf der Landstraße nach Oer-Erkenschwick. Von hier geht es auf Nebensträßchen durch den östlichen Teil des Forsts Haltern; hier sind Sie im Naturpark

Am alten Markt, Recklinghausen

Große Rundfahrt: **Im Tal der Lippe**

222

40 km

Von Recklinghausen über Oer-Erkenschwick durch den Forst Haldern nach Flaesheim, wo Sie im Tal der Lippe sind. In diesem Tal bleiben Sie. Allerdings können Sie nicht am Ufer der Lippe fahren, dort gibt es kaum geeignete Fahrwege. Sie müssen schon über Ahsen bis nach Natrop am Ufer des Weser-Dattel-Kanals bleiben. Von Datteln geht es dann über Suderwich wieder zurück nach Recklinghausen.

Hohe Mark. Sie fahren, bis Sie in der Nähe von Leven den Weser-Dattel-Kanal erreichen. Sie überqueren ihn und fahren am anderen Ufer über Ahsen bis nach Natrop (da müssen Sie allerdings vorher erneut über den Kanal).

Von Natrop ist es nur ein kurzes Stück bis Datteln. Von dort fahren Sie im Tal des Mühlenbachs und des Westerbachs an den südöstlichen Ortsrand von Oer-Erkenschwick und biegen jetzt links nach Horneburg mit seinem Schloß ab. Über Suderwich und Berghausen kommen Sie zurück nach Recklinghausen.

Diese Strecke hat nur wenige Hügel zu überwinden – und die bringen keine Probleme.

Informationen

Kommunalverband Ruhrgebiet, Kronprinzenstraße 35, 45128 Essen, Tel. 02 01-2 06 93 65

Stadtverwaltung Rathaus, 45617 Recklinghausen, Tel. 0 23 61-500

🚲 *am Bahnhof: Seite 439*

Auf der Paderborner Hochfläche

Hier befinden Sie sich am Rand des Naturparks Eggegebirge und Südlicher Teutoburger Wald. An Wäldern ist in der Tat kein Mangel. Doch von dem Mittelgebirgscharakter ist nichts mehr zu spüren. Auf der Paderborner Hochfläche geht es recht eben zu.

223 – 25 km – Zum Lippesee

Von Paderborn fahren Sie nördlich zum Schloß Neuhaus und dann vorbei an dem schönen Mischwaldgebiet Wilhelmsberg zum Lippesee, wo es allerlei Freizeiteinrichtungen gibt. Von hier radeln Sie weiter nach Sande und dann ein Stückchen entlang der Bundesstraße 64. Alsbald geht es links ab nach Bentfeld. Sie kommen südlich nach Scharmede. Dort halten Sie sich wieder links und fahren nach Elser Holz und dann, an der Wilhelmshöhe vorbei, zurück nach Paderborn.

224 – 45 km – Durch den Niederntudorfer Wald

Von Paderborn fahren Sie südöstlich zum Haxterholz. Es gibt da nur Fahrwege, aber die sind leicht zu finden. Von Haxterholz geht es dann südwestlich nach Nordborchen und nach Borchen, ins Tal der Altenau. In diesem Tal bleiben Sie zunächst, fahren durch das Ritterholz und vorbei an Etteln. Bald darauf müssen Sie die Autobahn überqueren. Dann sind Sie am Rand des Niederntudorfer Waldes. In den fahren Sie bis kurz vor Alfen. Dort geht es links ab auf Radwanderwegen nach Oberntudorf. Über Bosenholz und den Krähenberg kommen Sie nach Salzkotten. Hier finden Sie ein Sträßchen, das Sie über das Haus Widey auf die Straße bringt, die von Scharmede über Elser Holz nach Paderborn führt. Auf der fahren Sie rechts in die Stadt zurück.

Sehenswertes

① *Der Lippesee ist ein Paradies für Surfer, Segler und Angler.*

② *Schloß Neuhaus ist eine Vierflügelanlage der Weserrenaissance.*

③ *Paderborn hat viel Sehenswertes: den Dom aus dem 13. Jahrhundert, die Kaiserpfalz mit 40 Meter langem Saalbau, das Diözesanmuseum mit kirchlicher Kunst aus der Zeit des 11. bis 19. Jahrhunderts.*

④ *Zu Borchen gehören der Malinckrodthof inmitten schöner Parkanlagen, die St.-Michaels-Kirche aus dem 12. Jahrhundert sowie viele alte Höfe mit gewaltigen Giebeln.*

225 – 55 km – Große Rundfahrt: Im weiten Bogen westlich von Paderborn

Von Paderborn radeln Sie südlich durchs Haxterholz nach Bor-

Das Rathaus von Paderborn

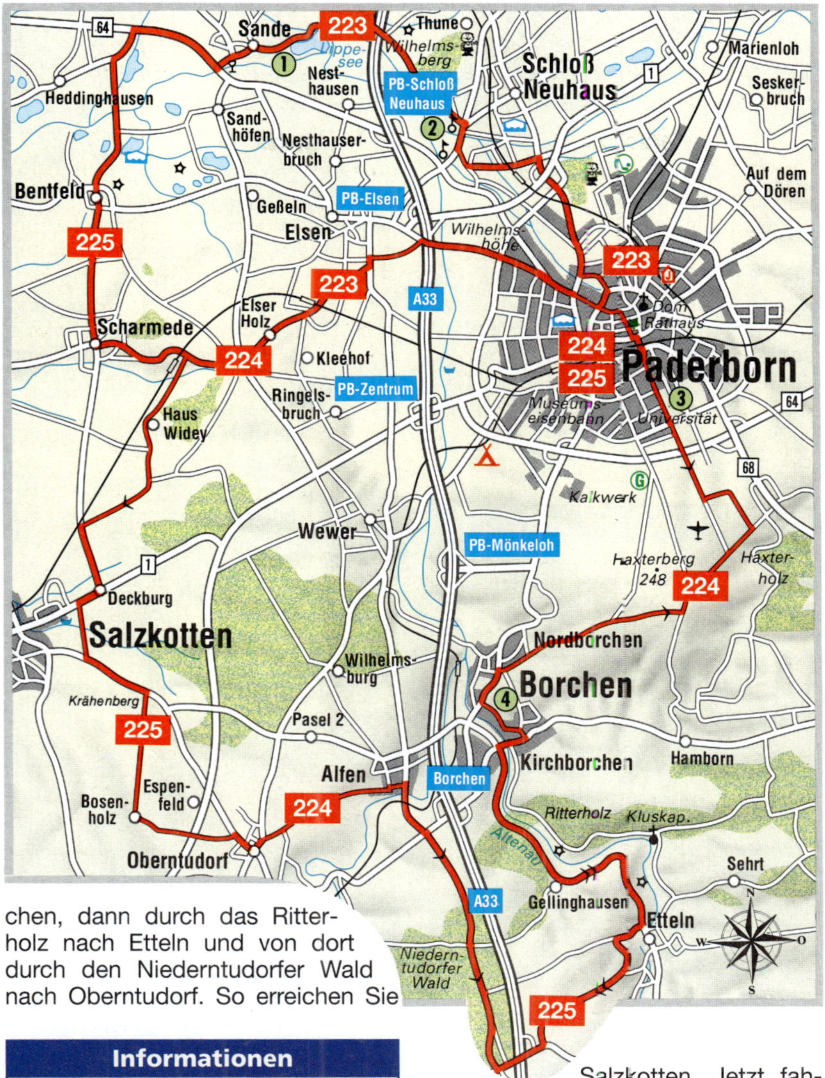

chen, dann durch das Ritterholz nach Etteln und von dort durch den Niederntudorfer Wald nach Oberntudorf. So erreichen Sie Salzkotten. Jetzt fahren Sie über das Haus Widey nach Scharmede.

Von hier geht es nördlich über Bentfeld zur Bundesstraße 64. Auf die biegen Sie rechts ein und fahren auf ihr nach Sande. Von dort geht es zum Lippesee, an dem Sie vorbeifahren, und dann kommen Sie über Schloß Neuhaus nach Paderborn zurück.

Informationen

Fremdenverkehrsverband Paderborner Land, Postfach 1320, 33142 Büren, Tel. 0 29 51-9 10 34

Verkehrsverein, Marienplatz 2 a, 33098 Paderborn, Tel. 0 52 51-2 64 61

🚲 am Bahnhof: Seite 439

Rund um den Möhnesee

Das Gebiet gehört zum Nordsauerland – und dort zum Naturpark Arnsberger Wald. Der ist besonders wildreich. Hier gibt es – im Verhältnis zu seinen 45 000 Hektar Fläche – eines der größten deutschen Rotwild-Vorkommen.

226 – 30 km

Zwischen Möhnesee und Hevesee

Sie beginnen die Tour in Ruploh, fahren östlich bis Hiddingsen und dort rechts ab in die Soester Börde bis Berlingsen. Am Ortsbeginn halten Sie sich scharf rechts und fahren durch Büecke zum Möhnesee. Überqueren Sie in Delecke dessen Nordarm auf einer Brücke! Am anderen Ufer kommen Sie auf einem Nebensträßchen bis fast ans Ende des Südarms bei Torhaus. Dort fahren Sie zwischen Möhnesee und Hevesee hindurch zum Südufer des Möhnesees und an ihm entlang bis zur Staumauer. Auf dieser fahren Sie ans Nordufer und nach Günne. Jetzt geht es durch die Soester Börde über Hewingsen und Deiningsen zurück nach Ruploh.

Sehenswertes

① *Bad Sassendorf ist ein gepflegtes Heilbad mit ausgedehnten Kurparkanlagen.*

② *Soest zeigt ein mittelalterliches Stadtbild, zu dem auch eine gut erhaltene Stadtmauer gehört. Im wohlkonservierten Osthofentor von 1526 finden Sie ein wehrkundliches Museum mit Tausenden von Armbrustbolzen, die bei Belagerungen über die Mauern geflogen kamen. Der St.-Patrokli-Dom wurde 954 begonnen und hat ein sehenswertes Dommuseum. Zum Burghofmuseum gehört ein romanisches Wohnhäuschen von 1200.*

③ *Der Möhnesee ist Westfalens größter Stausee: über zehn Kilometer lang, drei Kilometer breit. Von Delecke aus können Sie Bootsrundfahrten unternehmen.*

④ *Im Wildpark Blomenhof lohnt sich ein Besuch. Unter anderem lassen sich hier viele Waldtiere, die im Naturpark Arnsberger Wald heimisch (aber scheu) sind, aus der Nähe besehen.*

227 – 35 km

Oberhalb der Talsperre

Sie verlassen Soest nordöstlich und zweigen bei Osthofen rechts nach Bad Sassendorf ab. Dort geht es wieder rechts auf einer kleinen Nebenstraße bis Opmünden, weiter nach Beusingsen und nach Vogelsang, wo Sie links abbiegen und auf den etwa 50 Meter

Der St.-Patrokli-Dom in Soest

höher liegenden Haarstrang hinauftreten (oder -schieben). Vor Stockum biegen Sie rechts in ein Sträßchen nach Körbecke ein und haben nun links immer den Möhnesee unter sich. Von Körbecke fahren Sie nach Westrich und Günne. Dort geht es rechts ab nach Hewingsen und Deiningsen. Hinter Ruploh biegen Sie links ab auf eine Nebenstraße zurück nach Soest.

Informationen

Landesverkehrsverband Westfalen, Friedensplatz 3, 44135 Dortmund, Tel. 02 31-52 75 06

Verkehrsamt, Am Seel 5, 59494 Soest, Tel. 0 29 21-10 33 23

🚲 am Bahnhof: Seite 439

228
50 km

Große Rundfahrt:
Im Süden der Möhne-Talsperre

Von Soest fahren Sie über Bad Sassendorf bis Stockum am Möhnesee. Dort biegen sie links und gleich darauf wieder rechts ab, um am Berghof Volmershof vorbei den östlichsten Rand der Talsperre zu erreichen. Diese umrunden Sie und zweigen am Ortsbeginn von Südrandweg links ab. Durch den Eichwald geht es aufwärts und dann etwas steiler hinunter ins Hevetal. Vor dem Talgrund zweigen Sie rechts ab nach Wilhelmsruh und kommen bei Torhaus wieder an den Möhnesee. Ab hier fahren Sie über Günne und Ruploh zurück nach Soest.

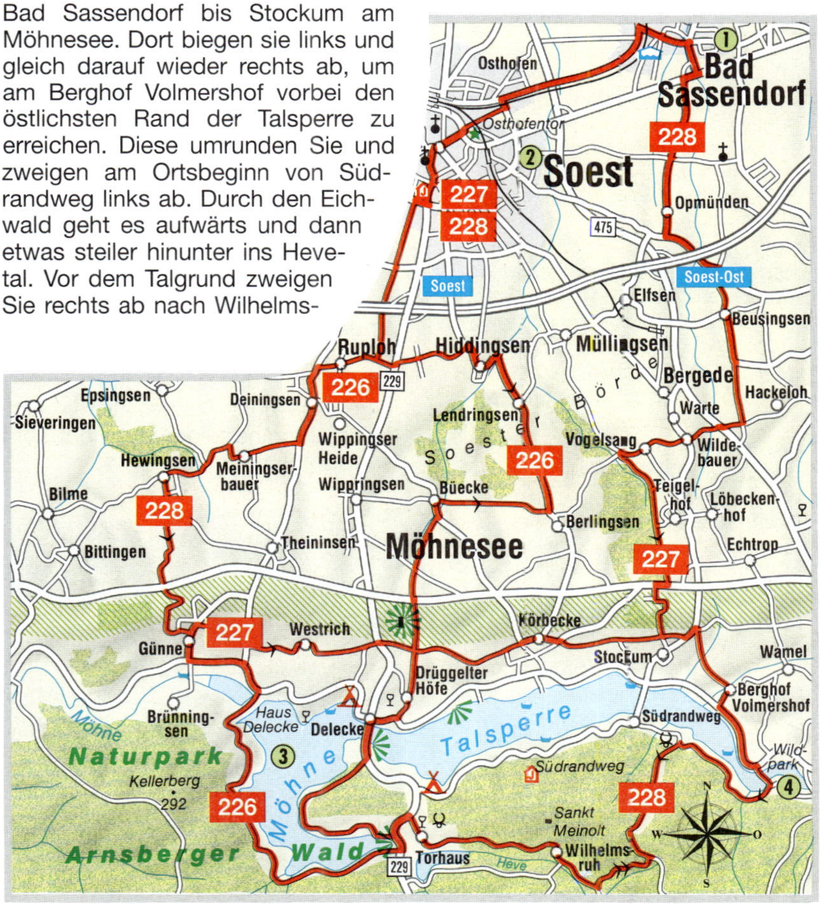

Im Naturpark Homert

Die Gegend um den Sorpesee gehört zum Naturpark Homert. Der heißt so nach dem 656 Meter hohen Berg, der mittendrin aufragt. 450 Singvogelarten sind hier vertreten. Und für Vogelkundler ist der Sorpesee ein Paradies

Sehenswertes

① Schloß Melschede ist eine strenge dreiflügelige Anlage aus dem 17. Jahrhundert, reich möbliert und mit prächtigen Kunstgegenständen ausgestattet.

② Wasserschloß Wocklum (die „Petersburg“) ist zu einem Reiterzentrum mit Turnierplatz geworden.

③ Die Balver Höhle – einen Kilometer nordöstlich von Balve – ist gewaltig. Durch ein imposantes, zwölf Meter hohes und 18 Meter breites Portal kommt man in eine Eingangshalle, die 60 Meter lang, 18 Meter breit und elf Meter hoch ist. Es gibt dann noch Gänge – insgesamt kommt man etwa 130 Meter weit. Diese Höhle war in der Altsteinzeit eine der größten menschlichen Behausungen in ganz Mitteleuropa. Man hat zahlreiche Funde gemacht, über 50 000 Steinwerkzeuge, bearbeitete Knochen und ähnliches ausgegraben, auch Skelette von zahlreichen Tieren gefunden und viele Mammutzähne. Hier wohnten also Jäger. Sogar die Ritzzeichnung eines Pferdekopfes hat man entdeckt. Noch heute wird diese größte deutsche Kulturhöhle als Festhalle benutzt: Man feiert darin Festivals und Schützenfeste, gibt Jazz- und Symphoniekonzerte, spielt Theater und macht Ausstellungen.
Gleich in der Nähe: Die Luisenhütte, das älteste deutsche Eisenwerk.

④ Bei Amecke: ein Wildgehege.

229 | 20 km

Am Ostufer des Sorpesees

Der Reiz dieser Landschaft liegt in den weiten Wäldern, den einsamen Wegen – aber auch in der bergigen Landschaft. Daran sollten Sie denken: Es geht oft tüchtig auf und ab. Sundern verlassen Sie in südwestlicher Richtung. Die Straßen steigen aus dem Tal der Röhr leicht bergig an bis Seidfeld. Dort erreichen Sie den Naturpark Homert und fahren, vorbei an Stockum, über hügelige Hochflächen ins Tal der Krähe und Sorpe nach Allendorf. Zweigen Sie jetzt rechts ab, und fahren Sie über Amecke im Flußtal entlang bis zum Sorpesee! Sein Stau beginnt hier. Am östlichen Ufer des Sees folgen Sie den vielen Windungen. Dabei müssen Sie auch ab und zu einige Steigungen überwinden. Rechts erhebt sich der bewaldete Höhenrücken des Buchholzes. An der Staumauer vorbei fahren Sie über Stemel, halten sich dort rechts und folgen der Röhr aufwärts bis Sundern.

Am Sorpesee

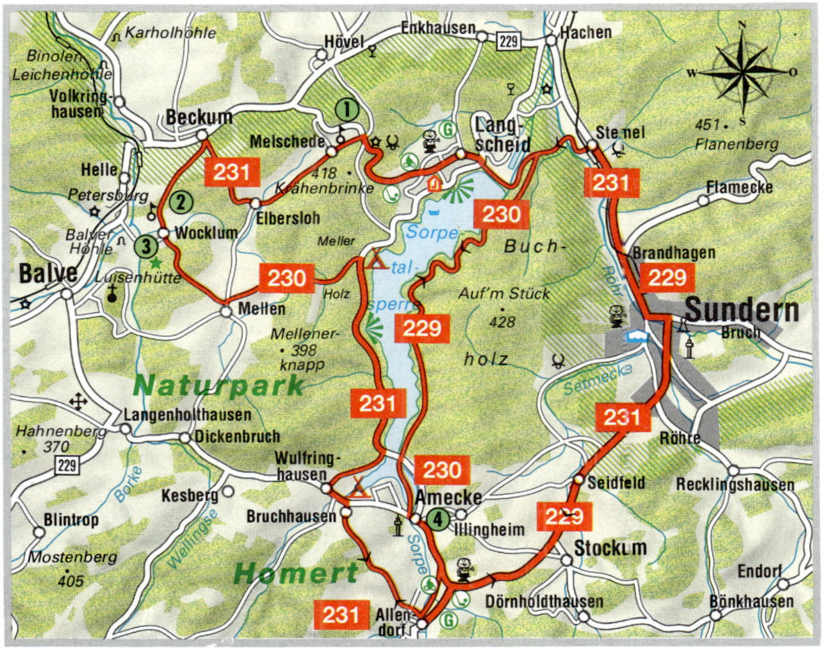

230 — 30 km

Bei Schloß Melschede und Schloß Wocklum

Von Amecke am Südzipfel des Sees fahren sie zunächst am östlichen Seeufer entlang nach Langscheid. Die Stadt durchqueren Sie nach Westen und zweigen etwa zwei Kilometer nach Ortsende links ab in einen Radweg. Er führt durch ein teils bewaldetes, hübsches Tal am Schloß Melschede vorbei bis Elbersloh. Dort fahren Sie rechts ab durch hügelige Landschaft nach Beckum und dann wieder links nach Wocklum mit seinem Schloß und nach Mellen. Nun geht es zum westlichen Seeufer und erst an diesem entlang südwärts, dann über Wulfringhausen und Bruchhausen nach Amecke zurück. (Nebenbei: Sie können in Amecke auf ein Sorpesee-Schiff steigen und das Fahrrad mitnehmen, um so nur eine Teilstrecke der Route zu fahren.)

231 — 35 km

Große Rundfahrt:
Zweimal am Sorpesee

Von Allendorf fahren Sie nordöstlich nach Sundern. Dann geht es weiter über Stemel nach Langscheid. Jetzt sehen Sie den Sorpestausee kurz zum erstenmal. Aber Sie fahren weiter westwärts über Beckum und Wocklum, durchs Meller Holz – und dann sind Sie zum zweitenmal am See. Am Westufer fahren Sie nach Allendorf zurück.

Informationen

Touristik-Zentrale Sauerland, Heinrich-Jansen-Weg 14, 59929 Brilon, Tel. 0 29 61-94 32 29

Stadtverwaltung, Mescheder Str. 20, 59846 Sundern, Tel. 0 29 33-8 10

🚲 *am Bahnhof: Seite 439*

Im Schwalmtal

Das ganze Gebiet ist teils belegt, teils eingerahmt von Naturparks und Naturschutzgebieten – vom Naturpark Maas-Schwalm-Nette bis zu dem langgestreckten Naturschutzgebiet links und rechts der Schwalm selbst.

232 – 25 km
In Naturschutzgebieten am Ufer des Flüßchens

Sie verlassen Wegberg nordöstlich, kommen zur Buschmühle und folgen dann auf kleinen Nebensträßchen über Schwaam und Lüttelforst dem Schwalmtal, das sich durch die eindrucksvolle Bruch- und Tallandschaft des Deutsch-Niederländischen Naturparks schlängelt. (und auf weite Strecken streng naturgeschützt ist). Sie erreichen die schöne Naherholungsgegend beim Hariksee, den Sie umrunden, um dann wieder südlich zu fahren. Über Niederkrüchten und Merbeck kommen Sie durch den Wegberger Busch zurück nach Wegberg.

Sehenswertes

① *Am 25 Hektar großen Hariksee: ein beliebtes Naherholungsgebiet.*

② *Wegberg: mit sehenswerter Propsteikirche aus dem 15. und 16. Jahrhundert.*

③ *Schloß Tüschenbroich: ein barocker Bau aus dem 17. und 18. Jahrhundert.*

④ *Wassenberg: Im Stadtpark sehen Sie die Ruinen einer einstmals stolzen Burg von 1420, an der Stadtmauer mittelalterliche Türme und ein Tor von 1365.*

⑤ *Heinsberg: mit schönen alten Häusern, einer Burgruine und Resten der Stadtbefestigung.*

⑥ *Erkelenz: bedeutende spätgotische Backsteinbauten.*

233 – 45 km
Zum Adolfsee

Von Wegberg fahren Sie westlich durch Arsbeck bis Rödgen. Dann biegen Sie nach einem Kilometer auf Nebensträßchen nach Südwesten ab und fahren über die sanft hügelige Wald- und Heidelandschaft nach Birgelen. Dabei durchqueren Sie auch das Naturschutzgebiet des Schaagbachs. Von Birgelen wenden Sie sich über Krafeld nach Ophoven und kommen dabei an einem Gebiet mit kleinen Seen und Weihern vorbei. Hinter Ophoven überqueren Sie bei Kempen die Rur. Im Tal der Wurm fahren Sie nach Heinsberg. Dort biegen Sie links nach Grebben ab und kommen vom Tal der Wurm ins Tal der Rur – und zwar zum Adolfsee, den dieser Fluß hier bildet. Es geht weiter nach Hückelhoven und durch Heidelandschaften ohne große Steigungen bis nach Erkelenz. Nördlich fahren Sie über Schwanenberg und Tüschenbroich nach Wegberg zurück.

Heinsberg

Informationen

Landesverkehrsverband Westfalen, Friedensplatz 3, 44135 Dortmund, Tel. 02 31-52 75 06

Gemeindeverwaltung im Ortsteil Waldniel, Markt 20, 41366 Schwalmtal, Tel. 0 21 63-94 60

am Bahnhof: Seite 439

234 **70 km**

Große Rundfahrt:
Zwischen Schwalm und Rur

Wenn Sie diese verhältnismäßig große Route befahren (sie ist nicht anstrengend, da es kaum auf und ab geht), lernen Sie die schönsten Teile der Naturparks kennen. Am besten fahren Sie von Wegberg zunächst das Schwalmtal nördlich abwärts bis zum Hariksee, dann über Niederkrüchten und Schmitzhof nach Arsbeck. Dort halten Sie sich rechts, um über das Tal der Rur nach Heinsberg zu kommen, dann erneut die Rur überschreitend nach Hückelhoven und über Erkelenz nach Wegberg zurück.

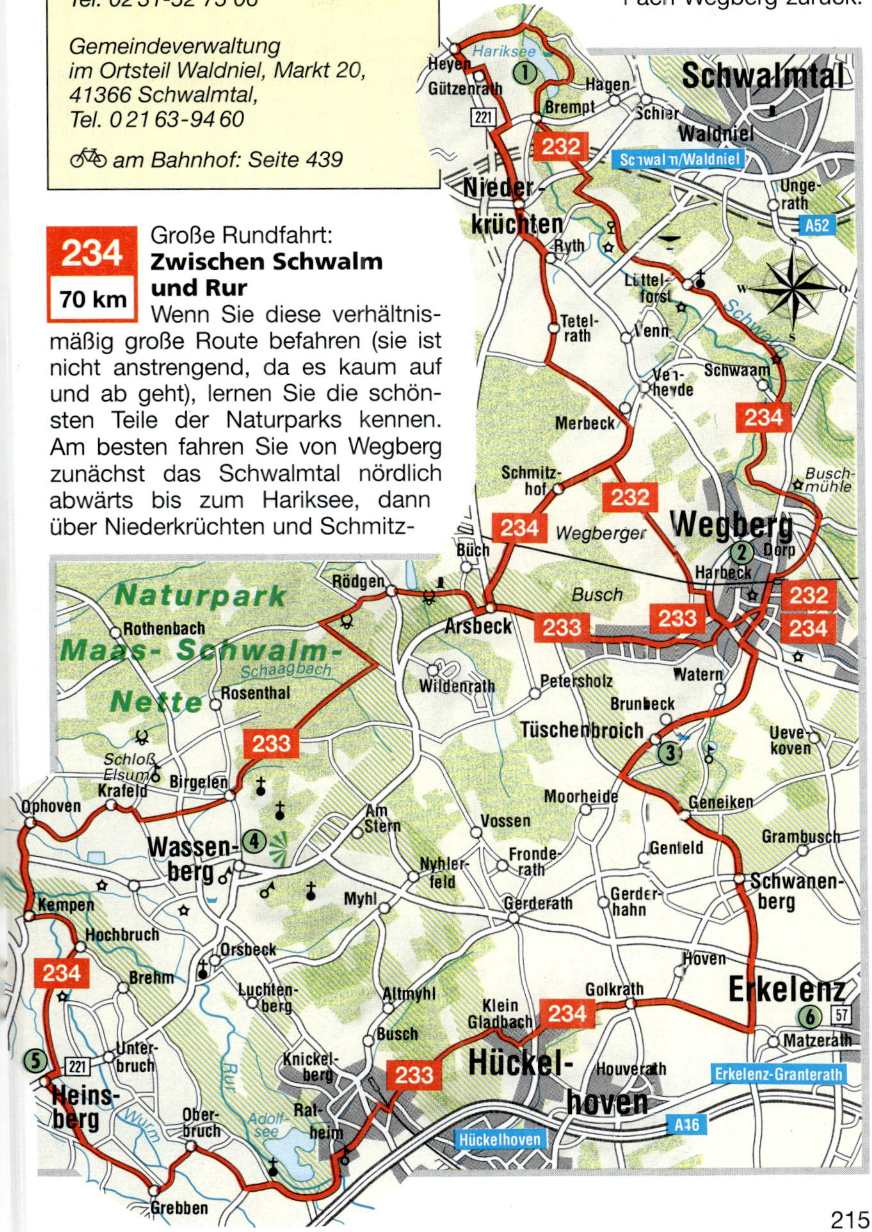

Schlösser bei Mönchengladbach

Dies ist eine Gegend, die man nicht unbedingt der Landschaft wegen befährt. Die ist nicht übel, aber sie tritt nicht so markant hervor. Hier fährt man spazieren, um sich die schönen, oft sehr interessanten Bauwerke - besonders die Schlösser - anzusehen.

Sehenswertes

① Die Stadt Mönchengladbach besitzt viel Sehenswertes. Dazu gehört an erster Stelle die Münsterkirche mit ihren überaus wertvollen Chorfenstern aus dem 13. Jahrhundert.
Ihre Schatzkammer stammt aus der Zeit, als die Münsterkirche noch Teil einer Benediktinerabtei war.

② Schloß Rheydt ist eine der besterhaltenen Renaissance-Wasserburgen am Niederrhein. Es steht mitten in einem Landschaftsschutzgebiet, zu dem ein reizvoller Erlenwald gehört.
Im Schloß finden Sie ein Museum für Kunst- und Kulturgeschichte mit wertvollen Möbeln, Uhren und Plastiken.

③ Vom einst sehr eindrucksvollen barocken Schloß Wickrath blieb lediglich die prächtige Vorburg gut erhalten. Der Pavillon hinter dem Schloß beherbergt heute ein vogelkundliches Museum.

④ Liedberg ist ein Dorf wie aus dem Bilderbuch – mit geschlossenem Ortsbild und einem Barockschlößchen.

⑤ Das Wasserschloß Dyck liegt, von Gräben umgeben, in einem großen Park mit zweihundert Jahre alten Bäumen. Eine vierbogige Steinbrücke führt hinüber.
Führungen durch dieses imposante Wasserschloß werden angeboten.

235 – 15 km
Ein Stück im Tal der Niers

Die Tour beginnt in Geistenbeck. Sie fahren nördlich nach Geneicken und sind da schon im Tal der Neuen Niers. Das begleiten Sie über Geneicken hinaus bis zum Schloß Rheydt (über das links mehr gesagt wird.) Bei Krünsend biegen Sie rechts ab, um über kleine Sträßchen nach Ruckes und Schelsen zu fahren. Dabei kommen Sie am Haus Horst vorbei, auch einem sehenswerten Bau: Schon im 12. Jahrhundert war es Stammsitz eines Adelsgeschlechts, im 19. Jahrhundert wurde es umgebaut. Hinter Schelsen halten Sie sich scharf rechts und kommen so über Dycker und Trimpelshütte zurück nach Geistenbeck.

236 – 40 km
Besuch in Wickrath

Von Geistenbeck fahren Sie über Geneicken und Schloß Rheydt nach Krünsend. Dort halten Sie sich links, kommen nach

Schloß Rheydt

Korschenbroich und Pesch. Hier werden die ebenen Straßen zunehmend stiller. Über Liedberg und Glehn fahren Sie, am Kloster St. Niklas vorbei, über Damm und Aldenhoven bis kurz vor Bedburgdyck.

Hier geht es nun rechts ab über Stessen und Wallrath nach Schlich. Dort fahren Sie westlich über Hoppers, Wey und Dürselen nach Odenkirchen. Da machen Sie eine scharfe Kurve nach links, um über Sasserath und Mongshof nach Wickrath zu fahren. Sie unterqueren die Autobahn und kommen direkt nach Geistenbeck zurück.

237
50 km

Große Rundfahrt:
Zwischen Jüchen und Korschenbroich

Die Strecke ist interessant und vermeidet nach Möglichkeit die am dichtesten bebauten Gegenden, an denen in diesem Teil von Nordrhein-Westfalen kein Mangel ist. In Jüchen starten Sie und fahren nordöstlich. Über Bedburgdyck, Damm, Glehn, Pesch und Korschenbroich kommen Sie nach Krünsend. Hier biegen Sie links ab und fahren über Schelsen, Geisterbeck, Wickrath und Odenkirchen nach Dürselen. Dort geht es rechts ab und über Kamphausen nach Jüchen zurück.

Informationen

Fremdenverkehrsverband Westfalen, Friedensplatz 3, 44135 Dortmund 1, Tel. 02 31-52 75 06

Verkehrsverein, Bismarckstraße 23-27, 41061 Mönchengladbach, Tel. 02161-220 01

am Bahnhof: *Seite 439*

Am Biggestausee

Diese Landschaft hat man zum Naturpark Ebbegebirge erklärt: Das Mittelgebirge selbst und, dazugehörend, natürlich auch den Biggestausee (der das Flüßchen Bigge aufstaut) sowie den anschließenden Ahauser Stausee.

238

15 km

Am Ahauser Stausee

In Attendorn nehmen Sie den Wanderweg, der nordöstlich führt. Da er Sie zunächst zur Burg Schnellenberg bringt, können Sie erst einmal den Wegweisern zur Burg folgen, bis Sie auf dem richtigen Pfad sind. Diesen Weg fahren Sie also zunächst durch ein Waldstück, das „Forst Herdringen" heißt (während Sie links immer wieder den Ahauser Stausee glitzern sehen), bis eine Nebenstraße kreuzt. Links abbiegen!

An der Ahauser Mühle vorbei fahren Sie bis zur Hauptstraßenkreuzung vor dem Ort Heggen.

Wieder fahren Sie links und zunächst auf der Straße dicht am Westufer des Ahauser Stausees entlang, dann an der Bigge zurück nach Attendorn.

Sehenswertes

① Burg Schnellenberg (in der heute ein historisch originelles Hotel untergebracht ist) wurde 1225 erstmals erwähnt. Der gegenwärtige Bau stammt allerdings aus dem 16. und 17. Jahrhundert.
In der Burg finden Sie ein Museum, eine Burgkapelle und eine Schatzkammer.

② Attendorn zeigt interessante Reste der alten Stadtbefestigung mit einem Pulverturm, der Stadtmauer und Stadtgräben, den Sauerländer Dom (die Pfarrkirche St.-Johannes-Baptist) und ein Ursulinerinnen-Kloster.
Am Ostrand von Attendorn liegt die berühmte Attahöhle mit 43 Grotten und Hallen (die größte ist 15 Meter hoch) und prächtigen Tropfsteingebilden.
Mit 2000 Meter Länge ist die Attahöhle eine der größten in Deutschland – und sicherlich eine der schönsten.

③ Der Staudamm Neulisternohl hat eine 640 Meter lange, 52 Meter hohe Staumauer. Im Ort Neulisternohl finden Sie ein Zinnfiguren-Museum.

④ Die Waldenburg (heute eine Ruine) stammt aus dem 12. Jahrhundert.

In der Attahöhle, Attendorn

239 **18 km**

Rund um den großen Biggesee

Von Attendorn nehmen Sie zunächst die Hauptstraße über Neulisternohl, die dann am Ufer des Biggestausees entlang (und teilweise sehr schön) nach Hohenhagen führt.
Alsbald geht es über eine Engstelle des aufgestauten Sees ans andere Ufer. An dem fahren Sie – indem Sie sich in Bremge scharf links halten – zurück in Richtung Attendorn.
Das Ufer verlassen Sie erst am Staudamm; dann fahren Sie im Bogen am Kraftwerk vorbei nach Attendorn hinein.

240 **30 km**

Große Rundfahrt:
An beiden Seen und im Repetal

Bei dieser Tour kommen Sie noch ein wenig ins (nicht häßliche) Land östlich der Stauseen. Sie berühren auch ein Erholungsgebiet und eine Erholungsanlage, die stets recht gut besucht sind. Also: Von Attendorn fahren Sie nordöstlich am Ahauser See entlang nach der Ahauser Mühle, radeln dann aber gleich weiter nach Dünschede. Nun kommen Sie durch das Erholungsgebiet Repetal. (Die Repe ist ein kleines Flüßchen, das sich schnurstracks, aber schön durchs Land bewegt.) Sie fahren nach Helden und erreichen die Erholungsanlage Waldenburg. Durch das Tal des Bremgebachs kommen Sie nach Bremge und zum Biggesee. Über Haardt fahren Sie zu dessen Westufer und so, über Hohenhagen und vorbei an Neulisternohl, weiter nach Attendorn.

Informationen

Touristik Zentrale Sauerland, Heinrich-Jansen-Weg 14, 59929 Brilon, Tel. 0 29 61-94 32 29

Verkehrsamt, Rathauspassage, 57439 Attendorn, Tel. 0 27 22-6 42 29

🚲 am Bahnhof: Seite 439

Im Naturpark Rothaargebirge

Von diesem Naturpark sagt man, er sei das Land der tausend Berge. Mag sein – gezählt haben wir nicht. Aber wir wissen, daß dieses Gebiet (60 Kilometer lang, zwischen 20 und 30 Kilometer breit) zu den schönsten deutschen Waldlandschaften gehört.

241 – 22 km
Am Flüßchen namens Grafschaft

Fast alle Routen, die wir hier nennen, bewegen sich innerhalb des Naturparks Rothaargebirge (das man zuweilen „Schwarzwald des Norddeutschen Raumes" nennt); er ist einer der wichtigsten Naherholungsräume für die Menschen an Rhein und Ruhr. Allenfalls bei der hier beschriebenen ersten Tour könnte sich ein Zweifel melden, ob das Städtchen Schmallenberg selbst denn schon zum Naturpark gehört. An seinem Rande liegt es jedenfalls. Dieses Schmallenberg verlassen Sie östlich entlang dem kleinen Flüßchen Grafschaft, kommen über den gleichnamigen Ort und über einen Höhenzug nach Oberkirchen im Lennetal. Bis Winkhausen bleiben Sie nun im Tal und auf der (hier sehr schön geführten) Bundesstraße 236. Dann biegen Sie rechts ab und bewegen sich (ein wenig mühsam) in die Hügellandschaft des Rothaargebirges bis kurz vor Nieder-Sorpe. Dort geht es links ab und über die Wald- und Hügellandschaft des Fredeburger Landes, durch Holthausen links über Gleidorf nach Schmallenberg zurück.

Sehenswertes

① Das hübsche Jagdschloß Siedlinghausen liegt mitten im Wald.

② Holthausen besitzt ein interessantes Heimatmuseum. Dort erfahren Sie viel über den einstigen Schieferbergbau im Rothaargebirge. Das Museum ist sonntags und mittwochs geöffnet.

③ Oberkirchen zeigt ein malerisches Dorfbild. Es lohnt sich, die prächtige Barockkirche aus dem 17. Jahrhundert anzusehen.

④ In Grafschaft wurde schon 1072 ein Benediktinerkloster gegründet. Die jetzigen barocken Bauten stammen aus den Jahren 1727 bis 1749.

242 – 40 km
Im Tal der Sorpe

Von Fredeburg fahren Sie über Holthausen nach Nieder-Sorpe. Dort biegen Sie links ab und folgen dem Flüßchen Sorpe auf Nebenstraßen in das Rothaargebirge. Hinter Rehsiepen müssen Sie auf etwa drei Kilometer Länge 150 Meter Höhenunterschied bewältigen (sprich: schieben); dann fahren sie wieder abwärts, an dem Flüßchen Neger entlang. Hinter dem Jagdschloß Siedlinghausen geht es links ab auf kleinen Waldsträßchen nach Altenfeld.

Das Benediktinerkloster in Grafschaft

Nun geht es am Rand des Naturparks Rothaargebirge über Bödefeld-Freiheit nach Osterwald. Da Sie einige Bachtäler überqueren müssen, gibt es ein ständiges Auf und Ab. Von Osterwald über Rimberg nach Fredeburg, durch den Fredeburger Wald zurück, ist es dann ein wenig glatter. Insgesamt aber haben Sie schon gemerkt: Diese Strecke ist bergig, da muß man einiges tun.

Informationen

Touristik Zentrale Sauerland, Heinrich Jansen Weg 14, 59929 Brilon, Tel. 0 29 61-94 32 29

Tourist Information, Weststraße 32, 57392 Schmallenberg, Tel. 0 29 72-9 74 00

🚲 am Bahnhof: Seite 439

243
60 km

Große Rundfahrt:
Ein bergiges Abenteuer

Diese Route ist sehr schön, Sie sehen landschaftlich Interessantes und haben viel Spaß – aber Sie müssen auch tüchtig treten und manchmal schieben. Der Gesamthöhenunterschied liegt bei 350 Metern, aber da geht es ja immer wieder nicht nur einmal hinauf und hinunter. Sie fahren von Fredeburg südlich nach Schmallenberg, dann über Oberkirchen nach Nieder-Sorpe. Dort geht es ins Sorpetal und über Rehsiepen am Jagdschloß vorbei nach Altenfeld. Über Bödefeld-Freiheit und durch den Fredeburger Wald fahren Sie nach Fredeburg zurück.

Im Siegerland

Diese Gegend gehört zu den nordöstlichen Ausläufern des Rheinischen Schiefergebirges. Das bedeutet: Sie ist abwechslungsreich, gut bewaldet, interessant – aber natürlich nicht gerade flach. Als Radfahrer muß man sich Zeit nehmen.

Sehenswertes

① Im Heestal steht Schloß Junkernhees. Es wurde von 1513 bis 1523 für die Herren von Hees erbaut, ein mächtiges Siegerländer Fürstengeschlecht. Interessant sind vor allem der Rittersaal und die mittelalterliche Schloßküche. (Heute ist im Schloß auch ein Restaurant eingerichtet.)

② In Oberholzklau steht eine Wehrkirche. Sie wurde ums Jahr 1250 erbaut.

③ Freudenberg ist ein altes historisches Fachwerkstädtchen, das sich aus einer Bergmanns-Siedlung entwickelte.
Der „Alte Flecken", der Altstadtkern, wurde 1540 nach einem Stadtbrand ganz neu geplant. 1666 brannte es wieder, aber man baute alles nahezu originalgetreu erneut auf.
Bis ins 18. Jahrhundert war diese Innenstadt von Mauern, Wällen und Gräben umgeben. Heute steht der „Alte Flecken" unter Denkmalschutz: Fachwerkhaus an Fachwerkhaus, mit reich verzierten Fenstern und Türen.
Im Stadtmuseum in der Altstadt erfahren Sie viel Interessantes zur Stadtgeschichte, aber auch über den Erzbergbau in dieser Gegend – dazu über das Leder-, Filz- und Leimgewerbe im Siegerland. Auch über die Kunst des Uhrenmachens wird in diesem Museum einiges gezeigt.
Auf der Freilichtbühne gibt man im Sommer Konzerte, Märchen- und Lustspiel-Aufführungen.

244
35 km

In den Tälern von Alchen- und Birlenbach

Von Siegen fahren Sie westlich im Tal des Alchenbachs nach Seelbach und noch ein Stückchen weiter. Bei Freiheit verlassen Sie das Tal und fahren nun südwestlich über Heisberg und Oberfischbach nach Niederfischbach. Da sind Sie nun im Tal des Asdorf, dem Sie am Rand des Herlinger Waldes nach Freudenberg folgen, diesem alten, wohlkonservierten Bergmanns-Städtchen mit seinem interessanten Museum. Rechter Hand sehen Sie den 394 Meter hohen Birkenberg. Dort ist auch die Freilichtbühne eingerichtet, in der an Sommerabenden allerlei geboten wird. Sie kommen nach Büschergrund und, am 467 Meter hohen Ischeroth vorbei, nach Bühl und Oberholzklau. Da halten Sie sich nun rechts und fahren über Langenholdinghausen und Birlenbach im Tal des Birlenbächleins nach Siegen zurück.

Im Siegerland

245 · 25 km · Im Tal von Hees und Ferndorfbach

Von Siegen fahren Sie nordwestlich dem Birlenbach entlang über Birlenbach und Langenholdinghausen bis nach Oberholzklau mit seiner schönen alten Wehrkirche. Sie bleiben nun noch ein Stückchen auf dieser Straße, bis Sie rechts abbiegen – nach Oberhees. So kommen Sie ins Heestal, das Sie über Junkernhees in das Städtchen Kreuztal bringt – wo sich vier Täler kreuzen. Eins davon ist das der Hees, ein anderes das des Ferndorfbachs. Dem folgen Sie südlich über Langenau und Buchen bis nach Dillnhütten. Dort fahren Sie nun ostwärts eine hübsche Schleife: über Niedersetzen zum 426 Meter hohen Dreisbacher Berg und von dort über Weidenau nach Siegen zurück.

246 · 45 km · Große Rundfahrt: **Zwischen Siegen, Freudenberg und Kreuztal**

Diese Tour ist nicht ganz leicht zu fahren. Streckenweise haben Sie tüchtig zu treten. Sie beginnen in Siegen und fahren über Seelbach und Niederfischbach, dann am Herlinger Wald entlang nach Freudenberg. Von dort geht es über Büschergrund nach Bühl und Oberholzklau.

Hier nehmen Sie nun die Straße, die über Oberhees nach Kreuztal führt und halten sich dann südlich über Buchen, Dillnhütten und Weidenau nach Siegen.

Informationen

Touristikverband Siegerland-Wittgenstein, Koblenzer Straße 73, 57072 Siegen, Tel. 02 71-3 33 10 20

Presse- und Informationsamt, Markt 2, 57072 Siegen, Tel. 02 71-40 40

🚲 *am Bahnhof:* *Seite 439*

In der Nordeifel

Die Gegend, die wir hier beschreiben, liegt wunderschön zwischen zwei Naturparks, bei denen man gar nicht genau weiß, wo der eine aufhört und der andere anfängt: der Deutsch-Belgische Naturpark und der Naturpark Kottenforst-Ville.

247 – 40 km – Zum Steinbach-Stausee

Unsere Route beginnt in Euskirchen und führt durch die Mühlentäler zwischen dieser Stadt und den Ausläufern des Aargebirges. Sie beginnen also in Euskirchen und fahren von dort nach Kleinbüllesheim. Dort biegen Sie ab in eine Nebenstraße nach Kuchenheim. Durch kleine Dörfer erreichen Sie das Tal des Steinbachs, dem Sie auf Nebensträßchen sanft aufwärts folgen. Bei Kirchheim fahren Sie ein Stück an den ausgedehnten Forstgebieten des Klosterwaldes und des Flamersheimer Waldes entlang. Sie passieren den Steinbach-Stausee und fahren durch den Arloffer Wald. Dabei müssen Sie einen Höhenunterschied von etwa 150 Metern überwinden. Dann geht es wieder hinunter ins mühlenreiche Erfttal, das Sie kurz vor Bad Münstereifel überqueren. Auf der anderen Seite fahren Sie etwa 100 Meter nach Eschweiler hinauf. Dort biegen Sie rechts ab, berühren Iversheim und fahren dann durch die hügelige, meist offene Landschaft, durch Wachendorf und Antweiler, halten sich dort rechts und kommen auf einem Wanderweg nach Kreuzweingarten. Über Billig fahren Sie zurück nach Euskirchen.

Sehenswertes

① Im Erfttal treffen Sie immer wieder alte Wassermühlen an.

② Satzvey und seine Burg sind hübsch und sehenswert.

③ Im Hochwild-Schutzpark sieht man nicht nur Hirsche, sondern auch Mufflons, Elche und Auerochsen.

④ Der römische Viadukt wurde rekonstruiert. Er gibt ein gutes Bild, wie man schon damals Wasserleitungen bauen konnte.

⑤ Bad Münstereifel ist eine der besterhaltenen mittelalterlichen deutschen Städte. Man sieht verwinkelte Gassen, schöne spätmittelalterliche Häuser, ein gotisches Rathaus und auch eine romanische Kirche. Das hochgelegene Schloß von Bad Münstereifel stammt aus dem 13. Jahrhundert.

248 – 35 km – Zum Wildpark Mechernich

Von Euskirchen fahren Sie südlich über Billig, Kreuzweingarten, Antweiler und Iversheim nach Eschweiler. Dort finden Sie ein Sträßchen, das Sie rechts nach Weiler am Berge bringt. Von dort geht es südlich nach Holz-

Burg Metternich

heim und nun nach Mechernich. Dort fahren Sie aber gar nicht in die Stadt hinein, sondern bleiben am Ostrand. Durch den Wildpark, am Veybach entlang, kommen Sie nach Satzvey. Zwei Kilometer weiter erreichen Sie die Bundesstraße 266. In die biegen Sie rechts ein, überqueren mit ihr die Autobahn und fahren über Wißkirchen zurück nach Euskirchen.

Informationen

Eifel Tourist NRW, Postfach 1346, 53897 Bad Münstereifel, Tel. 0 22 53-60 75

Kurverwaltung, Langenhecke 2, 53902 Bad Münstereifel, Tel. 0 22 53-50 51 82

🚲 am Bahnhof: Seite 439

249
45 km

Große Rundfahrt:
Zwischen Euskirchen und Bad Münstereifel

Diese große Rundfahrt bringt Sie überwiegend durch Waldgebiete. Wenn Sie von Euskirchen südwestlich auf der Bundesstraße 266 über Wißkirchen fahren, können Sie nach dem Überqueren der Autobahn links abbiegen. Durch den Billiger Wald fahren Sie nach Satzvey, dann an Mechernich vorbei über Holzheim nach Eschweiler. Hier halten Sie sich rechts nach Bad Münstereifel. Sie sehen kleine Gewässer und Waldstücke, die sich dann – zum Beispiel im Arloffer Wald – zu schönen Forstgebieten verdichten. Sie fahren, vorbei am Steinbach-Stausee, über Kirchheim und Kuchenheim nach Kleinbüllesheim. Dort geht es links nach Euskirchen.

Flache Landschaft, melancholische Heidegebiete

In der historischen Altmark, dem nördlichen Teil, ist sie vorwiegend flach oder sanft geschlungen, dünn besiedelt und wirkt leicht melancholisch. Westlich der geschäftigen Stadt Magdeburg erstreckt sich die Börde, deren fette Böden zu den ertragreichsten in Deutschland zählen. Unweit südlich schiebt sich dem Radfahrer der Harz in den Weg. Wer sich vorgenommen hat, dessen Schönheiten mit dem Rad zu erkunden, muß zuweilen schon kräftig in die Pedale treten.

Übersicht

Sachsen-Anhalt auf einen Blick

Größe: 20 443 km^2.
Einwohner: 2,9 Millionen.
Bevölkerungsdichte: 145 Einwohner/km^2.
Landeshauptstadt: Magdeburg (mit 280 000 Einwohnern) als zweitgrößte Stadt des Landes. Die größte Stadt ist Halle (mit 304 000 Einwohnern).
Wirtschaft: Kohlebergbau, chemische und elektrotechnische Industrie.
Bekannte Flüsse: Saale, Elbe, Bode.
Höchste Erhebung: Brocken (1142 m).
Waldfläche: 23,6 Prozent.
Ackerland: 54,8 Prozent.

Das Stammesherzogtum Sachsen entstand ums Jahr 900 nach dem Zerfall des Fränkischen Reichs. 1815 übernahm Preußen die vielen kleinen Staaten im westlichen Teil Sachsens als Provinz.
Das Fürstentum Anhalt war ein durch Erbteilungen zersplitterter Herrschaftsbereich. 1807 schlossen sich Teilfürstentümer zusammen, traten dem Rheinbund bei und gerieten ab 1815 immer stärker unter preußischen Einfluß. 1863 gab es ein Herzogtum, 1918 den Freistaat Anhalt.
Nach dem Zweiten Weltkrieg wurden der Teil Sachsens, der preußische Provinz geworden war, mit Anhalt zu Sachsen-Anhalt zusammengeschlossen. So entstand 1947 das Land Sachsen-Anhalt.

In der Wasserlandschaft der Jeetze
250 Zwischen Salzwedel und Altensalzwedel
251 Im Tal der Dumme
252 Im Landschaftsschutzgebiet Salzwedel-Diesdorf

In der Altmark
253 Durch die Jemmeritzer Heide
254 Am Rand der Hellberge
255 In den Zichtauer Bergen und dem Klötzer Forst

Über die Flechtinger Höhen
256 Hin und zurück durchs Landschaftsschutzgebiet
257 Vorbei an Schlössern und Burgruinen
258 Um den Flechtinger Höhenzug

Im Unterharz
259 Im Tal der Selke
260 Zu den kleinen Seen bei Silberhütte
261 Im Mansfelder Bergland

An der mittleren Elbe
262 Durch die Parks von Dessau
263 In der grünen Umgebung von Wörlitz
264 Durch das ganze Dessau-Wörlitzer Gartenland

In der Dübener Heide
265 Über den Ochsenkopf zu den Bullenbergen
266 Über die Schöne Aussicht nach Eisenhammer
267 Zu den hübschesten Stellen der Heide

An der Saale hellem Strande
268 Im Tal der Unstrut
269 Entlang der sich schlängelnden Saale
270 Eine Rundreise durch zwei Täler

Der Roland vor dem Rathaus in Haldensleben

In der Wasserlandschaft der Jeetze

„Altmark" heißt die Landschaft, die südlich von Salzwedel liegt und in der die Jeetze fließt. Unsere Radtouren bewegen sich weitgehend in einem Landschaftsschutzgebiet, in dem Sie auch noch andere kleine Flüsse sehen – die Dumme, beispielsweise.

Sehenswertes

① Osterwohle besitzt eine interessante Dorfkirche. Sie wurde im 13. Jahrhundert aus Feldsteinen gebaut und im 17. Jahrhundert umgestaltet.
Damals entstand auch ihre interessante hölzerne Ausstattung, die man heute zu den bedeutendsten Beispielen manieristischer Kunst in Deutschland rechnet.

② Salzwedel ist eine alte Stadt (bis 1713 waren es sogar zwei friedlich getrennte Städte), die noch allerlei an mittelalterlichen Befestigungen besitzt.
Noch schöner sind die sehr alten Fachwerkbauten an den mit Kopfsteinen gepflasterten Gassen.
Die Marienkirche wurde im 14. Jahrhundert zu einer fünfschiffigen Backstein-Basilika ausgebaut. Man sieht noch die Reste frühgotischer Wandmalereien sowie bunte Chorfenster aus dem 14. und 16. Jahrhundert.
Schönes gibt es auch in der ehemaligen Propstei der Kirche, im J.-F.-Danneil-Museum, zu betrachten – unter anderem einen Flügelaltar von Lucas Cranach d. J.

③ Dambeck besitzt zwei schlichte romanische Kirchen. Die eine (sie stammt von einem längst aufgegebenen Benediktinerinnen-Kloster) wurde innen barockisiert. Sehr schön ist ihr großer Flügelaltar aus dem Jahre 1474.
Die andere (eine einfache aber beeindruckende Dorfkirche aus Feldsteinen) zeigt einen Schnitzaltar, der um 1500 entstand.

250 – 25 km
Zwischen Salzwedel und Altensalzwedel

Von Salzwedel fahren Sie südlich ein Stück im Tal der Jeetze über Sienau, an Dambeck vorbei, bis zum Ortseingang von Altensalzwedel. Dort biegen Sie dann rechts ab und fahren nach Schieben (wo Sie wieder auf die Jeetze treffen, die Sie nun überqueren). Weiter geht es über Kuhfelde und Ferchau nach Wieblitz-Eversdorf. Hier biegen Sie rechts ab und fahren, vorbei am Schwarzen Berg, bis zur Bundesstraße 248. Dort biegen Sie links ab und kommen zurück nach Salzwedel.

251 – 30 km
Im Tal der Dumme

Fahren Sie von Salzwedel nach Westen! Eine angenehme Landstraße bringt Sie im Tal

Die alte Dorfkirche von Dambeck

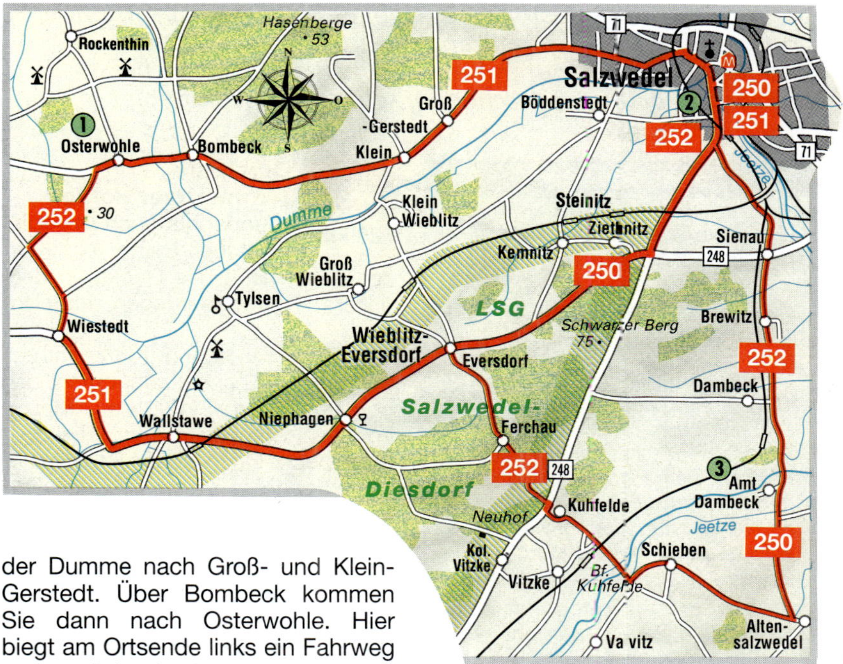

der Dumme nach Groß- und Klein-Gerstedt. Über Bombeck kommen Sie dann nach Osterwohle. Hier biegt am Ortsende links ein Fahrweg südwestlich ab. Nach knapp zwei Kilometern geht es dann erneut links ab; so kommen Sie auf schlichten Pfaden nach Wiestedt.

Von dort fahren Sie auf einer größeren Straße nach Wallstawe und dann über Niephagen und Wieblitz-Eversdorf zur Bundesstraße 248. Hier biegen Sie nun links ab und fahren nach Salzwedel zurück.

252 · 40 km — Große Rundfahrt: **Im Landschaftsschutzgebiet Salzwedel-Diesdorf**

Das Diesdorf, das dem Landschaftsschutzgebiet zum Teil den Namen gab, spielt für uns hier keine Rolle; es liegt zu weit südwestlich von Salzwedel. Doch den nördlichen Teil des Landschaftsschutzgebiets durchfahren Sie und sehen, wie hübsch es dort ist.

Sie beginnen die Route in Salzwedel und fahren im Tal der Jeetze nach Sienau. Weiter geht es südlich nach Altensalzwedel und von dort nordwestlich nach Wieblitz-Eversdorf. Wenn Sie sich jetzt westlich halten, nach Wallstawe und Wiestedt, kommen Sie ins Gebiet der Dumme. Das umfahren Sie in großem Bogen über Osterwohle und Bombeck. Über Groß und Klein Gerstedt kommen Sie nach Salzwedel zurück.

Informationen

Fremdenverkehrsverband Altmark e.V., Marktstraße 13, 39590 Tangermünde, Tel. 03 93 22-34 60

Salzwedel-Information, Straße der Jugend 32, 29410 Salzwedel, Tel. 0 39 01-2 24 38

am Bahnhof: *Seite 439*

In der Altmark

Die Altmark ist ein historisches Gebiet: Bis zum 14. Jahrhundert war sie, als Teil der Mark Brandenburg, die „Nordmark". Unsere Radwandertouren bewegen sich hauptsächlich im Klötzer Forst, einem schönen, sehr stillen Waldgebiet.

Sehenswertes

① Klötze ist ein gemütliches kleines Städtchen, gerade 6000 Einwohner groß, im Tal der Purnitz. Hier hat man gelernt, auf sanften Tourismus zu setzen. Es gibt hübsche Gassen mit alten Fachwerkhäusern und zwei ansehnliche Kirchen – eine katholische und eine evangelische.
Am Rand des Klötzer Forstes hat man ein Tiergehege angelegt, und den Einheimischen, aber auch den Klötzer Gästen die lokale Fauna vorzuführen. (Die Wälder in dieser Gegend waren einst sehr wildreich.)

② Der Zichtauer Forst gehört zum „Landschaftsschutzgebiet Zichtauer Berge und Klötzer Forst". Das ist ein ausgedehntes Waldgebiet, in dem man – abgesehen von der kleinen Stadt Klötze – nur einige Dörfer findet.
Südlich von Zichtau liegen in diesem Wald – als Überreste von Moränen der Eiszeit – die bis zu 160 Meter hohen Hellberge. Sie bilden einen langgestreckten Höhenzug mit einigen aufragenden Kuppen.
In dieser Gegend finden sie auch einige markante, fast schon schluchtartige Täler. Und südöstlich vom Zichtauer Forst beginnt sogar ein großes Moorgebiet; die Gegend wurde früher häufig überschwemmt.
Im Nordosten des Zichtauer Forstes liegt die Jemmeritzer Heide. Ein Stück dieser beschaulichen Landschaft wurde unter Naturschutz gestellt.

253 Durch die Jemmeritzer Heide

25 km

„Landschaftsschutzgebiet Zichtauer Berge und Klötzer Forst" heißt das Gebiet, in dem unsere Radwanderungen angelegt sind.
Von dem Städtchen Klötze fahren Sie auf der Landstraße durch den nordwestlichen Zipfel des Klötzer Forstes nordöstlich in Richtung Kakerbeck. Doch schon in Jemmeritz biegen Sie rechts ab nach Altjemmeritz und in Richtung Zichtau. Es sind nur Wanderwege, die hier – vorbei am Wasserberg – durch die Jemmeritzer Heide führen. Aber fürs Fahrrad sind sie gut geeignet und Sie bleiben fast die ganze Zeit in waldigem, recht flachem Land.
In Zichtau halten Sie sich rechts, fahren ein Stück auf der Straße, die nach Schwiesau führt, biegen aber dann wieder rechts ab auf einen Wanderweg, der über das Flüßchen Bäke und an dessen winzigen Seen vorbei zum „Kreuz" und dann bei Pansau auf die Straße führt, die Sie nach Klötze zurückbringt.

Am „Kreuz" im Klötzer Forst

254 32 km Am Rand der Hellberge

Sie fahren von Klötze südwestlich auf der Straße in Richtung Kusey, biegen aber bald links ab auf einen Wanderweg, der Sie durch den Klötzer Forst bringt – am Forsthaus Döllnitz vorbei nach Breitenfeld. Von hier geht es auf weiteren Wanderwegen zu der Straße, die im Westen der Hellberge vorbeiführt. Diese Hellberge sind die bedeutendsten Erhebungen der Altmark. Sie ragen mit ihren maximal 160 Metern nicht gerade furchterregend auf, vermitteln aber ein hübsches, charaktervolles Landschaftsbild. Die Straße führt Sie nach Schwiesau. Dort fahren Sie in Richtung Zichtau bis zur Abzweigung zur Schwiesauer Heide. Durch diese geht der Weg über Pansau nach Klötze zurück.

255 36 km Große Rundfahrt: In den Zichtauer Bergen und dem Klötzer Forst

Die Zichtauer Berge sind nicht hoch. Aber hin und wieder, beispielsweise auch in der Jemmeritzer Heide, geht es schon mal kräftig auf und ab. Man darf das nicht unterschätzen.

Fahren Sie von Klötze über Jemmeritz durch die Jemmeritzer Heide nach Zichtau! Dann kommen Sie wieder in die großen Waldgegenden: über Schwiesau durch den Zichtauer Forst nach Breitenfeld und dann durch den Klötzer Forst, am Loofberg vorbei, nach Klötze zurück.

Informationen

Fremdenverkehrsverband Altmark e.V., Am Markt, 39590 Tangermünde, Tel. 03 93 22-34 60

Stadtverwaltung, Schulplatz 1, 38486 Klötze, Tel. 03909-21 44

am Bahnhof: Seite 439

Über die Flechtinger Höhen

„Ostfalen" nennt sich diese Gegend. Es ist ein historisches Gebiet, das einst die Heimat mächtiger Adelsfamilien war. Noch gibt es hier eine Reihe stolzer Burgen, Schlösser – und Ruinen. Aber auch viel schöne Landschaft, vor allem prächtige Wälder.

Sehenswertes

① Im Flechtinger Teich wurde im Mittelalter eine Wasserburg angelegt, die man im 19. Jahrhundert neugotisch ausbaute – eine sehr romantische Angelegenheit. Die Dorfkirche wurde in der Renaissancezeit sehr schön ausgestattet.

② In Haldensleben sehen Sie noch Stadttore und Mauerteile der mittelalterlichen Befestigung. Außerdem gibt es hier Fachwerkhäuser mit reichen Schnitzereien.
In der Nähe der Stadt liegen 80 Groß-Steingräber aus der Jungsteinzeit sowie zahlreiche Hügelgräber aus der Bronzezeit.
Und im Heimatmuseum gibt es allerlei zu Leben und Werk der märchensammelnden Brüder Grimm zu sehen.

③ Schiff und Turm der Dorfkirche in Altenhausen stammen aus romanischer Zeit. Im Schloßpark wurde ein Damwild-Gehege angelegt.

④ Die Hundisburg wurde schon 1140 erwähnt als Grenzfeste zwischen dem Herzogtum Braunschweig und dem Erzbistum Magdeburg. Später baute man sie zu einem Barockschloß um, das leider vom Verfall bedroht ist. Ihr Landschaftspark ist sehr großzügig.
Die Dorfkirche im Ort Hundisburg ist prächtig ausgestattet.

⑤ Über Bebertal ragt die gewaltige Veltheimsburg mit ihrem mächtigen Bergfried auf.

256 – 37 km – Hin und zurück durchs Landschaftsschutzgebiet

Von Haldensleben fahren Sie nordwestlich über Satuelle nach Uthmöden, dort am Ortsende links über Wieglitz durch den Wald zum Bahnhof Flechtingen. Auf einer Landstraße kommen Sie nach Flechtingen mit seinem hübschen See. Kurz hinterm Ortsende zweigt links ein Waldweg nach Bodendorf ab. Hinter der Eisenbahn geht es dann links ab und übers Forsthaus Eiche nach Haldensleben zurück.

257 – 40 km – Vorbei an Schlössern und Burgruinen

Sie nehmen die Straße von Haldensleben nach Hundisburg (wo Sie noch einige verfalle-

Stendaler Turm in Haldensleben

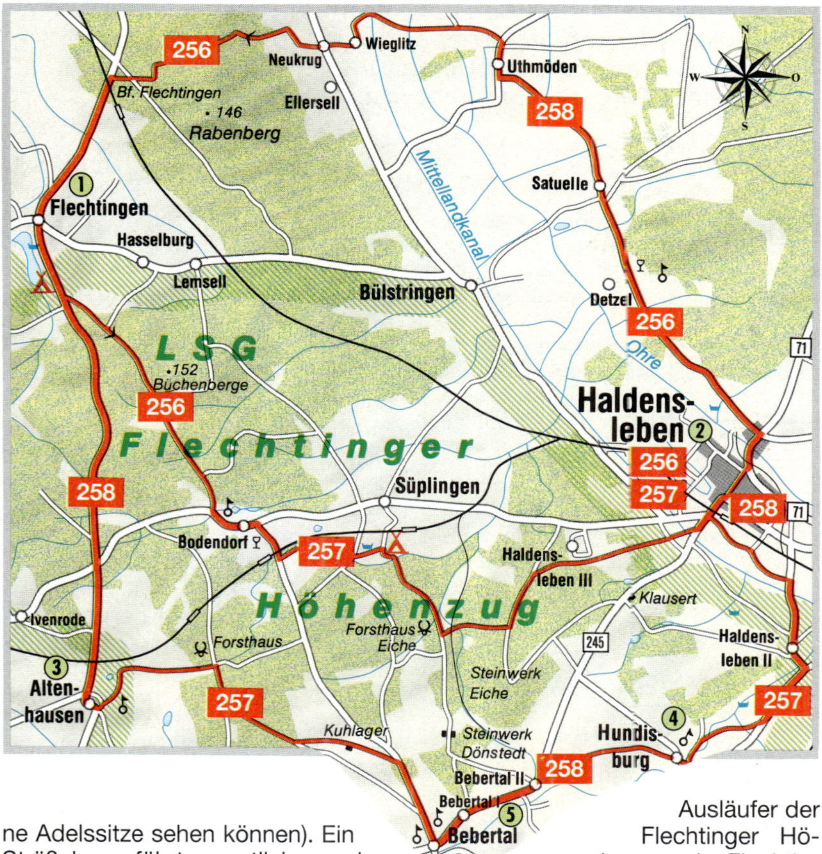

ne Adelssitze sehen können). Ein Sträßchen führt westlich nach Bebertal (mit seiner Burg). In der Ortsmitte geht es rechts ab und über Kuhlager auf Fahrwegen nach Altenhausen (mit einem Schloß). Eine Landstraße führt nördlich nach Flechtingen. Kurz vor dem Ort geht ein Waldweg in spitzem Winkel rechts ab und führt Sie über Bodendorf (wieder ein Schloß!) und das Forsthaus Eiche nach Haldensleben zurück.

258
46 km

Große Rundfahrt:
Um den Flechtinger Höhenzug
Fahren Sie von Haldensleben über Uthmöden und über die Ausläufer der Flechtinger Höhen nach Flechtingen! Dann geht es durch den Wald nach Altenhausen und auf Fahrwegen östlich nach Bebertal, von dort über Hundisburg nach Haldensleben zurück.

Informationen

Tourismusverband Sachsen-Anhalt,
Große Diesdorfer Str. 12,
39108 Magdeburg,
Tel. 03 91-7 38 43 00

Stadtverwaltung, Markt 22,
39340 Haldensleben,
Tel. 0 39 04-47 90

🚲 am Bahnhof: Seite 439

Im Unterharz

Auch in diesem Teil des Harzes ist es ist sehr schön: weite Wälder, freie Höhen. Aber der Mittelgebirgscharakter ist nicht zu übersehen; das Gebiet unserer Routen heißt „Mansfelder Bergland". Es geht fast ständig auf und ab.

259 — 35 km

Im Tal der Selke

Die Tour beginnt in Ballenstedt. Von hier fahren Sie, noch verhältnismäßig eben, westlich nach Gernrode. Dort halten Sie sich südlich, und da beginnt nun bereits der Aufstieg ins Gebiet des Rambergs. Aber die Straße ist sehr schön. Beim Sternhaus geht es geradeaus auf einem Fahrweg, an der Ruine Heinrichsburg vorbei, zur Bundesstraße 185 und nach Mägdesprung. Hier biegen Sie ostwärts in die Straße ein, die in Richtung Meisdorf führt. Es ist nur ein ganz kleines Sträßchen, viel gewunden, aber wunderschön. Es folgt dem Lauf der Selke, die weiter oben entspringt und nun sehr geschwind der Bode zueilt.

Sie kommen am Meiseberg mit seiner prächtigen Aussicht vorbei, an der Ruine Anhalt und der Burg Falkenstein mit noch großartigerem Blick. Hinter Falkenstein treffen Sie auf die Straße, die nach Meisdorf führt. Vor dem Ort zweigen Sie links ab – über Opperode nach Ballenstedt zurück.

Sehenswertes

① Das schönste in Gernrode ist die Stiftskirche St. Cyriakus, die zu einem ehemaligen Benediktiner-Damenstift gehörte. Ende des 10. Jahrhunderts begann man mit dem romanischen Bau. So entstand die älteste als Ganzes erhaltene Kirche in Norddeutschland. Ihr Heiliges Grab stammt aus dem Jahre 1100.

② Ballenstedt besitzt ein Barockschloß. Es steht in einem Landschaftspark, der im 19. Jahrhundert von dem großen Gartenarchitekten Lenné entworfen wurde. Ferner sehen Sie das Alte Rathaus von 1682, die spätgotische Nikolaikirche sowie Teile der alten Stadtmauer aus dem 16. Jahrhundert mit einigen Türmen.

③ Das Selketal ist sehr romantisch: prächtige Laubwälder an den Ufern, eingerahmt von zerklüfteten Felshängen. Man sieht häufig Wild.

④ Burg Falkenstein ist eine der schönsten und eindrucksvollsten im Harz. Sie stammt aus dem 12. und 13. Jahrhundert. Im 16. und 17. Jahrhundert wurde sie erweitert. Die Burgkapelle ist gut ausgestattet, der Bergfried 36 Meter hoch. Innen ist ein Museum für Kultur- und Jagdgeschichte eingezogen.

260 — 12 km

Zu den kleinen Seen bei Silberhütte

Dies ist eine kleine und hübsche Spazierfahrt für alle, die sich im Unterharz nicht so

Dampfkonkurrenz auf der Schiene

anstrengen wollen. Sie ist schön, diese kleine Route! In Harzgerode nehmen Sie zunächst die Bundesstraße 242 bis zur Abzweigung nach Alexisbad. Von hier fahren Sie südwestlich entlang der Selke bis nach Silberhütte, wo Sie auf eine ganze Reihe von kleinen Seen treffen. Sie fahren links weiter in Richtung Neudorf. Kurz vor dem Ort biegen Sie an der Kreuzung links ab – nach Harzgerode zurück.

261
50 km

Große Rundfahrt:
Im Mansfelder Bergland

Diese Route ist anstrengend, aber prächtig. Sie beginnt in Ballenstedt. Über Gernrode fahren Sie hinauf ins Bergland nach Mägdesprung. Es geht weiter aufwärts nach Alexisbad und Silberhütte. Dann fahren Sie an die Kreuzung kurz vor Neudorf, biegen links ab und kommen nach Harzgerode. Von hier führt nordöstlich ein Fahrweg durch den Wald bis zur Abzweigung am Forsthaus Wilhelmshof. Sie fahren links, an der Burgruine Anhalt vorbei, zur Selkemühle. Da sind Sie nun wieder im Tal der Selke, dem Sie, am Falkenstein vorbei, nach Meisdorf folgen. Dort fahren Sie nach Ballenstedt zurück.

Informationen

Tourismusverband Sachsen-Anhalt,
Große Diesdorfer Str. 12,
39108 Magdeburg,
Tel. 03 91-7 38 43 00

Stadtinformation, Markt 1,
06493 Harzgerode,
Tel. 03 94 84-3 20

am Bahnhof: Seite 439

An der mittleren Elbe

Dessau ist zwar eine Großstadt, aber unmittelbar am Stadtrand beginnt das Biosphären-Reservat Mittlere Elbe – eine Art Naturschutzgebiet. Dort, und immer wieder in direktem Kontakt mit dem Fluß, verlaufen unsere Radtouren.

262 — 34 km
Durch die Parks von Dessau

Die Radwanderung beginnt in Dessau und führt, noch in der Stadt, nach Norden zum Schloß Georgium. Hier liegt ein Park im englischen Stil, an dem ein Radweg entlangführt. Sie fahren durch die Ebert-Allee und am Amaliensitz – einem der historischen Bauten in dieser Parklandschaft – vorbei in Richtung Großkühnau. Dabei kommen Sie durch den Kühnauer Park. In Großkühnau selbst biegen Sie scharf nach rechts und fahren am Kühnauer See vorbei zur Elbe. An der läuft der Weg ein Stück entlang, dann geht es rechts ab und auf einer Schleife durch ein anderes Parkgelände. So kommen Sie zur Mulde, der Sie ein Stück nach Süden folgen, bis Sie das Flüßchen überqueren können.

Der Weg bringt Sie zum Luisium – einen sehr schönen, gepflegten Landschaftspark. In dem fahren Sie – hier ein Schlößchen, dort ein Pavillon – zum Leiner Berg und dann zum Sieglitzer Berg (die zwar Erhebungen, aber nicht gerade hoch sind).

Wieder folgen Sie einer Schleife der Elbe und kommen nach Vockerode. Hier können Sie rechts über das Schwedenhaus nach Dessau zurückfahren.

Sehenswertes

① Dessau war einst – zwischen 1471 und 1918 – die Residenz der Fürsten und Herzöge von Anhalt-Dessau. Doch aus jener Zeit blieb fast nichts erhalten.

Aus neuerer Zeit stammt das Bauhaus. Es ist weltberühmt geworden. Weniger durch seine vor Jahrzehnten avantgardistische Architektur (die der große Walter Gropius entwarf) als durch die Künstler, die dort arbeiteten und den Stil schufen, der heute noch „Bauhaus" genannt wird und sich architektonisch in Glas, Beton und Stahl ausdrückt. Nun wirken dort wieder moderne Architekten und Designer.

② Der Park Luisium wurde 1780 im englischen Stil angelegt. Darin steht ein Landhaus, 1774 bis 1777 im Stil einer frühklassizistischen italienischen Villa gebaut.

③ Der Wörlitzer Park ist voller Seen, Kanäle, Wäldchen, Skulpturen, Grotten und Tempeln – und hat ein Schloß mit bedeutenden Kunstwerken.

263 — 9 km
In der grünen Umgebung von Wörlitz

Dies ist ein kleiner Fahrrad-Spaziergang, der kurz hinter Wörlitz beginnt – auf einem Radweg nach Westen in Richtung Vockerode. Kurz vor dem Ort biegt ein Weg scharf links ab zur Landstraße. Auf dieser fahren Sie über Drehberg und Griesen nach Wörlitz zurück.

264 — 47 km
Große Rundfahrt:
Durch das ganze Dessau-Wörlitzer Gartenland

Hier sind die beiden schon beschriebenen Radtouren aneinandergesetzt. Das ergibt eine sehr

Museum für Naturkunde in Dessau

schöne Radreise – vor allem in der Blütezeit. Am besten beginnen Sie in Dessau. Sie fahren weiter über Großkühnau und den Luisium-Park nach Vockerode.

Am Ortsende geht es scharf links zum Elbdeich und auf dem Radweg östlich nach Wörlitz, von dort auf der Landstraße über Vockerode und Waldersee zurück nach Dessau. Bei dieser Fahrt erleben Sie die ganze Pracht dieser Gartenanlagen, die in feudaler Zeit geschaffen und seitdem gepflegt wurden – die schönsten Teile des Biosphären-Reservats Mittlere Elbe.

Informationen

Fremdenverkehrsverband Anhalt-Wittenberg, Wolfgangstr. 25, 06844 Dessau, Tel. 03 40-2 20 01 06/108

Dessau-Information, Friedrich-Naumann-Str. 12, 06844 Dessau, Tel. 03 40-214661

🚲 am Bahnhof: Seite 439

In der Dübener Heide

Es ist eine hügelige Gegend, sandig, mit weiten Waldbeständen. Kiefern wachsen hier, aber auch Laubbäume. Seit langer Zeit ist die Dübener Heide ein Wandergebiet. Viele Wege – zum Teil auch gut zum Radwandern – durchziehen die Landschaft.

Sehenswertes

① Reinharz besitzt ein barockes Wasserschloß, das – wie die Dorfkirche – an der Wende vom 17. zum 18. Jahrhundert entstand. Es ist ein strenger, kühler, weitgehend schmuckloser Bau, aber eben dadurch typisch für viele Dorfschlösser der Renaissancezeit. Sein Turm verrät mehr architektonische Phantasie. Er ist mit seinen 68 Metern ungewöhnlich hoch.

② Bad Schmiedeberg wurde schon im vergangenen Jahrhundert durch seine Eisen-Moor-Kuren bekannt und vermittelt noch heute ein wenig von der Atmosphäre der alten, behaglichen Kurstadt. (Immerhin nimmt Bad Schmiedeberg heute für sich in Anspruch, die besten und leistungsfähigsten Kureinrichtungen aller fünf neuen Bundesländer aufzuweisen.)

Es gibt gepflegte Parkanlagen und ein architektonisch originelles Kurhaus (von 1900), in dem interessante Kacheln aus der Jugendstilzeit zu sehen sind.

Die Altstadt ist hübsch und zeigt Häuser aus dem 16. bis 18. Jahrhundert, darunter einige gute Renaissance-Bauwerke.

Auch das Rathaus am Markt stammt aus der Zeit der Renaissance, wurde dann aber barockisiert.

Die Stadtkirche (ursprünglich aus dem 15. Jahrhundert) ist ebenfalls barockisiert und hübsch ausgestattet. Originell ist die Ratsherrenloge von 1731.

265
33 km

Über den Ochsenkopf zu den Bullenbergen

Die Tour, die wir Ihnen hier zunächst empfehlen wollen, beginnt in Bad Schmiedeberg, das selbst im Landschaftsschutzgebiet Dübener Heide liegt. Über Grosswig fahren Sie nach Reinharz, dann zwischen dem Roten Mühlteich und dem Brauhausteich hindurch bis zur Gottwaltsmühle. (Die liegt am westlichen Rand des Schutzgebiets.) Dort biegen Sie nun links ab, überqueren nach zwei Kilometern die Bundesstraße 2 und fahren bis zum Wirtshaus Ochsenkopf. Sie halten sich links und fahren südlich über Bauerhaus zur Hohen Gieck (193 m). Von dort bringt Sie ein kleines Sträßchen wieder ins Landschaftsschutzgebiet. Zwischen den Bullenbergen und den Schwedenbergen (die allerdings nichts weiter als Hügel

Das Kurhaus in Bad Schmiedeberg

sind) und vorbei am Wurzelberg (der es immerhin auf 182 Meter bringt) fahren Sie über die Schöne Aussicht nach Bad Schmiedeberg zurück.

266 – 25 km
Über die Schöne Aussicht nach Eisenhammer

Bad Schmiedeberg verlassen Sie in südwestlicher Richtung und erreichen über die Schöne Aussicht, am Wurzelberg vorbei, den Ort Eisenhammer. Sie biegen links ab und fahren parallel zur Bundesstraße 2 auf einem Waldweg bis zur Landstraße. Links geht es nach Söllichau, auf Fahrwegen nach Großkorgau und dort, links ab, nach Bad Schmiedeberg zurück.

267 – 40 km
Große Rundfahrt:
Zu den hübschesten Stellen der Heide

Diese Route bringt Sie zu den landschaftlich schönsten Stellen der Dübener Heide. Sie fahren von Bad Schmiedeberg über Grosswig nach Reinharz, dann über die Gottwaltsmühle und Ochsenkopf nach Bauerhaus.
Dort zweigt rechts ein Waldweg ab, der schnurgerade nach Süden führt. Auf dem fahren Sie, bis Sie auf die erste Landstraße stoßen, die links, vorbei an Eisenhammer, südöstlich nach Söllichau führt.
Diese Landstraße nehmen Sie. Über Söllichau fahren Sie nach Großkorgau und dann nach Bad Schmiedeberg zurück.

Informationen

Fremdenverkehrsverband Anhalt-Wittenberg, Albrechtsstraße 48, 06844 Dessau, Tel. 03 40-75 12 43/75 12 29

Stadtinformation, Leipziger Straße 72, 06905 Bad Schmiedeberg, Tel. 03 49 25-7 02 95

🚲 am Bahnhof: Seite 439

An der Saale hellem Strande

In dieser Gegend kommen etliche Flüßchen zusammen, die alle der Saale zustreben. Zu ihnen gehören Unstrut und Wethau. Auch sonst hat die Natur hier einiges zu bieten: Freyburg ist einer der wichtigsten Weinorte in Ostdeutschland.

268 – 36 km
Im Tal der Unstrut

Sie starten in Naumburg und fahren über kleine Sträßchen entlang der Unstrut nach Großjena, weiter nach Freyburg, über Zscheiplitz, am Schafberg vorbei, nach Weischütz und Laucha. Dort radeln Sie über das Flüßchen und kommen nach Plössnitz. Von hier geht es über den Hirschrodaer Graben nach Burkersroda. Ein Fahrweg zweigt links nach Obermöllern ab. Von dort fahren Sie auf der Landstraße – auf und ab, durch Felder, Wiesen und kleine Waldstücke – über Niedermöllern und Altenburg nach Naumburg zurück.

Sehenswertes

① Freyburg liegt am Fuß steil ansteigender Weinberge. Im achten Jahrhundert wurde hier mit dem Weinbau begonnen. Sammlungen zum Thema finden Sie im Museum von Schloß Neuenburg.
Turnvater Jahn wohnte in Freyburg. Sein Haus ist ein Turnmuseum.

② Naumburgs schöne alte Bauten blieben weitgehend erhalten. Der Dom – romanisch begonnen – gehört zu Europas wertvollsten Baudenkmälern. Berühmt: die zwölf lebensgroßen Stifterfiguren am Westchor.

③ In Schulpforte wurde 1137 das Zisterzienserkloster „Zur Pforte" (mit romanisch-gotischer Kirche) gegründet. In Bad Kösen sehen Sie Solwasser-Pumpanlagen aus dem 18. Jahrhundert.

269 – 30 km
Entlang der sich schlängelnden Saale

Von Naumburg geht es südwestlich, zunächst über die Bundesstraße 87 (die in diesem Teil sehr schön ist) über Altenburg und Schulpforte nach Bad Kösen. Dann nehmen Sie die Landstraße, die an der Saale entlang nach Saaleck führt. (Links sehen Sie die sagenumwobene Rudelsburg – eine jener Ruinen, denen das Lied „An der Saale hellem Strande" gewidmet ist.) Von Saaleck geht es noch ein Stück weiter auf der Straße bis kurz vor Kleinheringen. Hier biegen Sie scharf links ab nach Tultewitz. Von dort fahren Sie über Crölpa-Löbschütz und Heiligenkreuz nach Janisroda. Kurz darauf kommen Sie an die Straße, die links ab nach Naumburg zurückführt.

Dom St. Peter und Paul in Naumburg

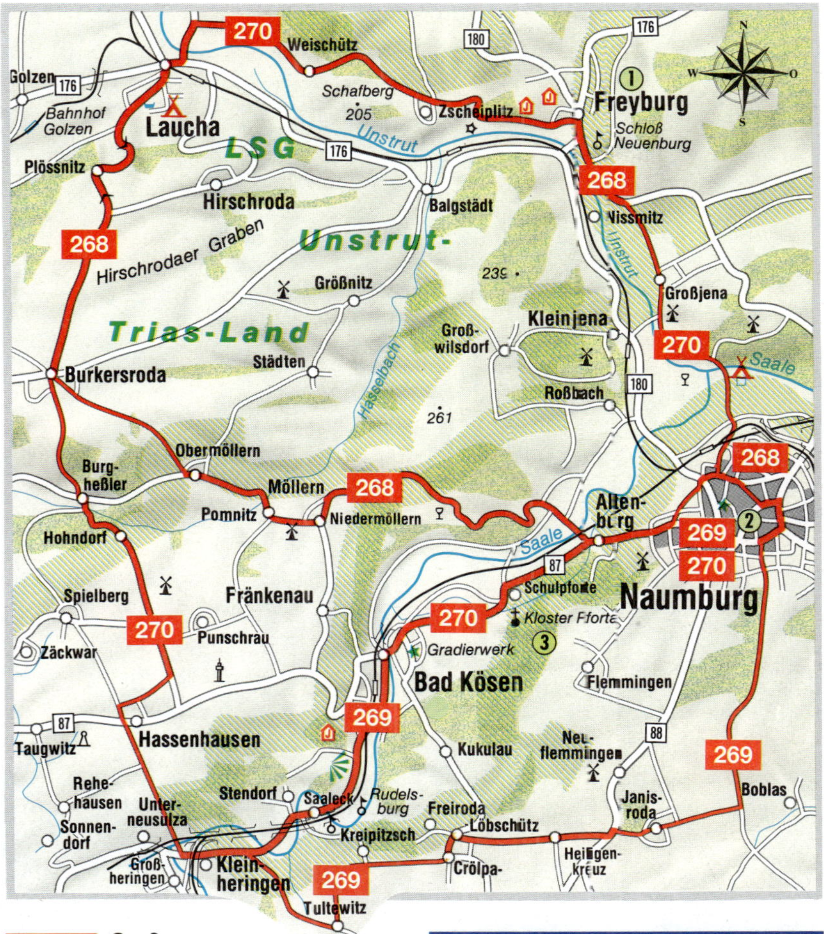

270 **50 km**

Große Rundfahrt:
Eine Rundreise durch zwei Täler

Diese Route zeigt Ihnen beide Täler – das der Unstrut und das der Saale. Sie fahren von Naumburg über Freyburg nach Laucha, dann südlich nach Burkersroda. Hier finden Sie einen kleinen Weg nach Burgheßler. Über Hohndorf und Hassenhausen erreichen Sie Kleinheringen. Sie biegen ins Tal der Saale ein und fahren über Bad Kösen und Altenburg nach Naumburg zurück.

Informationen

Fremdenverkehrsverband der mitteldeutschen Burgen- und Weinregion Saale/Unstrut, Jägerstraße 3, 06618 Naumburg, Tel. 0 34 45-70 30 94

Touristik-Information, Steinweg 18, 06618 Naumburg, Tel. 0 34 45-20 25 14

🚲 am Bahnhof: Seite 439

Fachwerkromantik und erloschene Vulkane

„Das grüne Herz Deutschlands" nennt sich Hessen. Hier liegen nicht nur Europas größter erloschener Vulkan, der Vogelsberg, sondern auch verschwiegene Täler und Höhen im Taunus, Waldgebirge im nordhessischen Bergland, überall mächtige Burgen und ein romantisches Städtchen am anderen. Berühmt sind die vielen Fachwerkhäuser, in jüngster Zeit liebevoll restauriert.
Die Radtouren führen oft zu wenig bekannten Gebirgslandschaften, bei denen man dann allerdings auch mit kräftigen Steigungen rechnen muß.

Übersicht

Hessen auf einen Blick

Größe: 21 114 km².
Einwohner: 5,6 Millionen.
Bevölkerungsdichte: 268 Einwohner/km².
Landeshauptstadt: Wiesbaden (mit 265 000 Einwohnern) als zweitgrößte Stadt des Landes. Größte Stadt ist Frankfurt (mit 628 000 Einwohnern).
Wirtschaft: Chemische, elektrotechnische und Textilindustrie, Fahrzeug- und Maschinenbau, Landwirtschaft.
Bekannte Flüsse: Main, Fulda, Lahn, Eder.
Höchste Erhebungen: Wasserkuppe (950 m), Großer Feldberg (879 m), Taufstein (773 m).
Waldfläche: 39,7 Prozent.
Ackerland: 24,8 Prozent.

Die Chatten, ein germanischer Volksstamm, siedelten zwischen Eder, Fulda und Schwalm. Im 7. Jahrhundert wurden sie auch „Hassii", „Hessi" und „Hessones" genannt. Im 15. Jahrhundert hatte das Gebiet der Hessen seine größte Ausdehnung, im 16. Jahrhundert teilte es sich in die Linien Hessen-Kassel, Hessen-Marburg, Hessen-Rheinfels und Hessen-Darmstadt. Hessen-Kassel (mit Hessen-Marburg) wurde 1868 zur preußischen Provinz Hessen-Nassau. Hessen-Darmstadt (mit Hessen-Rheinfels) trat 1806 dem Rheinbund bei und wurde Großherzogtum. Nach dem 2. Weltkrieg wurde aus den preußischen Provinzen Nassau und Kurhessen sowie dem rechtsrheinischen Teil von Hessen-Darmstadt das Bundesland Hessen.

Skyline von Frankfurt am Main

Zwischen Werra und Kaufunger Wald

Dies ist eine Landschaft, in der ein Naturpark glatt an den anderen stößt: im Norden der Naturpark Münden, südlich der Naturpark Meißner-Kaufunger Wald. Das ist eine Landschaft von sehr romantischem Mittelgebirgscharakter.

Sehenswertes

① Schloß Berlepsch stammt aus dem Jahre 1369, und die ursprüngliche dreiflügelige Anlage ist noch gut zu erkennen. Allerdings wurde die Burg gegen Ende des 19. Jahrhunderts romantisierend ausgebaut.

② In Ziegenhagen gibt es noch viele schöne Fachwerkbauten, ein Wasserschloß und die Schloßruine Cygenberg. Zu Ziegenhagen gehört aber auch ein Erlebnispark mit Auto- und Motorradmuseum, mit Märchengarten und Zoo. Sie finden eine Ofenplattenschau, ein Adlergehege und ein interessantes Jahrhundertmuseum.

③ Die alte Stadt Witzenhausen mit ihren vielen Fachwerkhäusern wird noch von einer Mauer umgeben, die Wehrtürme trägt.
Die Liebfrauenkirche von Witzenhausen stammt aus dem frühen 13. Jahrhundert. Man sieht es noch an den romanisch-frühgotischen Arkadenpfeilern. Hingegen präsentiert sich der Chor als ein rein gotischer Anbau.
Sehenswert sind auch die zierliche gotische Kapelle St. Michael und das Renaissancerathaus mit seinem Glockenspiel.
Außerdem gilt Witzenhausen als Kirschenstadt. Ringsum gibt es rund 150 000 Kirschbäume. Zur Kirschenernte im Juli wird Kirmes gefeiert. Und eine Kirschenkönigin gewählt.

④ In Arnstein gibt es ein spätgotisches Schloß zu besichtigen.

271 – 25 km

Im Tal der Werra

Von Witzenhausen, das im Tal der Werra liegt, folgen Sie der Bundesstraße 80 leicht ansteigend bis Arnstein. Jetzt geht es links auf Nebenstraßen durch Neu Eichenberg hinauf auf die schön bewaldeten Höhenzüge, die rechts der Werra liegen. Sie müssen auf winzigen Sträßchen etwa 170 Meter Höhenunterschied überwinden und erreichen so Hermannrode. Dort zweigen Sie links ab und fahren durch den Wald über Berlepsch-Ellerode nach Hübenthal.
Von hier geht es auf bescheidenen Nebensträßchen – und durch offeneres Gelände – abwärts bis nach Gertenbach.
Dort sind Sie nun wieder im Tal der Werra. Sie überqueren den Fluß und fahren auf der anderen Seite der Werra durch Niederungen und über sanfte Hügel, vorbei an Stiedenrode, durch Ermschwerd und so – immer im Tal der Werra entlang – nach Witzenhausen zurück.

Schloß Berlepsch

272 — 23 km

Durch den Forst Ziegenberg

Von Witzenhausen fahren Sie auf einem Radweg parallel zur Bundesstraße 451 bis Gelsterhof. Dort geht es rechts ab in das hügelige Land.

Über Dohrenbach und Roßbach kommen Sie auf einem Sträßchen nach Kleinalmerode. Von dort geht es, ein wenig auf und ab, nach Hubenrode. Ab hier durchqueren Sie auf einem Radweg ein Naturschutzgebiet.

Sie kommen zunächst in den Forst Ziegenberg nach Neufriemen. Dann bringt Sie ein schönes Tal, am Rand des Forstes Elberberg, nach Ziegenhagen.

Von dort geht es an Ziegenberg vorbei bis Stiedenrode. Und dann fahren Sie rechts im Tal der Werra zurück nach Witzenhausen.

273 — 40 km

Große Rundfahrt:

In den Wäldern rings um Witzenhausen

Diese große Rundfahrt bringt Sie durch die schönsten Wälder, die rings um Witzenhausen zu finden sind. Sie beginnen in dieser Stadt und fahren nordöstlich nach Arnstein, dort links über Neu Eichenberg am Wald entlang nach Hermannrode. Von dort geht es, am Schloß Berlepsch vorbei, nach Hübenthal und Stiedenrode.

Dann biegen Sie rechts ab nach Ziegenhagen in den Bereich des Forstes Elberberg-Ziegenhagen und fahren gleich anschließend durch den Forst Ziegenberg.

In einem großen Bogen am Rand des Naturparks Meißner-Kaufunger Wald fahren Sie nun wieder nach Witzenhausen zurück.

Informationen

Fremdenverkehrsverband Werra-Meißner-Land e. V., Nordbahnhofweg 1, Landratsamt, 37213 Witzenhausen, Tel. 0 55 42-5 05 58

Fremdenverkehrsamt, Steinstr. 2, 37213 Witzenhausen Tel. 0 55 42-5 08 13

🚲 *am Bahnhof: Seite 439*

Am Ederstausee

Der 27 Kilometer lange, bis zu einen Kilometer breite Ederstausee ist einer der größten in Deutschland. Für Sie ist das wichtigste: Man kann hier Baden, Windsurfen, Wasserskilaufen und Segeln. Boote gibt es zu leihen. Ausflugsschiffe auch.

274 **55 km**

Einmal rund um den Edersee

Sie starten in Waldeck – und nun brauchen Sie eigentlich nur den Straßen und Fahrwegen zu folgen, die Sie möglichst dicht ans Ufer des Sees bringen. Immer geht das nicht.
Von Waldeck fahren Sie südlich nach Edertal und von dort nach Bringhausen. Die Halbinsel, die nordwestlich von Edertal in den See ragt (es gibt dort einen Wildpark und Campingmöglichkeiten), hat keinen brauchbaren Fahrweg direkt am Ufer entlang. Anders ist es bei der Halbinsel von Bringhausen. Dort können Sie am Ufer entlangfahren, müssen dann aber durch Campingplätze radeln. Die Halbinsel von Asel-Süd können Sie voll abfahren – Sie müssen es eigentlich sogar, denn es gibt keinen vernünftigen anderen Weg. Weiter fahren Sie am Ufer entlang über Harbshausen und erreichen dann bei Herzhausen das westliche Ende des Sees. Nun schlagen Sie den Weg am Nordufer ein, fahren am 395 m hohen Hochstein vorbei nach Hohe Fahrt. Dort halten Sie sich nördlich nach Vöhl, ein ganzes Stück vom See entfernt, und fahren dann über Trappenhardt wieder bei Scheid ans Ufer. Der Grund für den Umweg: Südlich von Vöhl liegt am See ein Naturschutzgebiet. Da gibt es zwar Wege, aber keinen, der direkt am Ufer entlangführt. Von Scheid fahren Sie an dem fjordartigen Wasserarm landeinwärts, umrunden ihn und sind dann alsbald wieder in Waldeck.

275 **60 km**

Über die Ederhöhen

Diese Tour ist lang, auch etwas anstrengend, weil sie über die Ederhöhen führt und es da immer wieder auf und ab geht. Sie beginnen in Waldeck und fahren am Nordufer des Sees über Scheid und Vöhl nach Herzhausen. Dann halten Sie sich südlich und bleiben zunächst, bis Schmittlotheim, im Tal der Eder. Ein Landsträßchen bringt

Sehenswertes

① *Die uralte Burg Waldeck hat ein interessantes Museum.*

② *Im Wildpark Edersee sieht man Mufflons und Steinböcke.*

③ *Am Edersee finden Sie viele Wassersport-Möglichkeiten.*

④ *Im Hochwasserspeicher wartet hochgepumptes Wasser, bis man es zur Energie-Erzeugung braucht.*

Der Edersee

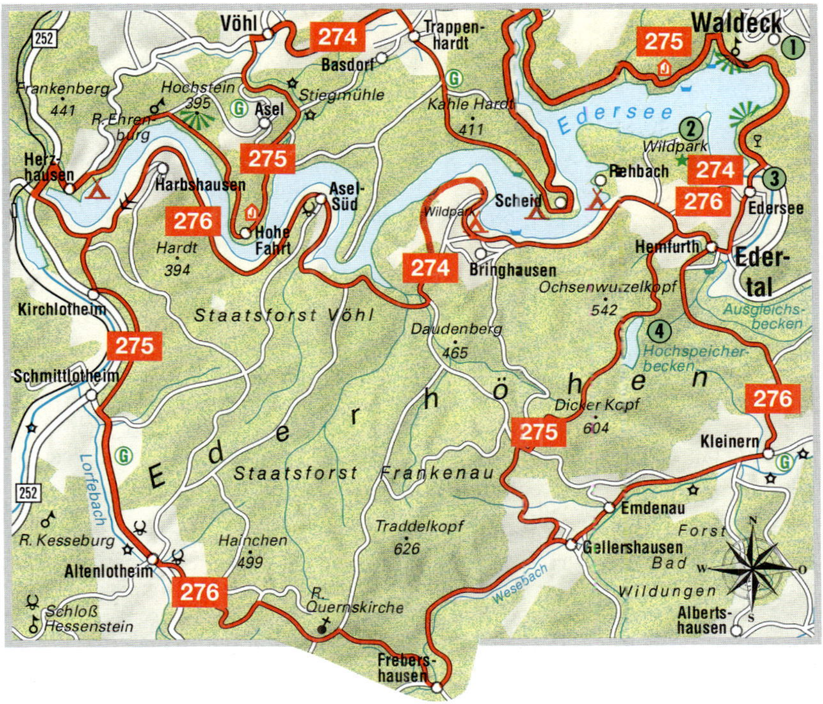

Sie durch den Staatsforst Frankenau im Tal des Lorfebachs nach Altenlotheim. Und nun geht es kräftig hinauf und hinunter, immer durch den Wald, bis Sie in Frebershausen sind. Dort beginnt der Wesebach, dem Sie nun abwärts bis Gellershausen folgen. Nun aber begeben Sie sich wieder in die Mittelgebirgslandschaft der Ederhöhen und fahren auf schmalen Sträßchen hinauf, am 604 Meter hohen Dicken Kopf vorbei, zum Hochspeicherbecken. Von dort geht es dann abwärts nach Hemfurth und nach Waldeck zurück.

276 | 45 km

Große Rundfahrt:
Zum Ausgleichsbecken des Edersees

Beginnen Sie in Edertal, und fahren Sie am Südufer des Edersees bis kurz vor Herzhausen. Dort halten Sie sich südlich, fahren im Tal der Eder über Schmittlotheim nach Frebershausen. Dort treffen Sie auf den Wesebach. Dem folgen Sie über Gellershausen und Emdenau durch den Forst Bad Wildungen nach Kleinern. Nun geht es links ab und nach Norden. Schnell erreichen Sie eine weitere Wasserfläche: das Ausgleichsbecken des Ederstausees. Auch am Pumpspeicherkraftwerk kommen Sie vorbei – dann sind Sie wieder in Edertal.

Informationen

Waldeck-Ederbergland, Amt für Tourismus, Südring 2, 34497 Korbach, Tel. 0 56 31-5 43 59

Verkehrsamt, Sachsenhäuser Straße 10, 34513 Waldeck, Tel. 0 56 23-53 02

🚲 *am Bahnhof: Seite 439*

Durch den Schlierbachswald

Die Städte in dieser Gegend waren einst reich und berühmt. Das hing damit zusammen, daß die Werra schon recht früh schiffbar war. Man konnte Handel treiben. So sehen Sie hier noch sehr viele Gebäude, die an gute alte Zeiten erinnern.

277
40 km

Durch den Staatsforst Reichensachsen

Von Eschwege fahren Sie in Richtung Süden am Segelfluggelände vorbei durch die fruchtbare Talweitung der Wehre zum Vulkankegel Blaue Kuppe und weiter nach Langenhain. Jetzt erreichen Sie den Staatsforst Reichensachsen und müssen 800 m hinauf zum Höhenzug Hundsrück. Über hügeliges Gelände fahren Sie nach Röhrda und nach Ringgau. Von dort kommen Sie auf kleinen Sträßchen über Lüderbach nach Rittmannshausen. Dort geht es rechts über einen Höhenrücken nach Rambach und von dort links nach Weißenborn. Nun fahren Sie durch den Schlierbachswald über Schlierbach nach Eschwege zurück. Die Tour ist nicht schwer, aber durch das Auf und Ab doch etwas anstrengend.

278
35 km

Im Tal der Werra

Von Eschwege fahren Sie über Oberdünzebach. Einen Kilometer hinter Schlierbach geht es links ab auf das Sträßchen, das nach Völkershausen führt. Dem folgen Sie, immer dem Flüßchen Schlierbach nach. Dort, in Völkershausen, kommen Sie in ein kurioses Paralleltal: Schlierbach und Werra fließen nebeneinander her, bis sie sich in Wanfried vereinigen. Sie folgen nun der Werra in einem großen Bogen um einen bewaldeten Bergrücken herum bis Aue. Dort überqueren Sie die Werra und fahren – wie schon auf den letzten Kilometern – an zahlreichen Kiesseen vorbei nach Frieda und Schwebda. Auf diese Weise kommen Sie fast nach Eschwege – aber nicht ganz: Sie biegen vorher nach Norden ab, nach Meinhard, und fahren dann weiter nördlich über Neuerode bis Hitzelrode. Dort schlagen Sie einen scharfen Haken, um über Motzenrode, Jestädt und Niederhone nach Eschwege zurückzufahren.

Sehenswertes

① *Eschwege ist ein romantisches Städtchen mit vielen historischen Gebäuden.*

② *In Wanfried sind die schönen Fachwerkhäuser in der Marktstraße sehenswert.*

279
65 km

Große Rundfahrt:
Eine lange Strecke im Werratal

Dies ist eine lange Tour, und anstrengend ist sie auch. Aber schön!
Sie kommen durch prächtige Wälder, an Flüssen entlang und sehen Interessantes. Sie fahren von Eschwege

Fachwerkhaus in Wanfried

südlich durch den Staatsforst Reichensachsen nach Ringgau, dann über Rittmannshausen nach Weißenborn. Dort wenden Sie rechts und fahren hinüber nach Großburschla ins Tal der Werra. Sie folgen diesem Fluß etwa 14 Kilometer weit bis kurz vor Eschwege, fahren dann nach Norden, nach Hitzelrode, und über Meinhard, Motzenrode und Jestädt zurück.

Informationen

Fremdenverkehrsverband Werra-Meißner-Land e. V., Landratsamt, Nordbahnhofweg 1, 37213 Witzenhausen, Tel. 0 55 42-5 05 58

Verkehrsbüro, Hospitalplatz 16, 37269 Eschwege, Tel. 0 56 51-30 42 10/30 43 39

am Bahnhof: Seite 439

Vom Fuldatal zum Riedforst

Im Norden ragt der südliche Zipfel des Naturparks Meißner-Kaufunger Wald in unser Gebiet. Mittendrin liegt der Riedforst, auch er zum Teil im Naturpark. An Wald kein Mangel. Und deshalb auch nicht an schattigen Radwanderwegen.

280 – 40 km – Über die Günsteröder Höhe

Von Melsungen geht es nach Süden bis zur Einmündung der Pfieffe in die Fulda. An dieser Pfieffe entlang fahren Sie nun stetig aufwärts über Adelshausen und Spangenberg bis nach Beierode. Dort biegen Sie ein in das Tal des Landebachs. Auf Höhenrücken, die von Mischwäldern überzogen sind, durchqueren Sie den Staatsforst Hessisch Lichtenau. Sie kommen dabei durch Wickersrode und Retterode. In Hessisch Lichtenau halten Sie sich zu Beginn des Städtchens gleich links, um das Sträßchen nach Günsterode zu nehmen. Am 564 Meter hohen Himmelsberg vorbei kommen Sie über die Günsteröder Höhe und fahren im Tal des Kehrebachs über Kirchhof nach Melsungen zurück.

Sehenswertes

① *Hessisch Lichtenau wird noch heute von Teilen der mittelalterlichen Stadtbefestigung umgeben. Man sieht viele schöne Fachwerkbauten.*
Sechs Kilometer südlich: die weithin sichtbare Ruine der 900 Jahre alten Burg Reichenbach.

② *Melsungen hat ein berühmtes Fachwerk-Rathaus: Es steht mitten auf dem Marktplatz. Die Stadt zeigt noch viel mehr sehenswertes Fachwerk sowie eine Wehrmauer.*

③ *Spangenberg ist ebenfalls voller Fachwerkhäuser aus der Zeit zwischen Mittelalter und Renaissance.*

281 – 40 km – Durch den Naturpark

Sie fahren von Melsungen im Tal der Fulda – das Sie auf einer gewaltigen Schleife des Flusses begleiten – bis Röhrenfurth und noch ein Stückchen weiter, bis die Straße nach Ober- und Unter-Empfershausen abzweigt. Im Tal der Mülmisch und dann im Tal des Wattenbaches fahren Sie über Eiterhagen nach Wattenbach – und da sind Sie bereits im Naturpark Meißner-Kaufunger Wald. Einen Kilometer hinter Wattenbach radeln Sie rechts auf kleinen Sträßchen über St. Ottilien bis kurz vor Eschenstruth. Hier geht es im Tal rechts ab nach Hessisch Lichtenau. Am Ende des Orts biegen Sie rechts ein, um über die Günsteröder Höhe nach Günsterode und dann schließlich über Kirchhof im schönen Tal des Kehrebachs nach Melsungen zurückzufahren.

Das Rathaus von Melsungen

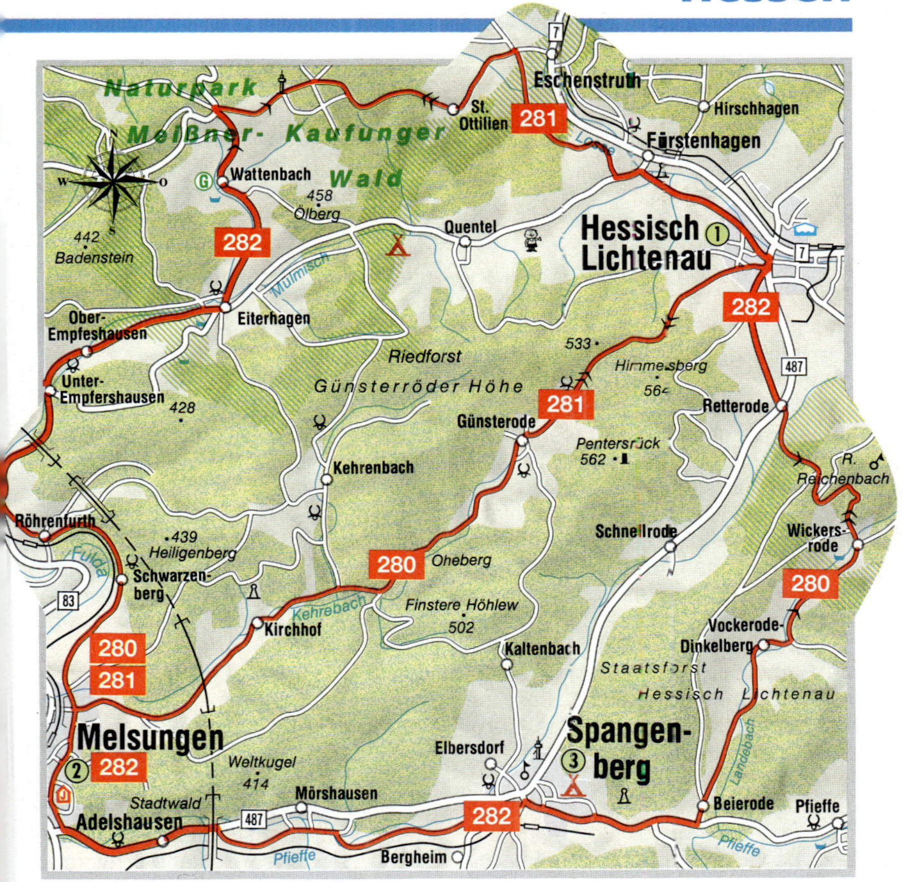

282
55 km

Große Rundfahrt:
Über Melsungen und Hessisch Lichtenau

Diese Strecke ist lang, sie ist ziemlich bergig – aber sie ist wunderschön. Vor allem kommen Sie durch eine ganze Reihe von Bachtälern. Eines ist hübscher als das andere!

Sie beginnen in Hessisch Lichtenau. Südlich fahren Sie über Retterode nach Beierode. Da sind Sie bereits im Tal des Landebachs. Dann geht es im Tal der Pfieffe nach Melsungen – wobei Sie kurz vorher schon auf die Fulda stoßen. In deren Tal bleiben Sie nun 10 km weit, um ins Tal der Mümisch einzubiegen und dann im Wattenbachtal weiterzufahren. Vor Eschenstruth kommen Sie bereits wieder an ein Flußtälchen, das Sie bis nach Hessisch Lichtenau begleiten.

Informationen

Touristregion Kassel-Land,
34117 Kassel,
Tel. 05 61-1 00 32 88

Tourist-Information, Am Markt 1,
34212 Melsungen,
Tel. 0 56 61-7 81 09

am Bahnhof: *Seite 439*

Im Wittgensteiner Land

Das Land (es heißt so nach Schloß Wittgenstein) ist sehr abwechslungsreich. Der bekannteste Fluß ist die Lahn, aber es gibt auch ein Flüßchen, das Laasphe heißt. Das entspringt im Wittgensteiner Land und mündet in die Lahn.

283
30 km

Im Tal von Lahn und Laasphe

Sie verlassen Biedenkopf in Richtung Nordwesten und folgen dem Lahntal über Ludwigshütte bis zur Abzweigung nach Weifenbach. Hier biegen Sie von der Bundesstraße 62 ab, auf der Sie bisher fuhren, und fahren hinauf nach Weifenbach, machen dort eine Schleife und kommen in Wallau wieder zur Bundesstraße 62 - einfach nur, weil es hübsch ist, hier im Tal des Graubachs und anderer Gewässer ein paar Kilometer durchs Land zu reisen. Von Wallau fahren Sie auf der Bundesstraße im Tal der Lahn bis Bad Laasphe. Dort zweigen Sie vor dem Ortsteil Carlsburg links auf ein Nebensträßchen ab, das Sie - etwa 80 Meter ansteigend - über den Görzberg führt. Am östlichen Ortsrand von Hesselbach halten Sie sich links und fahren am Boxbach entlang nach Wiesenbach. Dann geht es rechts auf Nebensträßchen durch Kleingladenbach bis Breidenbach und über einen flachen Höhenrücken nach Biedenkopf zurück.

Sehenswertes

① Die Altstadt von Bad Laasphe ist sehr hübsch. Sie sehen viele historische Fachwerkhäuser mit farbig verzierten Schnitzereien. Schloß Wittgenstein oberhalb von Bad Laasphe (als „Widekindistein“ schon 1174 bekannt) gab dem ganzen Land den Namen.

② Biedenkopf ist ein besonders hübsches Fachwerkstädtchen.

③ Breidenbach hat eine Pfarrkirche mit interessanter Malerei.

284
30 km

Im Naturpark Rothaargebirge

Von Bad Laasphe fahren Sie über den Forst Laasphe erst durch das Tal der Laasphe, dann durch das Tal des Fainsgrabens nach Auf dem Stein. Hier sind Sie bereits im Naturpark Rothaargebirge. Sie halten sich nun östlich und kommen, am 680 Meter hohen Bärenkopf vorbei, nach Richstein im Leisebachtal. Dort fahren Sie erst südlich, nach Didoll, und dann südöstlich in den Staatsforst Biedenkopf. Sie kommen über schmale Fahrwege an ein Sträßchen, das links nach Roda führt und Sie weiter nach Lindenhof bringt. Dort nehmen Sie Kurs nach Süden, fahren am 572 Meter hohen Lausfeld-Kopf und dem 552 Meter hohen Pfaffenberg vorbei nach Weifenbach. Dort fahren Sie rechts nach Wallau auf die Bundesstraße 62 und auf dieser im Lahntal nach Bad Laasphe zurück.

Bad Laasphe

285

45 km

Große Rundfahrt:
Durch den Biedenkopfer Stadtforst

Diese Rundstrecke führt Sie vorwiegend durch den Biedenkopfer Stadtforst, ein sehr schönes Waldgebiet.

Außerdem kommen Sie noch in den Naturpark Rothaargebirge. Auf jeden Fall haben Sie bei den meisten Strecken, die Sie durch die Wälder führen, genügend Schatten.

Am besten beginnen Sie in Bad Laasphe und fahren hinauf nach Auf dem Stein, von dort - im Naturpark Rothaargebirge - östlich nach Richstein und von dort nach Lindenhof. Nun geht es südlich, und Sie merken den Übergang kaum, wenn es vom Naturpark in die Wälder der kommunalen Forste übergeht. Zunächst sind Sie im Staatsforst Biedenkopf. Von Biedenkopf halten Sie sich westlich nach Breidenbach und Kleingladenbach, fahren einen hübschen Umweg über Wiesenbach und an Hesselbach vorbei zurück nach Bad Laasphe.

Informationen

Touristikverband Siegerland-Wittgenstein,
Koblenzer Str. 73,
57072 Siegen,
Tel. 02 71-3 33 10 20

Kurverwaltung, Wilhelmsplatz 3,
57334 Bad Laasphe,
Tel. 0 27 52-8 98

am Bahnhof: Seite 439

Im Tal der Lahn

Dieser Abschnitt im Tal der Lahn ist hübsch, die Landschaft belebt: Im Osten erheben sich die Lahnberge, im Westen erstreckt sich der Marburger Rücken, der von der Lahn fast rechtwinklig umflossen wird.

286 – 30 km – Im Tal der Ohe

Ab Marburg halten Sie sich nordwestlich; nehmen Sie die Straße nach Caldern! Die verlassen Sie allerdings schnell, um nach Görzhausen und Michelbach abzuschwenken. So fahren Sie bis nach Sterzhausen, wo Sie die Lahn (die Sie in Marburg verlassen haben) erneut treffen. Sie überqueren den Fluß, fahren am anderen Ufer nach Caldern und nun ins Hinterland des Marburger Rückens. Am Rimberg vorbei kommen Sie nach Damshausen. In Diedenshausen halten Sie sich links und fahren nun im Tal der Ohe: über Weitershausen und Nesselbrunn nach Hermeshausen. Hier geht es links ab nach Ockershausen und nach Marburg zurück.

Sehenswertes

① *Marburg hat viele wunderschöne Bauten – vor allem die gotische Elisabethkirche mit einer Fülle kostbarer Einrichtungen, vor allem aus gotischer Zeit.*

② *In Gladenbach steht die romanische Martinskirche mit einem gotischen Chorraum. Sie hat einen Taufstein aus dem 12. Jahrhundert.*

③ *In Erdhausen wirkte der Bauernmaler Karl Lenz (1898–1948). In seinem Atelier sind viele seiner Bilder ausgestellt.*

④ *In Lohra stehen sehr schöne Fachwerkbauten und eine spätromanische Kirche.*

287 – 35 km – Im Tal von Salzböde und Allna

Von Fronhausen geht es in dem hübschen Tal der Salzböde nach Lohra, nach Mornshausen und Gladenbach. Da fahren Sie rechts über einen kleinen Höhenrücken nach Frohnhausen ins Tal der Allna. Dem folgen Sie über Friebertshausen und kommen zum Ort Allna. Dort nehmen Sie ein kleines Sträßchen nach Hermeshausen und fahren von dort rechts zum Almhaus. Das liegt an der Straße, die über Cyriaxweimar nach Weimar führt. So fahren auch Sie und sind damit wieder im Tal der Lahn, in dem Sie bleiben, bis Sie in Fronhausen sind.

288 – 50 km – Große Rundfahrt: Rund um den Marburger Rücken

Der Marburger Rücken ist der sanfte Höhenzug, der westlich und südlich der Lahn in der Nähe von Marburg aufragt. Ihn umrunden

Die Universitätsstadt Marburg

Informationen

Fremdenverkehrsverband Marburg-Biedenkopf, Im Lichtenholz 60, 35043 Marburg, Tel. 0 64 21-40 53 81

Verkehrsamt, Neue Kasseler Straße 1, 35039 Marburg, Tel. 0 64 21-20 12 62

🚲 *am Bahnhof: Seite 439*

Sie bei dieser Route – nicht ohne immer wieder auf den Fluß zu treffen: die Lahn. In Marburg beginnt die Route, im Lahntal. Wenn Sie nun nordwestlich über Görzhausen und Michelbach fahren, kommen Sie erneut ins Tal der Lahn. Da bleiben Sie ein kurzes Stück, dann fahren Sie hinten herum um den Marburger Rücken – über Caldern, Damshausen und Sinkershausen nach Gladenbach. Weiter über Lohra und Fronhausen im Tal der Lahn nach Marburg zurück.

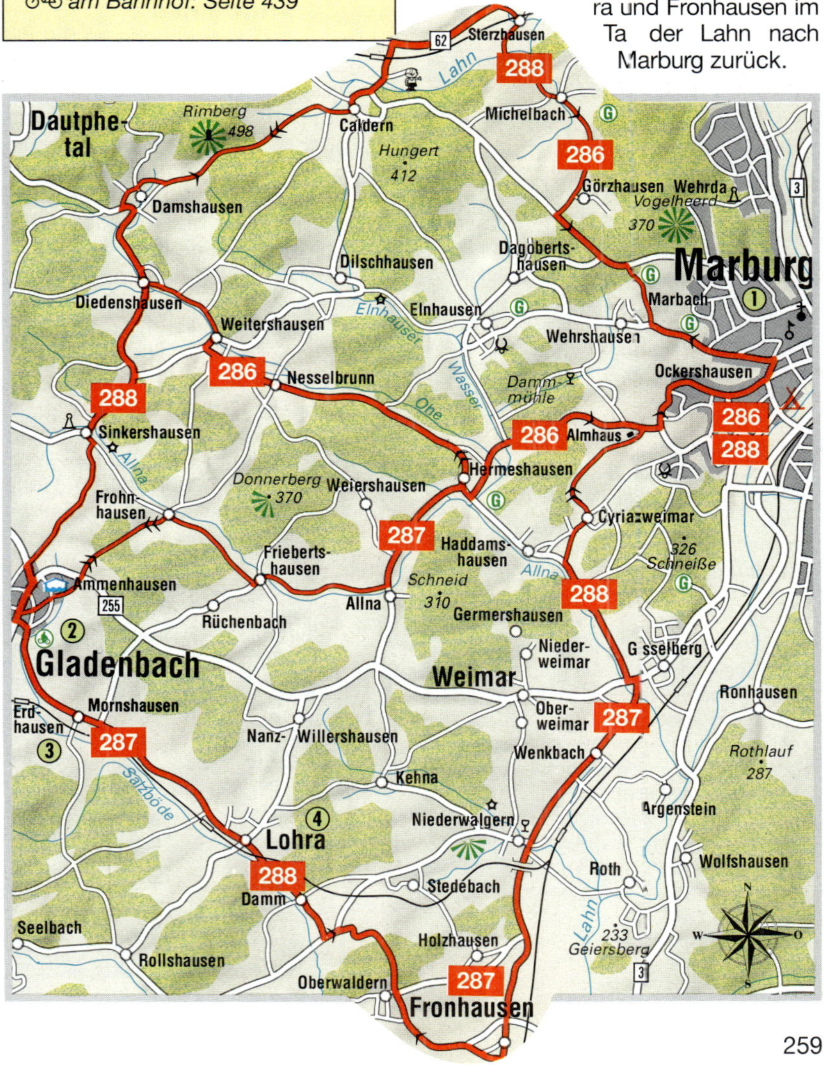

Dieses hessische Bergland ist viel zuwenig bekannt. Manche Städtchen – wie Alsfeld oder Lauterbach – sind ganz reizend. Zwei Ferienstraßen treffen sich in hier: Eine, die von den Alpen zur Ostsee führt, und die Deutsche Märchenstraße.

289 – 25 km: Durch den Alsfelder Staatsforst

Von Alsfeld fahren Sie zunächst südlich durch den Alsfelder Staatsforst. Sie kommen da durch Liederbach und Strebendorf nach Vadenrod.

Sehenswertes

① *Alsfeld hat einen wunderschönen Stadtkern. Man fühlt sich in alte Zeiten zurückversetzt. Rund um das spätgotische Fachwerk-Rathaus (1512–1516), dessen Geschosse auf einer Markthalle ruhen, steht ein prachtvolles altes Haus am anderen – teils aus Stein, teils in Fachwerk. Mehrere stammen aus dem 16. Jahrhundert. Im Hochzeitshaus von 1571 ist das Heimatmuseum untergebracht. Die beiden Barockhäuser Neurath und Minnigerode in der Rittergasse dienen heute als Regionalmuseum. Zum Stadtbild gehört auch der gedrungene, ursprünglich romanische Turm der gotischen Walpurgiskirche.*

② *In Lauterbachs hübscher Altstadt gibt es viele prächtige Fachwerkhäuser. Das Barockschlößchen Hohaus wäre auch ohne die sehr guten heimatkundlichen Sammlungen, die dort untergebracht sind, ein Schmuckstück. Fein ausgestattet ist auch die evangelische Stadtkirche aus dem 18. Jahrhundert, während sich das einstige Schloß der Freiherrn Riedesel äußerlich im Renaissancestil präsentiert.*
Die Burgwirtschaft hat sich seit 1612 kaum verändert.

Auch zurück fahren Sie durch diesen schönen Wald: Diesmal im Schwalmtal über Ober- und Unter-Sorg, Hopfgarten nach Alsfeld zurück.

290 – 40 km: Im schönen Schwalmtal

Von Alsfeld nehmen Sie die Straße, die parallel zur Schwalm führt: über Hopfgarten, Unter-Sorg und Wallenrod. Auf Landstraßen geht es noch ein Stück bis kurz vor Sickendorf. Da halten Sie sich dann ostwärts, und nun fahren Sie über Heblos und Maar wieder durch einen dichten und großen Staatsforst, an der 422 Meter hohen Bilskuppe vorbei, nach Schwarz. Auch dort bleiben Sie im Wald, und zwar auf schmalen Fahrwegen, die Sie am 501 Meter hohen Auerberg vorbeiführen bis nach Eifa. Es sind ausgedehnte Wälder, die Sie da passieren – und Sie müssen einen Höhenunterschied

Im Stadtkern von Alsfeld

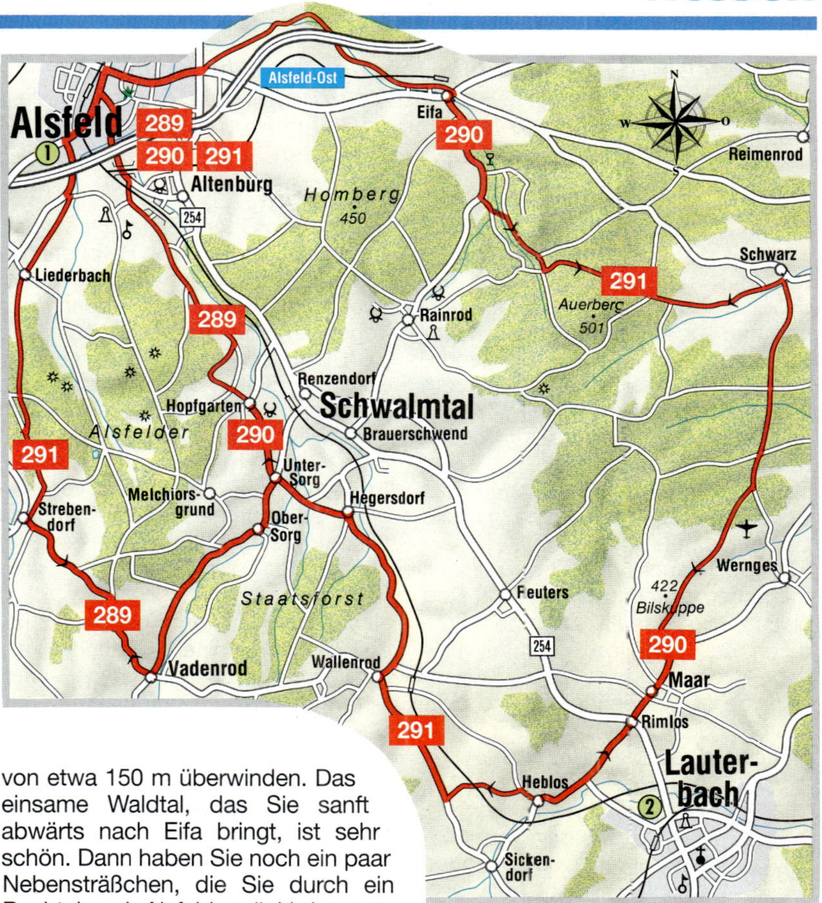

von etwa 150 m überwinden. Das einsame Waldtal, das Sie sanft abwärts nach Eifa bringt, ist sehr schön. Dann haben Sie noch ein paar Nebensträßchen, die Sie durch ein Bachtal nach Alsfeld zurückbringen.

291 — 50 km

Große Rundfahrt:
Wälder, so weit das Auge reicht

Diese große Strecke erschließt die waldreichen Höhenzüge zwischen Vogelsberg und Knüllgebirge. Unterwegs durchqueren Sie viele romantische Bachläufe. Und es kann gut sein, daß Sie lange Zeit keinem Menschen begegnen. Von Alsfeld fahren Sie südlich über Liederbach und Strebendorf nach Vadenrod, von dort nach Unter-Sorg. Dort halten Sie sich rechts, fahren über Hegersdorf und Wallenrod nach Heblos und Maar. Nun wird es schon recht einsam, wenn Sie nach Schwarz fahren, und noch stiller auf dem Weg nach Eifa. Von dort kommen Sie dann nach Alsfeld zurück.

Informationen

Fremdenverkehrsverband Vogelsberg + Wetterau, Goldhelg 20, 36339 Lauterbach, Tel. 0 66 41-97 70

Verkehrsverein der Stadt Alsfeld, Rittergasse 3-5, 36304 Alsfeld, Tel. 0 66 31-18 21 65

🚲 am Bahnhof: Seite 439

Im Naturpark Hoher Vogelsberg

Der Vogelsberg ist eine ruhige, häufig unberührt anmutende Mittelgebirgslandschaft. Hier gibt es urwaldartige Forstgebiete, Heidegegenden und ein Hochmoor. Zwischen den dichten Wäldern erstrecken sich Felder und Wiesen.

292
30 km

Durch den Staatsforst Schotten

Von Schotten fahren Sie östlich an Michelbach vorbei und über Breungeshain halbwegs zum 763 m hohen Hoherodskopf hinauf. Weiter fahren Sie am Taufstein vorbei, der mit 774 m höchsten Erhebung des Vogelsbergs.
Dann geht es nördlich durch den Staatsforst Schotten, zunächst auf der Autostraße, später auf Fahrwegen, dann auch wieder auf kleinen Sträßchen nach Ulrichstein. Dort biegen Sie scharf links ab und fahren durch das hügelige, jetzt teilweise unbewaldete Gebiet über Kölzenhain, den Oberseener Hof und Betzenrod nach Schotten zurück. Da gibt es einiges an Auf und Ab.

293
45 km

Zum Niddasee und zum Gederner See

Sie fahren von Schotten östlich an Michelbach vorbei zum Hoherodskopf. Dort verlassen Sie die Autostraße und fahren auf Rad- und Wanderwegen durch den dichten Oberwald, zunächst östlich, dann südlich bis Herchenhain. Auf Nebensträßchen geht es weiter über die hügeligen Kuppen des Vogelsbergs nach Gedern. Von dort führt ein Radweg am Gederner See und am Spießweiher vorbei nach Steinberg. Hier durchfahren Sie im Spießwald ein Naturschutzgebiet. Bei Steinberg finden Sie ein Sträßchen nach Glashütten. Von dort geht es auf einer sehr schönen Landstraße nach Eichelsachsen. Hier nehmen Sie links die Straße in Richtung Rainrod.
Nach zwei Kilometern geht es rechts ab und auf kleinen Sträßchen am Niddasee entlang zurück nach Schotten. Die Tour hat anstrengende Steilstrecken.

294
65 km

Große Rundfahrt:

Durch den ganzen Naturpark

Diese lange und durch das bergige Gebiet auch etwas anstrengende Tour führt Sie zu allen Schönheiten des Naturparks Hoher Vogelsberg. In Schotten beginnend, fahren

Sehenswertes

① *Ulrichstein: weite Aussicht.*

② *Taufstein: 774 Meter, die höchste Erhebung des Vogelsbergs.*

③ *Schotten: schönes altes Stadtbild mit vielen Fachwerkhäusern.*

④ *Niddasee: 1970 aufgestaut.*

⑤ *Gedern: sehr hübsches altes Städtchen mit Strandbad am See.*

Niddasee

Informationen

Fremdenverkehrsverband Vogelsberg + Wetterau,
Goldhelg 20, 36339 Lauterbach,
Tel. 0 66 41-8 53 23

Verkehrsamt, Vogelsbergstraße 184, 63679 Schotten,
Tel. 0 60 44-66 51

🚲 am Bahnhof: Seite 439

Sie am besten zunächst nördlich über Betzenrod, den Oberseener und Petershainer Hof nach Ulrichstein. Von dort geht es südlich in die Gegend von Taufstein und Hoherodskopf. Auf kleinen Wegen fahren sie zum Nesselberg hinüber und dann südlich über Herchenhain, später westlich über Ober-Seemen nach Gedern. Über Steinberg und Eichelsachsen kommen Sie nach Schotten zurück.

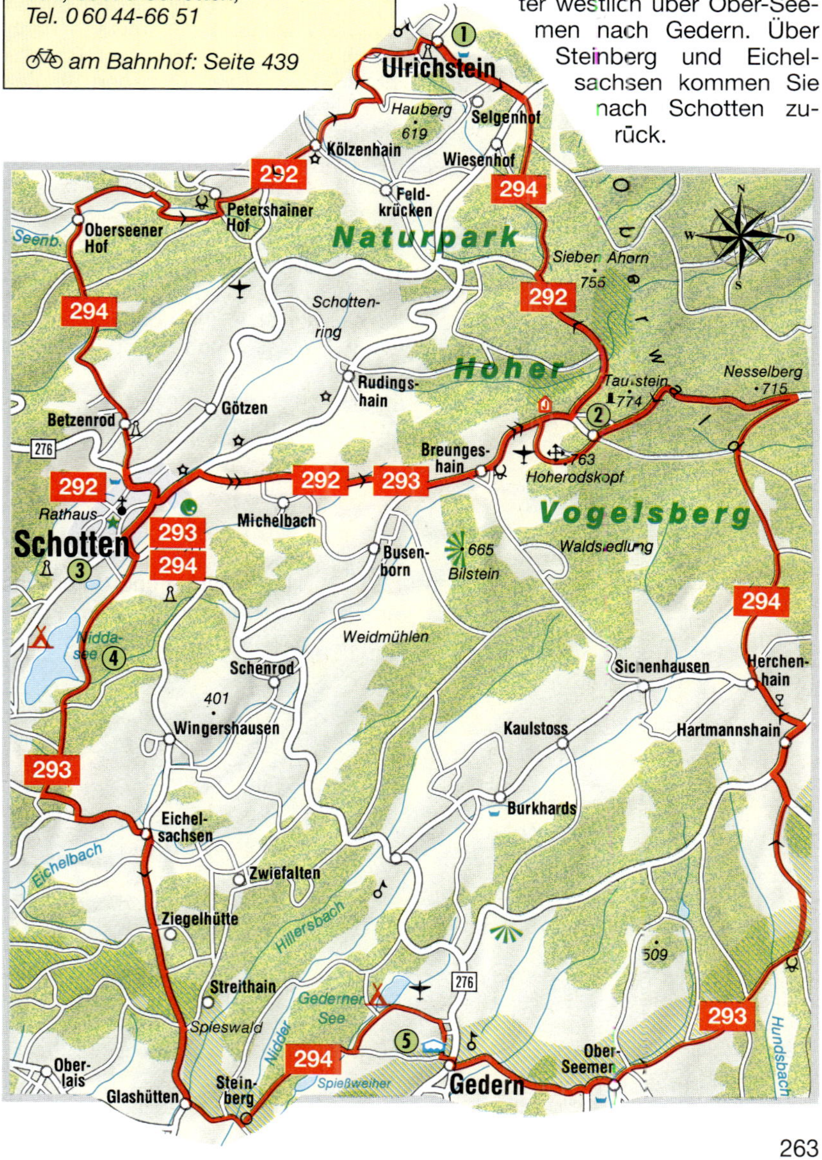

Im Naturpark Hessische Rhön

Die Rhön hat man in zwei Naturparks aufgeteilt: Hessische und Bayerische Rhön. Im Naturpark Hessische Rhön ist die Landschaft rauh, karg und fast herb. Aber berühmt: Hier ragt die Wasserkuppe auf, die seelische Heimat aller Segelflieger.

Sehenswertes

① Die Milseburg trägt auf ihrem 835 Meter hohen Gipfel eine barocke Kreuzigungsgruppe. Einst stand hier eine keltische Fliehburg. Für Geschichtsinteressierte empfiehlt sich der vorgeschichtliche Wanderweg, der vom Parkplatz hinauf zum Gipfel führt.

② Die Wasserkuppe ist mit ihren 950 Metern der höchste Berg der Rhön: eine abgeflachte Wiesenkuppe mit schöner Aussicht und viel Wind. Der kommt den Segelfliegern gerade recht, die sich hier oben tummeln. Im Segelflugmuseum sehen Sie viele alte und neue Modelle. Und eine 700 Meter lange Sommerbobbahn gibt es auch.

③ Nördlich von Poppenhausen ragen die 30 Meter hohen Phonolithfelsen der „Steinwand" aus dem Wald. Über eine Treppe können Sie hinaufsteigen.

④ Der Hochwildschutzpark ist 40 Hektar groß und hat Gehege für Mufflons, Hirsche und Rehe. Auch Steinböcke, Wildschweine und Waschbären sind hier zu Hause.

⑤ In Gersfeld liegt ein historischer Marktplatz mit hübschen Fachwerkhäusern. Von den drei Schlössern stammen zwei aus dem 17. Jahrhundert. Im dritten von 1740 ist vor allem der Rokokosaal sehenswert.
Auch ein Heimatmuseum mit Fuldaer Porzellan aus dem 18. Jahrhundert und bäuerlichen Geräten finden Sie dort.

295 — 18 km
Durch den Staatsforst Neuhof

Von Poppenhausen fahren Sie südlich aufwärts nach Gackenhof und weiter über Bodenhof. Sie kommen durch den Staatsforst Neuhof und radeln dann hinunter ins Tal der Fulda. Das erreichen Sie bei Gersfeld.
Von hier geht es jetzt wieder hinauf, über Schachen und Sommerberg. Sie finden da teilweise nur ganz kleine Sträßchen. Über Kohlstöcken kommen Sie nach Abtsroda. Dort halten Sie sich links und fahren so über Sieblos nach Poppenhausen zurück.
Es ist zwar nur eine kleine Tour – aber Sie haben zwischendrin ganz tüchtig zu treten!

296 — 25 km
Im Tal der Fulda

Von Gersfeld fahren Sie im Fuldatal nach Westen – und zwar am besten auf dem Fahr-

Im Hochwildschutzpark Ehrengrund

weg am südlichen Ufer. Sie kommen an etlichen Fischteichen vorbei, durch ein hübsches Tal, müssen dies dann aber verlassen, um links nach Gichenbach abzubiegen. Vom Staatsforst Neuhof kommen Sie in den Forst Gersfeld. Dann fahren Sie entlang dem Rommerser Wasser nach Rommers. Von dort geht es über Rodenbach und am Hochwildschutzpark vorbei nach Gersfeld zurück.

297
35 km

Große Rundfahrt:
Über die Wasserkuppe

Hier wäre ein Mountain-Bike nicht schlecht: von Poppenhausen auf dem mit schwarzen Pfeilen ausgeschildertem Wanderweg nördlich auf die Steinwand (646 m), weiter über die Maulkuppe (706 m) zur Milseburg (835 m) und zur Milseburg-Hütte. Über Wanderwege nach Brand und Reulbach, von dort auf die Wasserkuppe (950 m), über Schachen und Abtsroda zurück nach Poppenhausen.

Informationen

Fremdenverkehrsverband Rhön, Landratsamt, Wörthstraße 15, 36037 Fulda, Tel. 06 61-6 00 63 05

Kurverwaltung, Brückenstr. 1, 36129 Gersfeld, Tel. 0 66 54-17 80

🚲 am Bahnhof: Seite 439

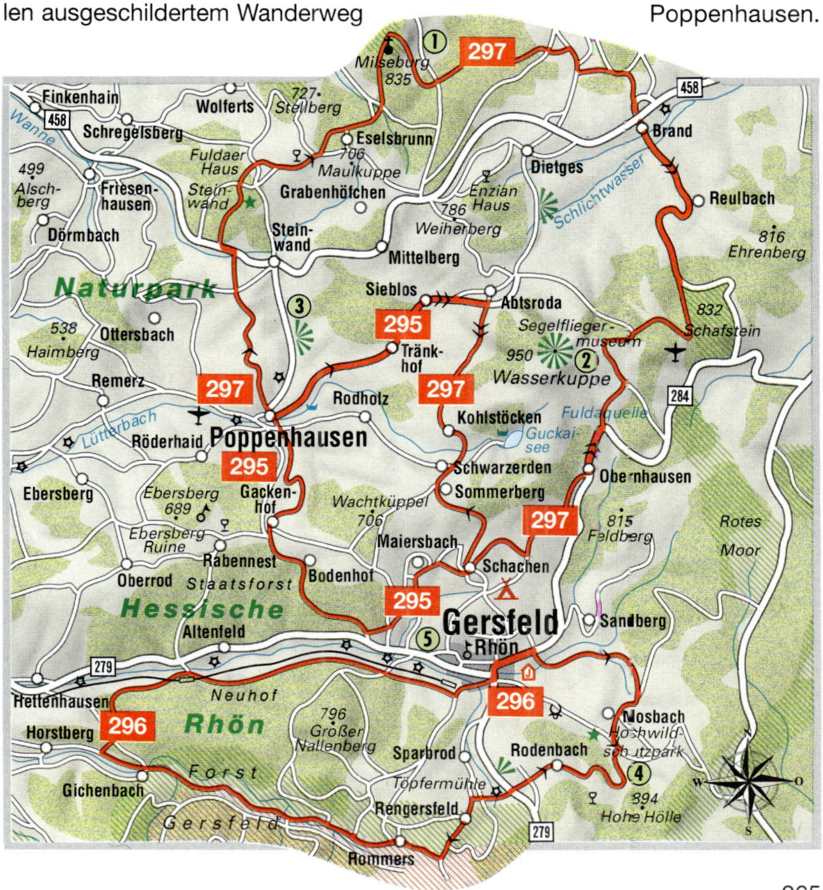

Im Taunus

Der Taunus ist ein Höhenrücken, 70 Kilometer lang, und auf weite Strecken prächtig bewaldet. Interessant, daß er die meisten Mineralquellen in ganz Deutschland hat. Deshalb gibt es dort so viele Kurorte - beispielsweise Bad Schwalbach.

298
40 km

Durch den Wiesbadener Stadtwald

Von Bad Schwalbach fahren Sie auf Radwegen und kleinen Sträßchen durch den Staatsforst Chausseehaus zum Gustav-Vietor-Turm und dann zur Eisernen Hand. Dort nehmen Sie ein kleines Stück die Bundesstraße 54 nach Norden - wenige hundert Meter - bis es wieder rechts abgeht zur Platte. Dort überqueren Sie die Bundesstraße 417 und fahren auf weiteren kleinen Sträßchen durch den Wiesbadener Stadtwald und den Staatsforst Idstein nach Engenhahn. Hier treffen Sie auf die Straße, die westlich nach Neuhof führt und kommen wieder auf die Bundesstraße 417, auf der Sie nach Norden fahren, bis sie links nach Orlen abzweigt. Weiter geht es auf einem Sträßchen nach Wingsbach, dann an Watzhahn vorbei nach Born. Nun fahren Sie links im Tal des Herbachs hinunter bis zur Bundesstraße 54. Nur ein kleines Stück, dann sind Sie wieder in Bad Schwalbach.

Sehenswertes

① *Seit dem 16. Jahrhundert ist das Moor- und Stahlbad Bad Schwalbach bekannt, ein idyllisch gelegenes, gepflegtes Städtchen mit spätgotischer Kirche.*

② *„Taunus-Wunderland" ist gleichzeitig Tier- und Erlebnispark mit allerlei Attraktionen.*

③ *Vom Aussichtspunkt Platte haben Sie einen herrlichen Blick über den Taunus.*

299
35 km

Auf den Spuren der Römer

Sie starten in Aarbergen (im Ortsteil Kettenbach) und fahren zunächst zum Ortsteil Michelbach. Den verlassen Sie östlich und fahren über sanfte Hochflächen durch Holzhausen und Breithardt nach Born. Nun biegen Sie links ein und kommen, an Watzhahn vorbei, über Wingsbach nach Orlen. Auf diesem Stück der Strecke fahren Sie immer wieder parallel zum Limes, der einst mächtigen römischen Befestigungsanlage. (Kurz vor Born stehen rechts auch die Reste eines Römerkastells im Wald.) Nun müssen Sie einen Bergrücken überqueren, um nach Ehrenbach zu kommen. Dort geht es links ab auf einem Radweg nach Oberlibbach, dann rechts über hügelige Straßen nach Strinz-Trinitatis, von dort auf einem Fahrweg nach Panrod und dann links über Daisbach zurück nach Aarbergen.

Im Kurpark von Bad Schwalbach

300
60 km

Große Rundfahrt:
Im Naturpark Rheingau-Taunus-Kreis

Alle drei Routen auf diesen Seiten bewegen sich im Naturpark Rheingau-Taunus-Kreis. Aber bei dieser Tour lernen Sie ein besonders umfangreiches Stück davon kennen. Sie starten in Bad Schwalbach und fahren südlich auf kleinen Wegen, am Taunus-Wunderland vorbei, durch den Staatsforst Chausseehaus zur Platte und nach Engenhahn. Von dort geht es nördlich über Eschenhahn nach Ehrenbach. Über Panrod nach Aarbergen und weiter über Holzhausen, Breithardt und Born nach Bad Schwalbach zurück.

Informationen

Hessischer Fremdenverkehrsverband, Abraham-Lincoln-Str. 38-42, 65189 Wiesbaden, Tel. 0611-77 88 00

Hessisches Staatsbad, Am Kurpark 1, 65307 Bad Schwalbach, Tel. 06124-50 20

🚲 am Bahnhof: Seite 439

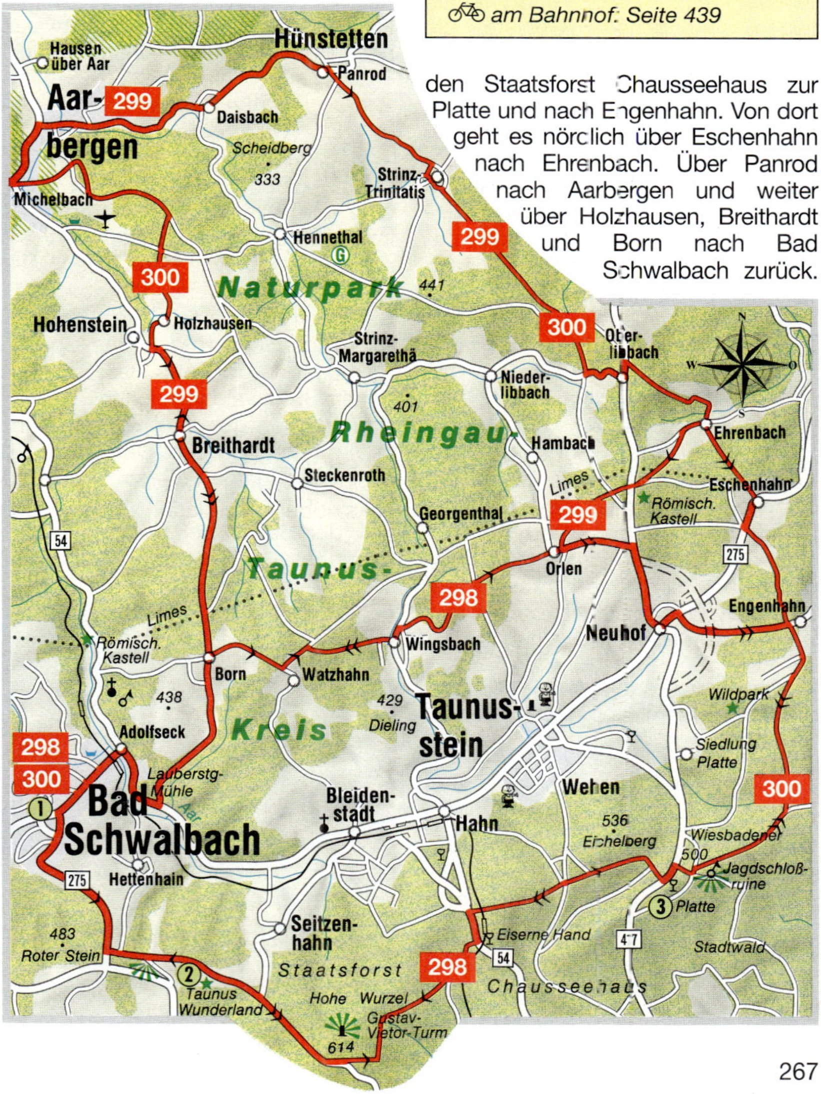

Im Naturpark Hessischer Spessart

Der Spessart (das heißt „Wald der Spechte") ist nur ein kleines Mittelgebirge, aber ein großer Naturpark – allerdings nach der länderpolitischen Situation in zwei Teile getrennt: in einen hessischen und einen bayrischen.

301
40 km

Im Tal des Steinaubaches

Von Steinau geht es auf einer Landstraße nördlich, im Tal des Steinaubaches, nach Kressenbach. Links und rechts liegen sehr schöne Gebiete, die man unter Naturschutz gestellt hat. Von Kressenbach im Staatsforst Schlüchtern bringt Sie ein kleiner Fahrweg nach Ulmbach. Von dort geht es nach Sarrod und Kerbersdorf im Tal der Salz und nach Bad Soden-Salmünster. Von hier begeben Sie sich südöstlich bis Waldhaus ins Tal des Klingbachs. Dann geht es durch den Staatsforst Salmünster über Alsberg und Seidenroth nach Steinau zurück.

302
35 km

Links und rechts der Bracht

Von Bad Soden-Salmünster fahren Sie im Tal der Salz nördlich nach Eckardroth, Kerbersdorf und Sarrod. Dort geht es auf einem Radweg westlich ab nach Schönhof. Eine Landstraße bringt Sie nach Obersotzbach und weiter nachBirstein.Hiersind Sie nun bereits im Tal der Bracht, dem Sie auf sehr schönen Sträßchen über Hellstein und Schlierbach nach Neudorf folgen – mal auf dieser, mal auf jener Seite des Flüßchens. In Neudorf nehmen Sie den Fahrweg links am Rand des Bad Sodeners Stadtwalds nach Bad Soden-Salmünster zurück.

Sehenswertes

① *Teufelshöhle: Hessens größte Tropfsteinhöhle.*

② *Steinau: Mit prächtigen Fachwerkhäusern, einem Brüder-Grimm-Museum (im Wohnhaus der Märchensammler) sowie einem großen Tier- und Botanikpark.*

③ *Bad Soden-Salmünster: mit der Klosterkirche von 1745.*

303
55 km

Große Rundfahrt: Durch die Bad Orber Wälder

Den Spessart kennt mancher von Wilhelm Hauffs „Wirtshaus im Spessart". Hier bekommen Sie einen Eindruck, wie Hauff jenen Wald gesehen haben mag. Sie starten in Steinau und fahren über Kressenbach und Sarrod nach Bad Soden-Salmünster. Am Rand des Bad Sodeners Stadtwalds erreichen Sie Neudorf. Von hier geht es auf einer Landstraße nach Bad Orb. Dort beginnen schon die großen Forste: Der Bad Orber Stadtwald, das Orber Reisig und der Bad Orber Staatsforst. Sie fahren bis zum Kinderdorf Wegschei-

Der Marktplatz von Steinau

Informationen

Fremdenverkehrsverband Spessart-Kinzigtal-Vogelsberg, Barbarossastraße 20, 63571 Gelnhausen, Tel. 0 60 51-852 78

Verkehrsamt, Badestraße 8, 63623 Bad Soden, Tel. 0 60 56-14 33

am Bahnhof: Seite 439

de und noch ein kurzes Stück weiter. Dort führt die Hauptstraße dann östlich, während Sie sich nordöstlich auf die Spessart-Höhenstraße begeben. Die bringt Sie über Alsberg und Seidenroth nach Steinau zurück

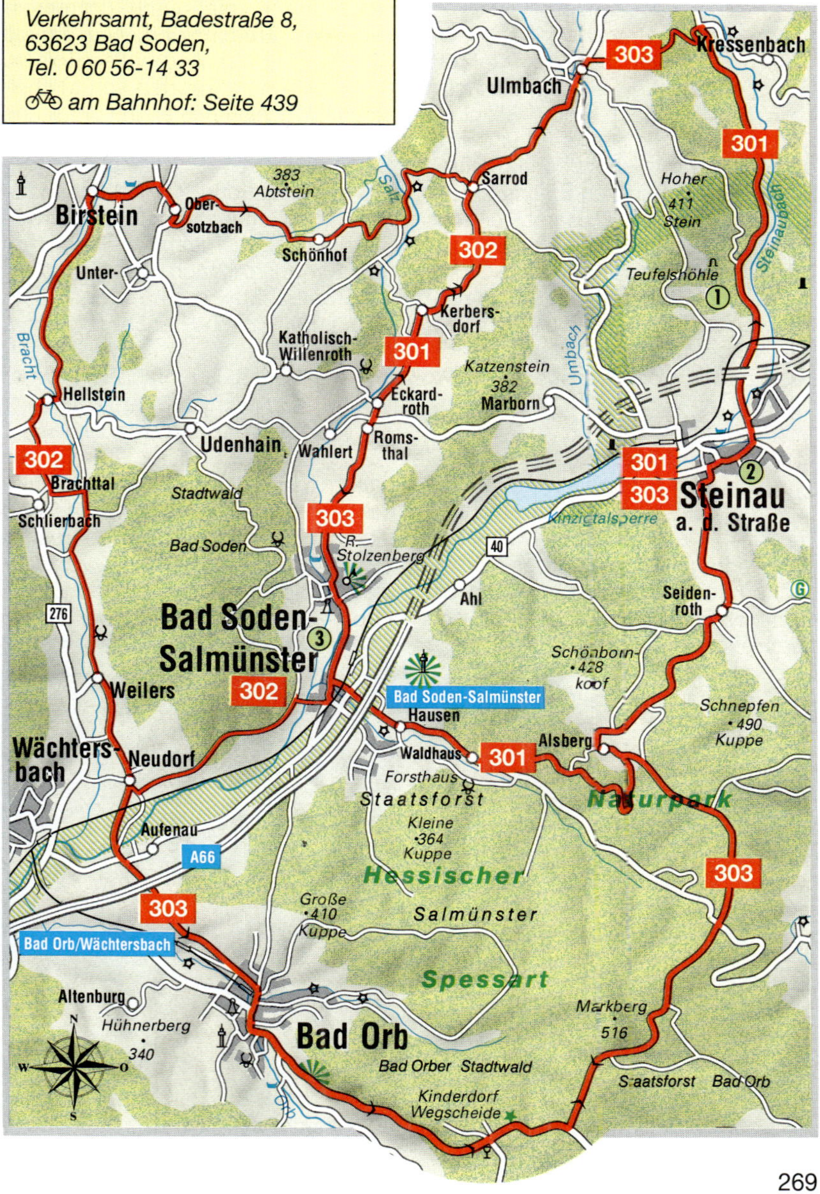

Naturpark Bergstraße-Odenwald

Im westlichen Odenwald dehnt sich ein Naturpark aus, der „Bergstraße-Odenwald“ heißt. Die Bergstraße, die schon den Römern als „Strata Montana“ bekannt war, ist vor allem wegen ihres milden Klimas berühmt; hier reifen Feigen und Mandeln.

304 – 25 km – Im Tal der Mümling

Von Brensbach führt ein Radweg aus dem Tal der Gersprenz stetig, aber nicht allzu steil über Kilsbach nach Böllstein. Dort zweigen Sie rechts ab und bleiben auf der Hochfläche. Durch Kirchbrombach fahren Sie ins Tal der Mümling hinunter. Diesem Flüßchen folgen Sie durch Bad König und Etzen-Gesäß bis vor Mümling-Grumbach. Nun geht es links auf einem Radweg nach Forstel. An Hummetroth vorbei fahren Sie durch Höllerbach zurück nach Brensbach.

305 – 45 km – Im Michel- und Mergbachtal

Von Brensbach fahren Sie auf einem Radweg nach Fränkisch-Crumbach und weiter auf einer Nebenstraße im Tal des Michelbachs nach Reichelsheim. Nun geht es im Mergbachtal sanft aufwärts durch Frohnhofen, Unter-Ostern und Erzbach, bis Sie zur Bundesstaße 460 kommen. Sie biegen links ein, aber schon nach Hiltersklingen biegen Sie links wieder ab auf die Nebenstraße, die durch Untermossau nach Erbach führt. Nun fahren Sie am Fluß Mümling entlang bis zu den westlichen Vororten von Michelstadt. Dort halten Sie sich links und fahren im Tal des Rehbachs auf der Nibelungenstraße (die gleichzeitig die Bundesstraße 47 ist) bis nach Rehbach. Von dort geht es über den Sandbuckel nach Langen-Brombach und Kirch-Brombach. Jetzt sind Sie im Brombachtal, dem Sie über Böllstein zurück nach Brensbach folgen.

Sehenswertes

① *Reichelsheim: mit Burg Reichenberg (14. Jahrhundert).*

② *Kirch-Beerfurth: mit der Ruine des Beerfurther Schlößchens.*

③ *Michelstadt: mit sehr charmantem Stadtbild und einem Rathaus von 1484.*

④ *Erbach: mit malerischer Altstadt und dem Elfenbeinmuseum.*

306 – 55 km – Große Rundfahrt: Zwischen Brensbach, Bad König und Erbach

Diese Strecke ist lang, Sie haben tüchtig zu tun. (Dafür sehen Sie Landschaften.) Von Brensbach fahren Sie östlich ins Tal der Mümling nach Bad König. Kurz vor Zell biegen Sie ab nach Langen-Brom-

An der Mümling in Erbach

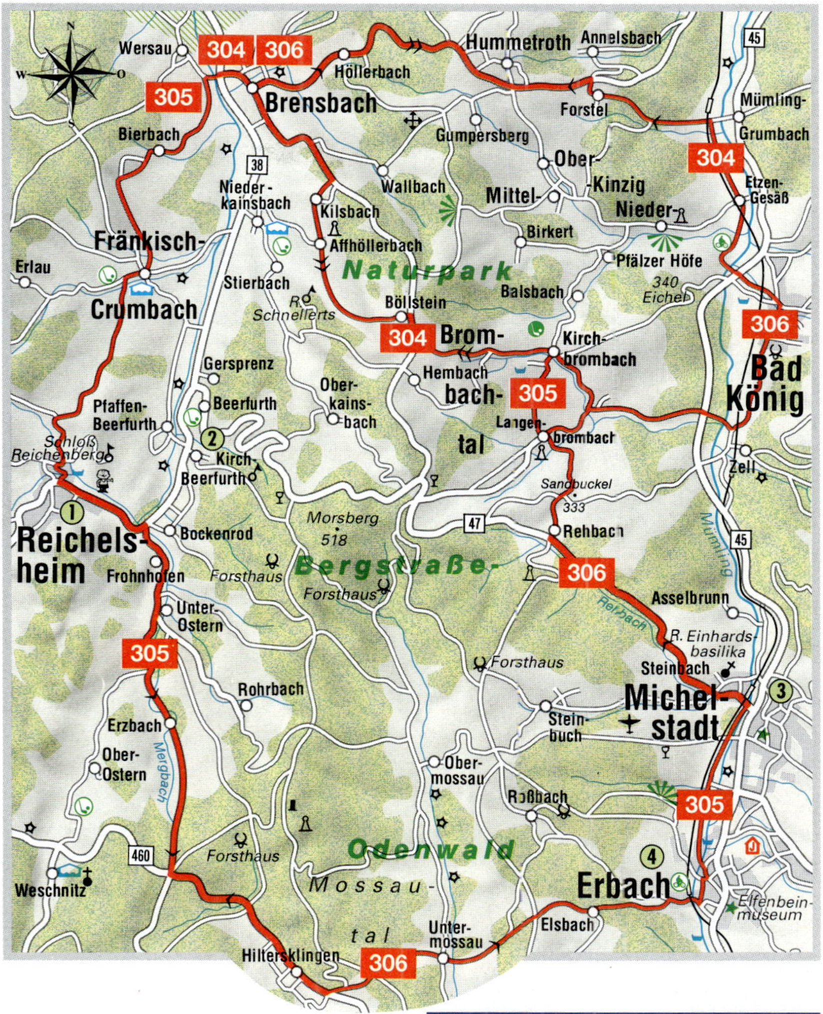

bach, fahren ins Tal des Rehbachs und so nach Michelstadt. Wieder sind Sie im Mümlingtal, das Sie nach Erbach bringt. Von dort kommen Sie westlich über Untermossau nach Hiltersklingen. Nun fahren Sie auf der Bundesstraße 460 bis zur Abzweigung nach Erzbach, dann an Reichelsheim vorbei nach Fränkisch-Crumbach. Über Bierbach kommen Sie nach Brensbach zurück.

Informationen

Fremdenverkehrsverband Odenwald-Bergstraße-Neckartal, Marktplatz 1, 64720 Michelstadt, Tel. 06061-666

Verkehrsamt, Marktplatz 1, 64720 Michelstadt, Tel. 06061-741 46

🚲 *am Bahnhof: Seite 439*

Thüringen

Aufgestaute Seen und kulturträchtige Städte

Nicht ganz tausend Meter Höhe erreicht der Thüringer Wald, ein 110 Kilometer langes, relativ schmales Waldgebirge zwischen Eisenach und der oberen Saale. Die an seinem Südostende nordwärts strebende Saale ist im Thüringer Schiefergebirge mehrmals zu großen, für den Wassersport freigegebenen Seen aufgestaut. Anschließend durchquert der Fluß das Thüringer Becken, eine weiträumige Mulde, in die sich kulturträchtige Städte wie Weimar, Erfurt und Gotha betten.

Übersicht

Thüringen auf einem Blick

Größe: 16 251 km^2.
Einwohner: 2,6 Millionen.
Bevölkerungsdichte: 165 Einwohner/km^2.
Landeshauptstadt: Erfurt (mit 206 000 Einwohnern auch die größte Stadt des Landes).
Wirtschaft: Maschinen- und Automobilbau, Glasindustrie, Fremdenverkehr.
Bekannte Flüsse: Gera, Saale, Unstrut, Werra.
Höchste Erhebungen: Großer Beerberg (982 m), Kieferle (867 m).
Waldfläche: 31 Prozent.
Ackerland: 43,5 Prozent.

Die Thüringer wurden 531 von Franken und Sachsen unterworfen. Doch unter Führung der Ludowinger, die Landgrafen von Thüringen waren, erlebte das Land im 11. Jahrhundert eine Blütezeit (es war die Epoche der Minnesänger auf der Wartburg). Nach dem Aussterben der Ludowinger im 13. Jahrhundert zerfiel Thüringen in viele Machtbereiche. Der größte Teil des Landes kam 1815 an Preußen. Die verbleibenden thüringischen Kleinstaaten (dazu vier sächsische Herzogtümer sowie die Fürstentümer Schwarzburg und Reuß) wurden zum Land Thüringen zusammengeschlossen.
Seit 1990 ist es ein Bundesland.

Am Unterharz
307 Am Landschaftsschutzgebiet Harz
308 Besuch in der Heimkehle
309 Rund um Nordhausen

Am Kyffhäusergebirge
310 Bei der Barbarossahöhle
311 Durch die Hainleite
312 Durch zwei Landschaftsschutzgebiete

In der Umgebung von Weimar
313 Am Gutendorfer Naturschutzgebiet
314 An der Talsperre Hohenfelde
315 Durch die Flußtäler südlich von Weimar

An der Ohratalsperre
316 An der Talsperre
317 Ein Stück auf dem Rennsteig
318 Im Landschaftsschutzgebiet Thüringer Wald

An der Talsperre Zeulenroda
319 An der Talsperre Weida
320 Durch die Wälder nach Pausa
321 Im Seengebiet zwischen Auma und Zeulenroda

Im Tal der Schwarza
322 Über Schwarzmühle ins Schwarzatal
323 Ein schönes Stück im Tal der Katze
324 Im Tal der Schwarza

Im Tal der Saale
325 Zehn Kilometer am südlichen Saale-Ufer
326 Durch die Vordere Heide
327 An der Hinteren Heide

An der Bleilochtalsperre
328 Zum großen und kleinen Otterbach
329 Rund um die Bleilochtalsperre
330 Einmal um das ganze Gewässer

Die Wartburg in Eisenach

Am Unterharz

Diese Gegend, im Norden von Thüringen, ist historisch. Im Mittelalter bestanden hier zahlreiche Grafschaften. Nordhausen selbst war eine Reichsstadt, von 1430 bis 1432 sogar Mitglied der Hanse. Die Stadt hat sich viel Altes bewahrt.

307 – 25 km
Am Landschaftsschutzgebiet Harz

Von Nordhausen müssen Sie erst einmal ein Stück auf der Bundesstraße 4 fahren. Es geht fast nur durch Ortschaften, von denen eine an die andere stößt, bis Ilfeld.

Dort fahren Sie rechts ab über eine Landstraße, am Landschaftsschutzgebiet Harz entlang, nach Neustadt. Jetzt wird es ganz ländlich, wenn Sie nach Buchholz und dann rechts ab nach Petersdorf kommen. Auf dieser Straße kehren Sie auch nach Nordhausen zurück.

Sehenswertes

① In Ilfeld können Sie – mit Führungen – zwei Schaubergwerke besuchen: den „Rabensteiner Stollen“ und die „Lange Wand“.

② Stolberg ist ein sehr reizvolles Fachwerkstädtchen mit verwinkelten Gassen und malerischen Plätzen. Das Alte Bürgerhaus von 1450 ist original eingerichtet und kann besichtigt werden. In der Alten Münze, einem der schönsten Fachwerkhäuser, sehen Sie eine historische Münzwerkstatt.

③ In Nordhausen steht am Markt das Alte Rathaus von 1360 (1610 umgebaut) mit der buntbemalten Rolandfigur von 1717.

④ Die Heimkehle ist eine der interessantesten Gipssteinhöhlen in Europa. Über 2000 Meter können (teilweise 80 Meter tief) begangen werden.

308 – 42 km
Besuch in der Heimkehle

Von Nordhausen fahren Sie ein Stück auf der Bundesstraße 4 südlich nach Sundhausen, dort am Ortsanfang links ab auf Landstraßen über Uthleben und Heringen nach Auleben. Hier halten Sie sich nördlich und kommen nach Görsbach. Dort beginnt ein winziges Sträßchen, das in Richtung Uftrungen führt. Es hört am Rand des Landschaftsschutzgebietes Alter Stolberg etwas unvermittelt auf, setzt sich aber als Radweg fort, der Sie direkt zur Heimkehle bringt, einer der berühmtesten Höhlen. Von dort kommen Sie auf einem Wanderweg nach Rottleberode. Hier biegen Sie links ab und fahren auf der Landstraße nach Buchholz. Über Petersdorf kommen Sie nach Nordhausen zurück.

309 – 60 km
Große Rundfahrt:
Rund um Nordhausen

Von Nordhausen fahren Sie zunächst über Ilfeld nach Neustadt.

Im Unterharz

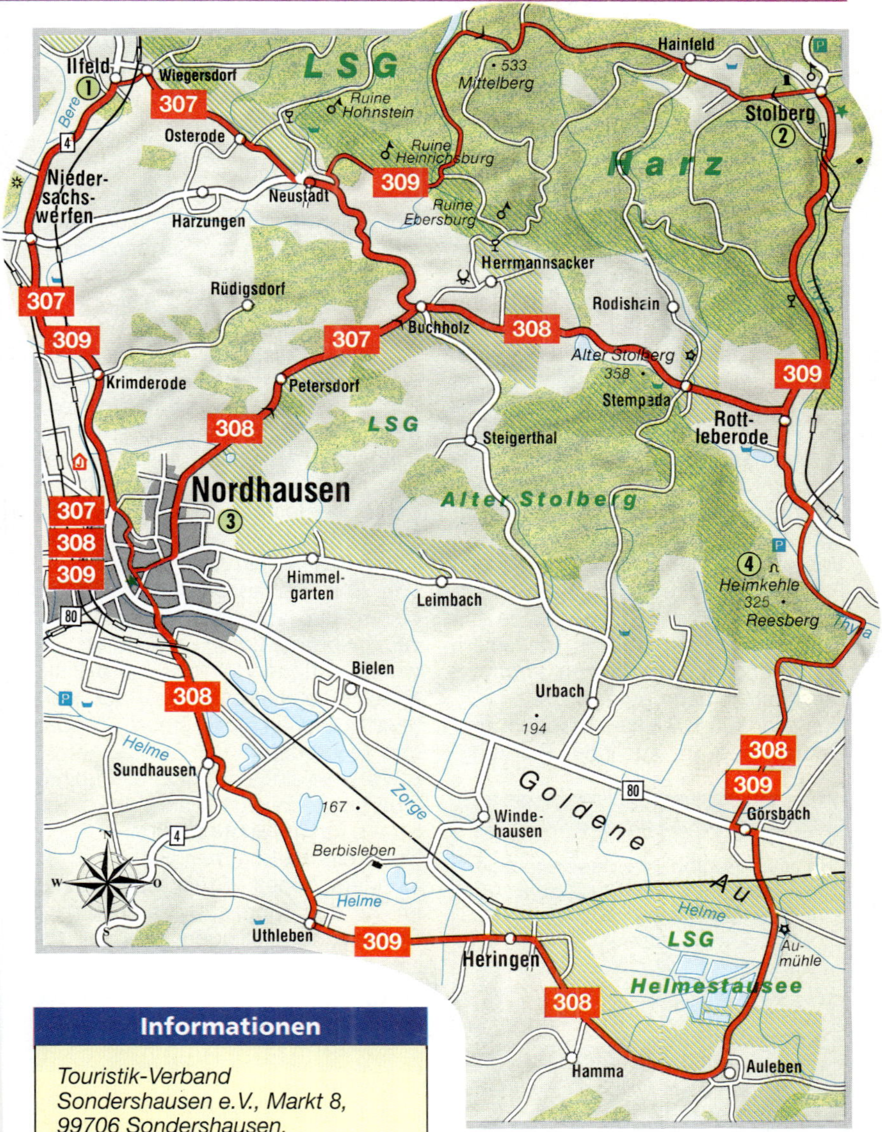

Informationen

Touristik-Verband Sondershausen e.V., Markt 8, 99706 Sondershausen, Tel. 0 36 32-74 10

Nordhausen-Information, Am Markt, 99734 Nordhausen, Tel. 0 36 31-84 33

🚲 am Bahnhof: Seite 439-440

Dort bringt Sie dann ein Wander- und Fahrradweg über Hainfeld nach Stolberg. Weiter geht es über Rottleberode, an der Höhle Heimkehle vorbei, nach Görsbach und dann über Auleben, Heringen und Sundhausen zurück nach Nordhausen.

Am Kyffhäusergebirge

Das Kyffhäusergebirge ist so etwas wie eine Miniaturausgabe des Harzes, dem es südöstlich vorgelagert ist. Es ist ebenso geschützt wie die wunderschöne Hainleite, südwestlich vom Kyffhäuser. Zwischen beiden sind unsere Radtouren angelegt.

310 – 40 km
Bei der Barbarossahöhle

Von Sondershausen fahren Sie östlich zum Bahnhof Berka. Einen Kilometer dahinter zweigt links die Landstraße nach Rottleben ab. Dort, in der Ortsmitte, finden Sie einen Fahrweg, der links nach Steinthaleben führt. Da kommen Sie nun am Rand des Kyffhäusergebirges vorbei und an der Barbarossahöhle, in der – wie man erzählt – eigentlich der alte Kaiser schlafend sitzen sollte.
Von Steinthaleben bringt Sie ein Fahrweg hinüber zum Kelbrastausee – einem großen Freizeitsee mit Booten und Badestrand. Auf einem sehr hübschen Sträßchen kommen Sie westlich nach Auleben.
Von hier führt Sie ein Wander- und Radfahrweg in südliche Richtung. Vorbei an der 340 Meter hohen Königslehde fahren Sie zur Landstraße, die Sie nach Sondershausen zurückbringt.

Sehenswertes

① Das Schloß in Sondershausen aus der Zeit vom 16. bis zum 18. Jahrhundert ist mit reichen Stuckdekorationen verziert. Bemerkenswert ist vor allem die ehemalige Hofapotheke. Im Schloß ist ein Museum mit antiken Skulpturen untergebracht.
Im Karussell, einem 1708 erbauten Lusthaus beim Schloß, finden Konzerte statt.

② Die Barbarossahöhle ist eine auf 800 Meter begehbare Gipshöhle mit Seen und riesigen Grotten. Hier soll der Sage nach Kaiser Barbarossa in seinem unterirdischen Schloß einer besseren Zeit entgegenschlafen.

311 – 46 km
Durch die Hainleite

Die Hainleite ist eine hübsche Landschaft am Nordrand des Thüringer Beckens. Den schönsten Abschnitt dieses Gebiets hat man zum Landschaftsschutzgebiet gemacht. Es liegt direkt südlich von Sondershausen und ist von vielen Fahrwegen durchzogen.
Von Sondershausen radeln Sie auf einem Rad- und Wanderweg südlich zum Hohen Berg und durch die wunderschöne Hainleite nach Holzengel. Sie fahren links, auf dem Landsträßchen über Trebra, Nieder- und Oberbösa.
Etwa zweieinhalb Kilometer hinter Oberbösa zweigt dann links die Straße nach Günserode ab.
Noch einmal kommen Sie durch ein wunderschönes Stück Landschaft im Tal der Wipper. Sie fahren nach Seega und Göllingen, biegen dort links ab und kommen auf die Landstraße, die Sie – immer im Wipper-

Informationen

Touristik-Verband, Markt 8,
99706 Sondershausen,
Tel. 0 36 32-7410

Sondershausen-Information,
Ferdinand-Schlufter-Straße 20,
99706 Sondershausen,
Tel. 0 36 32-81 11

🚲 *am Bahnhof: Seite 439-440*

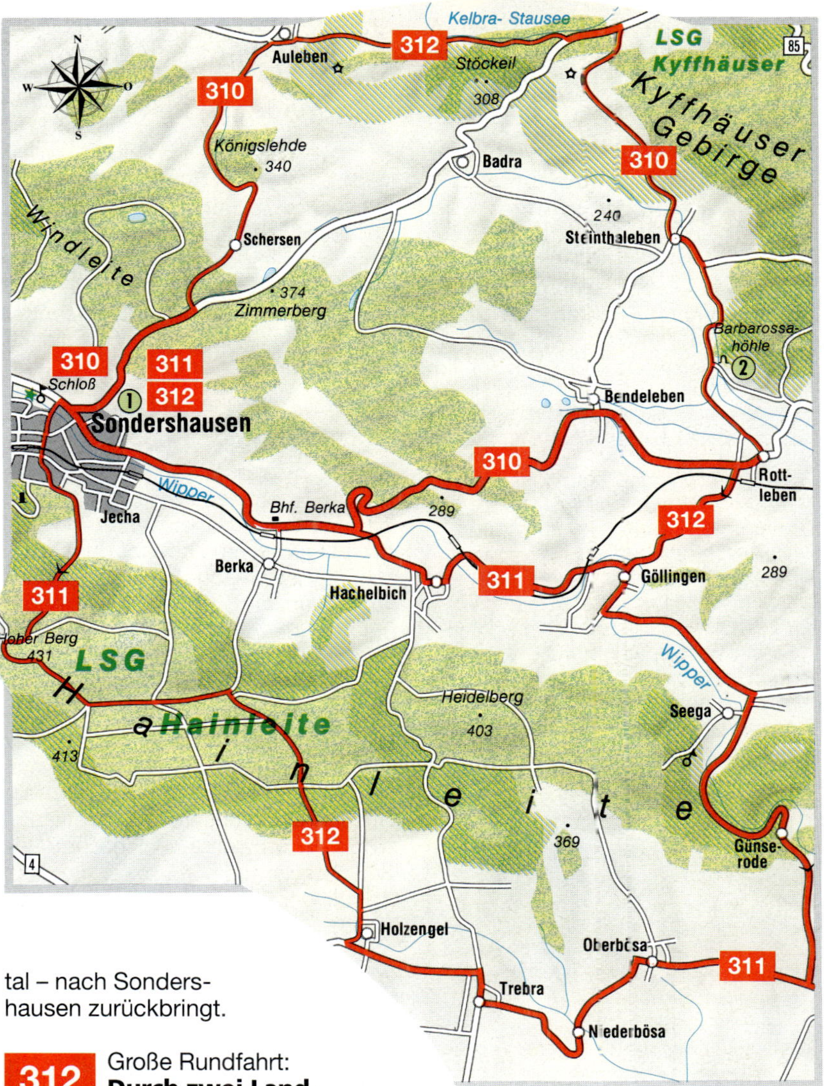

tal – nach Sonders-
hausen zurückbringt.

312 62 km

Große Rundfahrt:
Durch zwei Landschaftsschutzgebiete

Diese Tour bringt Sie von einer schönen Landschaft in die andere. Sie nehmen von Sondershausen die Hauptstraße nach Nordosten, dann den Fahrweg nach Auleben, fahren südlich des Kelbrastausees und dann durch das Landschaftsschutzgebiet am Rand des Kyffhäusergebirges nach Rottleben. Hier finden Sie ein nettes Sträßchen nach Göllingen. Von dort folgen Sie dem Tal der Wipper bis Günserode, fahren dann über Oberbösa und Holzengel sowie anschließend durch das Landschaftsschutzgebiet der Hainleite zurück nach Sondershausen.

In der Umgebung von Weimar

Die Metropole der deutschen Literaturgeschichte, die Stadt, in der Goethe und Schiller lebten, ist nicht nur historisch ehrwürdig. Sie ist auch sehr sehenswert. Und: In ihrer Umgebung gibt es viel hübsche Landschaft, die zum Thüringer Becken gehört.

313
27 km

Am Gutendorfer Naturschutzgebiet

Von Weimar fahren Sie über Schloß Belvedere und Vollersroda auf einem kleinen Sträßchen nach Buchfart. Dort müssen Sie die Bundesstraße 87 nehmen, die sehr schön im Tal der Ilm nach Bad Berka führt. Hier biegen Sie rechts ab und kommen auf der Landstraße, entlang dem Gutendorfer Naturschutzgebiet, nach Troistedt. Am Ortsende zweigt eine Landstraße rechts ab, die Sie über Ober- und Niedergrunstedt nach Weimar zurückbringt.

Sehenswertes

① *Kunstsinnigen Fürsten ist es zu verdanken, daß in Weimar so viele berühmte Männer gewirkt haben, allen voran Goethe und Schiller. Das Goethehaus ist heute Goethe-Nationalmuseum, das Schillerhaus wurde zum Schillermuseum. Sehenswert ist in Weimar die spätgotische Stadtkirche mit Flügelaltar von Lucas Cranach, das Schloß der Herzöge von Sachsen-Weimar aus dem 16. Jahrhundert mit Kunstsammlungen, die Bürger- und Patrizierhäuser vom 16. und 19. Jahrhundert sowie das Grüne Schloß im Rokokostil und der von Goethe mitgestaltete Park an der Ilm.*

② *In Bad Berka steht eine barocke Pfarrkirche aus dem 18. Jahrhundert.*

③ *Hohenfelden: 40 Hektar große Talsperre mit Freizeiteinrichtungen. Im Ort das Thüringer Freilichtmuseum mit Gebäuden vom 16. bis 20. Jahrhundert.*

④ *Zwei Burgen bzw. Burgruinen gibt es in Kranichfeld, beide aus dem 12. Jahrhundert. Das ausgebrannte Oberschloß und die Niederburg mit Freilichtbühne.*

314
34 km

An der Talsperre Hohenfelden

Von Bad Berka fahren Sie nordwestlich, dann westlich durch das Landschaftsschutzgebiet, vorbei am Gutendorfer Naturschutzgebiet nach Gutendorf, dann nach Meckfeld. Ein Fahrweg bringt Sie von hier, an der Stiefelburg vorbei, nach Nauendorf. Sie biegen links auf die Landstraße ein, die Sie – in einem sehr schönen Abschnitt – zur Talsperre Hohenfelden bringt. Von Kranichfeld geht es weiter auf der Bundesstraße 87 nach Tannroda, dort rechts ab ins Tal der Schwarza, zum Ort Schwarza und nach Blan-

Goethe und Schiller in Weimar

kenhain. Durch den Wald führt Sie die Bundesstraße 85 nach Bad Berka zurück.

315
52 km

Große Rundfahrt:
Durch die Flußtäler südlich von Weimar

Diese Tour verläuft weitgehend durch Wald, durch schöne bis idyllische Flußtäler, durch Landschaftsschutzgebiete und eine Gegend, die zauberhafte Erlebnisse bietet. Von Weimar fahren Sie im Tal der Ilm nach Bad Berka und von dort nach Blankenhain. Im Tal der Schwarza geht es nach Tannroda, dann kommt wieder ein Stückchen Ilmtal bis Kranichfeld. In einem weiteren Flußtälchen fahren Sie nach Hohenfelden und von dort über Meckfeld nach Gutendorf. Eine kleine, schmale Straße führt Sie nach Troistedt – und dann sind Sie schon auf der Landstraße, die Sie zurückbringt.

Informationen

Kreisverwaltung, Schwanseestr. 17, 99423 Weimar, Tel. 0 36 43-20 40

Fremdenverkehrsamt, Markt 15, 99423 Weimar, Tel. 0 36 43-20 21 73

🚲 am Bahnhof Seite 439-440

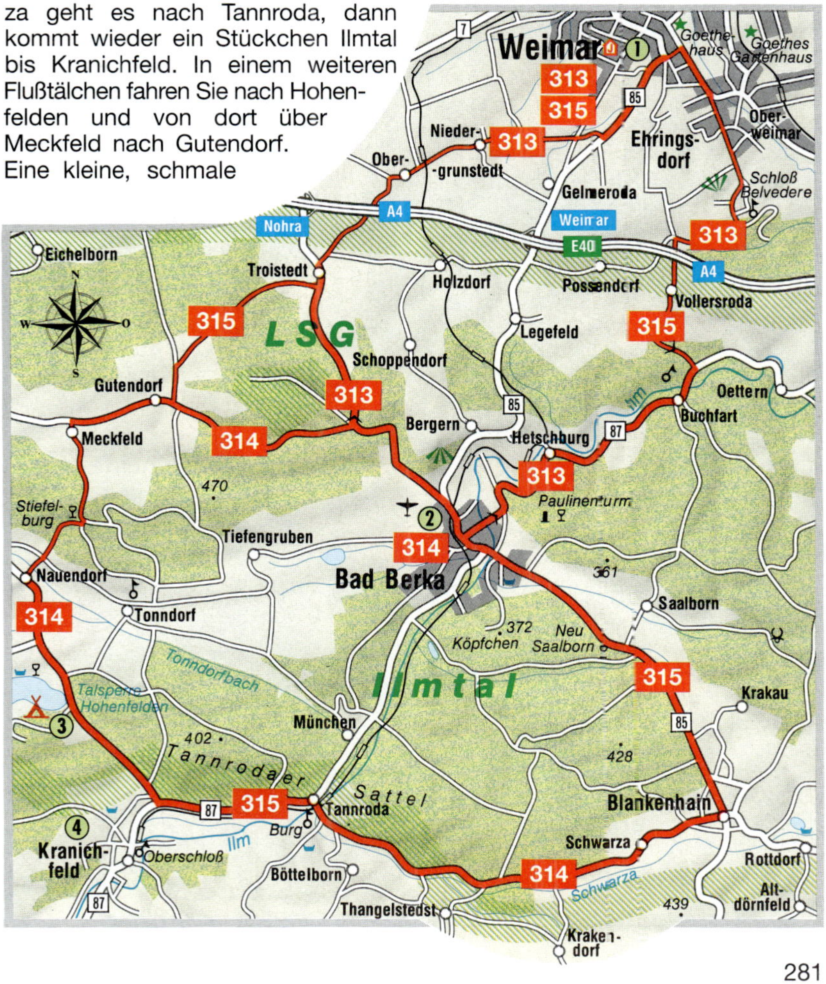

An der Ohratalsperre

Die Landschaft ist prächtig: ein ausgedehntes waldiges Landschaftsschutzgebiet, in das viele kleine Naturschutzgebiete wie Inseln eingelagert sind. Der Ohratalsperre ist keines der größten, aber sicher eines der hübschesten Gewässer.

Sehenswertes

① Oberhof war einst der „Obere Hof", wo die Fuhrleute, die auf dem Weg von Nürnberg nach Erfurt waren, ihre Zugtiere ausruhen ließen. Heute ist Oberhof einer der bekanntesten Kurorte im Osten Deutschlands: Seine schöne Lage, der Wald ringsum und die ozonreiche Höhenluft machen ihn attraktiv. Bekannt wurde der Ort allerdings durch den Wintersport, vor allem durch seine Sprungschanzen und die Rennschlittenbahn. Im Winter herrscht hier viel Betrieb. Oft finden große Wintersport-Wettkämpfe statt.

Die Thüringerschanze hat im Kampfrichterturm ein Café. Von dort haben Sie einen prachtvollen Blick auf den berühmten Rennsteig, jenen Kammweg im thüringischen Mittelgebirge, der als Grenzweg zwischen Thüringen und Franken große Bedeutung hatte und später als Bergwanderweg berühmt wurde. Er führt dicht bei Oberhof vorbei.

Gleich bei Oberhof liegt der Rennsteiggarten, der seit 1970 vom örtlichen Kulturbund mit großer Liebe ausgebaut und gepflegt wird. Er zeigt in seltener Vielfalt über 3000 Gebirgspflanzen – vor allem solche aus dem Rennsteiggebiet, aber auch andere aus aller Welt, die gleiche ökologische und klimatische Ansprüche haben.

Es lohnt sich auch für Nichtbotaniker, dem Rennsteiggarten einen Besuch zu machen. Vom Pfanntalskopf, dem höchsten Punkt der Anlage (868 m) haben Sie eine prächtige Aussicht.

316 – 35 km – An der Talsperre

In Oberhof nehmen Sie die Landstraße, die, vorbei am Eckardtskopf, ins Tal der Wilden Gera führt. Die mündet in eine andere Landstraße, die Sie links nach Gräfenroda bringt.

Von dort geht es weiter – allerdings auf der Bundesstraße 88 – nach Frankenhain und Crawinkel. Am Bahnhof finden Sie ein Sträßchen, das nach Luisenthal führt. Südlich kommen Sie dann auf der Bundesstraße nach Schwarzwald (der hier allerdings nur ein Ort ist, doch der Wald ringsum bleibt dem Namen nichts schuldig).

Dann halten Sie sich rechts, bis Sie an der Staumauer der Ohratalsperre sind (im See dürfen Sie leider nicht baden). Von der Talsperre führt ein Weg am östlichen Ufer des Sees entlang und weiter nach Oberhof.

317 – 40 km – Ein Stück auf dem Rennsteig

Sie beginnen in Tambach-Dietharz. Dort, am Südrand des Orts, finden Sie einen Wander-

Der Rennsteiggarten bei Oberhof

weg, der Sie mitten ins grüne Landschaftsschutzgebiet bringt. Dem folgen Sie, am großen Buchenberg vorbei, bis Sie auf den Rennsteig stoßen. Das ist ein uralter Kammweg in den Bergen, auf dem einst die Grenzwächter passierten. Heute ist es ein Wanderweg, der auch von Radfahrern benutzt werden kann.

Auf diesem berühmten Rennsteig fahren Sie über den Donnershauk bis zur Straße, die nach Oberhof links abzweigt.

Von Oberhof fahren Sie nördlich bis zur Ohratalsperre. Wenn Sie sie erreicht haben, halten Sie sich links und nehmen das Sträßchen, das im Süden des Sees immer am Ufer entlang die ganzen Konturen dieses abenteuerlichen Gewässers nachfährt. (Sie können mit dem Rad auch um den ganzen See herumfahren.) An seinem nordwestlichen Zipfel beginnt ein Radweg, der Sie durch den Wald nach Tambach-Dietharz zurückbringt.

Informationen

Fremdenverkehrsverband Thüringer Wald e.V., August-Bebel-Str. 16, 98527 Suhl, Tel. 03681-221 79

Stadtverwaltung, Zellaer Str. 10, 98559 Oberhof, Tel. 03 68 42-51 43

am Bahnhof: Seite 439-440

318 **57 km**

Große Rundfahrt:
Im Landschaftsschutzgebiet Thüringer Wald

Von Tambach-Dietharz nehmen Sie den Radweg, der Sie zur Ohratalsperre bringt. Sie fahren an dessen nördlichem Ufer entlang, kommen nach Luisenthal und Crawinkel, über Frankenhain nach Oberhof. Von hier nehmen Sie den Rennsteig, bis Sie auf den Radweg stoßen, der Sie am Großen Buchenberg vorbei nach Tambach-Dietharz zurückbringt.

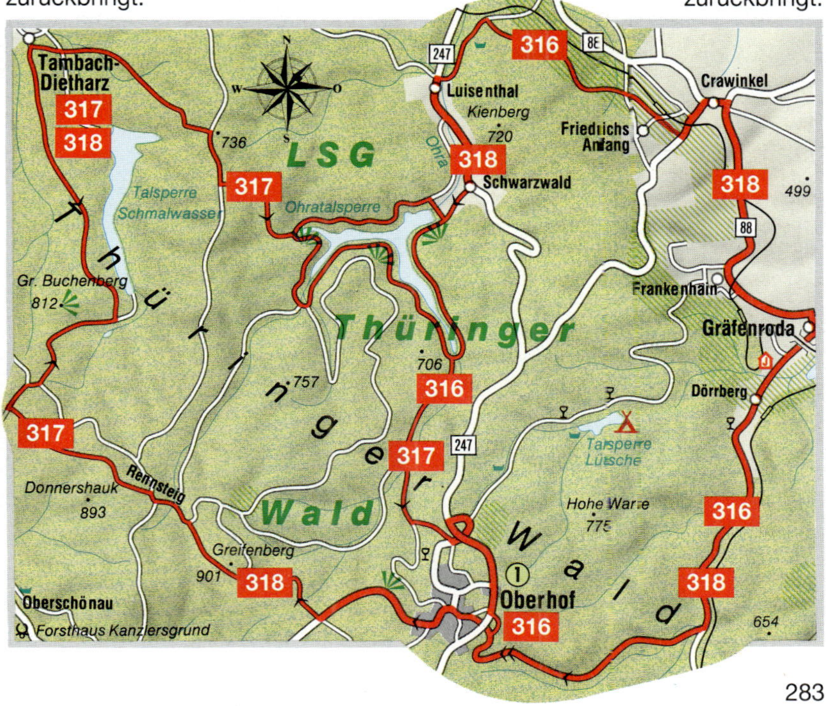

An der Talsperre Zeulenroda

Viel Wasser gibt es in dieser Gegend; das macht die Radfahrtouren unterhaltsam. Hier haben wir für Sie gleich zwei Stauseen ausgesucht: den von Zeulenroda und einen kleineren, die schöne Weida-Talsperre mit ihrem Naturschutzgebiet.

319 **25 km**

An der Talsperre Weida

Von Zeulenroda fahren Sie auf der Landstraße nach Triebes. Dort halten Sie sich links: Ein kleines Sträßchen bringt Sie durch das Naturschutzgebiet an der Talsperre-Weida. Es führt über den Südzipfel des Sees nach Merkendorf.

Weiter geht es auf schmaler Straße nach Piesigitz und Wöhlsdorf. Hier fahren Sie links nach Auma. Von dort bringt Sie eine Landstraße über Wenigenauma nach Zeulenroda zurück – wobei Sie auf einer langen Brücke den nordöstlichen Teil der Talsperre Zeulenroda überqueren.

Sehenswertes

① Zweimal wurde die Weida aufgestaut. Der Obere Stausee, 4 km nördlich von Zeulenroda, im Landschaftsschutzgebiet, wo sich die Weida bis 60 m tief in die Hochfläche eingeschnitten hat, dient der Trinkwasserversorgung, der Untere See bei Zeulenroda dient als Ausgleichsbecken. Hier sind Wassersport und Baden erlaubt.

② Klassizistisch in Zeulenroda sind die Dreieinigkeitskirche mit dreigeschossiger Empore, Rathaus und Bürgerhäuser am Markt.
Im Kunstgewerbe- und Heimatmuseum sehen Sie Möbel, Keramik und Schmiedearbeiten.

③ In Pausa überwiegt ebenfalls Klassizismus: Michaeliskirche, Rathaus, auch das Alte Bad im Park mit massiv ausgebautem Brunnen.

320 **32 km**

Durch die Wälder nach Pausa

Sie fahren von Zeulenroda südlich auf der Landstraße durch ein sehr schönes Waldgebiet bis kurz hinter Pausa. Hier zweigt rechts eine schmale Straße nach Thierbach und Lössau ab. Dort geht es erneut rechts und auf der Bundesstraße 94 nordöstlich über Weckersdorf und Langenwolschendorf nach Zeulenroda zurück.

321 **48 km**

Große Rundfahrt:

Im Seengebiet zwischen Auma und Zeulenroda

Von Zeulenroda fahren Sie über die Talsperren-Brücke in Richtung Auma. Kurz vor dem Ort biegen Sie links auf das Sträßchen ab, das im Tal des Flüßchens Auma nach Tegau führt. In Tegau halten Sie sich

Rathaus Zeulenroda

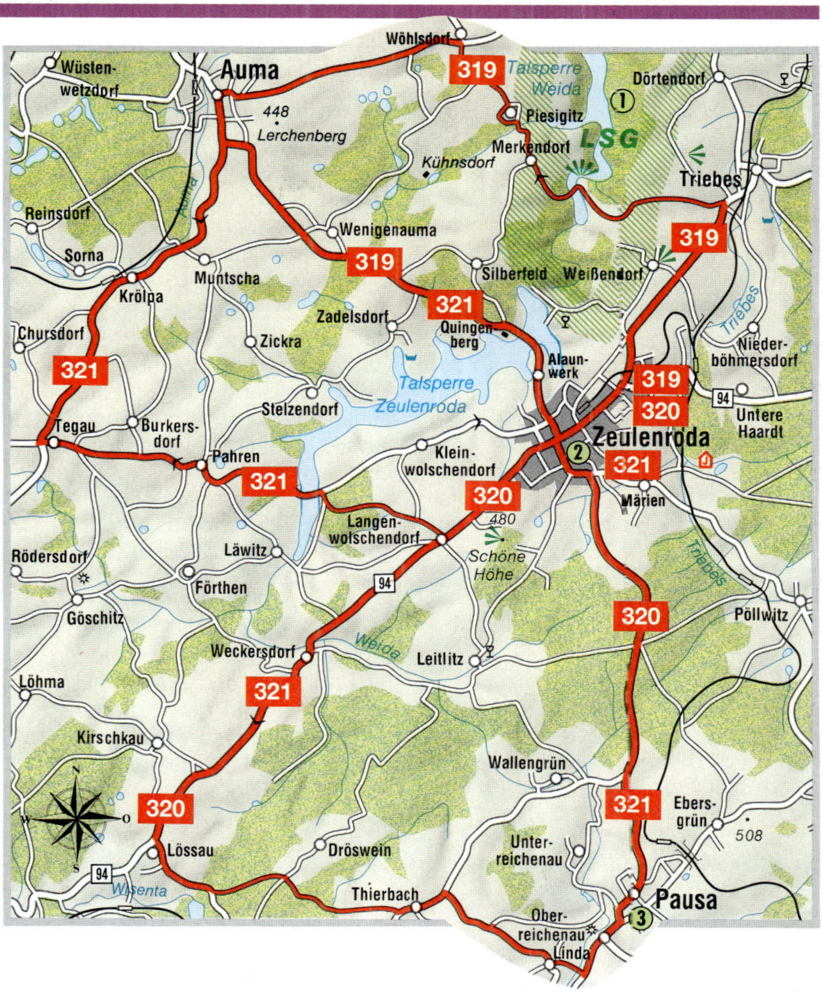

links und fahren über Pahren zum Südzipfel der Talsperre Zeulenroda. Diese überqueren Sie auf einer Brücke und nehmen gleich dahinter das Sträßchen, das rechts nach Langenwolschendorf führt.
Auf dieser Strecke, zwischen Auma und Pahren, fahren Sie durch eine Gegend, in der es interessanterweise von Seen und Teichen nur so wimmelt. Von Langenwolschendorf nehmen Sie die Bundestraße nach Lössau und fahren von dort über Pausa nach Zeulenroda zurück.

Informationen

Landesfremdenverkehrsverband Thüringen e.V.,
Stauffenbergallee 18,
99085 Erfurt,
Tel. 03 61-5 40 22 34

Zeulenroda-Information,
Greizer Straße 19,
07937 Zeulenroda,
Tel. 03 66 28-24 41

am Bahnhof: Seite 439-440

Im Tal der Schwarza

Die Schwarza ist ein interessanter Fluß, typisch für die Vielfalt des Thüringer Waldes. Man fährt durch prächtige Mischwälder aus Buchen und Tannen (in höheren Lagen stehen auch Fichten). Einst trieb der Fluß viele Mühlen und Hammerwerke an.

322 — 25 km
Über Schwarzmühle ins Schwarzatal

Von Oberweißbach fahren Sie südlich bis Cursdorf, dort rechts ab auf der Landstraße über Meuselbach nach Schwarzmühle. Da sind Sie nun schon an der Schwarza, diesem typischen Fluß der Gegend. Er trieb früher viele Mühlen und Hammerwerke an. (Mehrere Orte an unseren Radtouren weisen noch auf die Nutzung der Wasserkraft in dieser Gegend hin: die Schwarzmühle oder Blechhammer und Katzhütte.)
Sie biegen an der Schwarzmühle rechts ab und fahren im Flußtal, allen Windungen brav folgend, ein langes Stück direkt am Ufer der Schwarza entlang, bis nach Blechhammer kurz vor Sitzendorf. Dort biegen Sie rechts ab nach Unterweißbach. Nun geht es, zunächst etwas steil, zurück nach Oberweißbach.

Sehenswertes

① *Das Waldhufendorf Oberweißbach kam im 17. und 18. Jahrhundert zu Wohlstand – man sieht es vor allem an den Gebäuden am Marktplatz und an der Hauptstraße. Im Pfarrhaus wurde 1782 Friedrich Fröbel, der Begründer der Kindergärten, geboren. Vom Fröbelturm haben Sie einen wunderschönen Rundblick über das Thüringer Schiefergebirge. Sehenswert ist die Oberweißbacher Bergbahn, die steilste Normalspur-Seilzugbahn der Welt, die von Obstfelderschmiede hinauf zur Bergstation Lichtenhain fährt.*

② *Die Schwarza ist ein reizvoller Wildfluß. Im windungsreichen, tief eingeschnittenen Schwarzatal gedeihen viele seltene Pflanzen. Sehr eindrucksvoll sind die dunklen Schluchtwälder.*

③ *Im Heimatmuseum erfahren Sie einiges über Neuhaus am Rennweg, das sich aus der Gründung einer Glashütte zu Beginn des 17. Jahrhunderts entwickelt hat.*

323 — 35 km
Ein schönes Stück im Tal der Katze

Sie beginnen in Neuhaus und fahren zunächst auf einer wunderschönen Straße nach Katzhütte – ein Teil davon liegt im Tal des Bächleins, das „Katze" heißt. Sie kommen ins Tal der Schwarza und fahren jetzt flußaufwärts nach Goldisthal. Hier kommen Sie an vier historischen Hammerwerken vorbei, die einst von der Schwarza betrieben wurden: Schwägerhammer, Masser-

Fachwerkhäuser in Schwarza

Informationen

Amt für Touristik und Freizeit,
Markt 7, 07407 Rudolstadt,
Tel. 0 36 72-2 45 43

Fremdenverkehrsamt,
98744 Oberweißbach,
Tel. 03 67 05-6 21 23

🚲 am Bahnhof: Seite 439-440

hammer, Oberhammer und Blechhammer.
Von Goldisthal geht es weiter über Scheibe-Alsbach nach Steinheid. Und dort nehmen Sie die Bundesstraße 281 nach Neuhaus zurück.

324
55 km

Große Rundfahrt:
Im Tal der Schwarza

Bei dieser Route lernen Sie die Schwarza nun wirklich kennen: Wenn Sie in Neuhaus beginnen und über Steinheid nach Scheibe-Alsbach fahren, sind Sie bereits im Schwarzatal, dem Sie nun über Katzhütte und Schwarzmühle bis fast nach Sitzendorf folgen. Zurück geht es dann auf der Strecke über Cursdorf – auf einer sehr schönen Straße – an der 808 Meter hohen Hettstädt vorbei nach Neuhaus zurück.

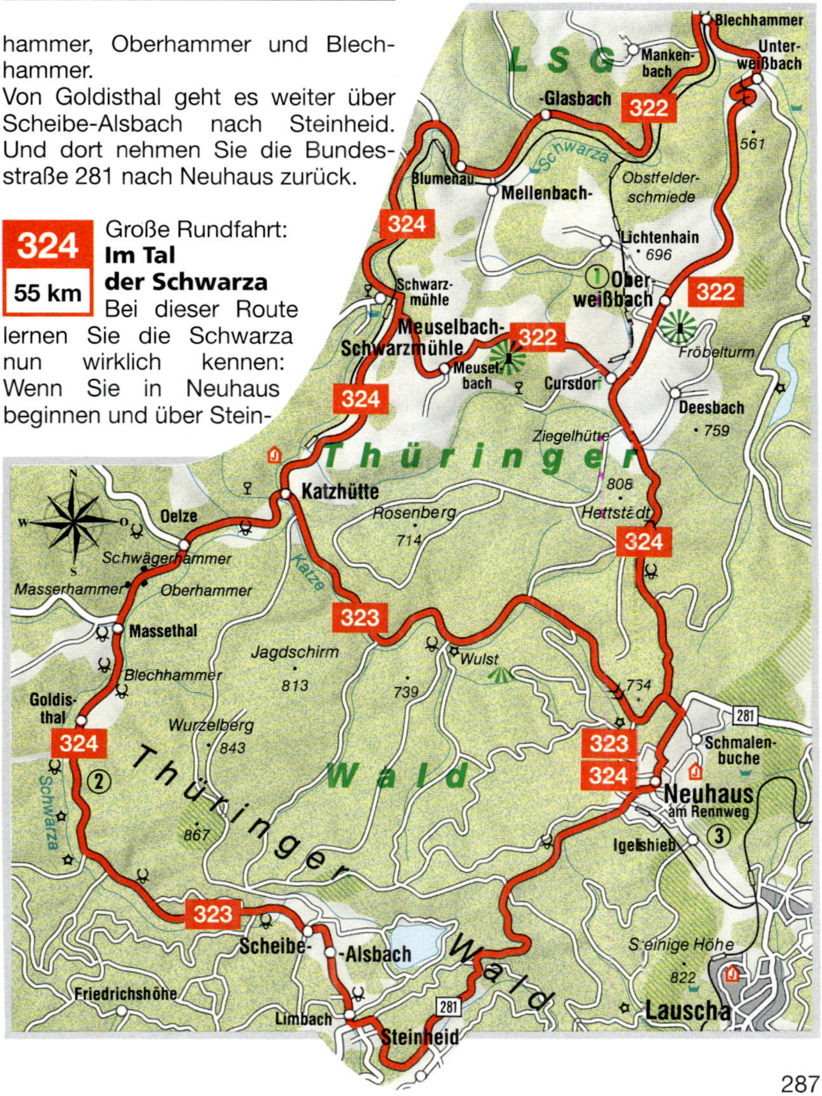

Im Tal der Saale

Hier führen wir Sie in eine schöne Landschaft und durch eine kulturhistorisch bedeutsame obendrein: In Rudolstadt begegneten sich 1788 Goethe und Schiller zum erstenmal; Goethe gründete hier das heutige Thüringer Landestheater.

325 – 30 km

Zehn Kilometer am südlichen Saale-Ufer

Von Rudolstadt fahren Sie nach Cumbach. Vor dem Ort biegen Sie links ab und nehmen das Landsträßchen, das im Tal der Saale entlangführt: über Catharinau und Kolkwitz, vorbei an Weißeneck und Weißenburg nach Oberkrossen. Dort geht es über die Saale nach Uhlstädt und auf einer Nebenstraße nach Partschefeld. Wenn es auch scheint, hier sei die Welt zu Ende – es gibt einen Feldweg, der nach Kuhfraß führt. Dort kommen Sie, am Schloß Hirschhügel vorbei, nach Neusitz. Hier biegen Sie links ab nach Großkochberg und nehmen nun ein winziges Sträßchen, das Sie in allerlei Bögen und Schwingungen nach Teichweiden bringt. Zwischen den links und rechts aufragenden Haselbergen und dem Brand fahren Sie nach Rudolstadt zurück.

326 – 30 km

Durch die Vordere Heide

In Saalfeld an der Saale halten Sie sich nordwestlich, fahren über den Ortsteil Graba nach Beulwitz und Unterwirbach. Dort biegen Sie rechts ab zur Bundesstraße 88. Auf dieser fahren Sie ein kleines Stück bis Schwarza. Hinter der Eisenbahn im Ort radeln Sie links, über Zeigerheim nach Rudolstadt. Wieder kommen Sie ein Stück über die Bundesstraße 88, bis zur Abzweigung nach Cumbach. Sie überqueren die Saale, fahren über Cumbach und Schloßkulm zum Heiligenberg. Nun sind Sie in der Vorderen Heide, einem landschaftlich sehr hübschen Gebiet, das Sie aber wie-

Schloß Heidecksburg bei Rudolstadt

Sehenswertes

① In Großkochberg steht das Renaissanceschloß der Charlotte von Stein mit einer Goethe-Gedenkstätte.

② Rudolstadt – wo Goethe und Schiller sich zum erstenmal trafen – hat das mächtige Barockschloß Heidecksburg mit einer überaus reichen Rokoko-Ausstattung, mehreren Museen und einer Schiller-Gedenkstätte.

③ Hoch über Bad Blankenburg thront die malerische, teilweise ruinierte Burg Greifenstein mit einer burggeschichtlichen Heimatstube.

④ Saalfeld besitzt – besonders am Marktplatz – viele schöne Bauten aus dem 14. bis 16. Jahrhundert und eine noch ältere Apotheke.

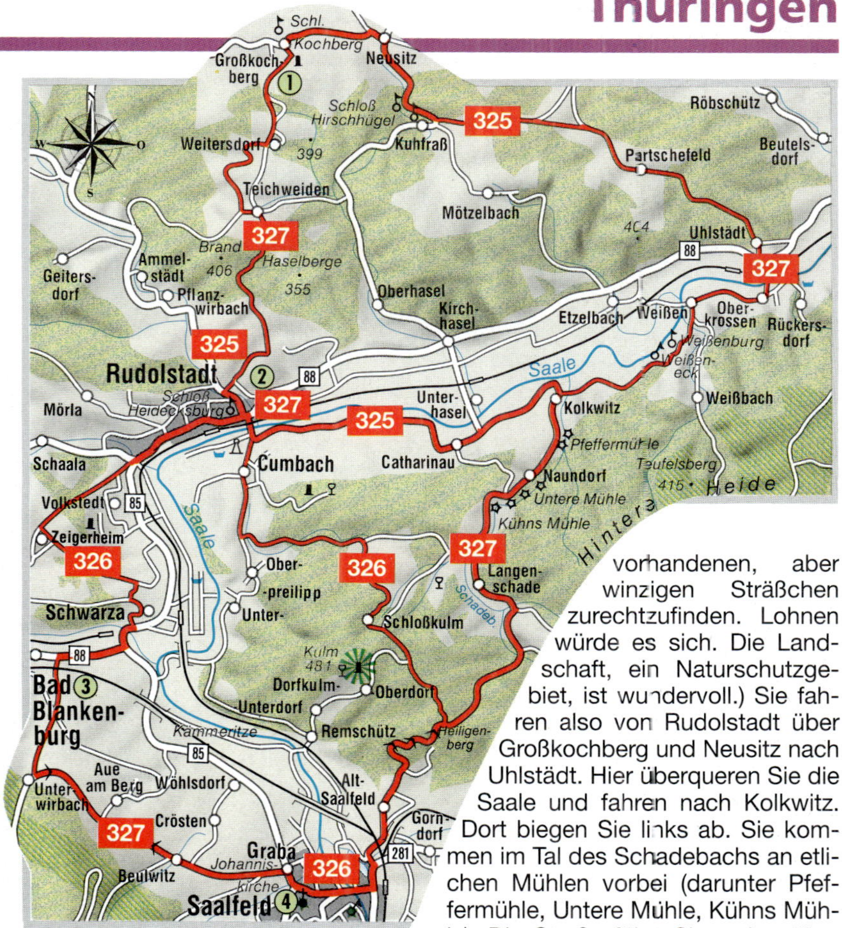

der verlassen. Vom Heiligenberg fahren Sie über Alt-Saalfeld nach Saalfeld zurück.

327
52 km

Große Rundfahrt:
An der Hinteren Heide

Diese Route verbindet die beiden schon beschriebenen Touren, führt Sie aber noch ein Stückchen am Rand der Hinteren Heide entlang. (Es ist auch möglich, direkt durch die Hintere Heide zu fahren, am Teufelsberg vorbei – doch müssen Sie da schon ein ausgebildeter Pfadfinder sein, um sich auf den zwar durchaus vorhandenen, aber winzigen Sträßchen zurechtzufinden. Lohnen würde es sich. Die Landschaft, ein Naturschutzgebiet, ist wundervoll.) Sie fahren also von Rudolstadt über Großkochberg und Neusitz nach Uhlstädt. Hier überqueren Sie die Saale und fahren nach Kolkwitz. Dort biegen Sie links ab. Sie kommen im Tal des Schadebachs an etlichen Mühlen vorbei (darunter Pfeffermühle, Untere Mühle, Kühns Mühle). Die Straße führt Sie weiter über Langenschade nach Saalfeld. Dort fahren Sie nordwestlich durch den Ortsteil Graba nach Unterwirbach, biegen rechts ab und erreichen über Schwarza wieder Rudolstadt.

Informationen

Amt für Touristik und Freizeit,
Markt 7, 07407 Rudolstadt,
Tel. 0 36 72-2 45 43

Tourist-Information,
07407 Rudolstadt,
Tel. 0 36 72-2 45 43

am Bahnhof: Seite 439-440

An der Bleilochtalsperre

Hier hat man aus der Saale einen See gemacht – eine Talsperre hat genügt. Das Gewässer, das entstand, ist imponierend: vielgestaltig, verästelt und mit über neun Quadratkilometern recht groß. Man kann baden und Wassersport treiben.

Sehenswertes

① Die Bleilochtalsperre ist die oberste der fünf Staustufen der Saale – und die ausgedehnteste: 28 Kilometer lang, bis zu zwei Kilometer breit.
Es ist sogar der größte Stausee in den neuen Bundesländern. Seine Staumauer ist 65 Meter hoch und 205 Meter lang.
Man kann im Bleilochstausee baden und auch allerlei Wassersport treiben: Paddeln, Rudern, Segeln und Surfen. Die Schiffe der „Weißen Flotte" befahren regelmäßig den See.

② Saalburg hat allerlei Historisches zu bieten – so eine Stadtmauer mit Wehrtürmen und Reste des Bergfrieds der ehemaligen Burg. Es gibt eine spätgotische Stadtkirche mit einer Fürstenloge und die Ruinen des ehemaligen Zisterzienserinnenklosters „Zum Heiligen Kreuz".

③ Schloß Ebersdorf wurde in der Barockzeit an der Stelle einer Wasserburg erbaut und ist heute ein Heim. Doch der sehr schöne Park ist zugänglich. Die Orangerie von 1790 wird als Kulturzentrum genutzt.
Es gibt dort auch eine interessante, moderne Grabanlage für den letzten Reußen, der im Schloß lebte. Sie wurde 1931 von Ernst Barlach geschaffen.

④ Schloß Lobenstein ist der in der Barockzeit gebaute Nachfolger einer Burg, von der man noch die Ruinen sieht. Der Bergfried und ein Wehrturm blieben erhalten.

328 Zum Großen und Kleinen Otterbach

43 km

Diese Route ist etwas für Menschen, die den Stausee schon kennen oder ihm vielleicht auch nicht viel abzugewinnen vermögen. Sie beginnt in Saalburg und führt auf einer sehr schönen Straße über Pöritzsch. Hinter Zoppoten, bei der Wegkreuzung, halten Sie sich rechts nach Röppisch. Dort geht es links und anderthalb Kilometer später wieder rechts – nach Remptendorf. Sie folgen der Straße nordwärts nach Liebengrün, Liebschütz und zum Bahnhof Liebschütz. Dort überqueren Sie den Großen Otterbach und fahren im Tal des Kleinen Otterbachs nach Neuenbeuthen. Am Kappelberg und am Angerhügel vorbei erreichen Sie Weisbach und Lückenmühle. Von hier geht es, an Remptendorf vorbei, auf einem kleinen, aber hübschen Sträßchen nach Friesau. Dort nehmen Sie die Straße, die über Pöritzsch nach Saalburg zurückführt.

An der Bleilochtalsperre

329 — 23 km

Rund um die Bleilochtalsperre

Von Saalburg fahren Sie auf einer sehr schönen Landstraße nach Gräfenwarth. Kurz vor dem Ort geht es scharf links ab und auf einem Sträßchen am Nordufer des Sees entlang.

Die kleine Straße stößt auf die größere, die links ab nach Remptendorf führt. Von dort kommen Sie, am Friesauer Hügel (590 m) vorbei, über Röppisch zur Landstraße bei Zoppoten. Dort fahren Sie links ab und nach Saalburg zurück.

Informationen

Fremdenverkehrsverband Thüringer Schiefergebirge/Obere Saale, Parkstraße 1, 07352 Lobenstein, Tel. 03 66 51-23 39

Stadverwaltung, 07929 Saalburg, Tel. 03 66 47-2 22 58

🚲 am Bahnhof: Seite 439-440

330 — 38 km

Große Rundfahrt:

Einmal um das ganze Gewässer

In Lobenstein nehmen Sie zuerst ein Stück Bundesstraße östlich bis Saaldorf. Da sind Sie bereits am Südzipfel der Bleilochtalsperre. Eine zauberhafte Landstraße bringt Sie durch den Saalwald nach Saalburg. Ebenso schön geht es weiter am Ufer nach Gräfenwarth und Remptendorf. Dort fahren Sie links über Ebersdorf nach Lobenstein zurück.

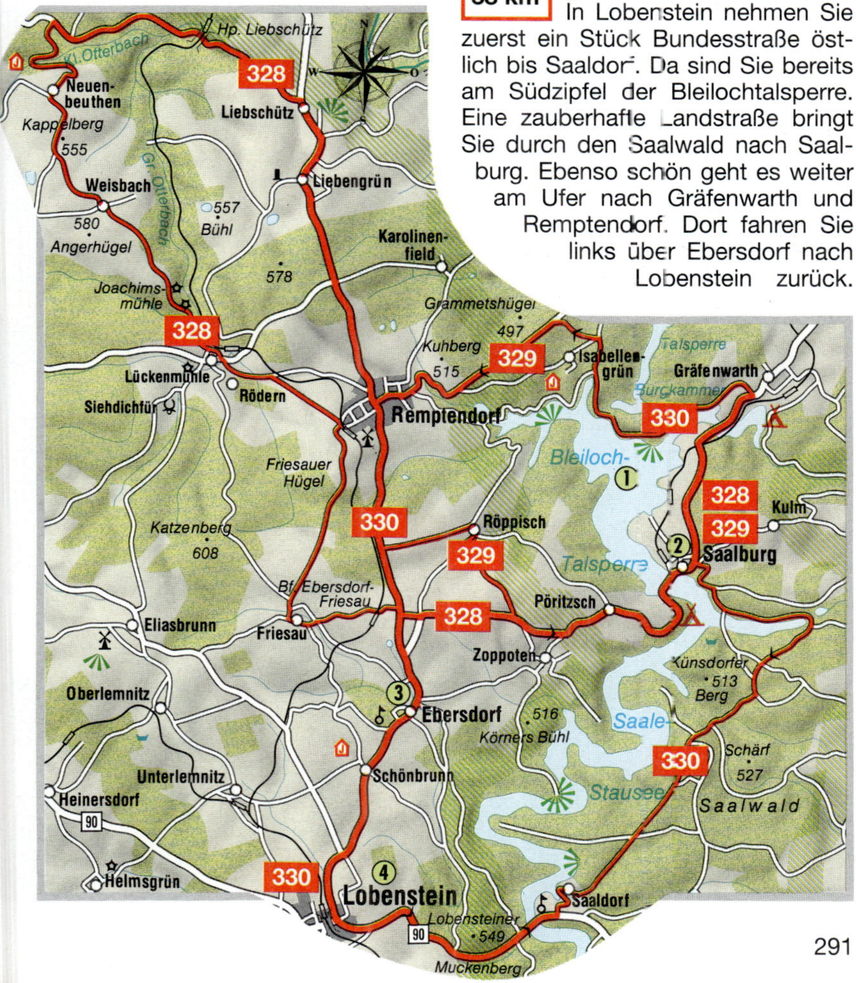

Vor dem Gebirge eine Barockstadt

Von der Leipziger Tieflandsbucht bis zum Kamm des Erzgebirges gewinnt die Oberfläche des Freistaates Sachsen über 1120 Meter an Höhe. Ganz im Südwesten breitet sich die wellige, von tiefen Tälern durchschnittene Hochfläche des bis zu 600 Meter hohen Vogtlands aus, kurz danach erhebt sich bereits der 1214 Meter hohe Fichtelberg als höchster Gipfel Ostdeutschlands. Vierzig Kilometer nordostwärts endet das Erzgebirge in der Sächsischen Schweiz. Jenseits der Elbe, die sich einen Weg durch die dramatische Felslandschaft nordwärts zur Barockstadt Dresden bahnt, beginnt das schöne aber weniger schroffe Lausitzer Bergland.

Übersicht

Sachsen auf einen Blick

Größe: 18 337 km².
Einwohner: 4,9 Millionen.
Bevölkerungsdichte: 267 Einwohner/km².
Landeshauptstadt: Dresden (mit 484 000 Einwohnern) als zweitgrößte Stadt des Landes. Die größte Stadt ist Leipzig (mit 507 000 Einwohnern).
Wirtschaft: Braunkohlebergbau, Kunsthandwerk, Pelzverarbeitung, chemische, Keramik- und Textilindustrie, Fremdenverkehr.
Bekannte Flüsse: Elbe, Lausitzer Neiße, Schwarze Elster, Spree.
Höchste Erhebungen: Fichtelberg (1214 m), Auersberg (1019 m), Kahleberg (905 m).
Waldfläche: 26,9 Prozent.
Ackerland: 45,2 Prozent.

Der westgermanische Stammesverband der Sachsen siedelte im 6. und 7. Jahrhundert südlich und südöstlich der unteren Elbe. Ein Stammesherzogtum Sachsen entstand um 900. Bedeutung erlangte vor allem die Markgrafschaft Meißen, die im 15. Jahrhundert sogar die Kurwürde erhielt. Zu ihr gehörten Leipzig und das nördliche Thüringen; unter Meißner Markgrafen kam das Land zu großer wirtschaftlicher und vor allem kultureller Blüte.
1806 wurde Sachsen ein Königreich und Mitglied des Rheinbunds. Beim Wiener Kongreß, 1815, verkleinerte man das Land fast um die Hälfte; seine westlichen Gebiete kamen zu Preußen. Das Königreich Sachsen umfaßte nach 1815 im Wesentlichen das Gebiet des heutigen Landes Sachsen. 1918 wurde in Dresden die Republik Sachsen ausgerufen.

Im mittleren Elbgebiet
331 Ins Friedewalder Teichgebiet
332 Besuch bei Old Shatterhand
333 Vom Friedewald bis zu Winnetou

Im Tal der Zschopau
334 An der Freiberger Mulde
335 Zur Talsperre Kriebstein
336 Viele Kilometer das Tal hinab

Im Oberlausitzer Teichland
337 Rund um die Talsperre Bautzen
338 Landschaftsschutzgebiet Spree- und Teichgebiet
339 Durch die Hermsdorfer-Milkeler Heide

Am Rand des östlichen Erzgebirges
340 Durch die Dippoldiswalder Heide
341 Am Wasser von Lehnemühle und Klingenberg
342 An den drei Talsperren

Südlich von Chemnitz
343 Durch den Geyerscher Wald
344 Vorbei an den Greifensteinen
345 Im Tal von Zwönitz und Zschopau

Im mittleren Erzgebirge
346 Durch den Born- und Heinzewald
347 Durch Wälder nach Gelobtland
348 Durchs Tal der Schwarzen Pockau

Im westlichen Erzgebirge
349 Über Schneeberg und Sachsenfeld
350 Entlang der Schwarzwasser
351 Eine schöne Route am Eselsberg

Blick auf Wolkenstein

Im mittleren Elbgebiet

Die Elbe ist hier schon längst ein kräftiger Fluß, trägt große Schiffe (wenn diese auch zuweilen mit dem Tiefgang etwas Schwierigkeiten haben – die Elbe ist flach) und bestimmt weitgehend den Charakter dieser Landschaft.

331 – 35 km
Ins Friedewalder Teichgebiet

Eigentlich heißt es „Friedewald und Moritzburger Teichgebiet", ist ein Landschaftsschutzgebiet – und eine interessante, sehenswerte Gegend obendrein. Sie fahren von Meißen nordöstlich nach Niederau und Oberau. Zwischen Oberau und Gohlis zweigt ein Sträßchen rechts ab. Das bringt Sie bereits ins Teichgebiet. Links und rechts sehen Sie viel Wasser. Sie fahren über Buschhaus und Schönberghäuser bis zu einer Kreuzung und dort rechts ab nach Bärwalde. Da geraten Sie alsbald zwischen die größten Teiche dieses Gebiets. Vorbei am Mittel- und Schloßteich (hier steht, wie es sich gehört, auch ein Jagdschlößchen) erreichen Sie Moritzburg. Am Ortsende halten Sie sich südwestlich und fahren bis zum Dippelsdorfer Teich. Hier biegen Sie rechts ab in Richtung Auer. An dessen Ortsanfang biegen Sie links ab und fahren über Zaschendorf nach Meißen zurück.

Sehenswertes

① *In Meißen blieb der mittelalterliche Kern sehr gut erhalten. Rund um den Marktplatz gruppieren sich Bürgerhäuser aus der Zeit von Gotik und Renaissance. Hier steht auch das Rathaus von 1472. Auf einem steilen Felsen an der Elbe stehen Albrechtsburg und Dom beisammen, eine der schönsten gotischen Baukombinationen.*

② *In Scharfenberg steht ein Renaissanceschloß mit einem Heimatmuseum, das zum einstigen Scharfenberger Silberbergbau Interessantes zeigt.*

③ *In Radebeul lebte Karl May. Ihm zu Ehren gibt es hier die „Villa Bärenfett" – ein Karl-May-Museum mit vielen Erinnerungen an den Schriftsteller, der Old Shatterhand, Winnetou und Kara Ben Nemsi erdacht hat. Das Museum ist sehenswert, weil es – ganz ernsthaft – die wichtigste Sammlung nordamerikanisch-indianischen Kulturgutes in Deutschland beherbergt.*

332 – 38 km
Besuch bei Old Shatterhand

Von Meißen fahren Sie auf der nordöstlichen Uferstraße die Elbe entlang bis zum Ortsanfang von Brockwitz und weiter bis

Der Dom in Meißen

zu der kleinen Fähre, die nach Reppina ans andere Ufer führt. Dort finden Sie ein winziges, schönes Naturschutzgebiet. Über Gauernitz und Wildberg fahren Sie nach Cossebaude und kommen am Unteren Staubecken vorbei. In Cossebaude-Gohlis gibt es wieder eine kleine Fähre, die Sie nach Radebeul übersetzt, wo das Karl-May-Museum zu Hause ist. Von Radebeul fahren Sie auf Landsträßchen nach Lößnitzgrund und weiter nach Dippelsdorf. Über Auer und Zaschendorf kommen Sie nach Meißen zurück.

333
45 km

Große Rundfahrt:
Vom Friedewald bis zu Winnetou

Sie nehmen die Strecke von Meißen über Niederau und Schönberghäuser bis zum Dippelsdorfer Teich. Dort biegen Sie links ab und radeln über Dippelsdorf nach Radebeul.

Sie setzen mit der Fähre über die Elbe und radeln über Wildberg und Gauernitz zur nächsten Fähre. Am nordwestlichen Elbufer fahren Sie dann nach Meißen zurück.

Informationen

Landesfremdenverkehrsverband Sachsen, Friedrichstr. 24, 01067 Dresden, Tel. 03 51-4 96 97 03

Meißen-Information, An der Frauenkirche 3, 01662 Meißen, Tel. 0 35 21-45 44 70

🚲 am Bahnhof: Seite 440-441

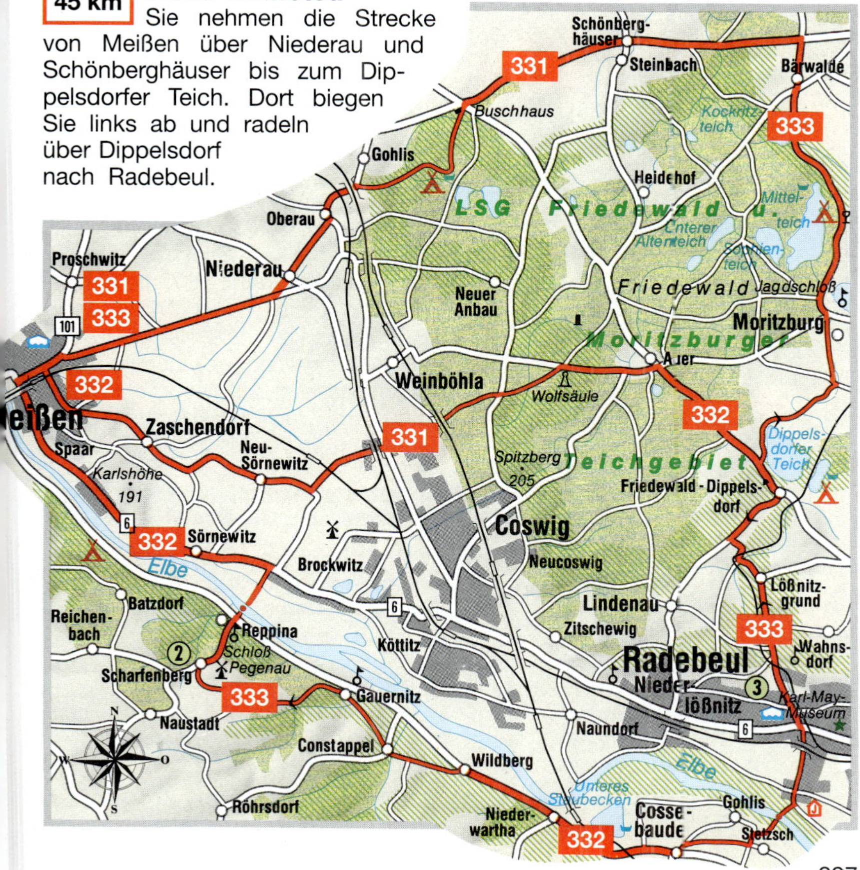

Im Tal der Zschopau

Man sollte gar nicht glauben, daß es hier, zwischen Leipzig und Chemnitz, eine solch hübsche, geradezu idyllische Gegend gibt wie das Tal der Zschopau – mit netten kleinen Städtchen, einer Talsperre und einer hochromantischen gotischen Ritterburg.

334 **35 km**

An der Freiberger Mulde

Von Waldheim führt entlang der Zschopau ein Wanderweg – am östlichen Ufer. Den fahren Sie nordwärts über Wöllsdorf bis kurz vor Töpeln. Hier überqueren Sie den Fluß und fahren nun auf schmalen Wegen entlang der Freiberger Mulde bis Leisnig. (Dabei radeln Sie durch das hübsche Naturschutzgebiet „Freiberger Mulde".)
In Leisnig halten Sie sich links und nehmen die Landstraße nach Minkwitz. Von dort fahren Sie auf schmalen Nebenstraßen am Rand des Naturschutzgebietes „Freiberger Mulde" über Lauschka und Wendishain nach Diedenhain von dort nach Waldheim zurück.

Sehenswertes

① Waldheim hat eine hübsche Altstadt mit einem anheimelnden Marktplatz.

② Burg Kriebstein ist eine sehr gut erhaltene gotische Ritterburg mit einem mächtigen, breiten Wohnturm und einer spätromanischen Kapelle. Die Kriebstein-Talsperre ist ein neun Kilometer langer Stausee mit Wassersport-Möglichkeiten und Bootsverleih.

③ Mittweida hat eine denkmalgeschützte Altstadt mit hübschem Marktplatz, einer Pfarrkirche mit spätgotischem Chor und Resten der Stadtmauer. Originell: das historische Elektrizitätswerk, das als technisches Denkmal geschützt ist.

335 **23 km**

Zur Talsperre Kriebstein

In Mittweida nehmen Sie den Rad- und Wanderweg, der am westlichen Ufer der Zschopau bis zur Talsperre Kriebstein führt. Die wurde bereits von 1927 bis 1929 gebaut, ist neun Kilometer lang und hat mehrere Freibäder sowie einen Bootsverleih. Die Staumauer mißt imponierende 235 Meter. Ein Sträßchen bringt Sie weiter zur Burg Kriebstein, die zwischen 1384 und 1408 gebaut wurde.
Von dort fahren Sie nach Kriebethal. Da sind Sie nun am anderen Ufer der Zschopau und fahren, ebenfalls auf einem Rad- und Wanderweg, über Falkenhain nach Mittweida zurück.

336 **60 km**

Große Rundfahrt: Viele Kilometer das Tal hinab

Hier können Sie die Schlingen und Schleifen der Zschopau in einer Länge von mehr als 30 Kilometern kennenlernen – es ist eine überaus hübsche, auch eine interessante Fahrt, die wenig Mühe macht. Sie beginnen in Leisnig und fahren

Informationen

Landesfremdenverkehrsverband Sachsen, Friedrichstr. 24, 01067 Dresden, Tel. 03 51-4 96 97 03

Fremdenverkehrsverband Mittelsachsen e.V., Niedermarkt 1, 04736 Waldheim, Tel. 03 43 27-30 31

🚲 *am Bahnhof: Seite 440-441*

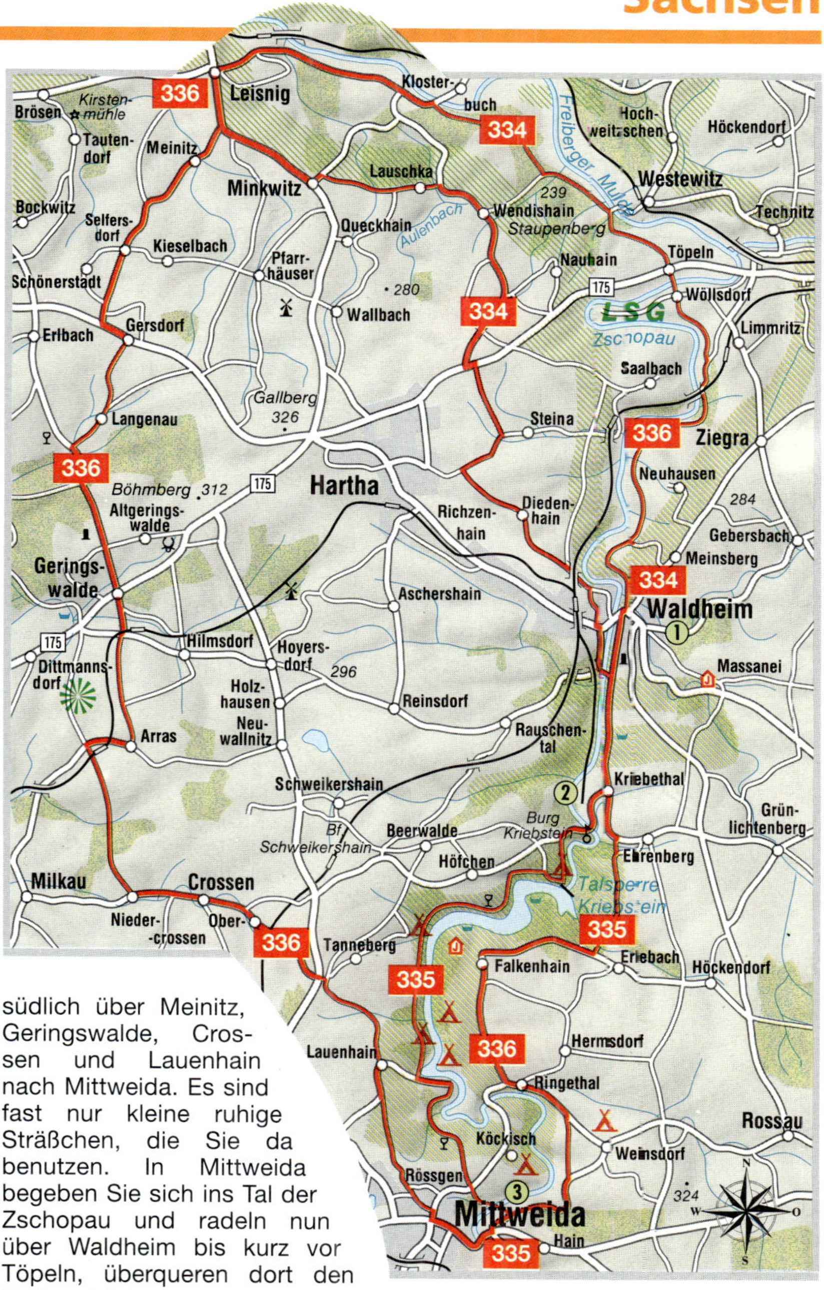

südlich über Meinitz, Geringswalde, Crossen und Lauenhain nach Mittweida. Es sind fast nur kleine ruhige Sträßchen, die Sie da benutzen. In Mittweida begeben Sie sich ins Tal der Zschopau und radeln nun über Waldheim bis kurz vor Töpeln, überqueren dort den Fluß und fahren entlang der Freiberger Mulde durch das Naturschutzgebiet sehr gemütlich wieder nach Leisnig zurück.

Im Oberlausitzer Teichland

Die Überschrift sagt das meiste: Dies ist eine Gegend, die so voller Seen und Teiche bis hin zu winzigen Gewässern ist, daß man die trockenen Wege suchen muß. Aber es macht großen Spaß, durch diese Wasserlandschaft zu radeln.

337 — 18 km

Rund um die Talsperre Bautzen

Das ist eine kleine Spazierfahrt, mehr nicht, und der Weg ist leicht zu finden: Von Bautzen fahren Sie nördlich nach Lubachau, dann nach Luttowitz.
Dort geht es rechts ab nach Quatitz und auf einem Fahrweg zur Bundesstraße 156. Die bringt Sie dann am Westufer des Sees wieder nach Bautzen zurück.

Sehenswertes

① Bautzen wirkt auf eine sehr charmante Art altertümlich. Es besitzt einen gut erhaltenen mittelalterlichen Mauerring, aber auch viele schöne Bürgerhäuser aus dem 17. und 18. Jahrhundert.
Das Rathaus ist barock, hat eine 250 Jahre alte Sonnenuhr und einen schlanken Turm, den man besteigen kann.
Am Markt steht auch der Dom St. Peter, eine gewaltige gotische Hallenkirche mit sehr schlanken Pfeilern, die seit 1524 für beide Konfessionen da ist. Jede hat ihren eigenen Altar.
An der Spree erhebt sich wuchtig ein fast 50 Meter hoher bauchiger Turm: Die „Alte Wasserkunst", die 1558 für die Wasserversorgung der Oberstadt gebaut wurde. Heute finden Sie hier ein Technisches Museum.
Auf einem steilen Felsen über der Spree steht die Ortenburg. Sie war schon vor tausend Jahren eine Grenzfestung der Meißner Markgrafen. Im 15. Jahrhundert kamen gotische Bauten mit riesigen Dächern dazu.

338 — 52 km

Landschaftsschutzgebiet Spree- und Teichgebiet

So kompliziert (und in etwas fragwürdigem Deutsch) ist diese Gegend benannt – eine Landschaft, in der es wohl mehr Wasser als Landfläche gibt. Sie fahren von Bautzen nordöstlich über Doberschütz und Malschwitz nach Guttau. Schon da kommen Sie an zahlreichen Teichen vorbei. In Guttau halten Sie sich links, fahren durch ein kleines Teichgebiet auf bescheidenen Straßen nach Geißlitz und dann im Tal der Spree weiter über Neudorf nach Lieske. Dann kommen Sie ins Landschaftsschutzgebiet, das Sie nun durchqueren. In Mönau biegen Sie links ab und fahren am Raudener Teich entlang nach Commerau. Dort biegen Sie rechts ab und radeln über Kauppa nach Quatitz. Von dort kommen Sie auf der Landstraße zur Kreuzung bei Luttowitz. Dort geht es links nach Bautzen zurück.

Windmühle in der Oberlausitz

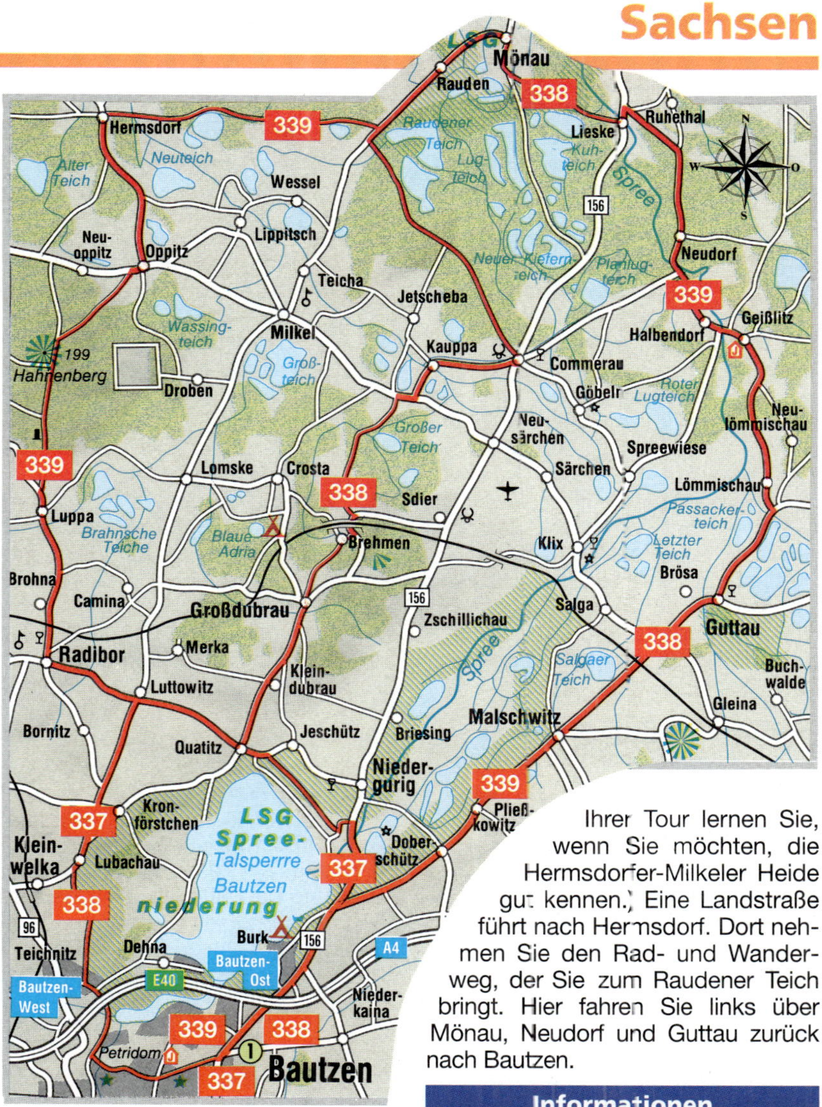

339

53 km

Große Rundfahrt:

Durch die Hermsdorfer-Milkeler Heide

Von Bautzen fahren Sie nordwestlich über Lubachau nach Luttowitz und dort links ab nach Radibor. Sie kommen nach Luppa und dann auf einem Wander- und Radfahrweg über den Hahnenberg nach Oppitz. Damit sind Sie nun schon ins Heidegebiet geraten. (Bei Ihrer Tour lernen Sie, wenn Sie möchten, die Hermsdorfer-Milkeler Heide gut kennen.) Eine Landstraße führt nach Hermsdorf. Dort nehmen Sie den Rad- und Wanderweg, der Sie zum Raudener Teich bringt. Hier fahren Sie links über Mönau, Neudorf und Guttau zurück nach Bautzen.

Informationen

Landratsamt,
Taucherstraße 39,
02625 Bautzen,
Tel. 0 35 91-57 32 30

Bautzen-Information,
Fleischmarkt 2-4, 02625 Bautzen,
Tel. 0 35 91-4 20 16

🚲 *am Bahnhof: Seite 440-441*

Am Rande des östlichen Erzgebirge

Diese Gegend, gleich südlich von Dresden, ist unerwartet hübsch. Sie gehört halb und halb noch zum Erzgebirge; auf jeden Fall ist ein großes Stück von ihr Bestandteil des „Landschaftsschutzgebiets Osterzgebirge".

340 – 10 km
Durch die Dippoldiswalder Heide

Von Dippoldiswalde fahren Sie am westlichen Ufer der Talsperre Malter nach Norden und um die Nordspitze des Stausees herum in Richtung Malter-Paulsdorf. Beim Bahnhof Malter geht links der Malterweg ab, ein kleiner Fahrweg, der Sie über die Wolfssäule mitten durch die schöne Dippoldiswalder Heide zur Heidemühle bringt.
Dort fahren Sie über den Mühlweg (der in Wirklichkeit eine Landstraße ist) und wiederum durch die Heide zum Heidehof. Von dort geht es nach Dippoldiswalde zurück.

Sehenswertes

① *Dippoldiswalde bekam schon im 13. Jahrhundert die Stadtrechte. Aus jener Zeit stammt die Nikolaikirche, die noch Reste der ursprünglichen Ausmalung zeigt. Auch der Turm der spätgotischen Marienkirche wurde schon im 13. Jahrhundert gebaut, das Rathaus ebenfalls in der Spätgotik, das Schloß in der Renaissancezeit. Im Norden der Stadt grenzt der Malterstausee an, in dem man baden und angeln kann. In den benachbarten Stauseen Klingenberg und Lehnmühle darf man – dort wird Trinkwasser gespeichert – nicht baden.*

② *Schmiedeberg – im 15. Jahrhundert aus einem Hammerwerk entstanden – besitzt eine barocke Dreifaltigkeitskirche, deren Grundriß einem griechischen Kreuz nachgebildet ist.*

341 – 43 km
Am Wasser von Lehnemühle und Klingenberg

Halten Sie sich in Dippoldiswalde östlich, fahren Sie nach Reinholdshain! Dort geht es rechts ab nach Oberfrauendorf und weiter durch den Molchgrund nach Schmiedeberg. Von dort fahren Sie auf Landstraßen, am Höllberg vorbei und über die Wilde Weißeritz, zum Südende der Talsperre Lehnmühle. Am westlichen Ufer der Talsperre – es gibt dort kleine Fahrwege – kommen Sie auf die Straße nach Hartmannsdorf. Von da fahren Sie nördlich über Röthenbach zur Brücke über die Wilde Weißeritz. Noch vor der Brücke biegen Sie auf das kleine Sträßchen links ab und fahren so am Ostrand der Talsperre Klingenberg entlang bis zur Landstraße rechts nach Obercunnersdorf. Hier halten Sie sich rechts, fahren nach Ruppendorf und Reichstädt. Da biegen Sie dann links ab und fahren am Reichstädter Bach entlang nach Dippoldiswalde zurück.

Das Rathaus in Dippoldiswalde

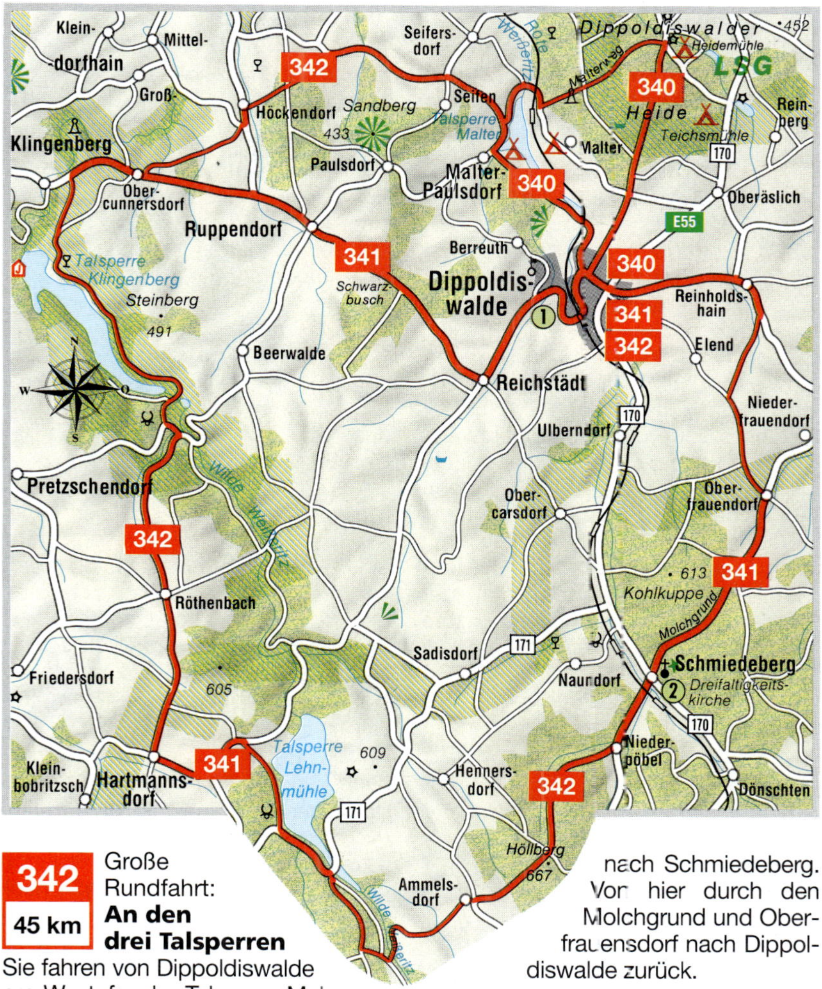

342

45 km

Große Rundfahrt:

An den drei Talsperren

Sie fahren von Dippoldiswalde am Westufer der Talsperre Malter bis zur Abzweigung nach Höckendorf. Hier biegen Sie links ab und fahren über Höckendorf bis Obercunnersdorf. Einen Kilometer nach Ortsende links ab zur Talsperre Klingenberg. Kurz hinter der Talsperre gelangen Sie zur Straße nach Röthenbach und Hartmannsdorf, wo Sie die Talsperre Lehnmühle erreichen. Von der Südspitze der Talsperre noch ein Stück der Wilden Weißeritz folgend, über Ammelsdorf und den Höllberg nach Schmiedeberg. Von hier durch den Molchgrund und Oberfrauensdorf nach Dippoldiswalde zurück.

Informationen

Landesfremdenverkehrsverband Sachsen, Friedrichstr. 24, 01067 Dresden, Tel. 03 51-4 96 97 03

Gebietsgemeinschaft östliches Erzgebirge, 01744 Dippoldiswalde, Tel. 0 35 04-61 48 77

am Bahnhof: Seite 440-441

Südlich von Chemnitz

Der südliche Teil der Gegend, in die wir Sie hier führen – ein beliebtes Ausflugsziel der Chemnitzer – wird bereits zum westlichen Erzgebirge gerechnet, doch die Höhenunterschiede sind noch recht moderat.

343 – 30 km
Durch den Geyerscher Wald

Von Ehrenfriedersdorf müssen Sie die Bundesstraße 95 fünf Kilometer weit nehmen, bis die Landstraße links nach Auerbach abzweigt. Am Ortsbeginn biegen Sie links ab nach Hormersdorf und fahren von dort nach Dorfchemnitz. Nun sind Sie im Tal der Zwönitz. Dem folgen Sie talaufwärts ein Stück über Zwönitz hinaus, bis die Straße nach Geyer links abgeht. Auf halbem Weg kommen Sie an ein Forststräßchen, das Sie links durch den Geyerscher Wald zum Greifenbach-Stauweiher bringt, in dem der Gornsdorfer Bach und das Rote Wasser aufgestaut werden. Im Stauweiher können Sie baden. An diesem Weiher vorbei erreichen Sie die Landstraße, die von Geyer nach Jahnsbach führt. In die biegen Sie links ein und fahren bis zur Kreuzung, an der es rechts zu den Greifensteinen geht, wo es einige Höhlen gibt, Sie aber auch eine schöne Aussicht haben. Von dort sind Sie dann auf der Landstraße gleich wieder in Ehrenfriedersdorf.

Sehenswertes

① *Greifensteine: Sieben eindrucksvolle Felsen, Verwitterungsreste eines einst gewaltigen Granitblocks, mit 732 m hohem Aussichtsfelsen; Felsenbühne, eines der schönsten Naturtheater.*

② *Ehrenfriedersdorf: Spätgotische Wehrkirche mit bedeutendem, sechsflügeligen Schnitzaltar von 1509; Bergbau- und Greifensteinmuseum mit Grabungsfunden der einstigen mittelalterlichen Festung auf dem Greifenstein; Befahren der Zinnerzgrube auf dem Sauberg.*

344 – 32 km
Vorbei an den Greifensteinen

In Ehrenfriedersdorf nehmen Sie das Sträßchen, das an den Greifensteinen vorbeiführt. Dann wenden Sie sich nach links, am Ostrand des Greifenbach-Stauweihers vorbei, auf der Landstraße nach Geyer. Von dort führt eine schöne Straße am Spitzberg vorüber durch das Naturschutzgebiet zwischen Schatzenstein und den Fuchssteinen nach Elterlein. Nun halten Sie sich links, fahren am Gansberg vorbei und kommen nach Hermannsdorf. Im Tal der Roten Pfütze fahren Sie dann weiter bis nach Tannenberg und von dort im Tal der Zschopau nach Wiesa. Im Norden des Orts finden Sie ein kleines Sträßchen, das Sie nach Neundorf und dann auf einer Landstraße nach Ehrenfriedersdorf zurückbringt.

Zschopautal, Wolkenstein

345
50 km

Große Rundfahrt:
Im Tal von Zwönitz und Zschopau

Von Ehrenfriedersdorf fahren Sie erst südöstlich nach Wiesa, dann über Tannenberg und Hermannsdorf nach Elterlein. Wenn Sie von hier nach Zwönitz kommen, geraten Sie in das Einzugsgebiet dieses Flusses. Links und rechts der Straße sehen Sie Bächlein und Rinnsale, die sich zu einem Flüßchen formieren – das ist die Zwönitz. Der folgen Sie nach Dorfchemnitz und weiter bis zum Ortsanfang von Meinersdorf. Hier biegen Sie rechts ab und fahren im Tal des Gornsdorfer Baches nach Gornsdorf. Über Auerbach und Thum radeln Sie zurück nach Ehrenfriedersdorf.

Informationen

Fremdenverkehrsverband Erzgebirge e.V.,
Johannisgasse 23,
09456 Annaberg,
Tel. 0 37 33-2 35 53

Zweckverband Greifensteingebiet,
Markt 1,
09427 Ehrenfriedersdorf,
Tel. 0 37 346-12 46

🚲 am Bahnhof: Seite 440-441

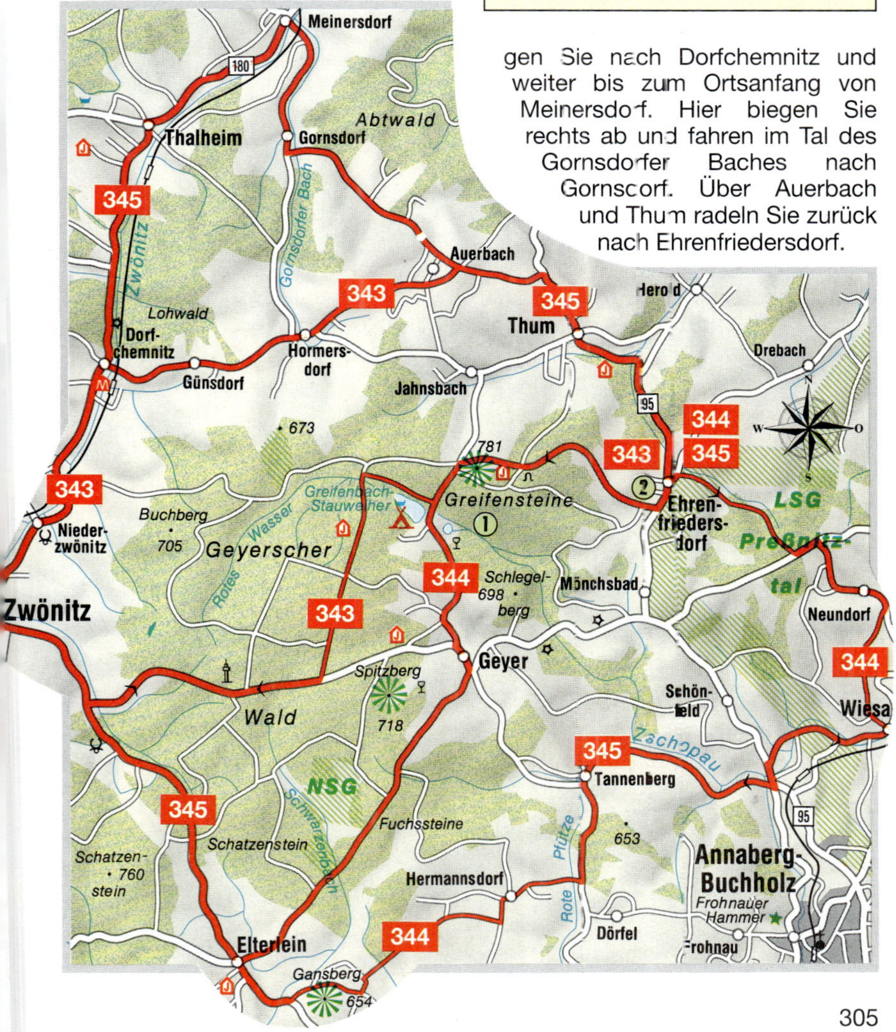

Im mittleren Erzgebirge

Diese Gegend ist nichts für Leute, die gern gemütlich in der Ebene radeln. Sie sind in einem Mittelgebirge, und da geht es nun einmal kräftig auf und ab. Dafür lernen Sie eine eindrucksvolle Landschaft und viel Interessantes kennen.

346 — 35 km
Durch den Born- und Heinzewald

Von Marienberg fahren Sie westlich auf der Bundesstraße 171 bis kurz vor Wolfsberg. Hier biegen Sie rechts ein und erreichen auf Fahrwegen Hilmersdorf. Dort fahren Sie auf der Bundesstraße 101 ein Stückchen nordöstlich bis einen halben Kilometer hinter Heinzebank. Dort geht es links ab und auf Radwanderwegen durch den Heinzewald, anschließend durch den Bornwald bis zur Oberen Talsperre. (In dem kleinen künstlichen See werden Gold- und Dreibach aufgestaut.) Der Weg endet am Westufer der kleinen Talsperre. Dort halten Sie sich ganz scharf links und fahren auf einem Rad- und Wanderweg bis zur Bundesstraße 101. In die biegen Sie links ein und fahren bis Pockau. Hier kommen Sie ins Tal des Flüßchens Pockau und da radeln Sie nun, den Schlängelungen folgend, aufwärts bis Rittersberg. (Nehmen Sie nicht die Straße am östlichen Ufer, sondern den Wanderweg am westlichen!). Von Rittersberg führt die Bundesstraße 171 nach Marienberg zurück.

Sehenswertes

① Zöblitz hat eine barocke Dorfkirche, die einen Schatz beherbergt: Eine Orgel von 1742, die der berühmte Gottfried Silbermann gebaut hat.

② In Marienberg steht die ganze Innenstadt unter Denkmalschutz: Sie stammt aus der Zeit um 1520. In der Stadt ist viel aus der alten Bergbauzeit zu sehen: im Heimatmuseum und sogar in der Kirche St. Marien (die aus dem 16. Jahrhundert stammt).

③ In Pobershau gibt es das Schaubergwerk „Molchner Stolln". Sie können 180 Meter unter Tage zurücklegen und lernen allerlei über frühe Methoden des Erzabbaus kennen.

347 — 35 km
Durch Wälder nach Gelobtland

In Zöblitz starten Sie, fahren auf der Bundesstraße 171 ins Tal der Schwarzen Pockau und dann, links abbiegend, auf einem Wanderweg über Hintergrund bis nach Kühnhaide. Der Weg führt teils durch Waldgebiete, teils durch feuchtes Land. Im Ortsteil Rattengasse finden Sie ein Sträßchen, das Sie zur Bundesstraße 174 bringt. Auf der fahren Sie ein Stück durch den Wald, bis die Straße nach Gelobtland rechts abzweigt. Dort geht links ein Weg ab, der Sie nach Marienberg bringt. Von dort führt die Bundesstraße 171 nach Zöblitz zurück.

Im Erzgebirge

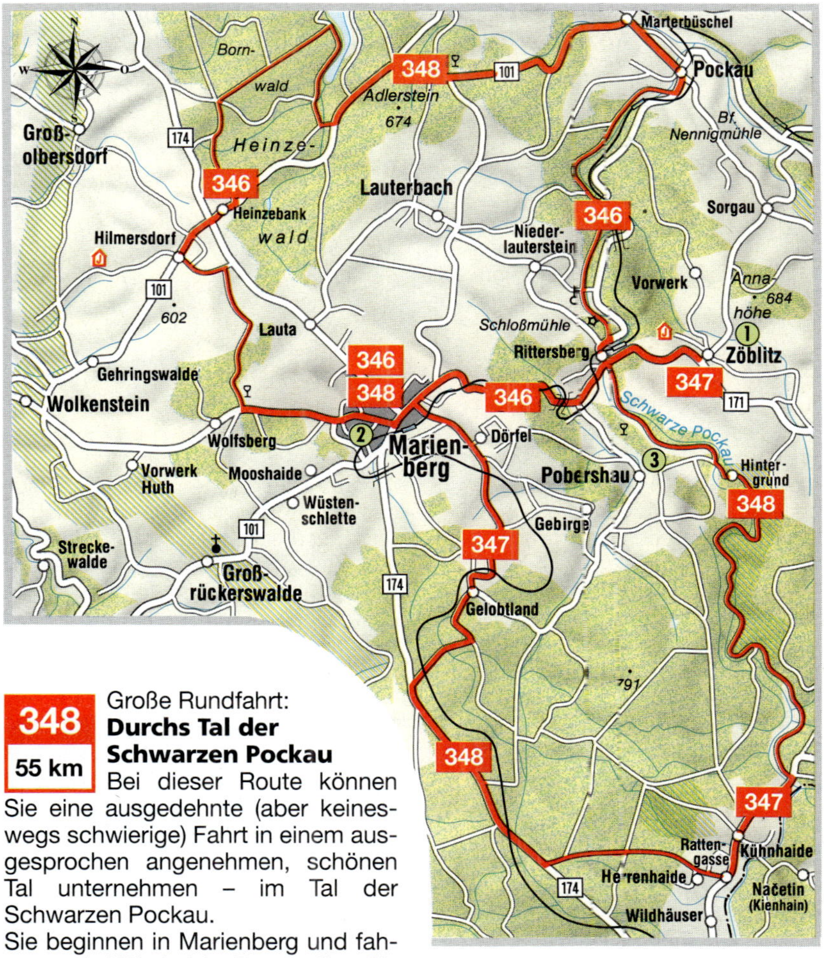

348
55 km

Große Rundfahrt:
Durchs Tal der Schwarzen Pockau

Bei dieser Route können Sie eine ausgedehnte (aber keineswegs schwierige) Fahrt in einem ausgesprochen angenehmen, schönen Tal unternehmen – im Tal der Schwarzen Pockau.

Sie beginnen in Marienberg und fahren nach Kühnhaide. Dort treffen Sie alsbald aufs Tal der Schwarzen Pockau, die dort noch ganz jung und charmant ist.

Dieses Tal fahren Sie nun in aller Gemütsruhe entlang – ohne daß Sie große Schwierigkeiten mit bergigen Strecken hätten. Es ist eine gemütliche Fahrerei über Hintergrund und Rittersberg. In Pockau verlassen Sie dann das Tälchen und fahren hinüber zur Oberen Talsperre, von dort dann über Heinzebank und Hilmersdorf nach Marienberg zurück.

Informationen

Fremdenverkehrsverband Erzgebirge e.V., Johannisgasse 23, 09456 Annaberg-Buchholz, Tel. 0 37 33-2 35 53

Landratsamt, Markt, 09496 Marienberg, Tel. 0 37 35-60 10

am Bahnhof: Seite 440-441

Im westlichen Erzgebirge

Hier beginnt das Erzgebirge, was man als Radfahrer durch ein reges Auf und Ab zu spüren bekommt. Aber sie ist interessant und sehenswert, diese Gegend – mit ihrem herben Charakter, mit ihren Wäldern und Bächen. Und mit ihren Bergen.

349 – 34 km – Über Schneeberg und Sachsenfeld

Von Schwarzenberg fahren Sie nach Westen, auf einem kleinen Sträßchen nach Bockau und Zschorlau. Dort führt eine Landstraße nach Schneeberg. In dessen Ortsteil Neustädtel kommen Sie zur Bundesstraße, die Sie nach Aue bringt. Von Aue führt eine Straße, ziemlich auf und ab, über Oberpfannenstiel und Bernsbach nach Beierfeld. Hier biegen Sie rechts ab und kommen nach Sachsenfeld. Das durchqueren Sie und sind bereits wieder in Schwarzenberg.

350 – 30 km – Entlang der Schwarzwasser

Von Schwarzenberg fahren Sie südlich über Antonsthal nach Breitenbrunn-Hammerleithe. Dies ist eine besonders schöne Strecke im Tal der Schwarzwasser. Sie folgen den Windungen des Flusses und haben viele landschaftlich eindrucksvolle Erlebnisse. In Hammerleithe verlassen Sie das Schwarzwassertal und fahren nun nach Westen, mitten hinein ins Landschaftsschutzgebiet „Oberes Westerzgebirge“. Das Sträßchen bringt Sie, am 867 Meter hohen Eselsberg vorbei, nach Sosa und dort in die unmittelbare Nähe des Sosastausees. In Sosa halten Sie sich rechts, und diese Strecke wird nun ziemlich steil; Sie werden zwischendrin immer wieder mal schieben müssen. Aber es ist eine schöne Straße, die da am 823 Meter hohen Ochsenkopf vorbei nach Schwarzenberg zurückführt.

Sehenswertes

① *Schneeberg ist eine alte Bergarbeiterstadt, in der einst mit dem Schürfen von Silber viel Geld verdient wurde. (Interessant: der Bergbau-Lehrpfad). Später stellte man auf Volkskunst um: auf Schnitzereien, Klöppelarbeiten und ähnliches. (Interessant: das Museum für bergmännische Volkskunst.)*

② *Schwarzenberg hat ein „Museum Erzgebirgisches Eisen“, in dem unter anderem eine komplette Nagelschmiede aus dem 19. Jahrhundert gezeigt wird.*

③ *Die Sosatalsperre staut die Kleine Bockau auf. Hier gibt es ein interessantes Talsperren-Museum.*

Ansicht auf Aue mit Stadtkirche

351
50 km

Große Rundfahrt:
Eine schöne Route am Eselsberg

Von Schwarzenberg fahren Sie über Sachsenfeld nach Beierfeld, dann über Bernsbach und Oberpfannenstiel nach Aue. Hier halten Sie sich links, um über Neustädtel, Zschorlau, Burkhardtsgrün und Blauenthal nach Sosa zu kommen.

Weiter geht es am Eselsberg vorbei nach Breitenbrunn-Hammerleithe, wo Sie nun im Tal der Schwarzwasser sind. Und jetzt kommt das schönste Stück dieser Route: Von Hammerleithe entlang der Schwarzwasser über Antonsthal und Erla wieder nach Schwarzenberg zurück.

Informationen

Fremdenverkehrsverband Erzgebirge e.V., Johannisgasse 23, 09456 Annaberg, Tel. 03733-23553

Rat der Stadt, 08340 Schwarzenberg, Tel. 03774-2660

🚲 am Bahnhof: Seite 440-441

Rheinland-Pfalz

Viel Schönes - aber auch viele Berge

Zahlreiche Radwanderer lieben die Landschaft von Rheinland-Pfalz. Und schätzen dabei die Gangschaltung an ihrem Rad, denn die Landschaft ist bergig. An historisch Sehenswertem ist kein Mangel - von der Römerbrücke in Trier bis zur romantischen Burg Eltz. Malerisch sind die Flußtäler von Ahr, Mosel, Rhein und Lahn. Allerdings meinen das auch die Autofahrer. Deshalb sind die schönsten Straßen dort an Wochenenden ziemlich voll. Abseits ist das anders. Da ist es stiller. Allerdings geht es gerade dort meist kräftig auf und ab.

Übersicht

Rheinland-Pfalz auf einem Blick

Größe: 19 849 km^2.
Einwohner: 3,7 Millionen.
Bevölkerungsdichte: 186 Einwohner/km^2.
Landeshauptstadt: Mainz (mit 189 000 Einwohnern auch die größte Stadt des Landes).
Wirtschaft: Landwirtschaft (viel Weinbau), chemische Industrie, Mineralölverarbeitung, Schmuckwaren, Fremdenverkehr.
Bekannte Flüsse: Rhein, Mosel, Nahe.
Höchste Erhebungen: Erbeskopf (818 m), Hohe Acht (747 m), Kalmit (673 m).
Waldfläche: 40,1 Prozent.
Ackerland: 25,5 Prozent.

Rheinland-Pfalz wurde 1946 von der französischen Militärregierung sehr willkürlich gebildet: aus der früheren bayerischen Pfalz, den preußischen Regierungsbezirken Koblenz und Trier, vier Kreisen der preußischen Provinz Hessen-Nassau und dem linksrheinischen Teil Rheinhessens.
Maßgebender Teil des Bundeslandes ist die Pfalz. Sie durchlebte jahrhundertelang eine sehr wechselvolle Geschichte, gehörte zum Teil den bayerischen Wittelsbachern, wurde von Pfalzgrafen und Kurfürsten regiert. Beim Wiener Kongreß erhielt Bayern den größten Teil der linksrheinischen Pfalz, der dann zum Bayerischen Rheinkreis und 1838 zur Rheinpfalz wurde. Zwischen 1918 und 1930 war diese Pfalz von Frankreich besetzt.

Durch den Westerwald
352 Rund um Bad Marienberg
353 Im Tal der Nister
354 Seenplatte und Hachenburger Wälder

Im Naturpark Nassau
355 Auf der Montabaurer Höhe
356 Im Tal des Gelbaches
357 Durch die Wälder von Montabaur

Im Ahrtal
358 Im Tal der Ahr
359 Durch Ahrweiler und Ramersbacher Wald
360 Zwei besonders schöne Strecken im Ahrtal

Über die Schneifel
361 Im Tal des Flüßchens Prüm
362 An der belgischen Grenze
362 Über die Schneifel-Höhenstraße

Zu den Maaren der Vulkaneifel
364 Zu den Gemünder Maaren
365 An Holz- und Pulvermaar
366 Besuch bei fünf Eifelmaaren

Im Tal der Mosel und Sauer
367 Durch den Trierer Stadtwald
368 An der luxemburgischen Grenze
369 In den Tälern der beiden Flüsse

An der Edelsteinstraße
370 Am Steinbach-Stausee
371 Staatsforst und Mörschieder Wald
372 Zwischen dem Steinbachsee und Idar-Oberstein

Bei Wald und Wein an der Nahe
373 In der Weingegend
374 Durch den Staatsforst Ebernburg
375 In den Hügeln links und rechts der Nahe

Rheinland-Pfalz

An der Nahe

Ruine Rheinfels bei St. Goar

Durch den Westerwald

Es gibt den Westerwald, von dem behauptet wird, dort pfeife der Wind so kalt (was erst bewiesen werden muß). Es gibt aber auch, was kaum bekannt ist, eine Westerwälder Seenplatte. Die Gewässer tragen allerdings nur den Titel „Weiher".

352 – 18 km
Rund um Bad Marienberg

Das ist nur eine kleine Spazierfahrt - aber eine sehr hübsche. Sie verlassen Bad Marienberg nach Norden und kommen zur Bundesstraße 414. Etwa 100 Höhenmeter geht es hinauf, aber kurz vor Kirburg wieder hinab. Dort verlassen Sie die Bundesstraße und zweigen links auf eine Nebenstraße ab, die Sie über Bölsberg, Stangenrod und Unnau nach Nistertal bringt. Von dort fahren Sie links, im Tal der Nister, bis kurz vor Hahn. Dort geht es nun links über Langenbach gemütlich nach Bad Marienberg zurück.

Sehenswertes

① Hachenburg ist ein hübsches Städtchen mit seinem Alten Marktplatz, mit Fachwerkhäusern und Brunnen. Das „Steinerne Haus" wurde im 14. Jahrhundert gebaut. Im Stadtpark: Das „Landschaftsmuseum Westerwald".

② Bad Marienberg hat einen hübschen Kurgarten nebst Wildpark.

③ Der Dreifelder Weiher ist der größte von den sieben Seen oder Teichen, welche die Westerwälder Seenplatte ausmachen. Er bietet vielen Wasservögeln Heimat.

④ In Westerburg steht das Stammschloß der Grafen zu Leiningen-Westerburg. Sie sehen Kunstwerke sowie Glasfenster aus dem 13. und 15. Jahrhundert. Auch einen Märchenpark gibt es.

353 – 45 km
Im Tal der Nister

Von Westerburg geht es nördlich nach Hergenroth, dort rechts nach Stahlhofen zum hübschen Wiesensee mit seinen teilweise bewaldeten Ufern. Bei Pottum verlassen Sie das Seeufer und fahren durch Oellingen und Schönberg ins Nistertal. Dem folgen Sie jetzt über Nistertal, bis Sie in Hachenburg sind. Es ist eine waldige Gegend: rechts von Nistertal haben Sie den Hachenburger Staatsforst, links den Hachenburger Stadtwald – und außerdem auch noch den Alperoder Wald. Von Hachenburg geht es dann südlich (links der Staatsforst, rechts der Stadtwald) über Gehlert und Langenbaum zur Westerwälder Seenplatte. Sie fahren am Dreifelder Weiher vorbei, am Brinkenweiher und am Postweiher. Die liegen allesamt im Naturschutzgebiet. Sie erreichen Freilingen. Von dort fahren Sie links nach Wölferlingen und

Fachwerkhäuser in Hachenburg

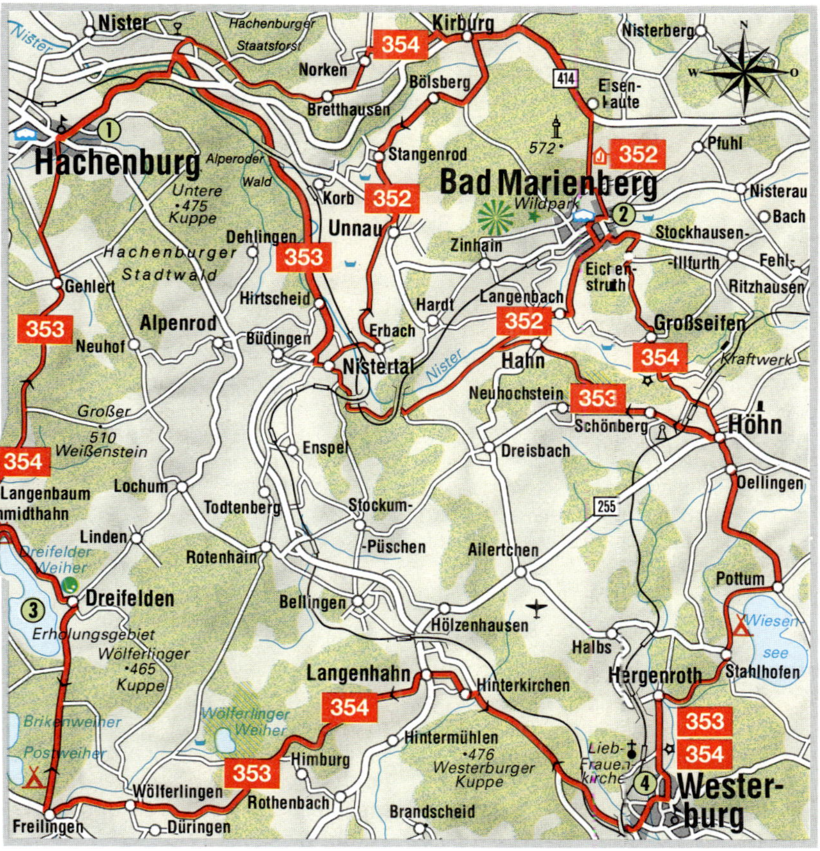

Langenhahn. Über Hinterkirchen kommen Sie schließlich zurück nach Westerburg.

354
50 km

Große Rundfahrt:
Seenplatte und Hachenburger Wälder

Diese große Rundfahrt führt Sie nicht nur durch die schönsten Landschaften dieser Gegend, sondern auch zu den wichtigsten Sehenswürdigkeiten.
Von Westerburg nordwärts über Hergenroth und Höhn nach Bad Marienberg. Von dort geht es über Kirburg und Norken nach Hachenburg. Jetzt fahren Sie südlich über die Westerwälder Seenplatte bis nach Freilingen und dort ostwärts über Langenhahn nach Westerburg zurück.

Informationen

Ferienland Westerwald,
Kirchstraße 48,
56410 Montabaur,
Tel. 0 26 02-30 01

Verkehrsamt, Mittelstraße 2,
57627 Hachenburg,
Tel. 0 26 62-30 63

am Bahnhof: Seite 441

Im Naturpark Nassau

Über die Hälfte des Naturparks ist bewaldet. Dort lebt viel Hochwild (auch Muffelwild), in sonnigen Tälern wachsen anderswo unbekannte Blumen wie der blutrote Storchschnabel, die pfirsichblättrige Glockenblume oder die Moschusmalve.

355
15 km

Auf der Montabaurer Höhe

Von Montabaur fahren Sie südwestlich nach Horressen. Dort zweigen Sie rechts ab in einen ständig, aber nicht steil ansteigenden Waldweg. Der führt Sie allmählich bis zum 540 Meter hohen Köppel.

Über die Montabaurer Höhe fahren Sie nordwestlich weiter. Bei der ersten Autostraße, die Sie treffen, halten Sie sich rechts, kommen so durch den Siershahnerwald nach Elgendorf und von dort wieder nach Montabaur zurück.

356
30 km

Im Tal des Gelbachs

Der Gelbach fließt durch Montabaur. Seinem Lauf folgen Sie in zunächst südöstlicher Richtung. So kommen Sie, an der Marauer Mühle vorbei, nach Wirzenborn. Schon bis hierher ist die Straße sehr hübsch. So bleibt sie, wenn Sie jetzt weiter in charmanten Biegungen das Tal entlangradeln - über Bladernheim, Ettersdorf und Giershausen nach Dies. Dieses Tal im Herzen des Naturparks Nassau ist mit den bewaldeten Bergen links und rechts sehr romantisch. Bei Dies verlassen Sie das Tal nach rechts und fahren in einem Seitentälchen in die dichten Wälder bei Horbach. Durch diese geht es (ab und zu recht bergig) über Daubach nach Untershausen. Dort kommen Sie auf freies Feld und fahren nun nach Montabaur zurück.

Sehenswertes

① *Aussichtsturm Köppel: mit weitem Blick über den Westerwald.*

② *Montabaur: mit malerischem großem Schloß.*

③ *Wild- und Freizeitpark „Westerwald": Wild aus ganz Europa.*

④ *Nassau: mit Fachwerkrathaus und anderen schönen Bauwerken.*

⑤ *Prämonstratenserkloster Arnstein: mit romanischer Kirche.*

357
55 km

Große Rundfahrt:
Durch die Wälder von Montabaur

Diese weite Tour führt Sie durch Berg und Tal und viele Wälder. Sie beginnen in Montabaur und fahren über Wirzenborn im Tal des Gelbachs entlang bis Dies, dann aber noch weiter bis Nassau. Das Tal wird auf diesem Abschnitt immer romantischer, bis der Gelbach vor Nassau in

Das Schloß von Montabaur

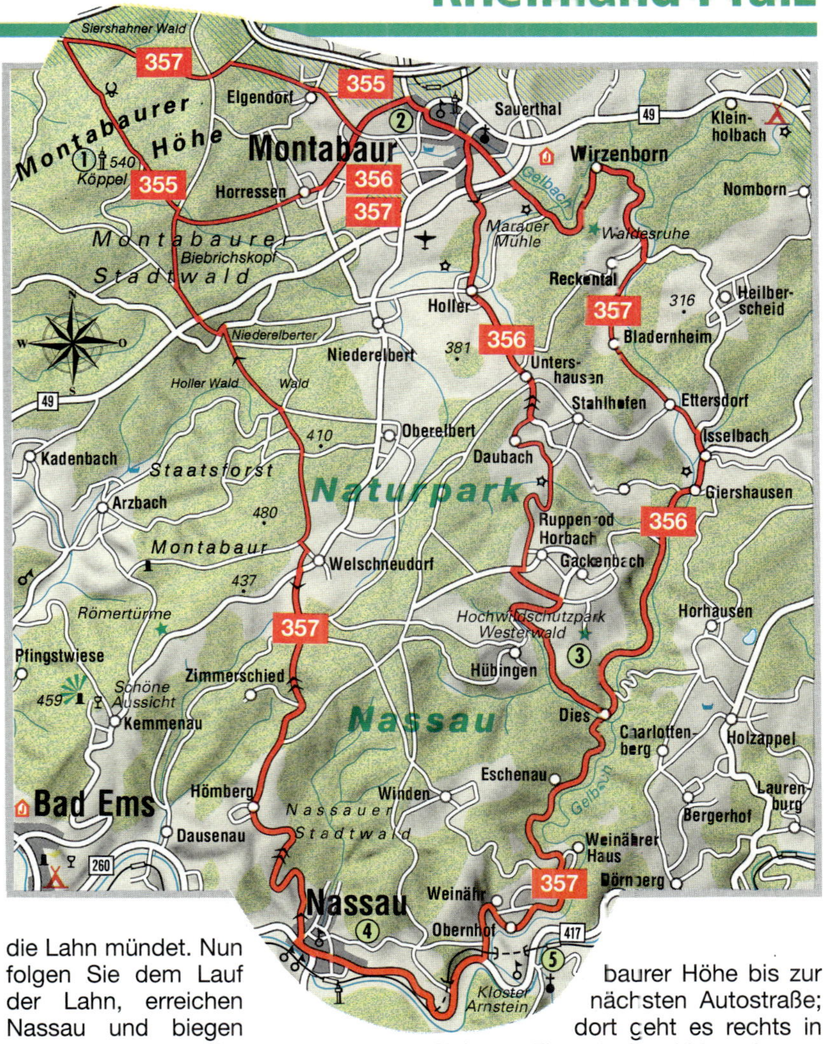

die Lahn mündet. Nun folgen Sie dem Lauf der Lahn, erreichen Nassau und biegen dann ab in die großen Waldgebiete. Sie kommen durch den Staatsforst Montabaur, dann durch den Stadtwald. Der Weg – teilweise kleine bis ganz kleine Straßen – führt zunächst, ziemlich ansteigend, über Hömberg nach Welschneudorf. Da sind Sie nun bereits im Staatsforst, den Sie auf kleinen Waldstraßen nordwestlich durchqueren. Zwischen dem Hollerwald und dem Niederelberter Wald kommen Sie zum Biebrichskopf und weiter über die Montabaurer Höhe bis zur nächsten Autostraße; dort geht es rechts in Richtung Elgendorf und Montabaur.

Informationen

Ferienland Westerwald,
Kirchstraße 48a,
56410 Montabaur, Tel. 0 26 02-30 01

Verkehrsamt, Rathaus,
56377 Nassau,
Tel. 0 26 04-7 02 30

am Bahnhof: Seite 441

Im Ahrtal

Die geographischen Begriffe dieser Gegend klingen geradezu alpin: Wir befinden uns im Rheinischen Schiefergebirge, ganz in der Nähe ragt das Ahrgebirge auf. Ganz so steil ist das Gelände nicht. Aber zuweilen geht es doch ganz kräftig auf und ab.

358
30 km

Im Tal der Ahr

Von Bad Neuenahr-Ahrweiler verläuft am südlichen Ufer der Ahr ein Wanderweg nach Altenahr. Den nehmen Sie. Er ist sehr schön, folgt den Windungen des Flusses und hat den Vorzug, weitgehend eben zu sein. Bei Altenahr bringt er Sie in ein sehr hübsches Naturschutzgebiet. Dann müssen Sie in Altenahr den Weg finden (zunächst ist es eher ein Sträßchen), der über Altenburg durch den Stadtwald führt, vorbei am Wacholder-Naturschutzgebiet. Hier sind schon einige Höhenunterschiede gutzumachen. Sie kommen nach Kesseling, wo sich Weidenbach und Staffeler Bach zum Kesselinger Bach vereinigen (der dann bei Pützfeld in die Ahr mündet). Von Kesseling fahren Sie am Staffeler Bach entlang nach Staffel und von dort auf Rad- und Wanderwegen durch den Ahrweiler Stadtwald zurück: Am 507 Meter hohen Häuschen und der 435 Meter hohen Alten Mauer vorbei – hinab ins Tal der Ahr und zurück nach Bad Neuenahr-Ahrweiler.

Sehenswertes

① *Bad Neuenahr-Ahrweiler ist ein berühmtes Thermalbad. Der Stadtteil Ahrweiler hat eine komplett erhaltene Stadtmauer aus dem 13. Jahrhundert mit Türmen und Toren.*

② *Bei Altenahr macht die Ahr eine kunstvolle Schleife durchs Felsgestein. Der kann man – allerdings zu Fuß – folgen. Das ist sehr eindrucksvoll.*

③ *Über Mayschoß, das mitten in Weinbergen liegt, ragt die Ruine der schon 1074 urkundlich erwähnten Saffenburg auf.*

④ *In den Wacholder-Schutzgebieten sehen Sie, daß auf der Eifel ganz ähnliche Verhältnisse herrschten wie in der Lüneburger Heide: Schafe beweideten die Flächen und hielten jeden Wuchs kurz. So konnten sich Besenheide breitmachen - und Wacholder, weil den die Schafe nicht verbeißen. Die Gebiete wurden unter Naturschutz gestellt.*

359
25 km

Durch Ahrweiler und Ramersbacher Wald

Von Bad Neuenahr-Ahrweiler fahren Sie südlich durch den Ahrweiler Stadtwald, hinauf nach Staffel. Hier kommen Sie ins Tal des Heckenbachs, dem Sie über den Ort Heckenbach mit allerlei Auf und Ab nach Blasweiler folgen. Von hier geht es nach Ramersbach. Da sind

Das Kurhaus in Bad Neuenahr

Sie nun im Tal des Bachemer Baches, der Sie ganz hinunter begleitet bis nach Bachem – durch den Ramersbacher Wald und das Waldwinkel-Gebiet. Von Bachem sind Sie dann schnell zurück in Neuenahr-Ahrweiler.

360
40 km

Große Rundfahrt:
Zwei besonders schöne Strecken im Ahrtal

Diese Tour ist sehr schön – aber bergig. Sie strengt an. Und man braucht länger als man – nur nach den Kilometern – vermuten sollte. Als erstes fahren Sie von Bad Neuenahr-Ahrweiler nach Altenahr. Dazu gibt es den Wanderweg am Südufer der Ahr, die hier schon tief ins Vulkangestein eingegraben ist. Ihr Tal wird immer enger und immer kurvenreicher. An den Hängen ziehen sich Weinberge hinauf. Von Altenahr suchen Sie den Weg durch den Ahrweiler Stadtwald, am Steinberghaus vorbei bis nach Kesseling. Von hier fahren Sie im Tal des Staffeler Bachs und des Heckenbachs, bis Sie ins Tal des Bachemer Bachs kommen. Diese Straße verlangt einige Kondition, aber sie ist – zumindest auf dem Abschnitt von Kesseling über Staffel nach Ramersbach – eine der schönsten in der ganzen Gegend. Zusammen mit dem Abschnitt im Ahrtal von Bad Neuenahr-Ahrweiler bis Altenahr, der auch ungewöhnlich schön ist, erleben Sie auf diese Weise eine äußerst genußreiche Fahrt. Von Ramersbach haben Sie es dann einfacher: Es geht nach Bachem und nach Bad Neuenahr-Ahrweiler weitgehend abwärts.

Informationen

Fremdenverkehrs- und Heilbäderverband Rheinland-Pfalz, Löhrstraße 103-105, 56068 Koblenz, Tel. 02 61-3 10 79

Kur- und Verkehrsverein im Stadtteil Bad Neuenahr, Hauptstraße 60, 53474 Bad Neuenahr-Ahrweiler, Tel. 0 26 41-97 73 50

🚲 am Bahnhof: Seite 441

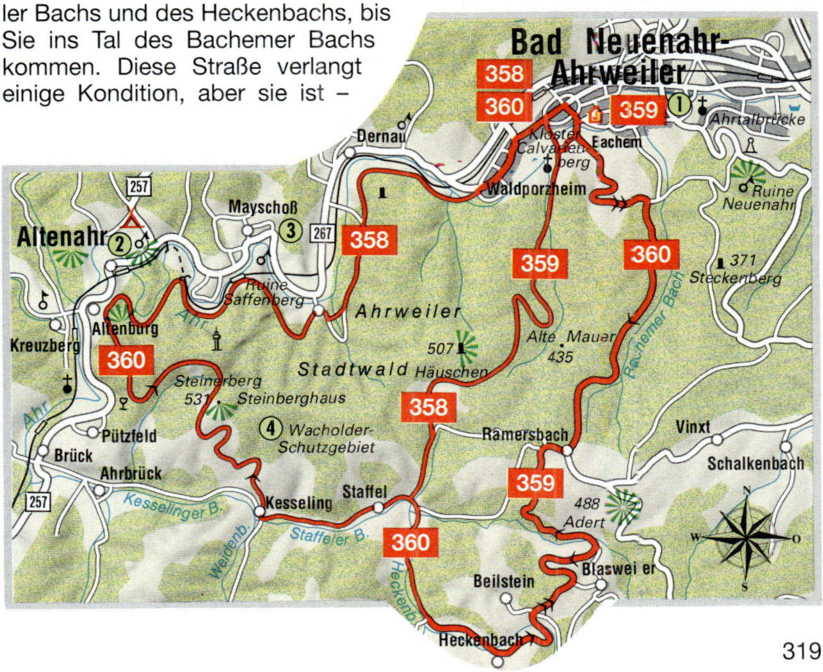

Über die Schneifel

Der Name „Schneifel" klingt kurios. Er stellt nichts anderes dar als eine (längst historische) Zusammenziehung des Wortes „Schnee-Eifel" – also des besonders schneereichen Teils jenes Mittelgebirges. Die Schneifel gehört zum Naturpark Nordeifel.

361
20 km

Im Tal des Flüßchens Prüm

Vom Ort Prüm fahren Sie durch das Tal der Prüm aufwärts über Dausfeld, Hermespand und Willwerath bis Olzheim. Dort verlassen Sie das Tal, wenden sich nach links und müssen jetzt auf etwa zwei Kilometern Strecke 150 Meter an Höhe gewinnen. Es geht in die Wälder der Schneifel. Sie erreichen bei Knaufspesch die Bundesstraße 265, bleiben ein kurzes Stückchen in Richtung Norden auf ihr, nehmen dann aber Fahrwege durch den Olzheimer Wald bis nach Wascheid. Hier sind Sie bereits im Tal des Mehlenbachs, dem Sie südlich bis Prüm folgen.
Abgesehen von dem zünftigen Anstieg in die Schneifel ist die Strecke zwar bergig, aber nur selten wirklich steil.

Sehenswertes

① Die Schneifel-Höhenstraße ist eine Panoramastraße, die zwischen den Forsthäusern Schneifel und Bleialf durch die Wälder führt – immer zwischen 470 und 670 Meter Meereshöhe und in stetigem Auf und Ab.

② Prüm ist das Zentrum der Schneifel. Am Bau seiner ehemaligen Benediktinerabtei arbeitete unter anderem der berühmte Balthasar Neumann mit.
Die barocke Salvator-Basilika stammt aus den Jahren 1721 bis 1730. Sie ist kostbar ausgestattet. Besonders prächtig ist der barocke Hochaltar, interessant der kostbare Schrein mit den „Sandalen Christi". Die schenkte einst Papst Zacharias dem König Pipin. Sehenswert sind auch die Kanzel aus der Renaissancezeit und das Grabmal von Kaiser Lothar I., der im Jahre 855 starb.

362
42 km

An der belgischen Grenze

Sie beginnen in Ormont und fahren südlich nach Olzheim, das am Oberlauf der Prüm liegt. Dort geht es rechts ab über einen Höhenzug der Schneifel nach Knaufspesch und dann auf der Bundesstraße 265 bis zum Forsthaus Schneifel.
Hier kommen Sie auf die Schneifel-Höhenstraße, die zwischen 470 und 670 Meter Meereshöhe immer auf und ab durch die Wälder bis zum Forsthaus Bleialf führt. Hier fahren Sie rechts nach Alferberg und Niederlascheid, dann an Radscheid vorbei nach Herzfenn. Nun kommen Sie noch ein Stückchen durch den deutsch-belgischen Nationalpark: in

Die Salvator-Basilika in Prüm

Grenznähe fahren Sie nach Auw und dann auf einem gewundenen Bergsträßchen über den Schnapert nach Roth und Mooshaus. Von dort fahren Sie nördlich ein Stück auf der Bundesstraße 265. Nach zwei Kilometern biegen Sie rechts ab und kommen so wieder nach Ormont zurück. Die Tour mit ihrem ständigen auf und ab ist schön, aber nicht ganz einfach.

363
35 km

Große Rundfahrt:
Über die Schneifel-Höhenstraße

Diese Rundfahrt macht Sie mit den beiden kennzeichnenden Landschaftsformen der Schneifel bekannt: mit dem Tal der Prüm und den Höhenzügen der Schneifel selbst, die Sie auf der sehr schönen Schneifel-Höhenstraße kennenlernen. Sie fahren am besten von Prüm nördlich durch das Tal der Prüm bis Olzheim. Dort geht es links ab, an Knaufspesch vorbei, zum Forsthaus Schneifel, wieder links zum Forsthaus Bleialf und dann östlich – teils ganz schön steil – über Sellerich schließlich nach Prüm zurück.

Informationen

Verkehrsbüro Bitburger Land, Postfach 1662, 54622 Bitburg, Tel. 0 65 61-89 34

Verkehrsamt, Hahnplatz 1, 54595 Prüm, Tel 0 65 51-505

🚲 *am Bahnhof: Seite 441*

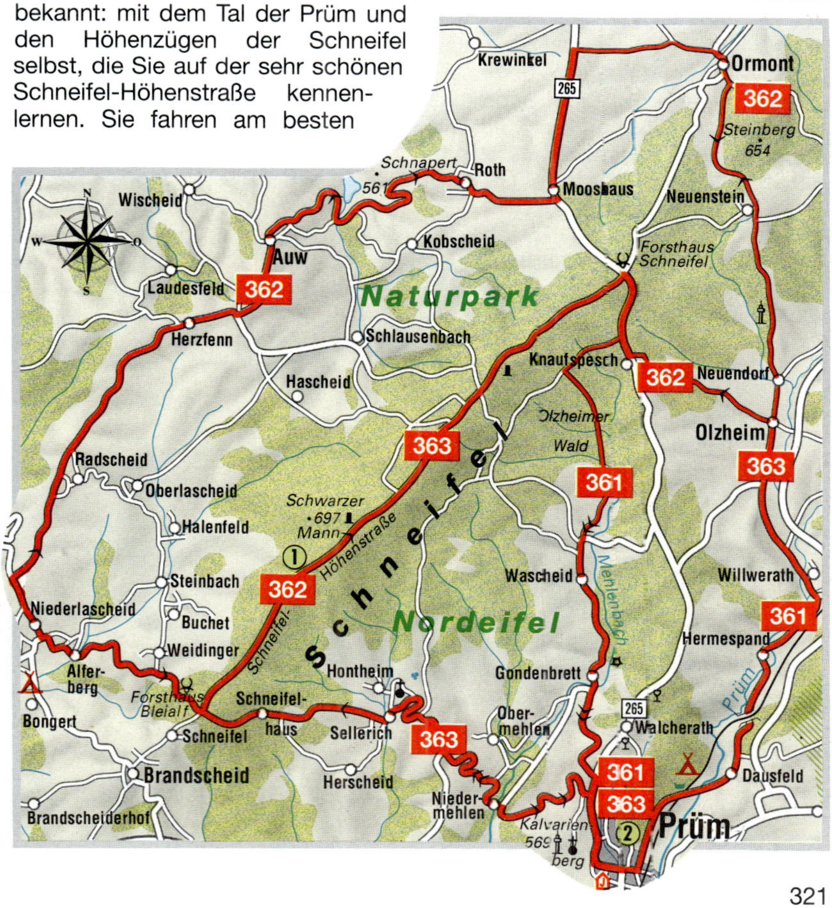

Zu den Maaren der Vulkaneifel

Ein Teil der Eifel ist ehemals vulkanisches Gebiet. Die Maare sind Zeugnisse jener Zeit: Trichterförmige Vertiefungen, die durch vulkanische Gasexplosionen entstanden. Die Eifelmaare sind mit Wasser gefüllt, also kleine, aber sehr tiefe Seen.

364
35 km

Zu den Gemünder Maaren

Die Tour beginnt in Manderscheid. Von dort führt ein Wanderweg nördlich durch das Tal der Lieser, den Sie auch mit dem Fahrrad benutzen können. Der Weg benimmt sich etwas ungewöhnlich – zuweilen kürzt er die Schlingen der Lieser ab, dann überquert er sie, hin und wieder legt er eigene sonderbare Kurven ein – kurz: Es macht Spaß, ihn zu fahren. Sie kommen nach Trittscheid und nehmen dort ein kleines Sträßchen, das Sie zu der Landstraße bringt, die nach Schalkenmehren führt. Die benutzen Sie und kommen auf diese Weise ins Naturschutzgebiet der Maare bei Gemünden. Da gibt es das Gemünder Maar, das Weinfelder Maar, das Schalkenmehrener Maar – genügend interessante Beobachtungsmöglichkeiten.
Sie umrunden dieses Gebiet und stoßen automatisch auf die Straße, die von Daun nach Manderscheid führt. Es ist eine sehr schöne Straße, die Sie von Daun (das nördlich unseres Gebiets liegt) über Gemünden, Weiersbach und Bleckhausen nach Manderscheid bringt. Sie durchquert dabei einen Teil des Dauner Staatsforstes ebenso wie den Staatsforst von Manderscheid und heißt, nicht zu unrecht, offiziell „Grüne Straße Eifel – Ardennen". Nun – auf dieser Grünen Straße bleiben Sie, bis Sie wieder am Ausgangspunkt der Tour, in Manderscheid, sind.

Sehenswertes

① *Vom Mäuseberg haben Sie einen ausgezeichneten Blick über das Vulkangebiet und die Maare.*

② *Die Glockengießerei in Waldhof können Sie besichtigen.*

③ *Das Meerfelder Maar ist ein besonders typischer Kratersee.*

④ *In Manderscheid können Sie in einer Töpferei beim Glasieren zusehen.*

365
35 km

Am Holz- und Pulvermaar

Von Manderscheid fahren Sie östlich bis nach Buchholz an der Autobahn. Gleich hinter der Autobahn-Unterführung biegt ein Sträßchen links ab und zieht sich im Bogen nach Gillenfeld. Es führt durch das waldige Dickebüsch und ganz dicht am Holzmaar vorbei (das hier sein eigenes Naturschutzgebiet hat). Auch das Pulvermaar gehört zu einem Naturschutzgebiet, das von dem Sträßchen in einem schönen Bogen umrundet wird. Dann sind Sie

Das Weinfelder Maar

auf dem Weg, der Sie nach Ellscheid bringt.
Von hier geht es südwestlich über Saxler und die Saxler Mühle bis kurz vor Udler. Hier beginnt nun ein kleiner Fahrweg, der Sie unter der Autobahn hindurch nach Norden bringt – in das Gebiet der Gemündener Maare.
Sie erreichen die Straße, die am Schalkenmehrener Maar vorbei links nach Schalkenmehren führt und fahren, an der Altburg vorbei, nach Trittscheid.
Jetzt haben Sie noch das Vergnügen, im schönen Liesertal auf einem schmalen Weg bis nach Manderscheid zurückzufahren.

Informationen

Verkehrsamt,
Postfach 1371, 54550 Daun,
Tel. 0 65 92-93 32 00

Kurverwaltung, Kurhaus,
54531 Manderscheid,
Tel. 0 65 72-89 49

🚲 am Bahnhof. Seite 441

366
40 km

Große Rundfahrt:
Besuch bei fünf Eifelmaaren

Dies ist eine Tour, die an einer ganzen Reihe von Maaren vorbeiführt – alle ähnlich, zumindest in ihrer Entstehung, und doch sind sie, betrachtet man sie genauer, ganz verschieden.
Sie beginnen in Manderscheid und radeln nördlich über Bleckhausen und Weiersbach nach Gemünden in die sehr schöne Landschaft des Gemündener, des Weinfelder und des Schalkenmehrener Maars.
Hinter Mehren biegen Sie links ab und fahren unter der Autobahn hindurch, an Udler vorbei, über Saxler nach Ellscheid. Dort geht es links zum Pulvermaar. Über Gillenfeld und Buchholz kommen Sie nach Manderscheid zurück.

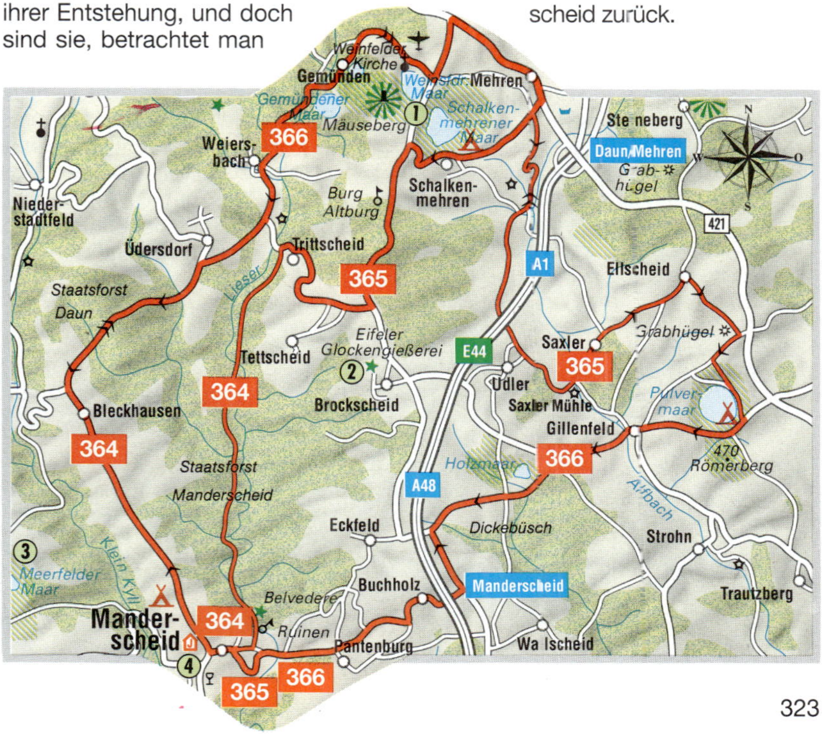

Im Tal der Mosel und Sauer

Dieses landschaftlich sehr schöne Gebiet wird im wesentlichen durch die beiden Flüsse geprägt: die Mosel, an der die uralte Stadt Trier liegt, und die Sauer, welche die vielgewundene, geschlängelte Grenze nach Luxemburg bildet.

367 – 25 km
Durch den Trierer Stadtwald

Sie fahren von Trier nordöstlich am Moselufer entlang – auf der Mosel-Weinstraße, der Bundesstraße 53, bis Biewer. Dort biegen Sie links ab auf eine Landstraße, die Sie durch den schönen Trierer Stadtwald bringt – vorbei an der Pulvermühle, der Birkesmühle, der Schneidersmühle und dem Erlenhof. Bei Beßlich erreichen Sie dann eine andere Landstraße, die südwestlich führt. Die nehmen Sie und kommen jetzt am Rand des Staatsforstes Kasel nach Aach und Neuhaus. In der gleichen Richtung fahren Sie weiter nach Trierweiler und dann über die Autobahn. Gleich hinter der Autobahnbrücke führt ein Landsträßchen links ab nach Herresthal und Euren. Auf diesem Sträßchen kommen Sie nach Trier-West, in die Stadt zurück.

Sehenswertes

① Trier ist Deutschlands älteste Stadt. Vom zweiten bis vierten nachchristlichen Jahrhundert war es das Zentrum der römischen Verwaltung nördlich der Alpen. Einiges blieb aus jener Zeit erhalten. Am Berühmtesten ist die Porta Nigra, das römische Stadttor aus dem Jahre 200. Um 100 entstand das Amphitheater, um 150 die Barbara-Thermen. Um 300 wurde die Konstantin-Basilika erbaut, im gleichen Jahrhundert legten die Römer ihre weitläufigen Kaiserthermen an, in deren Gewölben Sie sich die römische Heizungstechnik erklären lassen können.
Der Trierer Dom mit seinem römischen Kern hat einen um 1050 angesetzten romanischen Westchor sowie einen spätromanischen Ostchor von 1200. Aus dem Mittelalter sind auch mehrere Wohntürme, Kapellen und Kirchen erhalten. Und in der Barockzeit entstand die Kirche St. Pauli nach Plänen des berühmten Balthasar Neumann.

② In Igel sehen Sie die „Igeler Säule", das letzte von vielen ähnlichen Turmgrabmälern aus römischer Zeit. Der 22 Meter hohe Pfeiler mit seinem reichen Reliefschmuck stammt aus dem dritten nachchristlichen Jahrhundert.

368 – 35 km
An der luxemburgischen Grenze

Sie beginnen in Beßlich und fahren zunächst nordöstlich. Vor Butzweiler geht es links ab nach Newel, Olk und Kersch. Von dort radeln Sie nach Wintersdorf. Hier, zwischen Olk und Wintersdorf, fahren Sie teils am Rand eines Naturschutzgebiets entlang, teils quer hindurch. Es gehört zu den Tal-

Trier

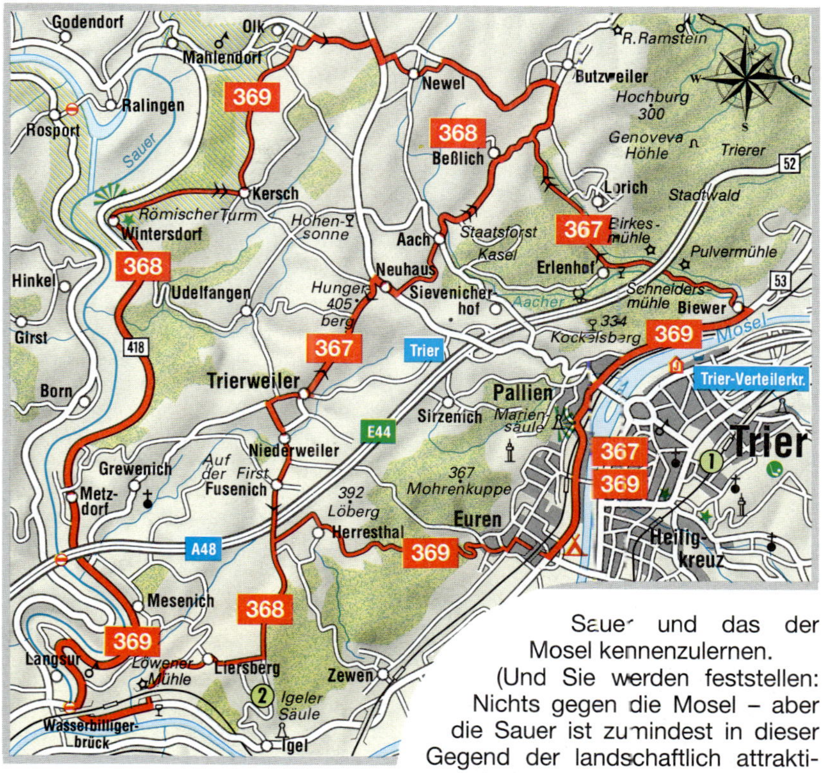

auen der Sauer, der Sie nun von Wintersdorf nach Süden folgen. Die Straße paßt sich häufig den Windungen des Flusses an; das ergibt immer wieder neue, hübsche Bilder. Ab Wasserbilligerbrück fahren Sie nun ein Stückchen im Tal der Mosel abwärts, dann biegt die Landstraße an der Löwener Mühle ab nach Liersberg. Sie folgen ihr weiter, überqueren die Autobahn und fahren über Niederweiler, Trierweiler und Neuhaus nach Aach. Von dort geht es nach Beßlich zurück.

369
45 km

Große Rundfahrt:
In den Tälern der beiden Flüsse

Bei dieser Rundfahrt haben Sie nun Gelegenheit, das Tal der Sauer und das der Mosel kennenzulernen.
(Und Sie werden feststellen: Nichts gegen die Mosel – aber die Sauer ist zumindest in dieser Gegend der landschaftlich attraktivere Fluß.)
Sie beginnen mit der Rundfahrt in Trier und fahren über Biewer an Beßlich vorbei nach Newel, Kersch und Wintersdorf ins Tal der Sauer.
Im schönen Tal der Sauer bleiben Sie bis zur Mündung dieses Flusses in die Mosel und fahren nun über Liersberg und Herrestal nach Trier zurück.

Informationen

Moselland-Information, Postfach 1320, 56803 Cochem, Tel. 0 26 71-6 11 48

Tourist-Information an der Porta Nigra, 54228 Trier, Tel. 06 51-97 80 80

🚲 am Bahnhof: Seite 441

An der Edelsteinstraße

Die Straße trägt ihren Namen mit Recht: In und bei Idar-Oberstein werden seit historischer Zeit Edelsteine geschürft und bearbeitet. Auch heute finden Sie noch viele Edelstein-Schleifereien, die Sie besuchen können.

Sehenswertes

① In Sensweiler gibt es mehrere Schmuckstein-Schleifereien zu besichtigen.

② Auch in Kempfeld können Sie Edelstein-Betriebe besuchen. In einer Hobby-Schleiferei läßt sich ausprobieren, ob Sie Geschick zum Juwelier haben.

③ Herrstein ist ein altes Festungsstädtchen, in dem viele Gebäude aus dem 17. und 18. Jahrhundert erhalten blieben, darunter das schöne Herrsteiner Haus. Uhrturm, Stadtturm, Glocken- und Schinderhannes-Turm stammen aus dem 12. und 13. Jahrhundert.

④ Die Wildenburg ist eine Befestigung aus dem Mittelalter. Daß dieser Ort schon viel früher der Verteidigung diente, zeigen die keltischen Ringwälle.

⑤ Idar-Oberstein hat Historisches zu bieten – beispielsweise die in eine senkrechte Gesteinswand über der Stadt hineingebaute Felsenkirche aus dem 15. Jahrhundert. Auch das Alte und das Neue Schloß sind sehenswert.
Vor allem aber lohnt es sich, das Deutsche Edelsteinmuseum zu besuchen, ferner die historische Weiherschleife (in der man sieht, wie Edelsteine einst geschliffen wurden), dann die Edelsteinminen im Steinkaulenberg und natürlich auch eine Reihe von modernen Edelstein-Schleifereien, die man besichtigen kann.

370
35 km

Am Steinbach-Stausee

In Niederwörresbach beginnt die Fahrt. Auf der Deutschen Edelsteinstraße fahren Sie das Asbachtal aufwärts durch Herrstein zur Asbacherhütte und über Schauren nach Bruchweiler. Dabei müssen Sie einen Höhenunterschied von 240 Metern überwinden. Jetzt befinden Sie sich in den Bergen des Idarwaldes - dort, wo in den vergangenen Jahrhunderten viele Edelsteine im Bergbau gefunden wurden. Am aufgestauten Steinbachsee vorbei folgen Sie der Edelsteinstraße weiter über Sensweiler und Wirschweiler nach Allenbach. Dort biegen Sie scharf in die Bundesstraße 422 ein. Die bringt Sie nach Katzenloch. Sie fahren da in einem eindrucksvollen Naturschutzgebiet mit ausgedehnten Wäldern im Tal des Idarbaches entlang.

In einer historischen Wasserschleife

Dann zweigen Sie links ab zur Wildenburg; dabei müssen Sie erneut 250 Meter Höhenunterschied gutmachen. Auf einsamen Nebensträßchen erreichen Sie Herborn. Dort geht es auf einer Autostraße nach Niederwörresbach zurück.

371 – 30 km – Staatsforst und Mörschieder Wald

Von Idar-Oberstein fahren Sie im Tal des Vollmersbachs aufwärts über Veitsrodt nach Herborn. Nun kommen Sie durch ein prächtiges Waldstück – links der Idar-Obersteiner Staatsforst, rechts der Mörschieder Wald – und über die Wildenburg nach Katzenloch. Von hier geht es links über Hettenrodt, Siesbach und Rötsweiler-Nockenthal zurück nach Idar-Oberstein.

372 – 50 km – Große Rundfahrt: Zwischen dem Steinbachsee und Idar-Oberstein

In einem großen Bogen erfahren Sie die ganzen Schönheiten dieser Landschaft – und sehen viel Interessantes. Wenn Sie in Idar-Oberstein beginnen, radeln Sie nördlich über Vollmersbach und Herrstein zur Asbacherhütte. Von dort geht es über Schauren zum Steinbach-Stausee, dann über Sensweiler und Allenbach nach Katzenloch. Hier halten Sie sich rechts nach Kirschweiler im Tal des Siesbachs. So kommen Sie nach Idar-Oberstein zurück.

Informationen

Fremdenverkehrsverein Rhein-Hunsrück, Ludwigstraße 4, 55469 Simmern, Tel. 0 67 61-70 78

Fremdenverkehrsamt, Hauptstraße 234, 55743 Idar-Oberstein, Tel. 0 67 81-6 44 21/22

am Bahnhof: Seite 441

Bei Wald und Wein an der Nahe

Dies ist eine gesegnete Gegend: im Südosten das Pfälzer Bergland, im Nordwesten Rheinhessen, im Norden der Rheingau – und in Rufweite eine Landschaft, die sich „Rheinhessische Schweiz" nennt.

Sehenswertes

① Bad Kreuznach ist ein hübsches Städtchen. Charakteristisch sind seine Brückenhäuser aus dem 15. Jahrhundert, die – aus welchen Gründen auch immer – auf den Pfeilern der Nahebrücke gebaut wurden.
In der Altstadt stehen schöne Fachwerkbauten und im Heimatmuseum sehen Sie einen gut erhaltenen römischen Mosaikfußboden sowie andere Funde aus jener historischen Epoche.

② Oberhalb von Schloßböckelheim liegt die Ruine einer schon im 9. Jahrhundert gegründeten Burg. Hier hielt Kaiser Heinrich V. seinen Vater, Heinrich IV., gefangen.

③ Bei Oberhausen finden Sie nicht nur den Lemberg mit seiner schönen Aussicht, sondern auch das „Schinderhannes-Loch": einen alten Quecksilberstollen, in dem sich einst der berühmteste Räuber der Gegend, der Schinderhannes, versteckte.

④ Zu Bad Münster-Ebernburg gehört die Ruine der Ebernburg. Ein steiler Pfad führt hinauf. Die Burg entstand um 1300, zeigt romanische Säulen, eine staufische Schildmauer, einen mittelalterlichen Palas – und bietet einen prachtvollen Blick in die Landschaft.

⑤ Burg Montfort wurde 1240 gebaut und niemals verändert. Heute ist sie freilich eine Ruine. Aber einige Gebäudeteile sind noch recht gut erhalten.

373 – 25 km – In der Weingegend

Dies ist eine Spazier-Radlerei, die sich nicht weit von Bad Kreuznach entfernt, aber in dieser schon bei den alten Römern so beliebten Gegend manches Schöne und Interessante bietet.
Von Bad Kreuznach fahren Sie westlich über waldreiche Hügel und dann im Tal des Ellerbachs bis Weinsheim. Dort geht es ziemlich steil abwärts – zuerst auf einem bescheidenen Sträßchen – ins Tal der Nahe, nach Schloßböckelheim. Und hier sind Sie nun schon in der Weingegend. Wenn Sie jetzt im Tal der Nahe über Niederhausen nach Bad Kreuznach zurückfahren, sehen Sie links und rechts einige feine Tropfen an den Berghängen reifen.
Schon jene alten Römer haben hier Wein gepflanzt und gekeltert.

374 – 35 km – Durch den Staatsforst Ebernburg

Von Bad Kreuznach begeben Sie sich ins Tal der Nahe und fahren über Bad Münster

Thermalbadanlage in Bad Kreuznach

am Stein rechts vor Ebernburg nach Norheim und Oberhausen. Von dort geht es dann, am 429 Meter hohen Lemberg vorbei, ziemlich aufwärts, bis Sie die Hochfläche bei Hallgarten erreicht haben. Nun sind Sie alsbald im Staatsforst Ebernburg. Über Hochstätten fahren Sie nach Fürfeld. Dort, am Ortseingang, biegen Sie scharf links ab, um über Bad Münster am Stein nach Bad Kreuznach zurückzufahren.

Informationen

Fremdenverkehrs- und Heilbäderverband Rheinland-Pfalz, Löhrstraße 103-105, 56068 Koblenz, Tel. 02 61-3 10 79

Kur- und Salinenbetriebe im Bäderhaus, Kurhausstraße 28, 55543 Bad Kreuznach, Tel. 06 71-83 60 00

am Bahnhof: Seite 441

375 – 40 km – In den Hügeln links und rechts der Nahe

Dies ist eine schöne Radwanderung, aber sie ist anstrengend: Von den Hügeln ins Tal, dann wieder hinauf, auch oben nicht gerade eben – man muß tüchtig treten. Aber es macht Spaß, man sieht viel Schönes und kann immer wieder auf schattigen Wegen fahren. Ab Bad Kreuznach bleiben Sie am besten an den Nordhängen über der Nahe, fahren also über Weinsheim und dann hinunter nach Schloßböckelheim. Ein Stück bleiben Sie nun im Nahetal – bis Oberhausen. Von dort geht es dann wieder hinauf nach Hallgarten und dann nach Hochstätten, hier links ein Stück auf der Bundesstraße 420 bis kurz vor Fürfeld. Dort biegen Sie links auf ein kleines Sträßchen ab, das Sie über Bad Münster am Stein nach Bad Kreuznach zurückbringt.

In den Wäldern bei Kaiserslautern

Die Gegend, von der hier die Rede ist, gehört zum Naturpark Pfälzer Wald. Der heißt nicht nur so: Der besteht auch überwiegend aus Waldgebieten. Und mittendrin liegt die Stadt Kaiserslautern mit den prächtigsten Forsten.

Sehenswertes

① Kaiserslautern besitzt das bedeutendste gotische Bauwerk der Pfalz: die schöne dreitürmige Stiftskirche.
Sie ist auch die älteste Hallenkirche im Pfälzer Raum.
In der Pfälzischen Landesgewerbeanstalt, einem Bau im italienischen Renaissancestil, finden Sie interessante und sehenswerte Sammlungen der Pfalzgalerie mit Werken von Malern des 19. und 20. Jahrhunderts.
Im Süden von Kaiserslautern liegt ein Wildpark mit Rot-, Dam-, Schwarz- und Muffelwild. Aber auch Auerochsen und Luchse sehen Sie dort.

② In Trippstadt steht das Schloß der Freiherren von Hacke, ein zweigeschossiger Sandsteinbau, der 1766 und 1767 entstand.
(Dort sind nun das Forstamt und die Landesforstschule untergebracht.)
Hoch über dem Tal ragt die Ruine Wilenstein mit ihrem mächtigen Bergfried auf.

③ In Elmstein finden Sie ein Waldarbeitsmuseum mit allerlei aufschlußreichen Ausstellungen über den Wald, die Forstarbeit und ähnliche Themen, die hier seit alter Zeit wichtig sind.

④ Das Johanniskreuz ist ein Gemarkungsstein, wie er in den Zeiten unserer Urgroßväter üblich war.
Hier laufen nahezu alle Wege des Pfälzer Waldes zusammen. Informationstafeln geben Auskunft.

376 – 15 km
Im schönen Aschbacher Wald

Von Trippstadt fahren Sie nordwestlich durch den Aschbacher Wald über Langensohl nach Stelzenberg. Dort geht es rechts ab ins Aschbachtal hinunter. Diesem romantischen Waldtal folgen Sie bis zum Weiherfeldhof. Dort fahren Sie ein kurzes Stück auf der Straße nach Mölschbach, biegen dann rechts ab auf einen Weg entlang dem Aschbach und kommen zum Antonihof. Wieder rechts geht es zurück nach Trippstadt.

377 – 40 km
Über die Frankenweide

Bei Kaiserslautern gibt es prächtige Forste: den Reichswald, den Staatsforst Kaiserslautern und den Stiftswald, weiter im Süden den Aschbacher Wald und den Trippstadter Staatsforst, die Frankenweide und den Staatsforst Elmstein. Sie fahren südlich von Kai-

Die Karlstalschlucht bei Trippstadt

serslautern durch den Kaiserslauterner Staatsforst und den Reichswald ins Aschbachtal. Dem folgen Sie über Weiherfeldhof bis zum Antonihof. Von dort geht es weiter durch den Trippstadter Staatsforst zum Johanniskreuz.
Auf kleinen Sträßchen fahren Sie nun über die ziemlich hoch liegende, waldbedeckte Frankenweide nach Schwarzbach, Speyerbrunn, Mückenwiese und Elmstein. In den Ort müssen Sie allerdings nicht hineinfahren die Straße geht, ziemlich steil, weiter über die Frankenweide nach Waldleiningen.
Dort fahren Sie links aufwärts durch den Stiftswald und zur Stadt Kaiserslautern zurück.

Informationen

Fremdenverkehrs- und Heilbäderverband Rheinland-Pfalz, Löhrstraße 103-105, 56068 Koblenz, Tel. 02 61-310 79

Verkehrsamt, Neues Rathaus, 67603 Kaiserslautern, Tel. 06 31-3 65 23 17

🚲 am Bahnhof: Seite 441

378 45 km

Große Rundfahrt:
Im Tal von Moosalbe, Osel- und Speyerbach

Von Kaiserslautern fahren Sie südöstlich durch den Stiftswald nach Waldleiningen und dann über die Frankenweide im Tal des Oselbachs an Elmstein vorbei.
Weiter geht es im Tal des Speyerbachs, bis Sie zum Johanniskreuz kommen. Von dort radeln Sie dann im Tal der Moosalbe weiter über Lauberhof nach Trippstadt. Durch den Aschbacher Wald fahren Sie schließlich über Stelzenberg wieder nach Kaiserslautern zurück.

An den Armen des Altrheins

Der Rhein war in seinem Oberlauf durchaus nicht immer, wie er sich heute zeigt. Es gab Gegenden, in denen er Schleifen und Schlingen bildete. Diese Altrheinarme blieben zum Teil erhalten und bilden heute oft prachtvolle Biotope für Pflanzen und Tiere.

379 – 40 km

Immer den Schlingen des Rheins nach

Sie verlassen Germersheim in nördlicher Richtung, fahren durch Lingenfeld und nun an einem Altrheinarm und mehreren Seen vorbei. Während der ganzen Tour bewegen Sie sich auf schmalen Fahrwegen möglichst dicht am Fluß. Sie fahren an Dämmen entlang und durch Auwälder, östlich von Mechtersheim und auf der Insel Flotzgrün kommen Sie an Naturschutzgebieten vorbei. Sie erreichen nun die Landstraße; links geht es nach Speyer. Hier fahren Sie rechts über die Rheinbrücke und vor der Autobahn-Anschlußstelle dann rechts ab nach Altlußheim. Durch Rheinhausen folgen Sie dem Rheinstrom, später aber dann einem alten Flußarm, der sich um die Rheinschanz-Insel windet. So erreichen Sie Oberhausen, radeln nach Philippsburg, kommen durch Rheinsheim und überqueren dann kurz vor Germersheim wieder den Fluß.

380 – 30 km

Durch Speyrer-, Böhler- und Dudenhofener Wald

Speyer verlassen Sie in nordwestlicher Richtung, fahren durch den Dudenhofener Wald und auch ein Stückchen durch den Böhler Wald, in dem Sie die Landstraße nach Iggelheim benutzen. Aber längst vor Iggelheim, im Böhler Wald, wenden Sie sich nach links zum Wildgehege Lehen. Am Waldrand fahren Sie weiter und nehmen dann das Sträßchen, das von Hanhofen nach Harthausen führt. Nun geht es links ab über Heiligenstein, bis Sie hinter Römerberg den Weg treffen, der Sie um die Insel Flotzgrün herum nach Speyer bringt.

Straßen-Museum Germersheim

Sehenswertes

① *Im Wildgehege Lehen sind allerlei Waldbewohner aus der Nähe zu sehen.*

② *In Speyer steht der Kaiserdom von 1030 - das bedeutendste romanische Bauwerk in Deutschland.*

③ *Im Bereich der Althrein-Arme - auch bei der Insel Flotzgrün - wurden mehrere interessante Naturschutzgebiete angelegt, die zum Teil begangen, aber nicht beradelt werden dürfen.*

④ *In Germersheim blieben von einem Servitenkloster aus dem 14. Jahrhundert der Chor mit gotischen Maßwerkfenstern und Fresken erhalten - außerdem aber auch weit neuere Festungsanlagen mit Wällen, Kasematten und Stollen.*

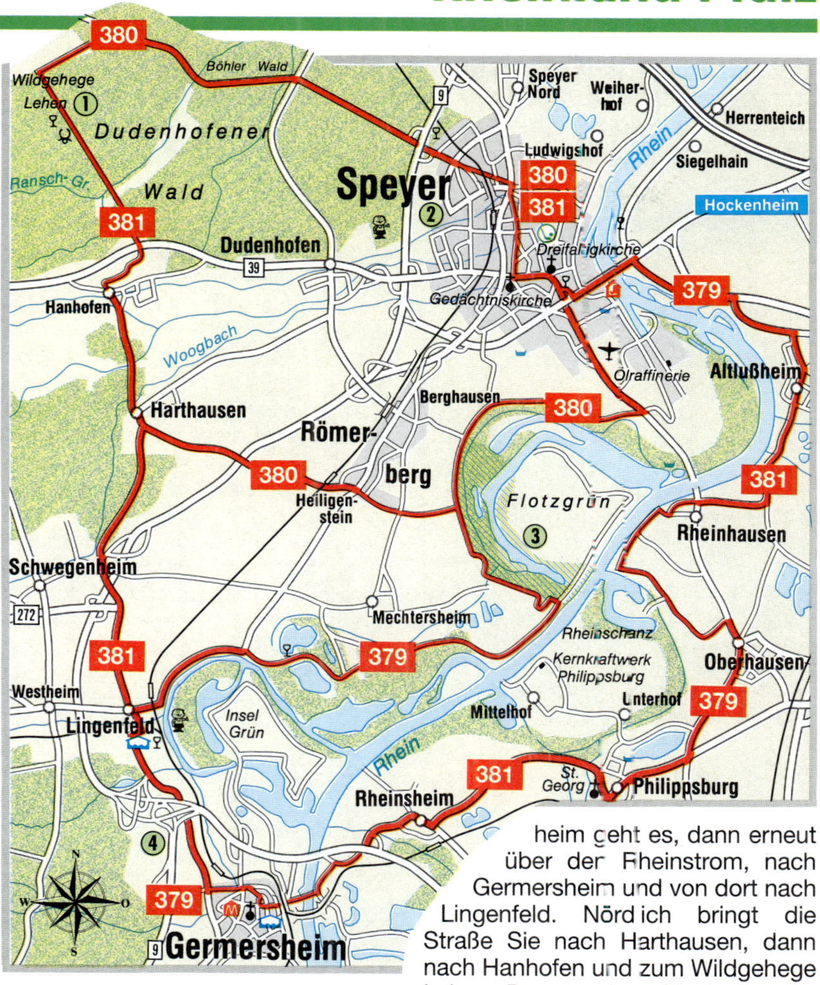

381 – 50 km

Große Rundfahrt:
Zwischen Speyer und Germersheim

Hier haben Sie alles beisammen: die historischen (und als Biotope zum Teil sehr interessanten) Altrheinarme, das flache (leicht zu beradelnde) Land und die schönen, schattigen Waldstücke.

Von Speyer fahren Sie über die Rheinbrücke und dann über Rheinhausen nach Philippsburg. Hier lernen Sie schon einiges an Altrhein-Situationen kennen. Über Rheinsheim geht es, dann erneut über den Rheinstrom, nach Germersheim und von dort nach Lingenfeld. Nördlich bringt die Straße Sie nach Harthausen, dann nach Hanhofen und zum Wildgehege Lehen. Dort tauchen Sie nun in die Wälder westlich von Speyer ein, in denen Sie bleiben, bis Sie Speyer wieder erreicht haben.

Informationen

Südliche Weinstraße, Zentrale für Tourismus, Postfach 2124, 76829 Landau/Pfalz, Tel. 06341-1 31 80

Verkehrsamt, Maximilianstraße 11, 67346 Speyer, Tel. 06232-143 92

am Bahnhof: Seite 441

Im Naturpark Pfälzer Wald

Der Naturpark schließt im Süden unmittelbar an den französischen Naturpark der Nordvogesen an. Die Gegend zeichnet sich durch eine Vielzahl hübscher Sträßchen aus, die allerdings oft windungsreich und nicht gerade eben sind.

Sehenswertes

① Hauenstein hat eine sehr moderne Christ-Königs-Kirche (den „Hauensteiner Dom“) und eine Katharinenkapelle von 1512.

② Annweiler hat viel Altertümliches. Ringsum stehen auf markanten Höhen drei Burgruinen. Die bedeutendste ist der Trifels. Ab 1081 war er Reichsburg und später der Lieblingsaufenthalt von Kaiser Barbarossa. Richard Löwenherz wurde hier gefangengehalten. In der Kapelle im mächtigen Bergfried sehen Sie Nachbildungen der Reichsinsignien aus der Stauferzeit: Reichsapfel, Reichsschwert, Zepter und Kaisermantel.

③ Im Slevogthof bei Leinsweiler wohnte der Maler Max Slevogt (1868-1932) während des Sommers. Er hat die Innenräume selbst ausgemalt.

④ Im Wildpark Südliche Weinstraße sehen Sie Rot- und Damwild, Mufflons und Mähnenschafe. Außerdem können Sie über einen Vogellehrpfad wandern.

⑤ In Klingenmünster steht eine ehemalige Benediktinerklosterkirche. Einige Bauteile stammen noch aus der Zeit um 1100, der große Rest von 1735 bis 1737.
In einer Kapelle im Obergeschoß, die wohl aus dem 12. Jahrhundert stammt, werden Kirchenbau-Fundstücke aufbewahrt – so ein Nikolausrelief aus dem 12. Jahrhundert.

382

20 km

Auf der Deutsch-Französischen Touristenstraße

Dies ist eine kleine Spazierfahrt rund um den Höllenberg westlich von Annweiler. Gleich in Annweiler geht es auf die Bundesstraße 48, die hier „Deutsch-Französische Touristenstraße” heißt. Alsbald biegt diese touristische Route von der Bundesstraße ab in Richtung Völkersweiler. Vor Völkersweiler geht es rechts ab. Über Lug kommen Sie – sehr schön – nach Hauenstein. Dort verlassen Sie die Touristik-Route und fahren auf kleinen Sträßchen nach Spirkelbach. Alsbald kommen Sie ins Tal des Rimbachs, in dem Sie bis Sarnstall fahren – und dann sind Sie gleich wieder in Annweiler.

An der Deutschen Weinstraße

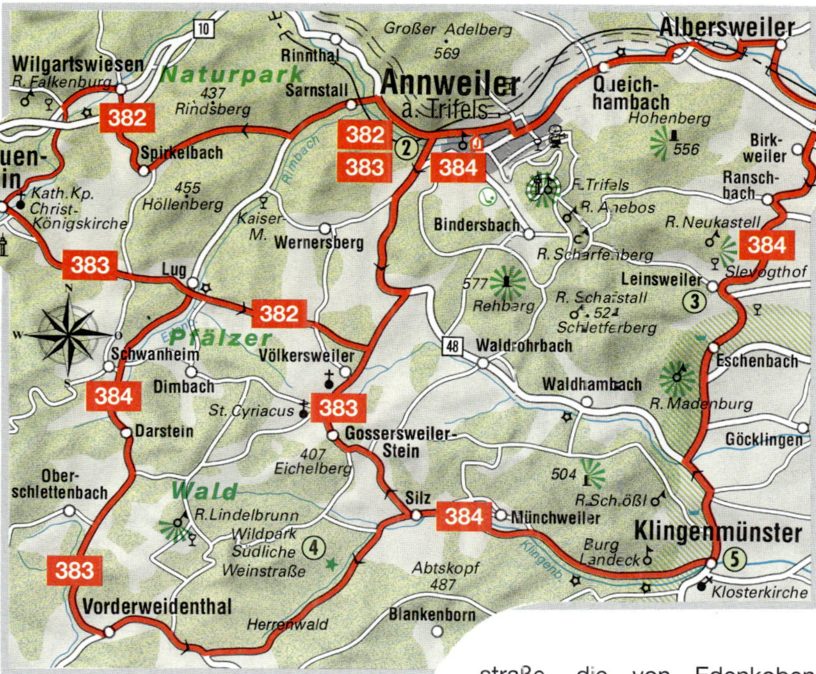

383 Durch den Herrenwald

32 km

Sie fahren von Annweiler westlich über Sarnstall und Spirkelbach nach Hauenstein. Hier sind Sie nun schon im Wasgau. Ein Stückchen fahren Sie noch bis Lug, dann halten Sie sich südlich und kommen ins Tal des Erlenbachs. Dem folgen Sie bis Vorderweidenthal. Nun fahren Sie durch den Bad Bergzaberner Herrenwald bis Silz. Dort fahren Sie links und kommen über Gossersweiler-Stein und Völkersweiler nach Annweiler zurück.

384 Große Rundfahrt: Über die Deutsche Weinstraße

50 km

Von Annweiler fahren Sie östlich nach Albersweiler. Noch ein Stückchen geht es weiter, dann kommen Sie auf die Deutsche Weinstraße, die von Edenkoben nach Bad Bergzabern führt. Folgen Sie der Deutschen Weinstraße südlich mit all ihren Schlängelungen bis nach Klingenmünster. Sie fahren dabei an Birkweiler und Ranschbach, an Leinsweiler und Eschenbach vorbei. In Klingenmünster halten Sie sich westlich, fahren den Klingbach entlang bis Silz, weiter geht es über Vorderweidenthal, Lug und Hauenstein nach Annweiler zurück.

Informationen

Südliche Weinstraße, Zentrale für Tourismus, Postfach 2124, 76811 Landau/Pfalz, Tel. 0 63 41-1 31 80

Büro für Tourismus, Altes Rathaus, 76851 Annweiler am Trifels, Tel. 0 63 46-22 00

am Bahnhof: Seite 441

An der Weinstraße

Hier verläuft das südlichste Teilstück der Deutschen Weinstraße. Gleichzeitig ist die Bundesstraße 38 hier ein Stück der Deutsch-Französischen Touristik-Route. Die setzt sich im Nachbarland fort – als „Circuit Touristique Franco-Allemand".

385
30 km

Im Tal von Otter- und Erlenbach

Von Bad Bergzabern fahren Sie auf der Bundesstraße 38 südlich bis Oberotterbach. Von hier, links ab, folgen Sie weitgehend dem Verlauf des Otterbachs (manchmal sind Sie zu einem Umweg gezwungen, weil es keinen Weg am Ufer gibt) über Niederotterbach und Vollmersweiler nach Freckenfeld. Dort müssen Sie den Otterbach verlassen, um über ein kleines Sträßchen nördlich nach Winden zu fahren. Weiter geht es auf kleinen Straßen überwiegend im Tal des Perlenbachs über Barbelroth und Oberhausen nach Bad Bergzabern zurück.

Sehenswertes

① In Bad Bergzabern steht ein ehemaliges Herzogsschloß aus dem 16. Jahrhundert. Und das Haus „Zum Engel", aus der gleichen Zeit, gilt mit seiner reichen Verzierung als das schönste Renaissancehaus der Pfalz. In der Innenstadt sehen Sie noch mehr dieser schönen alten Häuser.

② Dörrenbach ist ein Dorf wie aus dem Bilderbuch: blumengeschmückte Fachwerkhäuser, eine Kirche aus dem 13. Jahrhundert, ein Rathaus von 1591. Am Kirchturm sehen Sie noch ein Maß fürs Brot, am Kirchenschiff eine Elle für das Abmessen von Stoff.

③ Oberotterbachs Kirche mit dem frühgotischen Turm stammt von 1300, das evangelische Pfarrhaus (mit seinem bemerkenswerten Fachwerk steht es unter Denkmalschutz) von 1732.

④ Bei Scheibenhardt erstreckt sich der Bienwald – das größte Waldgebiet in der Rheinebene. Das deutet schon der Name an: „Bienwald" bedeutet „Wald-Wald". Er hat gut befestigte, ebene Wege.

386
40 km

Durch den Mundat-Wald

Von Oberotterbach fahren Sie auf der Bundesstraße 38 nach Rechtenbach. Hier biegen Sie links ab und fahren auf kleinen Sträßchen über Haftelhof nach Schweighofen. Dort begeben Sie sich ins Tal der Lauter, der Sie über Bienwaldmühle bis Scheibenhardt folgen. Die Straße ist hübsch. Ringsum steht viel Wald - in der Nähe von Oberotterbach und Schweighofen ist es der Obere, zwischen Schweighofen und Scheibenhardt dann der Untere Mundatwald. Jenseits der

Schwanenweiher in Bergzabern

Lauter, auf französischem Gebiet, breitet sich ebenfalls ein großer Forst aus – und auch er heißt „Mundat-Wald". Von Scheibenhardt geht es nördlich auf allerlei Waldwegen bis nach Freckenfeld. Es ist der Bienwald, den Sie durchfahren – ein sehr ausgedehntes, wohlgepflegtes Forstgebiet, in dem es auch an Wegweisern nicht fehlt. In Freckenfeld fahren Sie links ab über Vollmersweiler und Niederotterbach nach Oberotterbach zurück.

387
45 km

Große Rundfahrt:
Zwischen Bad Bergzabern und der Grenze

Diese umfangreiche Runde (die Ihnen aber nicht viel an Kraft abverlangt, weil es keine großen Höhenunterschiede gibt) zeigt Ihnen die ganze Gegensätzlichkeit der Landschaft zwischen Bad Bergzabern und der französischen Grenze. Sie fahren von Bad Bergzabern östlich nach Freckenfeld. Dies ist eine recht schlichte Landschaft. Dann aber wird es waldig: Über Scheibenhardt fahren Sie, an der Lauter entlang, nach Bienwaldmühle, dann nach Schweighofen und Rechtenbach. Über Oberotterbach kommen Sie nach Bad Bergzabern zurück.

Informationen

Südliche Weinstraße, Zentrale für Tourismus, Postfach 2124, 76811 Landau/Pfalz, Tel. 0 63 41-1 31 80

Kurverwaltung, Kurtalstraße 25, 76887 Bad Bergzabern, Tel. 0 63 43-93 40 15

am Bahnhof: Seite 441

Hochöfen und grüne Wälder

Das Saarland ist keinesfalls nur das Industrierevier, als das dieser kleinste Flächenstaat der Bundesrepublik oft gilt. Zwei Drittel bestehen aus angenehmster Landschaft, aus Wald, Wiesen, Felder, Wasserflächen und Weinbergen. Einmalig ist das unmittelbare Nebeneinander von Schwerindustrie und Landwirtschaft, von Schlackenhalden und grünen Wäldern. Unsere Touren führen zu sanft gewellten Hügeln und leichten Bergen in der Umgebung von Saarbrücken. Die Stadt selbst hat sich beim Wiederaufbau nach dem Krieg ein modernes Bild gegeben und gilt heute als Großstadt mit bedeutendem Freizeitwert.

Übersicht

Saarland auf einen Blick

Größe: 2 570 km^2.
Einwohner: 1 Million.
Bevölkerungsdichte: 414 Einwohner/km^2.
Landeshauptstadt: Saarbrücken (mit 190 000 Einwohnern auch die größte Stadt des Landes).
Wirtschaft: Kohlebergbau, Stahl-, Glas-, Keramik-und Textilindustrie, Landwirtschaft.
Bekannte Flüsse: Saar, Nahe.
Höchste Erhebung: Großer Kahlenberg (396 m).
Waldfläche: 33,1 Prozent.
Ackerland: 15,6 Prozent.

Das Saarland ist politisch ein relativ neues Gebilde. Sein Gebiet gehörte früher teilweise zur preußischen Rheinprovinz, teilweise zur bayerischen Rheinpfalz. 1920 wurde es von Deutschland getrennt und für 15 Jahre der treuhänderischen Verwaltung des Völkerbundes unterstellt. Bei einer Volksabstimmung, die 1935 - nach dem Ende der Völkerbunds-Verwaltung - sprachen sich 90 Prozent der Bevölkerung für den erneuten Anschluß an Deutschland aus.
Nach dem 2. Weltkrieg geriet das Gebiet für längere Zeit unter französische Hoheit. Nach Verhandlungen und einer neuerlichen Volksabstimmung kam es 1957 zur Bundesrepublik.

Im Tal der Saar

388 Im Bogen um die Saarschleife
389 Durch den Saar-Urwald
390 Viele Kilometer der Saar entlang

Im Naturpark Saar-Hunsrück

391 Durch den Katharinenwald
392 Im Tal der Prims
393 Zwischen Schwarzwälder Hochwald und Tholey

An der Grenze nach Lothringen

394 Im Talgrund der Nied
395 An der Saar entlang
396 Ein Stück Naturpark

Im Mandelbachtal

397 Am Würzbacher Weiher
398 Im Tal der Blies
399 Von Blieskastel bis zur Grenze

Saarlouis, Saaraltarm

Schloßberg Blieskastel

Im Tal der Saar

Mancher meint, im Saarland würde man nur Hochöfen und Schrotthalden sehen. Im Gegenteil: Es gibt wunderschöne Gegenden. Zum Beispiel die, von der hier die Rede ist - im Naturpark Saar-Hunsrück.

388 — 30 km

Im Bogen um die Saarschleife

In Merzig nehmen Sie die Straße, die Sie nach Besseringen bringt. Dort bleiben Sie links auf einem Nebensträßchen, das über das Klostergut St. Gangolf nach Mettlach führt. In Mettlach überqueren Sie die Saar. Jetzt geht es aufwärts durch den Ludowinuswald bis unterhalb vom Leuker Kopf. Da biegen Sie links ab nach Orscholz. Um die große, berühmte Saarschleife machen Sie einen Bogen. (Wenn es Sie interessiert: in wenigen Minuten sind Sie zu Fuß auch unten am Ufer!) Sie fahren dann durch ein Tal mit allerlei Wassermühlen nach Nohn und Dreisbach. Da sind Sie ganz dicht am Ufer der Saar. Über Schwemlingen fahren Sie nach Merzig zurück.

Sehenswertes

① Die Klause von Kastel steht auf einem Plateau hoch über der Saar: Eine Kapelle aus rotem Sandstein. Der Bau stammt aus der Zeit um 1600. Er enthält ein „Heiliges Grab", in dem ein König namens Johann bestattet ist. Später hat man die Kapelle umgebaut, und jetzt stellt sie baustilistisch ein Gemisch aus Romanik, Gotik und Klassizismus dar. Dafür ist der berühmte Berliner Baumeister Schinkel verantwortlich. Er zeichnete 1836 die Entwürfe.

② Die Saarschleife bei Orscholz ist berühmt. Die Saar beschreibt eine Haarnadel-Kurve um einen dicht bewaldeten Berg.

③ Im Süden von Mettlach liegt das Klostergut St. Gangolf mit der Pagodenburg von 1745. In dem ehemaligen barocken Klosterbau ist jetzt ein Keramik-Museum.

④ Merzig besitzt die St. Peter-Kirche aus dem frühen 13. Jahrhundert. Sie gehört zu den bedeutendsten romanischen Baudenkmälern des Saarlandes. Das Rathaus von Merzig entstand in den Jahren 1647 bis 1650, das Jagdschloß 1745. Das Altstadt-Viertel am Seffersbach ist sehr sehenswert: Lauter unverfälscht alte Häuser.

389 — 25 km

Durch den Saar-Urwald

In Mettlach beginnt ein Wandersträßchen, das durch ein Naturschutzgebiet, den Saar-Urwald (er ist ein Teil des Staatsforstes) direkt an der Saar entlang nach Taben-Rodt führt. Das

Blick über Merzig

Die St.Peter-Kirche in Merzig

Sträßchen setzt sich als Wanderweg fort - durch das Buchholz und dann weiter nach Kastel-Staadt.
Von dort geht es auf winzigen Fahrwegen durch ein weiteres Naturschutzgebiet am Eiderberg vorbei nach Weiten.
Hier führt nun ein Sträßchen nach Orscholz. Sie sind in der Nähe der Großen Saarschleife und fahren durch den Ludowinuswald nach Mettlach zurück.

390
48 km

Große Rundfahrt:
Viele Kilometer der Saar entlang
Sie beginnen in Merzig und fahren der Saar entlang über Besseringen und das Klostergut St. Gongolf nach Mettlach. Von dort geht es, fast immer am Ufer des Flusses, nach Taben-Rodt. Nun machen Sie einen großen Bogen durch das Buchholz und über Kastel-Staadt nach Orscholz.
Von hier kommen Sie über Nohn und Dreisbach, dann über Schwemlingen nach Merzig zurück.

Informationen

Kreisfremdenverkehrsverband Merzig-Wadern, Schankstraße 1, 66663 Merzig, Tel. 0 68 61-738 74

Gemeindeverwaltung, Freiherr-vom-Stein-Straße 64, 66693 Mettlach, Tel. 0 68 64-830

🚲 am Bahnhof: Seite 441

Im Naturpark Saar-Hunsrück

Dieses Radwandergebiet gehört zu einem großen, sehr abwechslungsreichen Naturpark. Manche Landschaftsnamen muten gebirgig an – beispielsweise, wenn vom „Schwarzwälder Hochwald" die Rede ist. Aber die Straßen sind nicht steil.

Sehenswertes

① Bei Nohfelden können Sie auf einem vorgelagerten Felsen einen Ringwall aus keltischer Zeit sehen – wenn Sie einen Blick für solche historischen Reste haben.
Im 13. Jahrhundert baute man in Nohfelden eine Burg. Der Bergfried und einige Mauerreste stehen noch.

② Der Bostalsee ist aufgestaut worden. Dort entstand im Laufe der letzten Jahre ein großes Freizeitzentrum. Sie können schwimmen, segeln, surfen, tauchen, angeln. Sie können auch Tretboote mieten.
Motorbootfahren ist allerdings verboten.
Übrigens ist der sehr schöne Rundweg, der um den See führt, für Radfahrer leider gesperrt. Sie müßten sich schon die Mühe machen zu Fuß zu wandern.

③ Bei Selbach können Sie ein ausgedehntes Damwildgehege besuchen.

④ Auf dem Schaumberg erhebt sich ein 36 Meter hoher Aussichtsturm. Es lohnt sich, hinaufzusteigen. Sie sehen zum Schwarzwälder Hochwald und zum Hunsrück hinüber, bei guter Sicht sogar bis zu den Vogesen.
Das Panoramabad am Schaumberg wurde zu einer interessanten Freizeitanlage ausgebaut.
Übrigens haben hier schon die alten Römer gebadet. Es gibt am Schaumberg eine ehemalige Benediktinerabtei. Deren frühgotische Abteikirche wurde auf römischen Badeanlagen errichtet.

391
18 km

Durch den Katharinenwald

Die kleine, hübsche Rundreise bringt Sie von Tholey nordöstlich nach Oberthal. Dort biegen Sie links nach Gronig ab. Jetzt steigt die Straße auf einer Strecke von vier Kilometern etwa hundert Meter an – bis Sie in Selbach sind. Hier biegen Sie scharf links ab, fahren über den Hof Imsbach durch den Katharinenwald nach Theley und weiter noch Tholey zurück.

392
35 km

Im Tal der Prims

Von Nonnweiler fahren Sie am Rand des Schwarzwälder Hochwalds nach Süden, etwa parallel zur Autobahn. Sie finden da einige kleine, aber ordentliche Landstraßen. Die Strecke führt durch den Staatsforst Wadern, ab Nonnweiler im Tal der Prims – bis zum Ort Primstal. Dann geht es durch dem Staatsforst St. Wendel nach Selbach. Von hier fahren Sie nordöstlich über Neunkirchen nach Gonnesweiler.

Freizeitzentrum am Bostalsee

Westlich liegt der Bostalsee mit seinem großen, in dieser Gegend sehr beliebten Freizeitzentrum. In Türkismühle wenden Sie sich westwärts bis zum Weiherhof und fahren dann südwestlich nach Bosen. Auch von hier haben Sie die Möglichkeit, den Bostalsee mit seinen Bade- und Wassersportmöglichkeiten zu besuchen. In einem weiten Bogen geht es dann über Schwarzenbach nach Nonnweiler zurück.

Informationen

Fremdenverkehrsamt St. Wendeler Land, Am Seehafen,
66625 Nohfelden-Bosen,
Tel. 0 68 52-9 01 10

Kur- und Verkehrsamt,
Trierer Str. 5, 66620 Nonnweiler,
Tel. 0 68 73-6 60 19

am Bahnhof: Seite 441

393
45 km

Große Rundfahrt:
Zwischen Schwarzwälder Hochwald und Tholey

In einem angenehmen Kreis mit nicht zu steilen Straßen lernen Sie den südlichen Teil des Naturparks kennen. Von Nonnweiler fahren Sie südlich das Primstal entlang bis Primstal und weiter über Theley nach Tholey. Von hier geht es über Oberthal und Walhausen zur Türkismühle. Von dort radeln Sie westlich über Weiherhof, Bosen und Schwarzenbach nach Nonnweiler zurück.

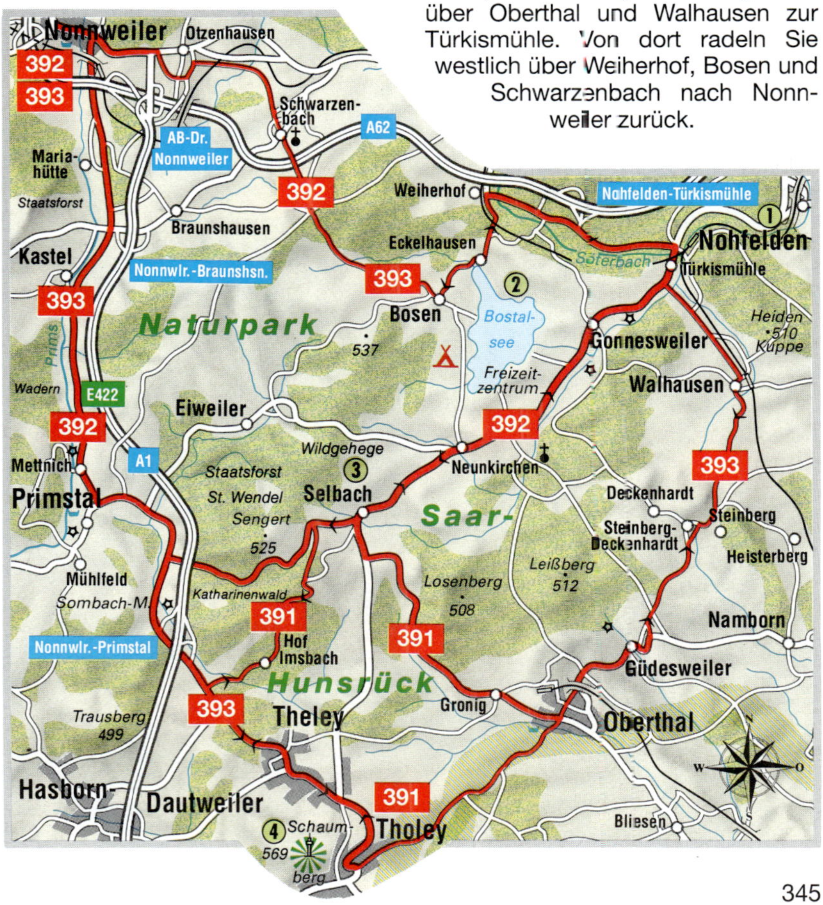

An der Grenze nach Lothringen

Hier herrscht lebhafter Grenzverkehr. Nicht nur zahlreiche Straßen gehen hin und her, auch kleine Wanderwege. Unsere Radrouten bleiben zwar brav auf deutschem Gebiet. Aber ein Abstecher nach Frankreich ist völlig problemfrei.

394
20 km

Im Talgrund der Nied

Unsere Tour beginnt in Rehlingen. Teils über freies Feld, teils durch die Wälder des Saartals radeln Sie nordwestlich, ein Stück weit am Saarufer, nach Fremersdorf. Dort biegen Sie links ab und kommen auf kleinen Sträßchen und über sanfte Hügel durch Gerlfangen nach Hemmersdorf. Kurz hinter Hemmersdorf biegen Sie wieder links ab ins Tal der Nied und radeln nach Rehlingen zurück.

395
35 km

An der Saar entlang

Von Saarlouis-Lisdorf halten Sie sich nordwestlich, immer der Saar entlang. (Leider haben Sie nicht viel Aussicht auf den Fluß – die Autobahn liegt dazwischen.)
Kurz vor Rehlingen biegen Sie links ab und fahren südwestlich nach Niedaltdorf, im Tal der Nied. Sie halten sich nun nach links und fahren ein Stück weit im Tal des Ihnerbachs – bis in die Nähe von Leidingen. Von dort bringt Sie ein Fahrweg über Bedersdorf nach Ittersdorf und nach Berus. (Von der Straße aus sehen Sie links eine mächtige Sendeanlage. Hier wird die Europawelle Saar in den Äther gestrahlt.) Von Berus kommen Sie durch ziemlich dicht bebautes Gebiet über Neuforweiler zur Autobahn, unter der hindurch Sie zurück nach Saarlouis-Lisdorf fahren.

Sehenswertes

① *In Fremersdorf steht ein Schloß aus dem 17. Jahrhundert.*

② *Dillingen war eine große Römerstadt. Das Kastell und ein Gräberfeld blieben erhalten.*

③ *In Niederaltdorf liegt eine besichtigenswerte Tropfsteinhöhle.*

④ *In Wallerfangen steht das einzige erhaltene römische Bergwerk nördlich der Alpen. Das ist interessant. Im Rathaus von Wallerfangen sind viele Werkzeuge aus jener Zeit ausgestellt.*

⑤ *In Saarlouis können Sie am Altarm der Saar uralte Festungsanlagen sehen.*

Am Ufer der Nied

396

45 km

Große Rundfahrt:
Ein Stück Naturpark

Die auf diesen Seiten beschriebenen Routen ziehen sich durch den äußersten südwestlichen Zipfel des Naturparks Saar-Hunsrück (der sich bis nach Rheinland-Pfalz hinauf erstreckt). Unsere große Rundfahrt erschließt Ihnen einen möglichst umfangreichen Teil dieses Naturpark-Zipfelchens. Dazu beginnen Sie in Saarlouis-Lisdorf und fahren nun, nordwestlich der Saar entlang, über Rehlingen bis Fremersdorf. Dort halten Sie sich links und kommen so nach Niedaltdorf. Von hier bleiben Sie – bis Berus – parallel zur Grenze nach Frankreich und fahren von dort über Neuforweiler nach Saarlouis-Lisdorf zurück.

Informationen

Fremdenverkehrsstelle,
Kaiser-Friedrich-Ring 31,
66740 Saarlouis,
Tel. 0 68 31-44 32 53

Stadtverwaltung, Rathaus,
66763 Dillingen/Saar,
Tel. 0 68 31-70 91

🚲 *am Bahnhof:* *Seite 441*

Im Mandelbachtal

Die Saarländer lieben ihr Mandelbachtal, das ganz im Süden ihres Landes liegt. Und sie haben den Namen – über den eigentlichen Talgrund hinaus – einer ganzen Gegend gegeben, die an die französische Grenze anstößt.

397 – 40 km – Am Würzbacher Weiher

Die Tour beginnt in Blieskastel. Über Breitermühle kommen Sie, in westliche Richtung, nach Niederwürzbach und, am Würzbach-Weiher entlang, im Würzbachtal nach Oberwürzbach. Von dort geht es ein Stückchen in Richtung Ommersheim, aber dann verlassen Sie die Landstraße und nehmen rechter Hand einen Fahrweg, mit dem Sie nördlich von Heckendalheim auf die Straße zum Saarbrücker Flughafen kommen. Beim Ensheimerhof biegen Sie rechts ab, um auf kleinen Wegen zum Breitenbergerhof und dann, durch den Fechinger Gemeindewald, nach Eschringen zu fahren. Nun sind Sie im nördlichen Teil des Mandelbachtals. Ganz gemütlich fahren Sie durch den Bettelwald nach Ziegelhütte und dann links nach Ormesheim. Eine Landstraße bringt Sie über Aßweiler zur Bundesstraße 423. Nach einem Kilometer biegen Sie von dieser rechts ab nach Ballweiler. Über Wecklingen und Blickweiler geht es dann nach Blieskastel zurück.

Sehenswertes

① *Blieskastel ist eine hübsche Barockstadt: das Rathaus von 1775, die Schloßkirche von 1778.*

② *Im Mandelbachtal ist es besonders schön in der Zeit der Obstblüte.*

③ *In Gräfinthal liegen, sehr romantisch, die Reste eines im 13. Jahrhundert gegründeten Klosters.*

398 – 42 km – Im Tal der Blies

Von Blieskastel fahren Sie südlich nach Blickweiler, dort rechts ab über Wecklingen nach Ballweiler und weiter nach Aßweiler. Jetzt sind Sie im Mandelbachtal, und da bleiben Sie zunächst. Sie fahren über den Bettelwald nach Ormesheim, dann durch den Kirchenwald, den Käsackerwald und das Buchholz nach Bliesmengen-Bolchen. Hier sind Sie nun bereits im Tal der Blies, an der Grenze. Sie radeln bis Habkirchen, dann macht die Blies eine große Schleife nach Frankreich hinein. Sie aber fahren auf der Landstraße nach Reinheim – und da ist die Blies schon wieder. Sie bleiben in ihrem Tal – über Gersheim und Blies-

Blick auf Blieskastel

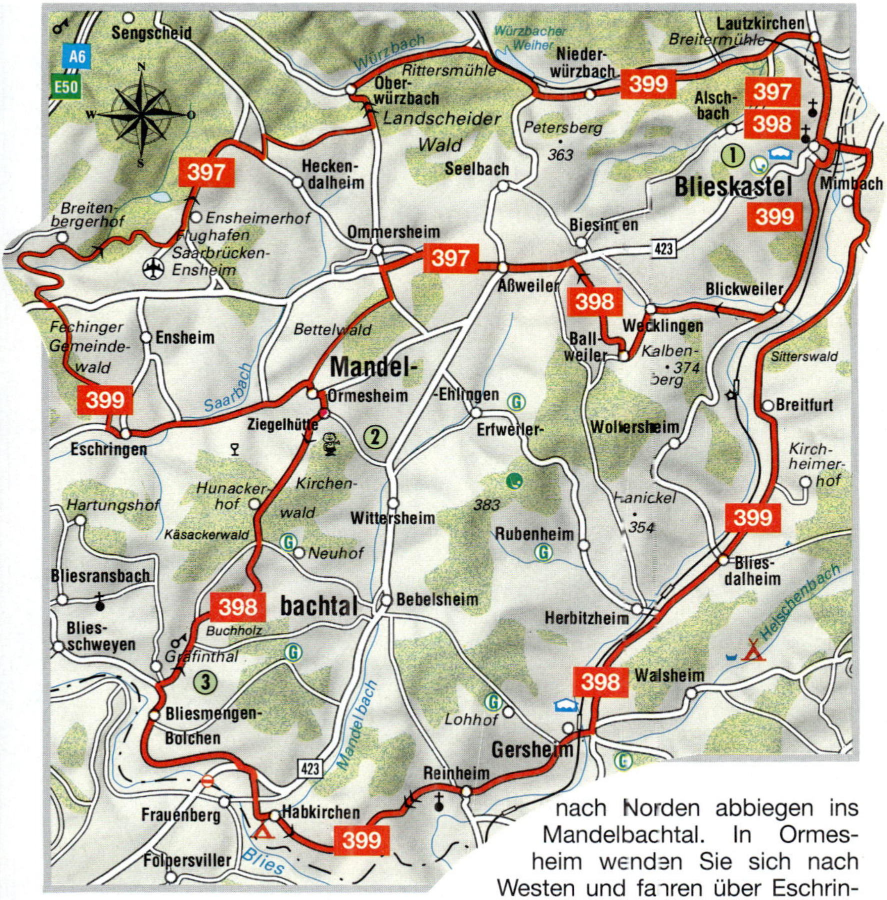

dalheim, über Breitfurt und durch den Sitterswald bis nach Blieskastel.

399 **50 km**

Große Rundfahrt:
Von Blieskastel bis zur Grenze

In weitem Bogen erkunden Sie nun, was diese Landschaft zwischen Blieskastel und der französischen Grenze zu bieten hat. Dazu fahren Sie von Blieskastel erst südlich das Bliestal abwärts über Gersheim nach Reinheim. Dann kommt der große Bogen an der französischen Grenze entlang, bis Sie wieder nach Norden abbiegen ins Mandelbachtal. In Ormesheim wenden Sie sich nach Westen und fahren über Eschringen und Oberwürzbach ins Würzbachtal, in dem Sie bis Blieskastel bleiben.

Informationen

Fremdenverkehrsverband Saarland, Postfach 101 031, 66010 Saarbrücken, Tel. 06 81-3 70 88

Verkehrsamt, Paradeplatz 5, 66440 Blieskastel, Tel. 0 68 42-92 60

🚲 *am Bahnhof: Seite 441*

Baden-Württemberg

Wasser, Wälder und Wein

Radtouren auf fast ebenen Straßen durch die sonnigen Weinberge zwischen dem Rhein und dem Schwarzwald stehen hier ebenso zur Wahl wie hügelige oder sogar bergige Strecken. Zwei völlig unterschiedliche Mittelgebirge prägen das Land. Im Schwarzwald erleben Sie wildreiche, dunkle Nadelwälder. Über die Schwäbische Alb dagegen ziehen sich freie Flächen im Wechsel mit freundlichen Laubwäldern. Der Bodensee im Süden gehört ebenso zu diesem Land wie Heidelberg, der Inbegriff deutscher Romantik, wie das stille Hohenlohe oder das barock geprägte Oberschwaben.

Übersicht

Baden-Württemberg auf einem Blick

Größe: 35 751 km^2.
Einwohner: 9,6 Millionen.
Bevölkerungsdichte: 269 Einwohner/km^2.
Landeshauptstadt: Stuttgart (mit 581 000 Einwohnern auch die größte Stadt des Landes).
Wirtschaft: Fahrzeugbau, elektrotechnische, metallverarbeitende, feinmechanische und Textil-Industrie, Landwirtschaft, Fremdenverkehr.
Bekannte Flüsse: Rhein, Donau, Neckar.
Höchste Erhebungen: Feldberg (1493 m), Belchen (1414 m).
Waldfläche: 37,1 Prozent.
Ackerland: 25 Prozent.

Baden und Württemberg waren bis 1951 eigenständige Länder. Baden wurde seit dem 12. Jahrhundert von den Zähringer Markgrafen regiert. 1806 entstand das Großherzogtum Baden, das 1870/71 großen Einfluß auf die deutsche Reichsgründung hatte. Ab 1919 gab es den Freistaat Baden.
Württemberg entstand im 11. Jahrhundert aus den Besitzungen der Herren von Wirtenberg. 1813 wurde Württemberg ein souveränes Königreich, ab 1871 Mitglied des Deutschen Reiches. 1918 wurde eine Republik daraus.
Nach dem Zweiten Weltkrieg schufen die Besatzungsmächte Länder nach eigenem Plan: die Amerikaner verwalteten Württemberg-Baden, die Franzosen Baden und Württemberg-Hohenzollern. Das Bundesland Baden-Württemberg entstand 1951 durch eine Volksabstimmung aus diesen drei Gebieten.

Baden-Württemberg

Der Schloßplatz in Stuttgart

Im Neckarland und Odenwald

Weite Teile des Odenwalds, der Bergstraßen-Region und des Neckartals bilden zusammen die Naturparks Bergstraße-Odenwald und Neckartal-Odenwald. Ein Teil der hier beschriebenen Radwanderrouten zieht sich durch diese Naturparks.

400 – 40 km

Am Neckar entlang

Die Tour beginnt in Heidelberg. Fahren Sie auf der rechten Seite des Neckars, der sich tief in den Odenwald eingegraben hat, bis Kleingemünd. Dort überqueren Sie den Neckar nach Neckargemünd und Rainbach. Nun müssen Sie eine steile Strecke überwinden. Dann sind Sie auf den südlichen Ausläufern des Odenwalds und fahren teils durch Wälder, teils über freie Felder nach Langenzell. Anschließend geht es auf Fahrwegen hundert Meter aufwärts, am Judenwaldskopf vorbei und wieder hinab ins Tal der Elsenz bei Mauer. Auf der anderen Seite des Tales geht es erneut aufwärts in Richtung Schatthausen, jedoch vorher schon rechts ab, an Gauangelloch vorbei, nach Bammental. Dort zweigen Sie links ab nach Lingenthal in Richtung Leimen. Sie fahren jedoch nicht hinunter nach Leimen, sondern biegen vorher rechts ab und kommen auf einer Halbhöhenstrecke mit Ausblicken auf die Oberrheinische Tiefebene nach Heidelberg zurück.

Sehenswertes

① Heidelberg: An der Fußgängerzone ein schönes altes Haus am anderen. Oberhalb: das berühmte Schloß.

② Neckargemünd: ein hübsches Städtchen mit der Feste Dilsberg.

③ In Leimen: ein klassizistisches Rathaus von 1798.

④ In Wiesloch: eine ehemalige Klosterkirche der Augustiner mit schöner Rokoko-Ausstattung.

401 – 35 km

Am Wallenberg entlang

Sie fahren von Wiesloch über Nußloch nach Leimen, dann rechts über Bammental nach Gauangelloch. Auf freier Hochfläche und teilweise sehr kleinen Sträßchen kommen Sie nach Schatthausen, weiter nach Horrenberg und Balzfeld. Sie unterqueren die Autobahn in Richtung Tairnbach und fahren am bewaldeten Wallenberg entlang nach Rauenberg. Von dort geht es nach Wiesloch.

402 – 60 km

Große Rundfahrt:
Heidelberg, Neckargemünd und Wiesloch

Auf unserer ausgedehnten Tour wird Ihnen alles vorgeführt, was dieser südwestliche Teil des Naturparks zu bieten hat – vom romantischen Heidelberg über das Neckartal bis nach Wiesloch. Am besten beginnen Sie in Heidelberg und fahren am Neckar entlang über Neckargemünd nach Gauangelloch. Von

Alte Brücke und Schloß in Heidelberg

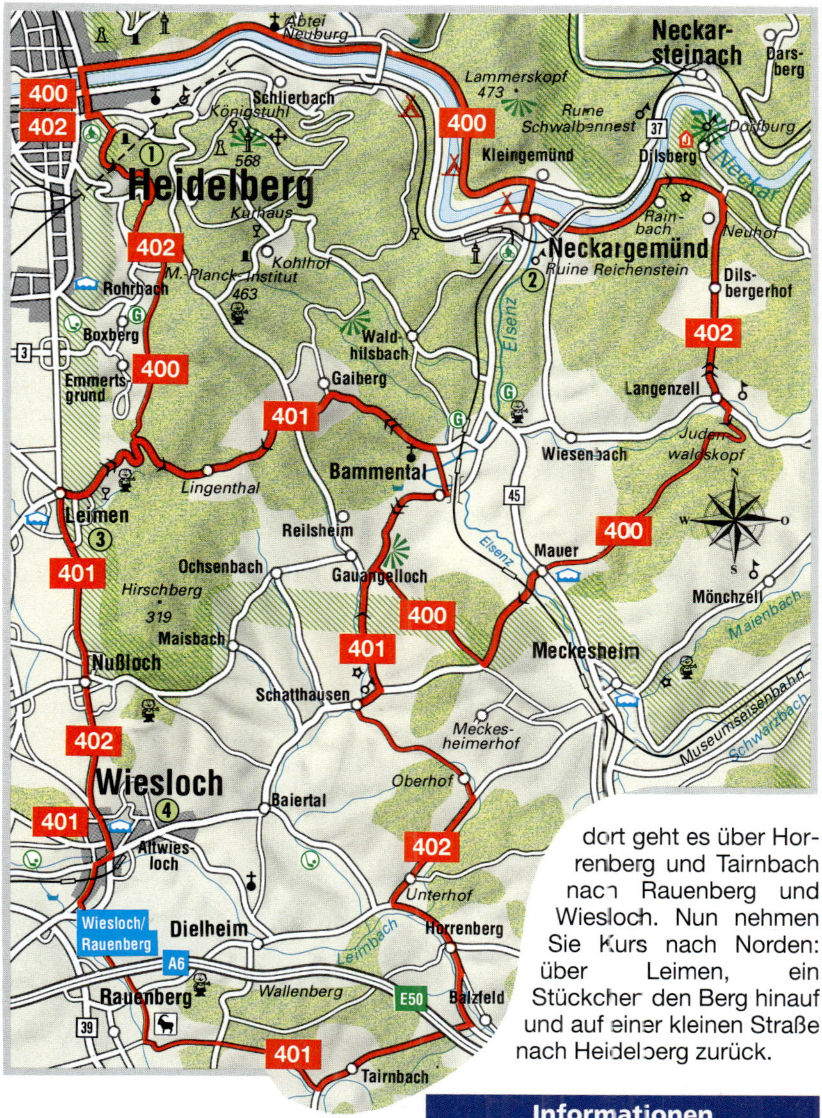

dort geht es über Horrenberg und Tairnbach nach Rauenberg und Wiesloch. Nun nehmen Sie Kurs nach Norden: über Leimen, ein Stückchen den Berg hinauf und auf einer kleinen Straße nach Heidelberg zurück.

Informationen

Touristikverband Neckarland-Schwaben, Lohtorstraße 21, 74072 Heilbronn, Tel. 0 71 31-7 85 20

Informationen

Tourist-Information, Am Hauptbahnhof, 69115 Heidelberg, Tel. 0 62 21-2 77 35

🚲 am Bahnhof. Seite 441-443

In Hohenlohe

Die Hohenloher Ebene wird von vielen Menschen geliebt: sanft, still, auf eine liebenswerte Art altväterlich. Die Industrie hat kaum Fuß gefaßt. Aber viele alte uradelige Familien wohnen hier in ihren teils prächtigen, teils eher bürgerlichen Schlössern.

403 – 30 km – Auf dem Höhenpfad

Sie starten in Langenburg und fahren hinunter nach Bächlingen. An der Landstraße halten Sie sich rechts, dann aber geht es gleich wieder links durch das Heerholz, bis Sie auf die Landstraße nach Zottishofen kommen. Auf der halten Sie sich rechts nach Jungholzhausen und fahren dort links Richtung Schaalhof. Dabei geht es, auf schmalen Straßen, immer auf und ab. Die bergige Situation wird noch deutlicher, wenn Sie dann über Braunsbach nach Orlach fahren und weiter über Niedersteinach und Obersteinach nach Dünsbach. Da fahren Sie zwar in den Tälern von Grimmbach und Elber, gleichzeitig aber auf einem Sträßchen, das sich „Höhenpfad" nennt. Von Dünsbach geht es über Morstein nach Elpershofen und dort links über Binselberg nach Langenburg zurück. Bei dieser Route brauchen Sie nicht nur ein gutes Rad, sondern auch ordentliche Schuhe: Bei manchem Straßenstück werden Sie schieben!

Sehenswertes

① Schloß Tierberg ist eine komplett erhaltene mittelalterliche Burg.

② Schloß Langenburg mit seinen Bastionen, Türmen, Wehranlagen und dem Renaissance-Innenhof liegt 140 m hoch über der Jagst auf einem Bergsporn. Im Innern Waffen-, Gemälde- und Möbelsammlungen sowie ein Automuseum.

③ In Gerabronn-Amlishagen gibt es eine eindrucksvolle Ritterburg mit mächtiger Schildmauer.

④ Schloß Braunsbach wurde im 16. und 19. Jahrhundert erbaut. Die Kirche auf dem Burgberg stammt aus dem 12. Jahrhundert.

⑤ Schloß Morstein der Freiherrn von Crailsheim, trutzig über dem Ort, mit starken Mauern und Türmen, Bergfried aus Buckelquadern, stammt noch aus der Stauferzeit. Im 16. Jahrhundert wurde das Renaissanceschlößchen angebaut.

404 – 25 km – Durch Wolfsbusch und Dachsbühl

In Langenburg halten Sie sich zunächst nordöstlich und fahren nach Atzenrod. Dort kommen Sie auf ein winziges Sträßchen, das Sie durch den Wolfs-

Schloß Langenburg

busch und den Dachsbühl – vorbei am 475 Meter hohen Ritterhügel – nach Brüchlingen bringt. Von dort geht es, an Hertensteins Mühle und der Ruine Hertenstein vorbei, nach Billingsbach. Da haben Sie wieder eine gute Landstraße südöstlich nach Raboldshausen und Wittenweiler. Dort biegen Sie rechts ab nach Oberweiler und kommen nach Gerabronn. Nach einigem Auf und Ab geraten Sie ins Tal der Brettach, dem Sie bis Elpershofen folgen. Dort geht es rechts über Binselberg nach Langenburg zurück.

405
45 km

Große Rundfahrt:
Im Tal von Jagst und Brettach

Diese Tour ist etwas für Menschen, die sich ihr Landschaftserlebnis etwas kosten lassen – nämlich tüchtiges Trampeln, häufiges Herunterbremsen, oft auch mal Schieben. Kurz: Sie sind länger unterwegs, als die reine Kilometerzahl vermuten läßt. Aber Sie erleben dabei eine zauberhafte Landschaft. Beginnen Sie wieder in Langenburg, fahren Sie nördlich über Brüchlingen und Billingsbach, über Raboldshausen und Oberweiler nach Gerabronn! Dann geht es hinunter ins Tal der Brettach, bis diese bei Elpershofen in die Jagst mündet, dann über Morstein und Dünsbach auf dem Höhenpfad nach Obersteinach. Nun wird es wieder bergig, bis Sie über Braunsbach nach Jungholzhausen kommen. Über Bächlingen bis Langenburg wechseln erholsame, ebene Strecken mit einigen steilen Straßenabschnitten ab.

Informationen

*Touristikverband Neckarland-Schwaben, Lohtorstraße 21, 74072 Heilbronn
Tel. 07131-7 85 20*

Bürgermeisteramt, Hauptstraße 15, 74595 Langenburg, Tel. 07905-9 10 20

am Bahnhof: Seite 441-443.

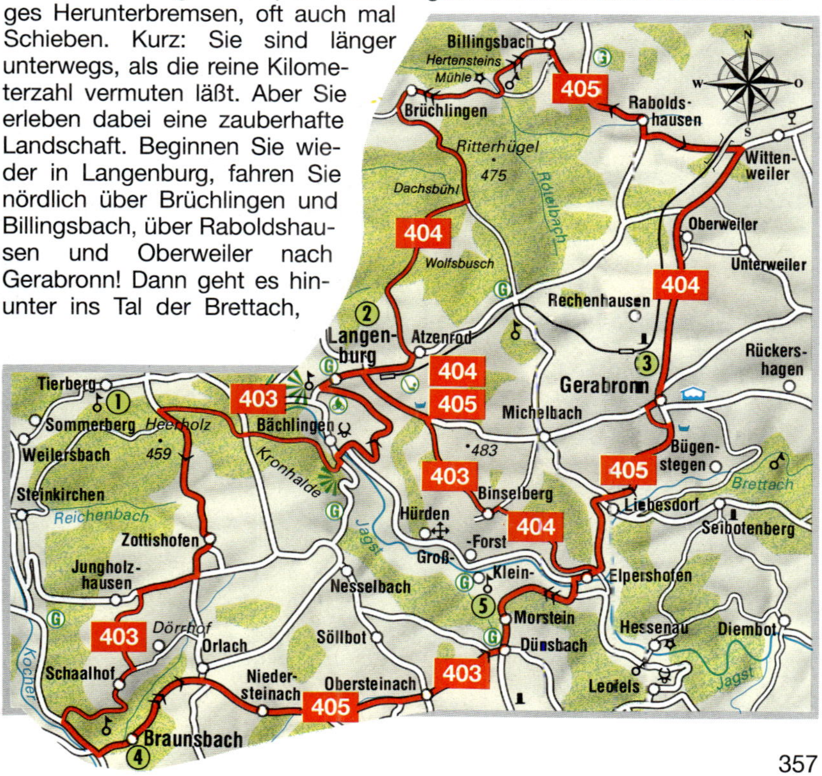

Im Murrhardter und Welzheimer Wa

Murrhardt und Welzheim sind zwei alte schwäbische Städte; ihre weiten Wälder stoßen unmittelbar aneinander. Beide gehören zum Naturpark Schwäbisch-Fränkischer Wald – eine stille Gegend ohne denkwürdige historische Berühmtheiten.

406 – 25 km
Im Tal der Murr

Sie beginnen in Murrhardt und fahren im Tal des Flüßchens Murr entlang bis kurz vor Fornsbach. Dort geht es rechts ab, auf einem langen, nicht allzu steilen Aufstieg durch den Wald im Tal des Kleinen Gückelbachs bis nach Unterneustetten. Weiter geht es, jetzt in stetem Auf und Ab und über Waldsträßchen, nach Kaisersbach. Von dort kommen Sie westlich zum feinen und stillen Ebnisee. Dann geht es ein Stück auf der Landstraße nach Ebni, anschließend rechts auf Waldsträßchen durch den Welzheimer Wald nach Gallenhof. Von hier fahren Sie nun überwiegend im Tal der Murr: Bis nach Murrhardt sind es 200 Meter Höhenunterschied – eine angenehme Abfahrt.

Sehenswertes

① *Murrhardt entstand bei einem Kastell des römisches Grenzwalls Limes. Man sieht viele Fachwerkhäuser und die romanische Walterichskapelle aus dem 13. neben der spätgotischen Stadtkirche aus dem 15. Jahrhundert.*

② *Der Ebnisee bietet allerlei Möglichkeiten zum Wassersport. Und einen rekonstruierten römischen Limes-Wachtturm.*

③ *Der Schwabenpark ist ein Freizeitpark mit Sommerbobbahn und Affenreservat.*

④ *Welzheim hat ein rekonstruiertes Römerkastell als Museum.*

407 – 45 km
Im Tal der Wieslauf

Sie beginnen im Welzheim und fahren zunächst östlich nach Burgholz.
Über Mannholz geht es im Tal des Eisenbachs nach Höldis, von dort nach Rienharz und Breitenfürst.
Auf einem sehr schönen Abschnitt der Landstraße fahren Sie nach Eselshalden. Dort biegen Sie rechts ab, wieder auf winzige Fahrwege. So kommen Sie über Langenberg und Obersteinenberg nach Steinenberg und dann in das liebliche Tal der Wieslauf hinab bis zum Bahnhof Lauffenmühle. Über Rudersberg, Klaffenbach und Seiboldsweiler folgen Sie der Wieslauf bis zum Ebnisee (in den die Wieslauf mündet). Nun fahren Sie vorwiegend auf der Hochfläche des Welzheimer Waldes weiter. Bei Kaisersbach kommen Sie ins Tal der Blindenrod und durch den Hagerwald nach Welzheim zurück.

Am Ebnisee

408
65 km

Große Rundfahrt:
Im weiten Bogen durch den Naturpark

Diese Tour zeigt Ihnen die ganzen Schönheiten des Naturparks Schwäbisch-Fränkischer Wald. Zwar gibt es manches Auf und Ab in den Wäldern. Doch die Wege verlaufen hauptsächlich in Flußtälern. So entstehen keine zu großen Steigungen und Gefällstrecken. Beginnen Sie in Murrhardt, fahren Sie östlich über Unterneustetten und dann südlich nach Kaisersbach! Dort folgen Sie der Blindenrod und kommen durch den Hagerwald nach Welzheim. Von dort geht es nach Burgholz, Höldis, Breitenfürst, Langenberg und Rudersberg ins Tal der Wieslauf, dann über Klaffenbach zum Ebnisee. Weiter fahren Sie über Ebni und Gallenhof ins Tal der Murr und zum Ausgangspunkt zurück: nach Murrhardt.

Informationen

Touristikverband Neckarland-Schwaben, Lohtorstraße 21, 74072 Heilbronn, Tel. 0 71 31-7 85 20

Verkehrsamt, Marktplatz 10, 71540 Murrhardt, Tel. 0 71 92-21 30

am Bahnhof: Seite 441-443

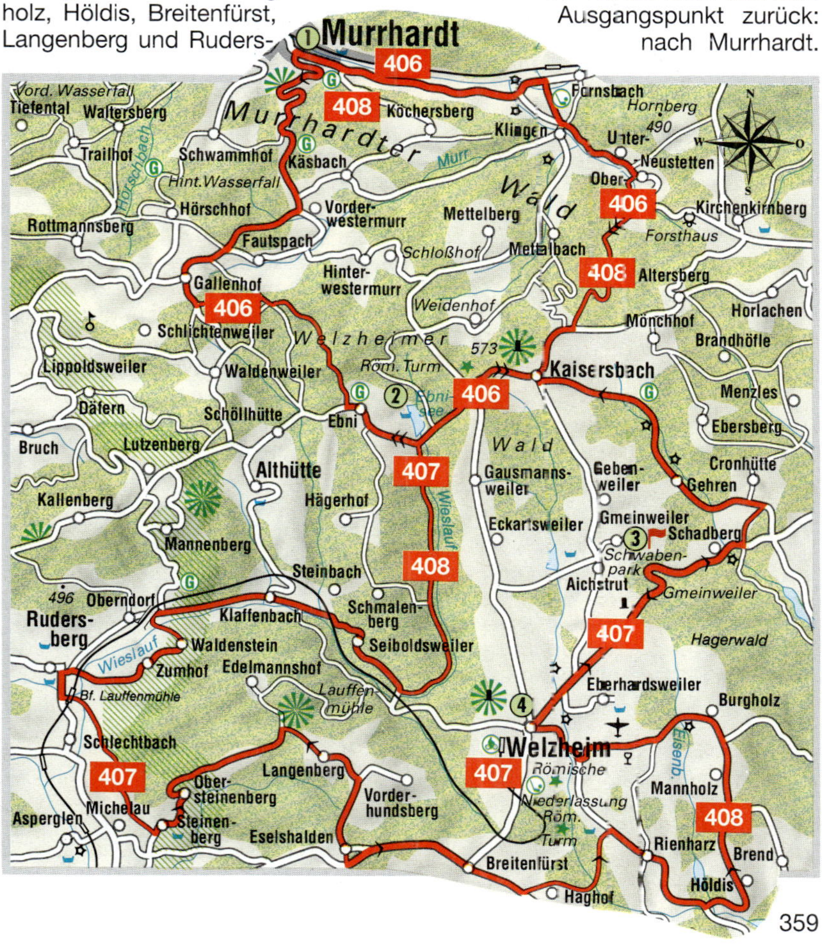

Am Rand der Schwäbischen Alb

Dies ist ein Gebiet mit großer geschichtlicher Vergangenheit: die Gegend der Staufer. Aus jener berühmten Familie stammte, beispielsweise, Kaiser Barbarossa. Noch heute sieht man zahlreiche Burgen aus jener Zeit – die meisten als Ruinen.

409 25 km Im Tal der Rems

Von Schwäbisch Gmünd fahren Sie westlich im Tal der Rems nach Lorch. Dort geht es südlich aufwärts auf der Bundesstraße 297, bis links ein Sträßchen nach Oberkirneck abzweigt. Von dort kommen Sie auf einem anderen Sträßchen zum Wäscherschloß und dann nach Maitis. Über Lenglingen und Metlangen geht es weiter, am Rechberg vorbei, nach Straßdorf und nach Schwäbisch Gmünd zurück.

Sehenswertes

① *Schwäbisch Gmünd besitzt eine sehr schöne Altstadt mit vielen Fachwerkhäusern, ein barockes Rathaus und das Heiligkreuzmünster – eine der schönsten gotischen Hallenkirchen in Süddeutschland. Im „Prediger" finden Sie ein Museum mit Goldschmiedearbeiten.*

② *Lorch war ein Dominikanerkloster. Kirche, Kreuzgang und Kapitelsaal (mit Sammlungen des Heimatmuseums) sind prächtig.*

③ *Das Wäscherschloß ist eine ehemalige Stauferburg. Dem Buckelquader-Erdgeschoß aus dem 13. Jahrhundert wurde im 17. Jahrhundert ein Fachwerk-Geschoß aufgesetzt. Innen sehen Sie eine Staufer-ausstellung.*

④ *Von Burg Hohenstaufen blieben nur spärliche Reste. Doch im Dorf, bei der Barbarossakirche, wurde ein Dokumentationsraum zur staufischen Geschichte (mitsamt dem Modell der Burg) eingerichtet.*

⑤ *Von der Burg der Grafen von Rechberg blieben Teile der Außenwerke sowie der Wehrturm erhalten. Im unteren Burghof hat man einiges wieder aufgebaut.*

410 35 km Im Tal der Fils

Von Göppingen fahren Sie durch den Spitalwald nach Hohenstaufen. Hinter dem Ort geht es rechts ab nach Herbenhof und dort links – immer auf und ab – über Jackenhof nach Rechberg. Nun wenden Sie sich südlich zum Märchengarten und Freizeitzentrum Schurrenhof. Dann kommen Sie nach Dangelhof. Über winzige Sträßchen fahren Sie nach Aichhöfle und Reichenbach. Dort geht es weiter in Richtung Donzdorf. Aber schon am Westrand des Orts halten Sie sich rechts und fahren nun ins Tal der Fils nach Süssen. Der Fils folgen Sie über Salach und Eislingen zurück nach Göppingen.

Blick über die Schwäbische Alb

411
55 km

Große Rundfahrt:
Hohenstaufen, Hohenrechberg und Wäscherschloß

Hier können Sie nun eine richtige Rundfahrt durchs Stauferland machen. Wenn Sie in Schwäbisch Gmünd beginnen, kommen Sie über Straßdorf nach Rechberg. Da haben Sie gleich nebenan die Ruine Hohenrechberg. Weiter geht es über Reichenbach, Donzdorf und Süssen nach Göppingen und von dort durch den Spitalwald nach Hohenstaufen. Da haben Sie die ganze Staufergeschichte beisammen: Im Dorf eine interessante Ausstellung, oben die Burgruine Hohenstaufen.
Sie fahren weiter über Maitis, kommen zum Wäscherschloß, das auch aus jener großen Zeit stammt, und dann über Lorch wieder nach Schwäbisch Gmünd zurück.

Informationen

Landesfremdenverkehrsverband Baden-Württemberg, Esslinger Straße 8, 70182 Stuttgart 1, Tel. 07 11-23 85 80

Verkehrsverein, Kornhausstraße 13, 73525 Schwäbisch Gmünd, Tel. 0 71 71-6 62 44

am Bahnhof: Seite 441-443

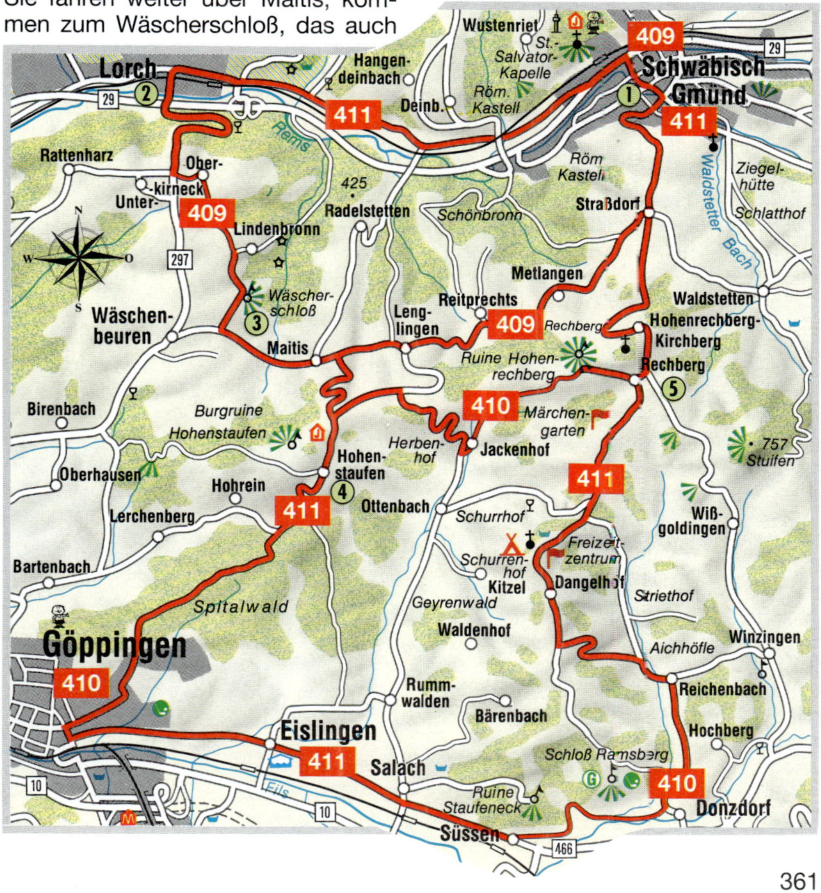

Zwischen Rhein und Schwarzwald

Diese Gegend zwischen Karlsruhe und Baden-Baden ist abwechslungsreich, interessant, aber nicht schwierig zu befahren: Der Schwarzwald mit seinen Steigungen beginnt erst östlich. An den Altrheinarmen gibt es viel zu sehen.

412 – 25 km – Über den Federbach

Von Durmersheim fahren Sie über den Federbach und den Tieflachgraben nach Elchesheim und von dort weiter nach Steinmauern. Weiter geht es links auf wenig befahrenen Sträßchen und Radwegen über Ötigheim nach Muggensturm und hinter dem Ort links ab. Sie überqueren die Autobahn und kommen nach Durmersheim zurück.

Sehenswertes

① Ötigheim besitzt Deutschlands größtes Freilichttheater. Alljährlich im Sommer werden hier vor einer beeindruckenden Kulisse aus Natur und Architektur Volksschauspiele gezeigt. (Es lohnt sich, das Theater auch dann anzusehen, wenn gerade nicht gespielt wird.)

② Bei Muggensturm können Sie ein Wildgehege mit einheimischen und exotischen Tieren besuchen.

③ Auch am Rand von Kuppenheim finden Sie ein interessantes Wildgehege.

④ Schloß Favorite wurde zu Anfang des 18. Jahrhunderts als Sommerresidenz für Markgräfin Augusta Franziska Sibylla von Baden, die Frau des „Türkenlouis", gebaut. (Der selbst hatte sich in Rastatt ein prächtiges Schloß bauen lassen.) Das Innere des Favorite-Schlosses ist prunkvoll: Der Speise- und Gartensaal mit seiner achteckigen Kuppel ebenso wie die Gemächer der Markgräfin; man sieht kostbares Mobiliar, wertvolle Wandteppiche und mit Intarsien eingelegte Fußböden.
Das Kostbarste aber ist die Porzellan- und Gläsersammlung der Markgräfin.

413 – 40 km – An den Auwäldern und Altrheinarmen

Sie beginnen in Steinmauern und fahren südöstlich nach Ötigheim, unter der Autobahn hindurch und gleich rechts ab nach Rauental. Über sanfte Hügel fahren Sie nun am Rand des Schwarzwalds entlang, an Kuppenheim vorbei zum Schloß Favorite. Es geht weiter über Haueneberstein und auf Radwegen nach Sandweiher, dann über die Autobahn nach Iffezheim. Nun kommen Sie in die Gegend der Altrheinarme und fahren parallel zum Fluß durch die Auwälder an seinem Ufer. Nach Wintersdorf führt ein Sträßchen, dann nehmen Sie am besten links den Fahrweg, der westlich von Ottersdorf verläuft und dann in die Straße nach Plittersdorf mün-

Schloß Favorite

det. Zwischen Wintersdorf und Plittersdorf haben Sie nämlich linker Hand das umfangreiche Naturschutzgebiet mit den vielen Altrheinarmen und den Teichen, die sich dort gebildet haben; hier entstanden viele sehr interessante Biotope mit schützenswerten Pflanzen und Tieren. Der Fahrweg von Wintersdorf nach Plittersdorf führt ein Stückchen weit durch dieses Naturschutzgebiet. Von Plittersdorf sind Sie dann schnell zurück in Steinmauern.

Informationen

Gebietsgemeinschaft Nördlicher Schwarzwald, Waisenhausplatz 26
75172 Pforzheim,
Tel. 0 72 31-1 79 29

Stadtverwaltung, Kaiserstraße 91, 76437 Rastatt, Tel. 0 72 22-97 20

🚲 am Bahnhof: Seite 441-443

414
45 km

Große Rundfahrt:
Im weiten Bogen um Rastatt

Sie beginnen die Tour in Durmersheim und fahren über Neumalsch nach Muggensturm. Doch dort, am Ortseingang, halten Sie sich gleich links und kommen so nach Bischweier. Von hier fahren Sie nach Kuppenheim und dann nach Haueneberstein. Dort geht es über Iffezheim zum Naturschutzgebiet am Rheinufer. Über Plittersdorf, Steinmauern, Elchesheim und Würmersheim fahren Sie nach Durmersheim zurück.

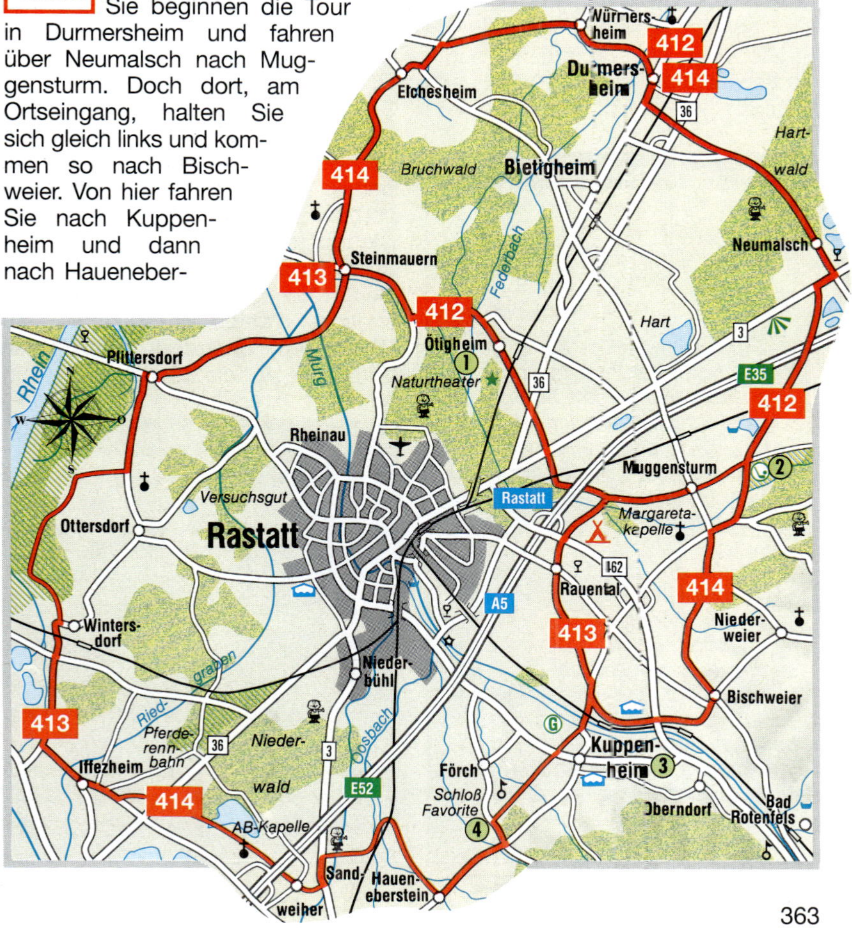

Am Rand des Schwarzwalds

Diese Gegend zwischen Rhein und Schwarzwald ist klimatisch gesegnet, landschaftlich sehr reizvoll und kulturell nicht zu verachten: Baden-Baden liegt im Norden, Offenburg im Süden und Straßburg gleich nebenan.

415 — 15 km
In den Weingärten bei Sasbach

Sie verlassen Achern in östlicher Richtung, fahren nach Blumberg und von dort nach Obersasbach. Da sind Sie schon in den Weinbergen am Schwarzwaldrand. Auf hügeligen Nebenstraßen erreichen Sie Lauf, dann Ottersweier. Nun geht es westwärts: die Oberrheinische Tiefebene liegt vor Ihnen. Durch diese fahren Sie jetzt auf ebener Strecke und über winzige Sträßchen. Sie kommen durch Ottersweier und Mättich zurück nach Achern.

Sehenswertes

① *In Schwarzach steht das Rheinmünster: die romanische Basilika einer ehemaligen Benediktinerabtei.*

② *Bühl ist vor allem durch seine Zwetschgen berühmt geworden - eine frühe Sorte. Im September wird Zwetschgenfest gefeiert.*
Burg Alt-Windeck aus dem 12. Jahrhundert (südöstlich von Bühl) ist eine malerische Ruine mit stolzem Bergfried.

③ *In Achern steht die gotische St.-Nikolaus-Kapelle mit ihrem schlanken Rundturm aus dem 14. Jahrhundert. Im Heimat- und Sensenmuseum sehen Sie die komplette Einrichtung eines Sensenwerks, das von 1850 bis 1965 betrieben wurde.*
Im Sommer fährt regelmäßig (und nach Fahrplan) eine Oldtimer-Eisenbahn von Achern nach Ottenhöfen.

416 — 40 km
Durch den Auenwald am Rhein

Von Ottersweier fahren Sie zunächst östlich durch die von Weinhügeln bestimmte Landschaft bis Hard. Dort biegen Sie links ein. Nun kommen Sie durch ausgedehnte Weingärten nach Bühl, überqueren die Bundesstraße 3 und fahren westlich an Vimbuch vorbei nach Kinzhurst, Schwarzach und Greffern – durch Obstplantagen, Wiesen und Felder, auch durch mehrere kleine Waldstücke.
Greffern liegt bereits im Bereich der Arme des Altrheins. Bis zum Rhein ist es dann nur noch ein Sprung. Durch einen Auenwald fahren Sie, parallel zum Fluß, an Grauelsbaum vorbei nach Lichtenau. Im Ort biegen Sie rechts ab, um nach Scherzheim und Muckenschopf zu kommen.
Bei Memprechtshofen geht es zunächst weiter südlich, in ein Gebiet mit mehreren Kanälen. Dann treffen Sie auf die Landstraße, die in

Bei Bühl

Richtung Achern führt. Von der biegen Sie hinter der Autobahnunterführung links ab, um durch Großweier und Sasbachried nach Ottersweier zurückzufahren.

417
50 km

Große Rundfahrt:
Im weiten Bogen durch die Obstwiesen

Diese Route bringt Sie durch Obstwiesen und Weingärten in die ruhige, gelassene Schönheit dieses Gebiets.

Von Bühl fahren Sie westlich dem Rhein entgegen über Schwarzach nach Greffern. Von dort geht es über Lichtenau, Scherzheim und Muckenschopf nach Memprechtshofen. Drei Kilometer danach erreichen Sie die Landstraße, die Sie nach Achern bringt. Am Rand des Schwarzwalds geht es über Blumberg, Lauf und Hard zurück nach Bühl.

Informationen

Gebietsgemeinschaft Nördlicher Schwarzwald, Waisenhausplatz 26, 75172 Pforzheim, Tel. 0 72 31-1 79 29

Verkehrsamt, Hauptstr. 41, 77815 Bühl, Tel. 0 72 23-28 32 33

am Bahnhof: Seite 441-443

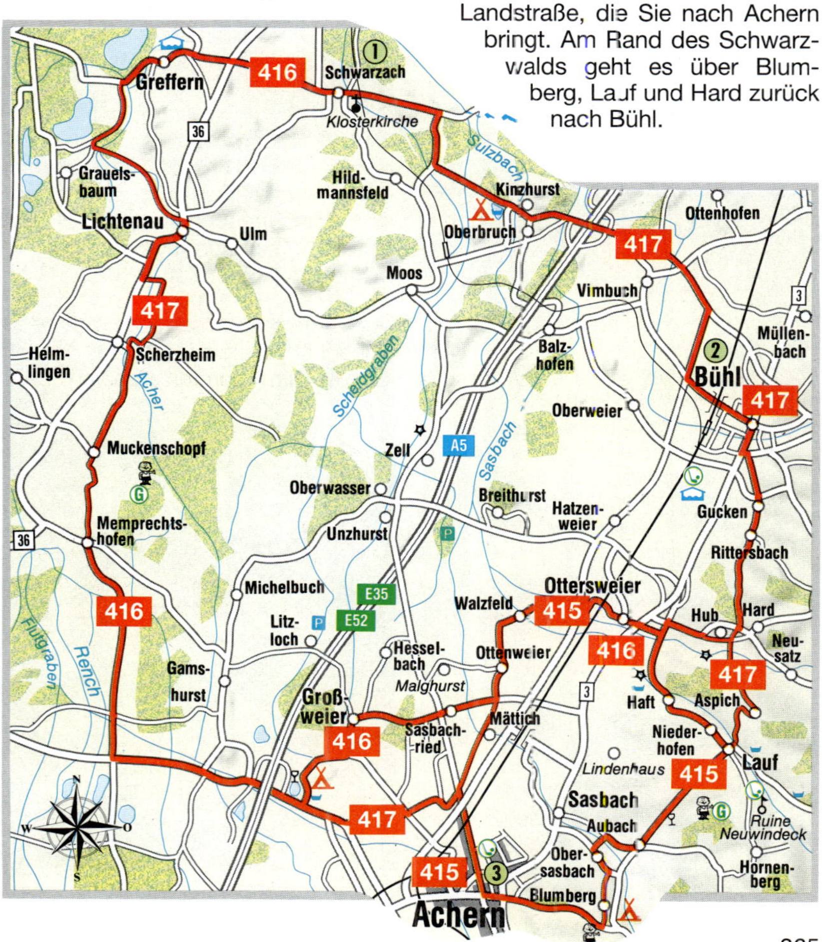

Im Tal der Nagold

Die Nagold müßte eigentlich beleidigt sein: Ein charakteristischer Fluß des Schwarzwalds, landschaftlich schön, für die Flößerei einst bedeutend, von teilweise sehr schönen Ortschaften gesäumt – und dennoch viel zuwenig bekannt.

418 – 25 km
An der Nagoldtalsperre

Ab Erzgrube fahren Sie nördlich an der Nagoldtalsperre entlang und stetig abwärts durch das tief in den Nordschwarzwald eingeschnittene, hier ganz einsame Nagoldtal, an mehreren Mühlen vorbei, bis kurz vor Altensteig. Dort zweigen Sie rechts ab und folgen dem Zinsbachtal. Stetig (aber nicht steil) ansteigend, müssen Sie etwa 200 Meter Höhenunterschied überwinden. Sie kommen durch den Schornshart, ein Waldgebiet. Die Straße führt nach Pfalzgrafenweiler. Sie aber zweigen rechts ab nach Edelweiler. Dort geht es dann durch den Weiler Wald (wo die höchsten Tannen des Nordschwarzwalds stehen), über Kälberbronn und wieder abwärts zum Stausee hinunter – nach Erzgrube.

Sehenswertes

① *Die alte Burg Berneck mit ihrem 36 Meter hohen Turm, einem Wehrgang und einer 28 Meter hohen Schildmauer steht hoch oben auf einem schmalen Felsrücken.*

② *In Altensteig ziehen sich die engen Gassen mit den prächtigen Fachwerkhäusern malerisch hinauf zum Alten Schloß der einstigen Grafen von Hohenberg. Heute findet man hier das Stadt- und Feuerwehrmuseum.*

③ *Der Nagoldstausee, drei Kilometer lang, ist ein beliebtes Wassersportgebiet.*

④ *Bei Kälberbronn am Waldlehrpfad ragen die höchsten Tannen des Nordschwarzwalds auf: bis zu 50 Meter hoch.*

⑤ *In Haiterbach-Unterschwandorf ist ein romantisches altes Schloß zu besichtigen.*

419 – 40 km
Im Waldach- und Strauchbachtal

In Pfalzgrafenweiler starten Sie und fahren südlich bis Unterwaldach, ins Waldachtal hinab. Dem Flüßchen folgen Sie auf einer kleinen Nebenstraße, sanft aufwärts durch Beihingen und Oberschwandorf. Dort geht es nun rechts, entlang dem Strauchbach, nach Haiterbach. Von hier kommen Sie über Altnuifra nach Salzstetten und weiter

An der aufgestauten Nagold

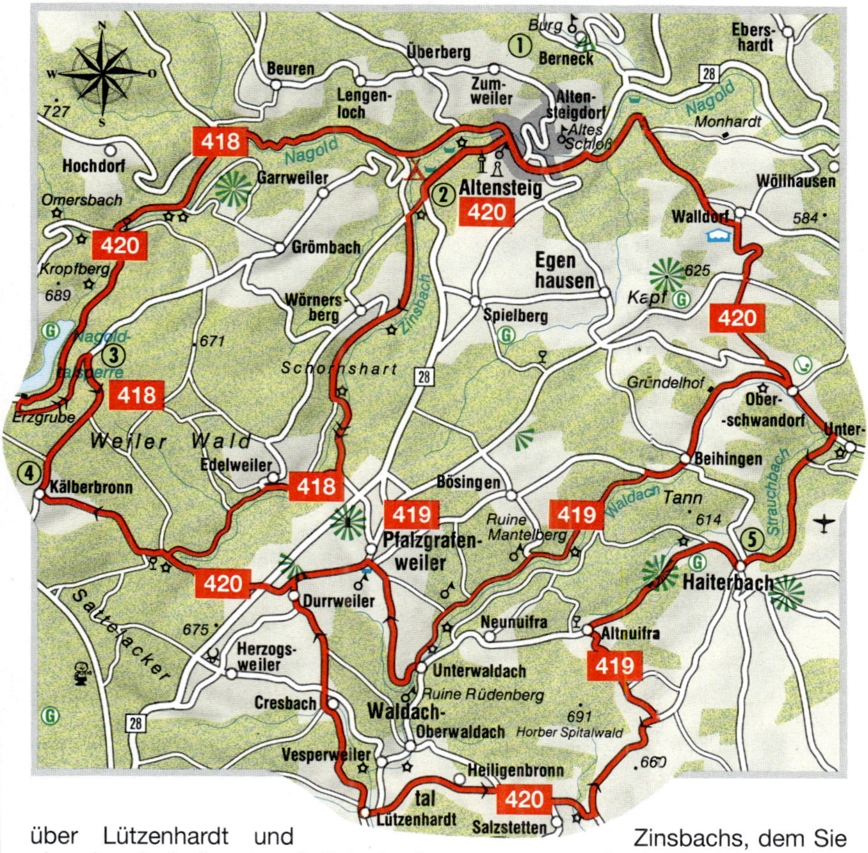

über Lützenhardt und eine Landschaft, die „Sattelacker" heißt, nach Durrweiler. Von hier ist es nur noch ein kleines Stückchen nach Pfalzgrafenweiler zurück.

420
45 km

Große Rundfahrt:
Zwischen Nagold und Horber Spitalwald

Unsere Route führt Sie fast ausschließlich durch Wälder und Täler. Von Altensteig im Tal der Nagold fahren Sie südöstlich nach Oberschwandorf und im Tal des Strauchbachs über Haiterbach nach Altnuifra. Jetzt kommen Sie durch den Horber Spitalwald, fahren über Salzstetten nach Lützenhardt und Durrweiler. Damit sind Sie im Tal des Zinsbachs, dem Sie durch den Weiler Wald bis Kälberbronn folgen. Nun geht es abwärts zum Nagoldstausee und ins Tal der Nagold, das Sie nach Altensteig zurückbringt.

Informationen

Gebietsgemeinschaft Nördlicher Schwarzwald,
Waisenhausplatz 26,
75172 Pforzheim,
Tel. 0 72 31-1 79 29

Verkehrsamt, Rosenstraße 28,
72008 Altensteig, Tel. 0 74 53-66 33

🚲 am Bahnhof: Seite 441-443

Im Naturpark Schönbuch

Der Schönbuch trägt seinen Namen „Schöner Wald" noch heute mit Recht. Das ehemalige Jagdgebiet der Württembergischen Könige (die ihr bescheidenes Ferienschloß in Bebenhausen hatten) präsentiert sich nach wie vor als wohlgepflegter Forst.

Sehenswertes

① Schloß Hohenentringen ist eigentlich eine mittelalterliche Burg, die im 15. Jahrhundert gleichzeitig drei große Adelsgeschlechter (mit zusammen an die hundert Kinder) beherbergte. Heute trifft man in der Burgschenke viele Tübinger Studenten.

② Tübingen ist eine alte Stadt; die Universität hat schon über 500 Jahre hinter sich. Aber es gibt keine andere deutsche Stadt mit einem so großen Anteil an studentischer Jugend. Sehr charakteristisch für die Stadt sind die übereinandergestaffelten Giebelhäuser. Am dreieckigen Marktplatz steht das reich bemalte Renaissancerathaus.
Eine der schönsten Stadtkulissen bildet das Panorama, das man von der Neckarbrücke sieht – mit Hölderlinturm, Stift, Stiftskirche und darüber dem Schloß Hohentübingen.
Überall stößt man auf die Spuren großer Geister: Hölderlin und Hegel, Uhland und Kerner studierten hier. Und Hermann Hesse war hier Buchhändlerlehrling.

③ Bebenhausen besitzt ein Zisterzienserkloster, das Pfalzgraf Rudolf von Tübingen im Jahre 1187 gründete. In einem Teil der ausgezeichnet erhaltenen romanischen und in der Reformationszeit ausgebauten Anlage wurde ein Museum für mittelalterliche Kunst und Kultur eingerichtet.
Sehr schön ist auch die reich ausgestattete Klosterkirche aus dem 13. Jahrhundert.

421 – 15 km – Am Golfplatz Schaichhof

Beim Schaichhof an der Bundesstraße 464 wurde unlängst ein sehr schöner Golfplatz eingerichtet. Man darf in diesem Gebiet aber dennoch Wandern und auch Radfahren, solange man die Wege respektiert.
Also fahren Sie vom Wanderparkplatz direkt hinein in den Schönbuch. Sie nehmen den ersten Weg rechts, der einen Bogen um den 583 Meter hohen Bromberg macht. Sie kommen zur Schindereiche und ins Tal des Großen Goldersbachs.
Diesem Tal folgen Sie nun, und zwar abwärts bis zur Teufelsbrücke. Dort mündet der Kleine Goldersbach in den Großen. Dem Kleinen Goldersbach folgen Sie jetzt links aufwärts.

Die Königseiche im Schönbuch

Dann fahren Sie entlang dem Ochsenbach (das ist ein Nebenflüßchen des Kleinen Goldersbachs), der Sie zum Parkplatz am Schaichhof zurückbringt.

422
20 km

Zum Schloß Hohenentringen

Sie starten in Bebenhausen und fahren nördlich das Tal des Großen Goldersbachs bis zur Teufelsbrücke. Wo sich Großer und Kleiner Goldersbach vereinigen, bleiben Sie dem Großen treu und folgen seinem Tal nach Nordwesten, zum Soldatengrab. Dort halten Sie sich links und radeln über die Münstereiche bis zum Schloß Hohenentringen. Dies geschieht alles auf schmalen, aber gepflegten Waldwegen. Doch jetzt haben Sie ein Landsträßchen, das Sie von Hohenentringen nach Hagelloch – am Nordrand von Tübingen – bringt. Von dort geht es nun auf kleinen, angenehmen Sträßchen über Waldhausen nach Bebenhausen zurück.

Informationen

Landesfremdenverkehrsverband Baden-Württemberg, Esslinger Str. 8, 70182 Stuttgart, Tel. 07 11-23 85 80

Verkehrsverein, An der Neckarbrücke, 72070 Tübingen, Tel. 0 70 71-9 13 60

am Bahnhof: Seite 441-443

423
25 km

Große Rundfahrt:

Zwischen dem Schaichhof und Tübingen

Vom Wanderparkplatz am Schaichhof radeln Sie südlich und nehmen den ersten Weg rechts um den Bromberg herum zum Soldatengrab. Hier geht es rechts zur Münstereiche und zum Schloß Hohenentringen. Über Hagelloch und Waldhausen kommen Sie nach Bebenhausen. Hier fahren Sie ins Tal des Großen Goldersbachs bis zur Teufelsbrücke, dann ins Tal des Kleinen Goldersbachs sowie des anschließenden Ochsenbachs und zum Schaichhof zurück.

Auf der Reutlinger Alb

Hier ist alles versammelt, was die Schwäbische Alb so attraktiv macht: Berg und Tal, berühmte (längst zu Schauobjekten herausstaffierte) Höhlen, prächtige Ausblicke übers Land und ein sehr romantisches Schloß nach einem Roman: Lichtenstein.

424 — 25 km

Bei Bären- und Nebelhöhle

Von Lichtenstein-Oberhausen geht es auf einem Nebensträßchen südlich steil hinauf zum Schloß Lichtenstein. Damit sind Sie schon auf der Hochfläche der Schwäbischen Alb. Kleine Straßen bringen Sie zur Bundesstraße 312, auf der Sie bis Groß-Engstingen bleiben. Dann aber biegen Sie rechts ab und fahren auf schmalen Sträßchen über die hier recht flachen, oft mit Wacholderheiden bewachsenen Hügel der Schwäbischen Alb bis in die Nähe des Ortes Haid. Da finden Sie ein Sträßchen, das rechts an der Haidkapelle nach Erpfingen abzweigt. Das nehmen Sie, aber noch vor Erpfingen geht es ab in Richtung Sonnenbühl. (Inzwischen sind Sie schon am Nebensträßchen vorbeigekommen, das zur Bärenhöhle führt.) Von Sonnenbühl fahren Sie nach Genkingen und von dort zurück ins Echaztal nach Lichtenstein. Vorher kommen Sie noch (während rechts der Feldberg aufragt, der mit dem im Schwarzwald aber nichts zu tun hat) am Weg vorbei, der zur Nebelhöhle führt.

Sehenswertes

① Die Nebelhöhle ist eine der schönsten Schauhöhlen der Alb mit unterirdischen Domen und mächtigen Tropfsteingebilden.

② Schloß Lichtenstein ließ sich Herzog Wilhelm von Urach auf einem steilen Kalkfelsen als „deutsche Ritterburg im edelsten Stil des Mittelalters" bauen, nachdem er 1826 Wilhelm Hauffs Roman „Lichtenstein" gelesen hatte. In der Kapelle sehen Sie schöne Glasfenster, in der Waffenkammer allerlei Rüstungen.

③ Sonnenbühl ist ein Urlaubs- und Unterhaltungsgebiet mit vielen Freizeiteinrichtungen, darunter einer großen Sommerbobbahn.

④ In der Bärenhöhle mit ihren eindrucksvollen Tropfstein-Formationen sind auch die Skelette von mehreren Höhlenbären zu sehen. Vor der Höhle: das „Traumland", ein Märchen- und Tierpark mit Westernstadt und Indianerdorf.

⑤ Offenhausen gehört zum Landgestüt Marbach. Hier tummeln sich vor allem Junghengste auf den Koppeln. In der Kirche des einstigen Klosters wurde ein Gestütsmuseum untergebracht.

425 — 28 km

Durch den Planwald

Auch bei dieser Route müssen Sie von Lichtenstein-Oberhausen zunächst steil am Schloß vorbei zur Albhochfläche hin-

Im „Traumland" an der Bärenhöhle

auf – das ist nicht zu ändern. Sie fahren nach Groß-Engstingen, biegen dort aber links ab. Kaum befahrene Sträßchen bringen Sie durch den Planwald und am Fuß des Sternbergs vorbei nach Offenhausen. Von hier haben Sie ein recht einsames Waldsträßchen nördlich nach Lonsingen.

Dann geht es über leicht hügelige Straßen (und zum Teil durch ein schönes Naturschutzgebiet) über Ohnastetten nach Holzelfingen. Über die Holzelfinger Steige fahren Sie abwärts nach Lichtenstein.

426
40 km

Große Rundfahrt:
Rund um die Reutlinger Alb

Diese Route ist sehr schön und zeigt Ihnen vieles. Sie ist aber, da man sich nun einmal in einem Mittelgebirge befindet, nicht ohne Anstrengung zu fahren. Sie ist so angelegt, daß die Teile mit den größten Steigungen in der ersten Hälfte bewältigt werden. Später wird es dann einfacher.

Am besten beginnen Sie also in Lichtenstein und fahren zunächst westlich hinauf; so kommen Sie über Genkingen nach Sonnenbühl. Von dort fahren Sie zur Haidkapelle und nach Groß-Engstingen.

Nun geht es durch den Planwald nach Offenhausen und, etwas gemütlicher, nach Lonsingen. Von dort sind Sie dann über Holzelfingen bald zurück in Lichtenstein.

Auf dieser interessanten, aber nicht leichten Route umkreisen Sie praktisch die ganze Reutlinger Alb.

Informationen

Landesfremdenverkehrsverband Baden-Württemberg, Esslinger Straße 8, 70182 Stuttgart, Tel. 07 11-23 85 80

Gemeindeverwaltung, Ortsteil Unterhausen, Rathausplatz 17, 72805 Lichtenstein, Tel. 0 71 29-69 60

am Bahnhof: Seite 441-443

In der Ortenau

Die Ortenau ist eine der liebenswürdigsten Gegenden im deutschen Südwesten – eine historische Landschaft zwischen Schwarzwald und Oberrhein. Freunde eines guten Tropfens kennen viele Dörfer der Ortenau von den Weinetiketten.

427 – 20 km – Beiderseits der Kinzig

Diese Route benutzt der Einfachheit halber das Tal der Kinzig. An der einen Seite hoch, an der anderen herunter – Sie erleben eine wunderhübsche Landschaft. Beginnen Sie in Offenburg! Ohne wesentliche Steigungen fahren Sie südlich auf einer schönen Straße über Ortenberg und Ebersweier nach Gengenbach, in eine der hübschesten deutschen Städte. Dann fahren Sie auf der anderen Seite der Kinzig über Berghaupten und Eigersweier nach Offenburg zurück.

Sehenswertes

① In Offenburgs Altstadt gibt es noch prächtige Adels- und Patrizierhäuser. Am Marktplatz steht das barocke Rathaus von 1741. Sehenswert sind auch der ehemalige Amtshof der Landvogtei von 1717, der Fischmarkt, das einstige Ritterschaftshaus mit Heimatmuseum sowie die gewaltige Ölberg-Gruppe vor der Heiligkreuzkirche.

② Burg Ortenberg aus dem 12. Jahrhundert wurde im 19. Jahrhundert völlig neu im Stil alter Ritterromantik wieder aufgebaut; die Burg ist heute eine Jugendherberge.

③ Gengenbach bietet mit seinen guterhaltenen Fachwerkhäusern ein unverfälschtes historisches Stadtbild. Es gibt noch eine Stadtmauer mit alten Toren.

④ In Lahr finden Sie zahlreiche barocke Patrizierhäuser, ein altes Rathaus mit Spitzbogenlaube und spätgotischer Freitreppe.

428 – 40 km – Im Tal der Schutter

Dies ist zunächst eine leichte Tour in der flachen Oberrheinischen Tiefebene. Sie verlassen Offenburg in westlicher Richtung und fahren durch Hildboltsweier und Schutterwald, wo Sie links in die von kleinen Wäldern unterbrochene Acker- und Wiesenlandschaft abbiegen. Jetzt sind Sie bereits im Talbereich des Flüßchens Schutter. Höfen berühren Sie am Ortsrand, fahren auf der Autostraße etwa zwei Kilometer westlich in Richtung Dundenheim. Dann biegen Sie links auf ein Nebensträßchen ab, das Sie auf einer Landstraße und, an einer Mühle vorbei, nach Schutterzell bringt. Über die Autobahn fahren Sie nach Schuttern und von dort auf Rad- und Wirtschaftswegen nach Lahr. Hier wird es nun hügelig. Sie fahren zumeist durch Weinberge und Obst-

Burg Ortenberg

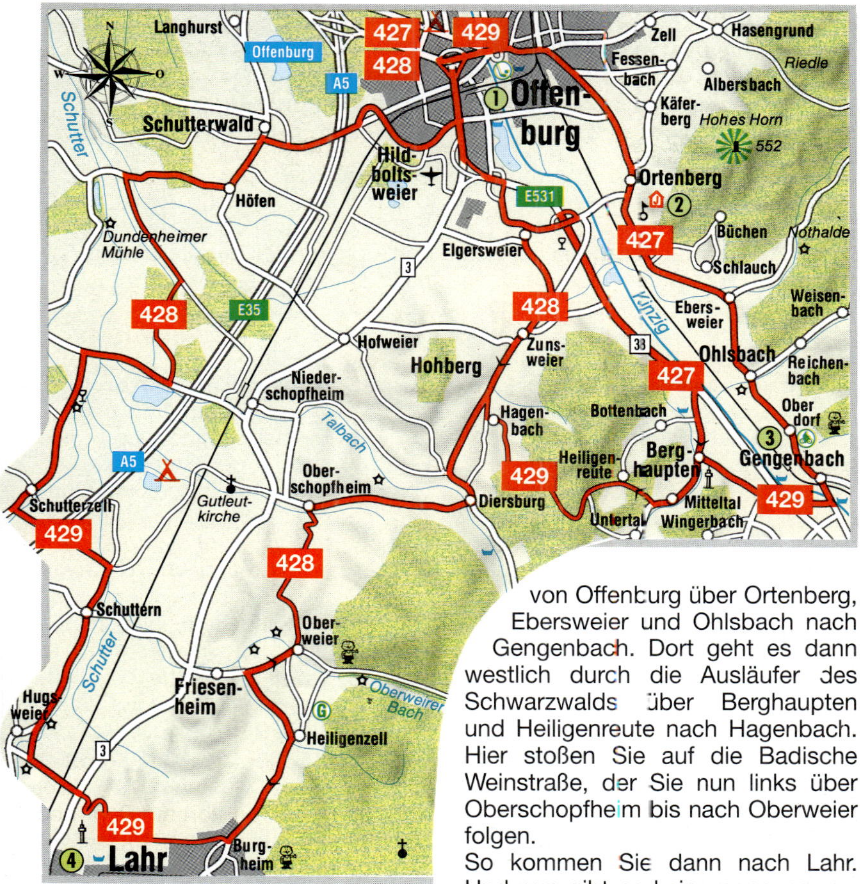

gärten am Rand des Schwarzwalds entlang, über Burgheim und Heiligenzell nach Oberweier und Oberschopfheim. Nun sind Sie auf der Badischen Weinstraße, die Sie über Diersburg und Zunsweier nach Offenburg zurückführt.

429
55 km

Große Rundfahrt:
Zwischen Schwarzwald und Tiefebene

Diese Route hat drei Abschnitte: einen ebenen, einen recht hügeligen und dann wieder einen schön flachen Teil. Sie fahren von Offenburg über Ortenberg, Ebersweier und Ohlsbach nach Gengenbach. Dort geht es dann westlich durch die Ausläufer des Schwarzwalds über Berghaupten und Heiligenreute nach Hagenbach. Hier stoßen Sie auf die Badische Weinstraße, der Sie nun links über Oberschopfheim bis nach Oberweier folgen.
So kommen Sie dann nach Lahr. Und nun gibt es keine nennenswerten Steigungen mehr, wenn Sie durch die weite Oberrheinische Tiefebene, über Schuttern, Schutterzell und Schutterwald nach Offenburg zurückfahren.

Informationen

Fremdenverkehrsverband Schwarzwald, Postfach 1660, 79098 Freiburg, Tel. 07 61-3 13 17

Verkehrsamt, Gärtnerstraße 6, 77652 Offenburg, Tel. 07 81-8 22 53

am Bahnhof: *Seite 441-443*

Im Süden der Münsinger Alb

Die Münsinger Alb ist ein Teil der Schwäbischen Alb – und zwar einer der schönsten. Unter anderem findet man hier den wohl romantischsten Fluß der Alb: die Große Lauter. Und eines der schönsten Bauwerke: die Klosterkirche von Zwiefalten.

430
48 km

Im Tal der Zwiefalter Ach

Von Zwiefalten folgen Sie dem Tal der Zwiefalter Ach aufwärts, vorbei an Gossenzugen nach Wimsen. Auf einer langen Strecke, bei der Sie 100 Meter Höhenunterschied zu bewältigen haben, kommen Sie nach Hayingen. Von dort bringt Sie eine Landstraße nach Ehestetten und weiter durchs Schachental nach Eglingen und Wasserstetten. Dort kommen Sie ins Tal der Großen Lauter, dem Sie nun folgen: über Buttenhausen, Hundersingen, Bichishausen, Gundelfingen, Wittsteig, Weiler und Indelhausen.

Diese Fahrt ist nicht nur landschaftlich eine Pracht. Links und rechts sehen Sie auch allerlei geschichtsträchtige Burgruinen aufragen.

In Indelhausen verlassen Sie das Lautertal und fahren auf Landstraßen über Anhausen, Erbstetten und Unterwilzingen (wo Sie die Große Lauter überqueren), ferner über Emeringen nach Zwiefaltendorf und von dort im Tal der Zwiefalter Ach nach Zwiefalten zurück.

Sehenswertes

① *Frankenhofen: Hier können Sie ein Wildgehege besuchen.*

② *Hayingen: Im Sommer können Sie auf der großen Freilichtbühne gut gemachtes Volkstheater sehen.*

③ *Wimsen: Die Friedrichshöhle kann man nicht begehen. Man befährt sie mit einem Kahn.*

④ *Zwiefalten: Die berühmte prachtvolle, reich ausgestattete Barockkirche mit ihren mächtigen Türmen gehörte zu einem Benediktinerkloster.*

431
40 km

Im Tal der Großen Lauter

Diese Rundfahrt beginnt mit der besonders schönen Fahrt durchs Tal der Großen Lauter: Von Hundersingen südlich über Gundelfingen, Wittsteig und Weiler nach Indelhausen. Von hier geht es nach Anhausen, Erbstetten und Unterwilzingen.

Nach zwei Kilometern biegen Sie links ab auf die Landstraße, die über Reichenstein nach Lauterach führt. Von hier geht es, ebenfalls auf Landstraßen, durch eine Waldgegend, die „Landgericht“ heißt, nach Mundingen und von dort weiter nach Granheim.

Ein Sträßchen bringt Sie nun nach Frankenhofen. Dort müssen Sie ein Stück die Bundesstraße 465 benutzen, mit der Sie westlich nach Bremelau kommen. Hier haben Sie nun wieder eine Landstraße, die direkt nach Hundersingen führt.

An der Wimsener Höhle

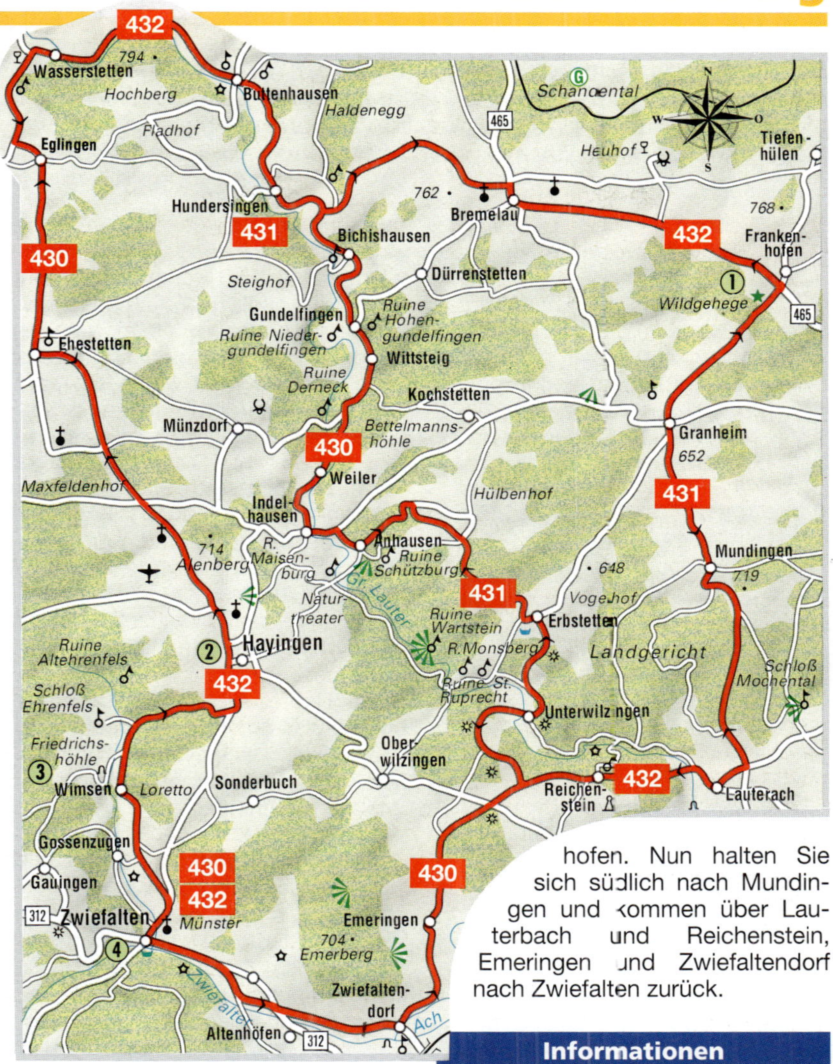

432 | 60 km

Große Rundfahrt:
Zwischen Zwiefalten und Frankenhofen

Diese Strecke empfiehlt sich, wenn Sie das Große Lautertal schon kennen oder einfach großräumiger fahren möchten. Dann beginnen Sie in Zwiefalten und fahren über Wimsen und Hayingen, über Ehestetten, Wasserstetten, Hundersingen und Bremelau nach Frankenhofen. Nun halten Sie sich südlich nach Mundingen und kommen über Lauterbach und Reichenstein, Emeringen und Zwiefaltendorf nach Zwiefalten zurück.

Informationen

Landesfremdenverkehrsverband Baden-Württemberg, Esslinger Straße 8, 70182 Stuttgart, Tel. 07 11-23 85 80

Bürgermeisteramt, Marktplatz 3, 88529 Zwiefalten, Tel. 0 73 73-20 50

am Bahnhof: Seite 441-443

Am Tuniberg

Der Tuniberg ist ein zehn Kilometer langer Höhenrücken, der mehr oder weniger zum dem kleinen Gebirge gehört, das „Kaiserstuhl" heißt und westlich von Freiburg liegt. An Kaiserstuhl und Tuniberg wächst Obst – und sehr guter Wein.

433 – 35 km – Im Tal des Mühlbachs

Von Bötzingen fahren Sie, südwestlich am Vulkanklotz des Kaiserstuhls vorbei, nach Wasenweiler und weiter nach Merdingen. Links ragt der langgezogene Höhenrücken des Tunibergs auf. Sie fahren weiter nach Niederrimsingen. Dort biegen Sie links ab. Und nun müssen Sie auf kleinen Sträßchen einen kurzen steilen Anstieg überwinden – etwa 50 Höhenmeter –, um über den südlichen Teil des Tunibergs zu kommen. Oben geht es dann allerdings wieder sanft abwärts nach Opfingen und weiter auf ebenen Sträßchen durch den sehr hübschen Mooswald, vorbei an mehreren Weihern, bis Sie im Freiburger Vorort Haslach sind. Hier halten Sie sich links und kommen durch das Freiburger Rieselfeld und auf Nebensträßchen nach Mundenhof und Umkirch. Von hier ist es – überwiegend im Tal des Mühlbachs – nicht mehr weit über Gottenheim bis nach Bötzingen.

Diese Route, die in der Beschreibung etwas bergig anmutet, ist es in Wirklichkeit keineswegs – abgesehen von dem kleinen Anstieg im Süden des Tunibergs.

Sehenswertes

① *In Umkirch blieb ein mittelalterliches Schloß der Hohenzollern erhalten.*

② *Haslach hat eine sehr interessante moderne Kirche. Sie gleicht einem riesigen niedrigen Zelt.*

③ *Freiburg hat Tradition und Charme, Kultur und Behaglichkeit. Sein gotisches Münster besitzt – so sagt man – den schönsten Turm der Christenheit. Er ist 116 Meter hoch, und es macht Spaß, ihn zu besteigen: insgesamt 328 Stufen. Von oben hat man eine prächtige Aussicht.*
Der Marktplatz zu Füßen des Münsters ist schön: von historischen und stilecht rekonstruierten Häusern umgeben.
Die altertümlich gebliebenen Gassen, die oft mit Zunftzeichen geschmückten Häuser, die Tortürme der alten Stadtbefestigung und die winzigen Wasserkanäle in der Altstadt geben Freiburg ein besonderes Gepräge.

④ *Im altertümlichen Ebringen finden Sie ein Schloß und die Burgruine Schneeberg.*

434 – 30 km – Am Rand des Schwarzwalds

Sie starten in Freiburg, im Stadtteil Haslach, und fahren westlich durch den Mooswald nach Opfingen. Nun geht es links ab, bevor Sie noch zum Tuniberg kom-

Im alten Stadtkern von Freiburg

men. Sie erreichen Tiengen und Mengen. Weiter geht es durch Felder und Obstgärten nach Schallstadt und Ebringen. Nun sind Sie bereits am Rand des Schwarzwalds, und jetzt müssen Sie allerdings mehrere etwas mühsame Steigungen überwinden. Der nur vier Kilometer entfernte Ort Wittnau, den Sie auf schmalen Sträßchen erreichen, liegt bereits 100 Meter höher. So kommen Sie aus der Zone der Weinberge ins Waldgebiet – und über viele kleine Ansiedlungen sowie den Ort Merzhausen schließlich nach Freiburg zurück.

Informationen

Fremdenverkehrsverband Schwarzwald, Bertholdstr. 45, 79098 Freiburg, Tel. 07 61-31 31 7/8

Gemeindeverwaltung, Hauptstraße 4, 79224 Umkirch, Tel. 0 76 65-50 50

am Bahnhof: Seite 441-443

435
55 km

Große Rundfahrt:
Zwischen Freiburg und Kaiserstuhl

Von Freiburg-Haslach nehmen Sie die Straße im Mühlbachtal über Umkirch und Bötzingen. Hier sind Sie bereits in der Weingegend des Kaiserstuhls. Über Merdingen, Niederrimsingen und Opfingen geht es weiter durch Mengen und Schallstadt in die Wälder am Rande des Schwarzwaldes und schließlich über Merzhausen nach Freiburg zurück.

Im Hochschwarzwald

Dies ist die Gegend, an die man oft denkt, wenn vom Schwarzwald die Rede ist. Hier verläuft die Feldbergstraße ebenso wie die Schwarzwald-Panorama-Straße – und oft kommt man nicht umhin, beim Radeln solche Autostraßen zu benutzen.

Sehenswertes

① Das Höllental westlich von Hinterzarten ist eines der eindrucksvollsten Täler im Schwarzwald: tief eingeschnitten und von bis zu 600 Meter steil aufragenden Felshängen eingeschlossen. 1887 wurde die Höllentalbahn eröffnet. Die Ravenna-Schlucht muß sie mit einem 222-Meter-Viadukt überqueren.

② In Hinterzarten stehen viele schöne große Einzelhöfe, die teilweise schon im 15. Jahrhundert entstanden. Doch die Pfarrkirche ist neu. Sie wurde erst im Jahre 1963 in richtungsweisend modernem Stil gebaut. Turm und Chor der Kirche stammen noch aus barocker Zeit, auch die Altäre im Kirchenschiff. Die Verkaufsbuden vor der Kirche stehen unter Denkmalschutz. Sie dienten einst als „Sonntagsläden" den Waldbauern der Umgebung, die nur sonntags zum Gottesdienst in den Ort kamen.
Das Hinterzartener Moor nördlich des Orts ist ein Hochmoorgebiet mit seltenen Tieren und typischen Pflanzen wie dem Sonnentau. Es steht unter Naturschutz.

③ Der Titisee, ein Karsee aus der Gletscherzeit, ist der größte Natursee in den deutschen Mittelgebirgen.

④ Der Schluchsee – ein Stausee – ist siebeneinhalb Kilometer lang und der größte See des Schwarzwalds. Er bietet hervorragende Wassersport-Möglichkeiten.

436 – 25 km – Am Titisee

Meist auf kleinen Sträßchen geht es auf und ab. Von Titisee-Neustadt fahren Sie westlich nach Spriegelsbach. Über den Fürsatzhof und den Holzhof geht es – entlang der Spriegelsbacher Höhe – bis kurz vor Breitnau. Noch vor dem Ort kommen Sie auf die Bundesstrasse 500, die Schwarzwald-Panoramastraße. Die müssen Sie nehmen – eine schöne Straße, wenn auch oft Verkehr herrscht. Diese Straße bringt Sie bis nach Hinterzarten. Von dort fahren Sie über Erlenbruck und Bruderhalde zum Titisee und an diesem entlang nach Titisee-Neustadt zurück.

437 – 40 km – Am Schluchsee

Von Schluchsee fahren Sie nördlich durch das romantische Fischbachtal sanft aufwärts in den Pflumwald, dann steil abwärts

Am Schluchsee

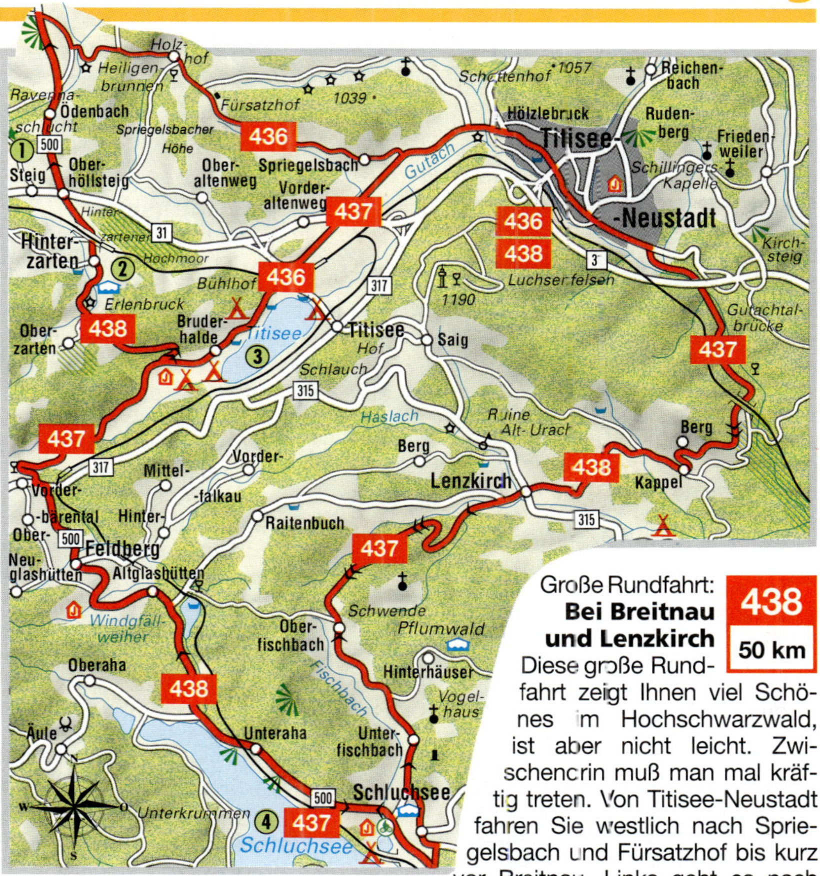

nach Lenzkirch. Nun geht es wieder hinauf: nach Kappel und Berg. Durch das Gutachtal kommen Sie nach Titisee-Neustadt. Sie fahren am Titisee entlang über Bruderhalde und kommen in ein sanft ansteigendes Wiesental. Vor Bärental verlassen Sie den Talgrund und müssen einen Höhenunterschied von etwa 150 Metern auf einer steilen Straße überwinden. Ab Bärental nehmen Sie die Bundesstraße 500, die Schwarzwald-Panoramastrasse. Auf der kommen sie, an Altglashütten vorbei, auf ein fast ebenes Stück, das Sie am Windgfällweiher vorbei über Unteraha wieder zum Schluchsee bringt.

Große Rundfahrt:
Bei Breitnau und Lenzkirch

438

50 km

Diese große Rundfahrt zeigt Ihnen viel Schönes im Hochschwarzwald, ist aber nicht leicht. Zwischendrin muß man mal kräftig treten. Von Titisee-Neustadt fahren Sie westlich nach Spriegelsbach und Fürsatzhof bis kurz vor Breitnau. Links geht es nach Hinterzarten. In Bärental fahren Sie auf die Bundesstraße 500 und nach Schluchsee, dort nördlich über Lenzkirch, Kappel und Berg wieder nach Titisee-Neustadt zurück.

Informationen

Fremdenverkehrsverband Schwarzwald, Postfach 1660, 79016 Freiburg, Tel. 07 61-3 13 17

Tourist-Information, Beim Kurhaus, 79854 Hinterzarten, Tel. 0 76 52-12 06 42

🚲 am Bahnhof. Seite 441-443

Im Süden von Oberschwaben

Oberschwaben ist Alpenvorland. Das bedeutet: Sie finden eine wellige oder buckelige (hier auch noch stille und feine) Landschaft vor, die auf weite Strecken – weil auch Industrie selten ist – wie ein großer, naturbelassener Park wirkt.

Sehenswertes

① *Der Lausheimer Weiher ist ein Stück Natur für Romantiker. Die Landschaft scheint ganz unberührt - abgesehen von der alten Mühle, die dort steht.*

② *Pfullendorf war eine freie Reichsstadt. Der Kern ist durch und durch mittelalterlich: gotische Steinbauten, ein Rathaus (das teilweise aus dem 16. Jahrhundert stammt und im Ratssaal Glasmalereien zeigt) sowie alemannische Fachwerkhäuser.*
Eines gehört zu den ältesten Fachwerk-Bauwerken in Süddeutschland: das Alte Haus von 1317. Man hat es sorgfältig rekonstruiert und darin ein Museum untergebracht.
Am höchsten Punkt der Stadt steht der Obere Turm mit dem sehr schönen doppelten Obertor.
Die gotische Stadtkirche ist kostbar ausgestattet. Der barocke Chor mit dem Hochaltar und der doppelstöckigen Orgelempore wirkt sehr feierlich.
Im Seitenaltar der Stadtkirche steht als Altarschrein eine sehr schön bemalte Schnitzarbeit aus gotischer Zeit.

③ *Bei Rickertsreute steht noch eine Windmühle.*

④ *Der Ort Illmensee liegt zwischen drei Seen: Ruschweiler-, Volzer- und Illmensee. Die beiden ersteren stehen unter Naturschutz; baden ist dort verboten.*
Das dürfen Sie hingegen am Illmensee – aber nur gegen Eintrittsgeld. Dort können Sie auch Ruder- und Paddelboote leihen.

439 18 km

Zum Lausheimer Weiher

Sie beginnen in Otterswang und fahren nördlich durch kleine Dörfer wie Weihwang und Ettisweiler nach Hausen. Durch den Pfullendorfer Wald kommen Sie auf Fahrwegen in die Nähe des Lausheimer Weihers und nach Lausheim. Von dort geht es rechts ab über Zell zurück nach Otterswang.

440 20 km

Durch den Großen Hau

Von Pfullendorf fahren Sie nordöstlich nach Junghof, von dort auf Radwegen durch den Großen Hau und in den Pfullendorfer Wald bis nach Lausheim. Links über Schwäblishausen kommen Sie nach Otterswang und Pfullendorf zurück.

441 45 km

Große Rundfahrt:
Zum Ruschweiler, zum Volzer- und zum Illmensee

Diese Tour verläuft fast durchweg auf Nebensträßchen oder reinen Radwegen. Sie fahren von Pfullendorf nord-

„Das Alte Haus“ (1317) in Pfullendorf

östlich über den Junghof nach Lausheim. Dort halten Sie sich rechts und kommen über Magenbuch durch den Baierbühl, einen hügeligen Wald, nach Ostrach. Ein fast ebener Radweg führt nun an dem Flüßchen Ostrach entlang nach Süden. Sie geraten in ein Moorgebiet; es sind Teile des Pfrunger Rieds (die „Hornung Tisch" und „Große Trauben") heißen, das unter Naturschutz steht. Hier sind viele Wasservögel, aber auch seltene Pflanzen zu Hause.

Von Ulzhausen fahren Sie – wieder durch eine hügelige Landschaft – nach Ruschweiler, vorbei am Ruschweiler und am Volzer See. Sie umrunden den Illmensee und kommen über Höhreute und Illwangen zum Ort Illmensee. Dort geht es links ab nach Rickertsreute. Diese Straße führt wieder hügelig durch Wälder und dann in das zauberhaft schöne Malaiental, das Sie nach Denkingen bringt. Von dort fahren Sie ein Stückchen im Tal des Andelsbachs und kommen so nach Pfullendorf zurück.

Informationen

Fremdenverkehrsverband Bodensee-Oberschwaben, Schützenstraße 8, 78462 Konstanz, Tel. 0 75 31-2 22 32

Verkehrsamt, Kirchplatz 1, 88630 Pfullendorf, Tel. 0 75 52-2 51 60

🚲 am Bahnhof: Seite 441-443

An der Barockstraße

Die oberschwäbische Gegend zwischen Ulm und dem Bodensee läßt einen glauben, daß dieser schwäbische Barockstil genau jene zauberhaft sanfte Landschaft brauchte, um sich so fein und teilweise graziös zu entwickeln. Eine Gegend für Feinschmecker!

442 **30 km**

Im Tal von Laubach, Rottum und Dürnach

Sie starten in Ochsenhausen und fahren erst ein Stückchen nach Osten auf der Bundesstraße 312, der Oberschwäbischen Barockstraße. Doch schon in Erlenmoos biegen Sie links ab, um auf einem Fahrweg über Laubach ins Laubachtal zu kommen und so nach Gutenzell-Hardtacker zu fahren. Hier finden Sie ein Sträßchen, das Sie links über Gutenzell-Hürbel und Zillishausen ins Tal der Rottum und nach Schönebürg bringt. Dort, am Ortsrand, biegen Sie scharf links ab und kommen nun durch die sanften Hügel des Heggbacher Waldes über Maselheim an den Ortsrand von Wennedach. Hier gibt es nun wieder Fahrwege, die Sie im Tal der Dürnach durch das Reinstetter Holz über Bronnen nach Ringschnait bringen. Dort finden Sie einen Fahrweg nach Hattenburg – und dann sind Sie schon wieder in Ochsenhausen.

443 **30 km**

Im Tal von Rot und Rottum

Sie fahren von Ochsenhausen über Erlenmoos und Laubach nach Edelbeuren ins sanfte Tal der Rot und dort rechts ab durch den Wildbuch über Eichenberg nach Mettenberg. Sie überqueren das Flüßchen, kommen nach Zell und von dort nach Rot; das fahren Sie alles auf schmalen Wegen. Nun führt ein Radweg weiter durch den Tafelghau nach Steinhausen ins Tal der Unteren Rottum. Von dort geht es weiter über Ehrensberg und nach Rottum. Im Tal der Rottum fahren Sie durch den Fürstenwald nach Ochsenhausen zurück.

Sehenswertes

① Sehr hübsch liegt Schloß Sommershausen am Rand des Reinstetter Holzes.

② In Ochsenhausen steht eine ehemalige Benediktinerabtei, eine stattliche barocke Anlage. Die Klosterkirche war zwar ursprünglich spätgotisch, doch im 18. Jahrhundert hat man sie – ganz dem Stil der Gegend entsprechend – außen wie innen barockisiert.

③ Rot an der Rot ist ein spätbarockes Prachtstück, eine Prämonstratenser-Reichsabtei, die zwischen 1777 und 1786 erbaut wurde. Die Klosterkirche ist prächtig ausgestattet.

Die Benediktinerabtei Ochsenhausen

444 **50 km**

Große Rundfahrt:
Zwischen Heggbacher Wald und Langem Ghau

Hier sehen Sie, wie viele schöne Wälder es in der Gegend gibt. Sie fahren von Ochsenhausen westlich nach Ringschnait. Da liegt rechts das Wasenburger Ghau (hochdeutsch: „Gehau"). Im Tal der Dürnach passieren Sie das Reinstetter Holz und kommen nun in den Heggbacher Wald. Vor Maselheim geht es scharf rechts nach Schönebürg und Gutenzell. Hier fahren Sie am Rand des Hürbel-Waldes. Hinter Edelbeuren auf der Fahrt nach Rot kommen Sie am Wildbuch vorbei, am Kohlwald und am Langen Ghau. Wenn Sie von Rot nach Steinhausen fahren, passieren Sie das Tafelghau und hinter Ehrensberg fahren Sie durch den Fürstenwald nach Ochsenhausen zurück.

Informationen

Fremdenverkehrsverband Bodensee-Oberschwaben, Schützenstraße 8, 78462 Konstanz, Tel. 0 75 31-2 22 32

Stadtverwaltung, Marktplatz 1, 88416 Ochsenhausen, Tel. 0 73 52-9 22 00

🚲 am Bahnhof: Seite 441-443

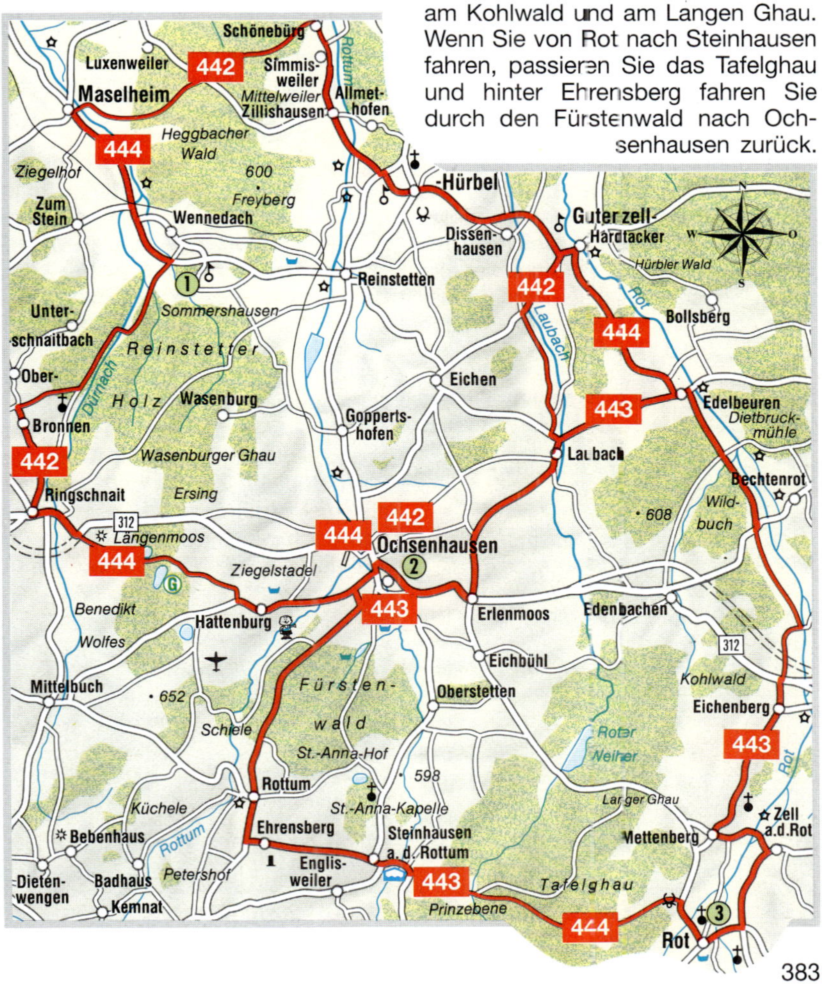

Am Bodensee

An Deutschlands größtem See hat man viele Radwandermöglichkeiten erschlossen. Wir begnügen uns hier mit einem kleinen, reizvollen Ausschnitt – auf dem Bodanrück zwischen dem Überlinger und dem Untersee.

445 – 25 km – Mit der Fähre über den See

Hier beziehen wir in die Route auch eine Seefahrt ein. Das macht den Besuch des Bodanrücks sehr viel einfacher. Sie besteigen in Überlingen (am anderen Ufer des Überlinger Sees, auf unserer Karte nicht mehr sichtbar) die Fähre, die auch Fahrräder mitnimmt, und schippern hinüber nach Dingelsdorf. Dort finden Sie einen hübschen Fahrweg, der Sie westlich nach Dettingen, dann rechts über Rohnhausen nach Langenrain, dort links am Wild- und Freizeitpark Bodanrück vorbei nach Kaltbrunn bringt. Sie halten sich rechts und sind alsbald in Allensbach – wieder an einem Ufer. Und zwar handelt es sich hier um den Untersee (der allerdings in diesem Abschnitt, zwischen Allensbach und der Insel Reichenau, „Gnadensee" heißt). Wenn Sie jetzt südöstlich fahren, können Sie dies nicht direkt am Ufer. Hier nämlich liegt das Naturschutzgebiet Wollmatinger Ried, das auch dann nicht befahrbar wäre, wenn man es nicht geschützt hätte: Ein Ried ist eine sehr wässerige Landschaft.

Die Straße bringt Sie nun nach Wollmatingen und weiter über Litzelstetten und Oberdorf nach Dingelsdorf. Dort wartet die Fähre, die Sie nach Überlingen zurückbringt.

Sehenswertes

① Der Wild- und Freizeitpark am Bodanrück: gut angelegt.

② Die Insel Mainau: traumhaft schöner Blumengarten mit 180 Rhododendron-Arten, 30 000 Rosenstöcken und anderem.

③ Die Insel Reichenau: mit stilreiner romanischer Kirche St. Georg.

④ Das Wollmatinger Ried: streng naturgeschütztes Gebiet mit Beobachtungswegen.

⑤ Konstanz: größte Stadt am Bodensee mit hübscher, malerischer, mittelalterlicher Altstadt.

446 – 30 km – Auf den Inseln Mainau und Reichenau

Diese Route ist nur klein, dafür aber sehr schön – zumal Sie dabei zwei Inseln kennenlernen. Beide sind allerdings seit langem mit dem Festland verbunden.

Von Konstanz fahren Sie nordöstlich in den Vorort Allmannsdorf und von dort ein Stück auf dem Bodensee-Radwanderweg bis zur Brücke, die zur Insel Mainau führt. (Den Abstecher zu dieser Blumeninsel machen Sie natürlich.) Zurück geht es dann auf die Straße nach Wollmatingen und dann weiter zu dem Damm, der Sie auf die Insel Reichenau bringt.

Allensbach am Untersee

Dort haben Sie nicht viele Möglichkeiten, sich einen Weg zu suchen. Auf jeden Fall empfiehlt es sich, ganz hinaus zu fahren ans nordwestliche Ende. Zurück fahren Sie dann wieder durch das Wollmatinger Ried nach Wollmatingen und von dort rechts direkt nach Konstanz.

447
55 km

Große Rundfahrt:
Rund um den Bodanrück

Diese ausgedehnte Route verlangt keine besondere Anstrengung von Ihnen, doch Sie sind lange unterwegs. Denn es gibt – einschließlich der beiden Inseln – viel zu sehen. Sie starten in Konstanz und fahren am besten gleich nordwestlich nach Wollmatingen, von dort über das Wollmatinger Ried auf die Insel Reichenau. Nach diesem Abstecher begeben Sie sich auf die Straße nach Allensbach. Von dort kommen Sie nach Kaltbrunn, nach Stöckenhof und Langenrain. Nun nehmen Sie die kleine Straße, die Sie nach Dettingen und dann nach Dingelsdorf bringt. Da haben Sie nun schon den ganzen Bodanrück umfahren. Von Dingelsdorf geht es südöstlich bis zur Abzweigung, die Sie zur Insel Mainau bringt. Von dort fahren Sie dann über Allmannsdorf nach Konstanz zurück.

Informationen

Fremdenverkehrsverband Bodensee-Oberschwaben, Schützenstraße 8, 78462 Konstanz, Tel. 0 75 31-2 22 32

Tourist-Information, Bahnhofplatz 13, 78462 Konstanz, Tel. 0 75 31-90 03 64

🚲 am Bahnhof: Seite 441-443

Schmucke Dörfer, hohe Berge

Bayern besteht nicht nur aus hohen Bergen. Die gibt es natürlich, und für konditionsstarke Fahrer haben wir auch einige Touren an den Alpenrand gelegt. Aber nicht weniger eindrucksvoll sind die schmucken Städte und die vielen hübschen Dörfer in Ober- und Niederbayern, in denen häufig fröhliche Volksfeste gefeiert werden. Fast eben verlaufen manche Touren in den Niederungen von Donau und Inn. Nördlich der Donau erstreckt sich der größte Teil Bayerns mit dem eindrucksvollen Naturpark Altmühltal, mit Frankens weinbewachsenen Hängen und mit den einsamen Waldgebirgen im Bayerisch-Fränkischen Bergzug.

Übersicht

Bayern auf einem Blick

Größe: 70 554 km².
Einwohner: 11,2 Millionen.
Bevölkerungsdichte: 159 Einwohner/km².
Landeshauptstadt: München (mit 1,2 Millionen Einwohnern auch die größte Stadt des Landes).
Wirtschaft: Elektro- und Keramikindustrie, Maschinen- und Fahrzeugbau, Landwirtschaft, Fremdenverkehr.
Bekannte Flüsse: Donau, Isar, Lech, Main, Iller, Inn.
Höchste Erhebungen: Zugspitze (2962 m - damit der höchste Berg Deutschlands), Watzmann (2713 m).
Waldfläche: 33,8 Prozent.
Ackerland: 30,5 Prozent.

Schon im 6. Jahrhundert saßen die Bajuwaren im Gebiet zwischen Lech, Donau und Alpen. Die Herrscher wechselten, der Einfluß wuchs. Bayern erwarb weite Besitzungen - so in Brandenburg, in Tirol, in den Niederlanden, in der Pfalz. Ab 1806 gab es ein Königreich Bayern, das ab 1870 Mitglied im Deutschen Reich war. König Ludwig I. (1825 - 1848) machte München zu einem Zentrum der Künste und Wissenschaften. Ab 1918 Republik, wurde das Land nach dem Zweiten Weltkrieg zum Freistaat Bayern.

In der Bayerischen Rhön
448 Am Frickenhauser See
449 An den Hängen der Hochrhön
450 In den Tälern von Sulz, Elsbach und Streu

Am Fuß der Langen Berge
451 Durch den Hohensteiner Forst
452 Im Tal von Tambach und Ziegelsdorfer Bach
453 Im Norden und Süden von Coburg

In den Haßbergen und im Steigerwald
454 Durch den Neuhauser Forst
455 Im Tal von Krumbach und Ebelsbach
456 Zwischen Haßfurt und Ebelsbach

Im Odenwald
457 Im Tal von Erfa und Mudau
458 Im Tal von Main, Röllbach und Heubach
459 Im weiten Bogen um Miltenberg

Im Seengebiet am Main-Donau-Kanal
460 Zum Kleinen Bischofsweiher
461 Im Aischtal
462 Zwischen Höchstadt und Herzogenaurach

In der Fränkischen Schweiz
463 Durch den Waidacher Forst
464 Im Tal der Püttlach
465 Zwischen Waischenfeld und Obertrubach

Im Oberpfälzer Wald
466 Zwischen Buchenhügel und Fahrnbühl
467 Ein Stück Ostmarkstraße
468 Durch den nördlichen Naturpark

Im Fränkischen Seenland
469 Im Tal von Rednitz und Roth
470 Im Tal des Finsterbachs
471 Von einem Tal ins andere

Schloß Neuschwanstein

In der Bayerischen Rhön

Ein Teil der Rhön ist hessisch, ein anderer bayerisch. Deshalb entstanden zwei Naturparks: 1962 „Hessische Rhön", 1967 „Bayerische Rhön". Der bayerische Park ist dreimal so groß. Andere Unterschiede gibt es nicht: Rhön ist Rhön.

448 – 15 km
Am Frickenhauser See

Starten Sie in Heustreu! Da folgen Sie zunächst nördlich der Bundesstraße 19 und fahren im Tal der Streu sanft aufwärts über Unsleben bis kurz vor Mittelstreu. Dort biegen Sie links in ein Nebensträßchen ein, das Sie – vorbei am kleinen Frickenhauser See – nach Frickenhausen bringt. Dort geht es auf einem Waldsträßchen nach Bastheim, wobei Sie einen Höhenunterschied von hundert Metern überwinden müssen. In Bastheim fahren Sie links ab auf die Autostraße, die durch Wechterswinkel nach Wollbach führt. Von dort kommen Sie, indem Sie einen nicht allzu großen Höhenrücken überqueren, nach Heustreu zurück.

Sehenswertes

① *In Fladungen stehen noch Teile der alten Stadtmauer mit Vexier- und Maulaffenturm.*

② *Nordheim ist noch fast vollständig von einer Stadtmauer umgeben. Sie finden zwei besonders stattliche Fachwerkbauten: das Gelbe und das Weiße Schloß.*

③ *Ostheim zeigt ein mittelalterliches Stadtbild: Da gibt es einen doppelten Mauerring mit fünf mächtigen Türmen und einen Hügel, auf dem die Wehrkirche aufragt.*

④ *Mellrichstadt hat eine Stadtbefestigung aus dem 14. Jahrhundert. Auf dem Grossenberg steht eine gotische Marienkapelle.*

⑤ *In Wechterswinkel wurde 1140 ein Frauenkloster gegründet. Dessen Kirche ist ansehenswert.*

449 – 45 km
An den Hängen der Hochrhön

Von Mellrichstadt fahren Sie südlich nach Oberstreu. Dort biegen Sie rechts ab und fahren über Frickenhausen nach Bastheim. Jetzt geht es nordwestlich – zunächst im Tal des Elsbachs – stetig aufwärts in den Naturpark Bayerische Rhön mit seinen bewaldeten Hängen und freien Kuppen. Bei Simonshof biegen Sie rechts ab, folgen der Straße durch Oberwaldbehrungen und fahren stetig, aber nur selten steil, immer weiter aufwärts, bis Sie in Sondheim sind. Von hier geht es auf hügligen Straßen weiter durch Stetten und Hausen bis nach Fladungen – immer unterhalb der steil ansteigenden Hänge. Von Fladungen fahren sie im Tal der Sulz, teils auf Straßen, teils auf Fahr- und Radwegen durch den Mellrichstadter und den Ostheimer Forst, über Sands, Ostheim und Hainhof nach Mellrichstadt zurück.

In Mellrichstadt

450

55 km

Große Rundfahrt:
In den Tälern von Sulz, Elsbach und Streu

Diese Route führt durch weite Strecken des Naturparks Bayerische Rhön. Um Ihnen viel Auf und Ab zu ersparen, verläuft sie weitgehend in den Tälern der Flüßchen. Wenn Sie in Mellrichstadt starten, fahren Sie westlich nach Hainhof und Ostheim. Wenn es dann weitergeht nach Fladungen, kommen Sie ins Tal der Sulz. Von Fladungen fahren Sie südlich über Stetten und Sondheim nach Bastheim. Dort sind Sie im Tal des Elsbachs. Weiter geht es südlich über Wollbach und Heustreu, wo Sie nun bereits wieder im Tal der Streu sind, dem Sie über Mittelstreu und Oberstreu bis nach Mellrichstadt folgen.

Informationen

Tourist-Information Rhön, Kurverwaltung, 97688 Bad Kissingen, Tel. 09 71-8 04 80

Verkehrsbüro, Marktplatz 2, 97638 Mellrichstadt, Tel. 0 97 76-92 41

am Bahnhof: Seite 443

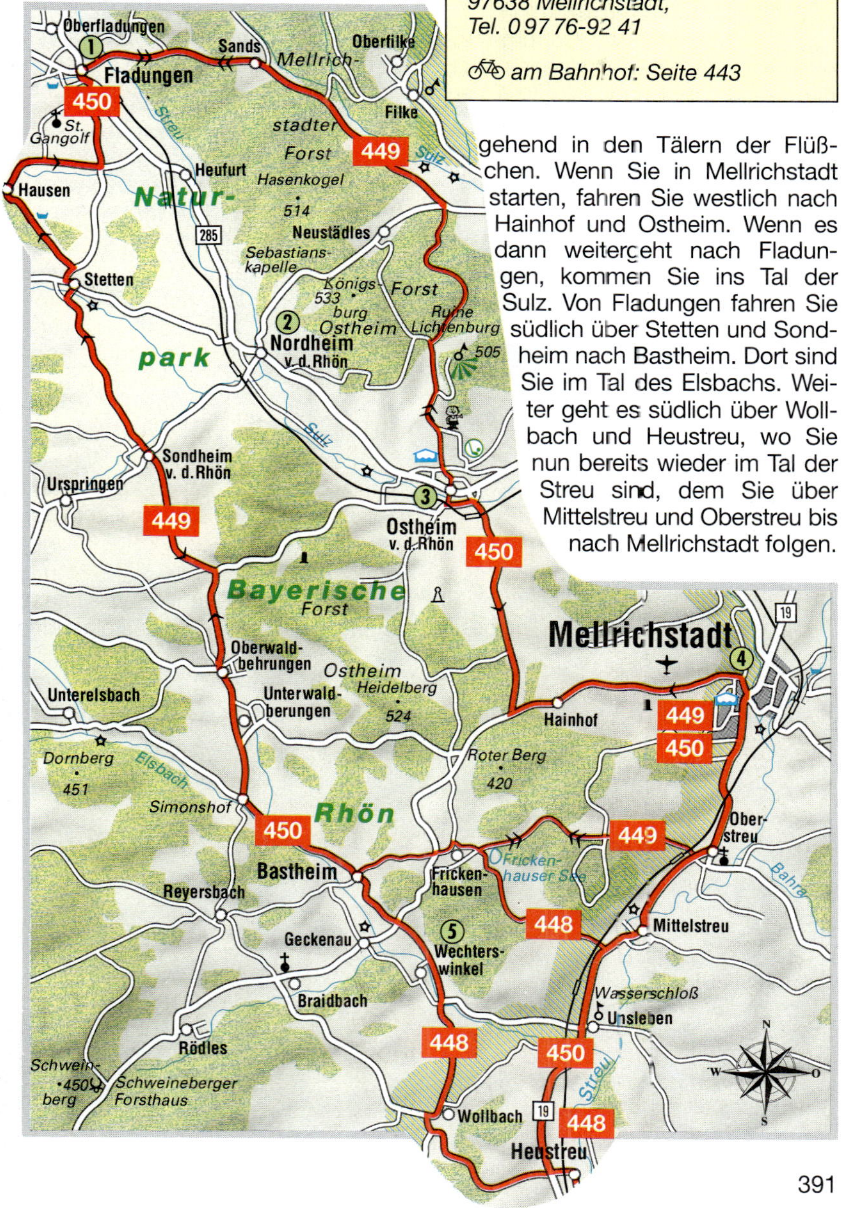

Am Fuß der Langen Berge

Diese anmutige Landschaft aus Wiesentälern und bewaldeten Höhen – zwischen den Haßbergen, dem Thüringer Wald und dem oberen Maintal – inspirierte Victor von Scheffel zu seinem Wanderlied „Wohlauf, die Luft weht frisch und rein!".

451 — 18 km

Durch den Hohensteiner Forst

Sie verlassen Coburg südlich auf einer Nebenstraße, die parallel zur Bundesstraße 4 verläuft. So kommen Sie durch Ketschendorf und Creidlitz, dann über Triebsdorf und Haarth nach Stöppach. Bis dahin haben Sie sich im Tal der Itz bewegt. Nun aber geht es auf kleinen Sträßchen durch den Hohensteiner Forst. Sie müssen rund hundert Meter hinauf zum Schloß Hohenstein strampeln, um dann wieder abwärts über Schafhof nach Eicha zu rollen. Von dort fahren Sie über Schorkendorf und Scheuerfeld nach Dörfles und dort rechts nach Coburg zurück.

Sehenswertes

① *Hoch über Coburg liegt die Veste Coburg, ursprünglich aus dem 12. und 13. Jahrhundert, in heutiger Form im wesentlichen im 15. und 19. Jahrhundert entstanden. Sie ist eine der größten Burganlagen Deutschlands. Im Schloß Ehrenburg gibt es Prunkräume, Galerien und eine Schloßkirche. Sehenswert in Coburgs altertümlicher Innenstadt sind das Rathaus, das Stadthaus und die Bürgerhäuser aus dem 16. Jahrhundert.*

② *Zum Barockschloß Tambach gehört ein 50 Hektar großer Wildpark mit allerlei europäischen Wildarten, Kleintieren und Vögeln.*

③ *Bei Schloß Hohenstein steht eine hübsche Kapelle.*

④ *Sesslach ist ein altertümliches Städtchen mit Ringmauer, wuchtigen Tortürmen, einem Wehrgang mit achteckigen Türmen, hübschen Fachwerkhäusern und einer gotischen Hallenkirche. Darüber ragt Schloß Geiersberg auf.*

452 — 35 km

Im Tal von Tambach und Ziegelsdorfer Bach

Sie fahren von Coburg nach Westen und kommen über Dörfles und Weidach nach Weitramsdorf. Dort, scharf links, folgen Sie dem Tambachtal abwärts über Altenhof und Tambach nach Dietersdorf. Dann biegen Sie links in das Tal der Rodach ein und radeln nach Sesslach. Von dort geht es durch den Bürgerwald nach Watzendorf. Von dort fahren Sie sanft abwärts, am Ziegelsdorfer Bach ent-

Das Rathaus in Coburg

lang ins Tal der Itz, nach Großheirath. Nördlich über Meschenbach und Haarth kommen Sie nach Coburg zurück.

453
55 km

Große Rundfahrt:
Im Norden und Süden von Coburg

Das ist eine große Tour, aber sie zeigt Ihnen viele hübsche Landschaften. Von Coburg fahren Sie nordwestlich nach Beiersdorf, dann im Tal des Sulzbachs nach Neida und in einem Bogen nach Carlshan. Von dort radeln Sie über Waldsträßchen erst durch den Breitenauer, dann durch den Callenberger Forst, vorbei am Hahnberg, Kirchberg, Sandberg, Bausenberg, Mönchsberg und Eierberg (alle zwischen 350 und 390 Meter hoch) nach Weitramsdorf. Über Tambach kommen Sie nun nach Dietersdorf, dann nach Sesslach. Durch den Bürgerwald fahren Sie schließlich über Ziegelsdorf, Großheirath und Haarth wieder nach Coburg.

Informationen

Tourist-Information Oberes Maintal/Coburger Land, Kronacher Straße 30, 96215 Lichtenfels, Tel. 0 95 71-1 82 83

Tourist-Information, Herrngasse 4, 96450 Coburg, Tel. 0 95 61-7 41 80

🚲 am Bahnhof: Seite 443

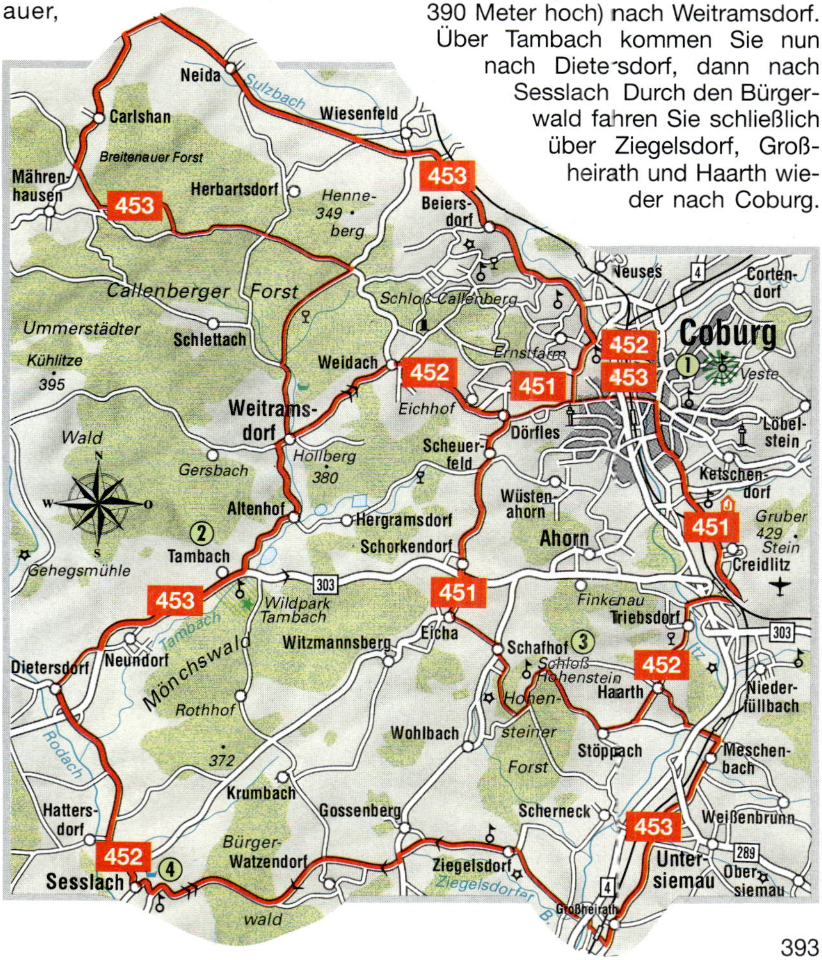

In den Haßbergen und im Steigerwal

Beide hat man zu Naturparks gemacht: die Haßberge und den Steigerwald. Eigentlich stellen sie ein einheitliches Gebiet dar, wald- und hügelreich und voller Romantik - nur der Main trennt sie. Und im Steigerwald sieht man mehr Radwanderer.

454 – 25 km
Durch den Neuhauser Forst

Wenn Sie sich in Haßfurt aufmachen und südlich über das Kloster Mariaburghausen, Hainert und Westheim fahren, kommen Sie bei Eschenau in den Neuhauser Forst. Dort nehmen Sie das erste Sträßchen, das hinter Eschenau links abgeht. Es führt Sie in vielen Windungen, vorbei am Knetzberg (488 m), bis kurz vor Zell. Dort kommen Sie links ins Tal des Stöckigsbachs, und fahren so nach Knetzgau. Dann sind Sie schon im Tal des Mains, dem Sie nach Haßfurt zurück folgen.

455 – 48 km
Im Tal von Krumbach und Ebelsbach

Von Königsberg fahren Sie nordöstlich zu den Dornbuschbergen. Rechts geht es dann auf einem kleinen Sträßchen durch den Bramberger Wald in Richtung Bühl und weiter auf der Straße nach Köslau und Pettstadt. Dort halten Sie sich rechts, um - vorbei am Hummerer Berg - nach Neubrunn ins Tal des Ebelsbachs zu fahren. Dem folgen Sie über Gleisenau bis zum Städtchen Ebelsbach. Dort überqueren Sie den Main, sind nun in Eltmann und fahren weiter durch den Stadtwald Eltmann nach Unterschleichach im Tal der Aurach. Über Oberschleichach kommen Sie nach Zell. Dort fahren Sie rechts ab über Sand, überqueren den Main und kommen bei Zeil ins Tal des Krumbachs. Dem folgen Sie über Krum, Sechsthal und Altershausen, bis Sie in Königsberg zurück sind.

Sehenswertes

① Königsberg: historische Altstadt mit Tor- und Fachwerkbauten.

② Haßfurt: Hübsche Altstadt, spätgotische Pfarrkirche mit Figuren von Tilman Riemenschneider.

③ Zeil a.M.: Fachwerkstädtchen mit vielen gut erhaltenen Gebäuden aus dem 16. bis 18. Jahrhundert.

④ Eltmann: Altes Städtchen mit Heilgkreuzkapelle (auf dem Friedhof) von Balthasar Neumann.

456 – 55 km
Große Rundfahrt:
Zwischen Haßfurt und Ebelsbach

Sie starten in Haßfurt. Nordöstlich kommen Sie nach Königsberg

Ritterkapelle in Haßfurt

und fahren von dort durch den Bramberger Wald über Bühl und Köslau, am Rand des Windberger und dann des Bischofsheimer Forstes nach Neubrunn, Gleisenau und Ebelsbach. Es geht über den Main, durch den Stadtwald Eltmann bis Unterschleichach. Nordwestlich fahren Sie nach Zell und dort links durch den Neuhauser Forst über Eschenau, Westheim und Hainert dem Main entgegen. Vorbei am Kloster Mariaburghausen kommen Sie nach Haßfurt zurück.

Informationen

Tourist-Information Haßberge,
Postfach 1134,
97457 Hofheim,
Tel. 0 95 23-9 22 90

Stadtverwaltung,
Marktplatz 1,
97437 Haßfurt,
Tel. 0 95 21-68 80

🚲 am Bahnhof. Seite 443

Im Odenwald

Die drei Naturparks Bergstraße-Odenwald, Neckartal-Odenwald und Bayerischer Spessart gehen unmittelbar ineinander über. Fast genau an ihrem Schnittpunkt liegt das Gebiet, das Ihnen hier vorgestellt wird: die Gegend um Miltenberg

457 — 38 km

Im Tal von Erfa und Mudau

Von Miltenberg (das im Maintal liegt) fahren Sie östlich ins Tal der Erfa über Eichenbühl und durch den Äußeren Buchenwald nach Pfohlbach. Von hier geht es ins Rödeltal, in dem Sie eine ganze Reihe von Wassermühlen sehen, die der Kaltenbach antreibt. Bei der Schulzenmühle verlassen Sie das Tal, um auf kleinen Wegen nach Windischbuchen hinaufzufahren. Von dort geht es weiter nach Schippach und vor Wenschdorf links ab, wieder auf kleinen Sträßchen, durch den Haselwald nach Reichartshausen, Neudorf und vorbei an Amorbach. Hier sind Sie im Hambrunner Tal. Rechts geht es ab nach Weilbach. Sie fahren hinüber auf die andere Seite des Tals und dort, im Tal der Mudau, nach Breitendiel. Ein Stück weit nehmen Sie die Bundesstraße 469. Dann geht es rechts nach Miltenberg zurück.

Sehenswertes

① *In Großheubach steht ein Fachwerk-Rathaus aus der Renaissance, im benachbarten Kleinheubach ein riesiges Barockschloß, nach Versailler Vorbild gebaut.*

② *In Bürgstadt ist die Martinskapelle aus dem 13. bis 15. Jahrhundert mit schönen Wandmalereien aus dem 16. Jahrhundert geschmückt.*

③ *In Miltenberg sehen Sie feine Fachwerkhäuser. Berühmt ist der „Riesen“, die vielleicht älteste Gaststätte Deutschlands.*

④ *In Amorbach ist die barockisierte Abteikirche prachtvoll ausgestattet. Die katholische Pfarrkirche zeigt stilreinen Barock.*

458 — 30 km

Im Tal von Main, Röllbach und Heubach

Sie fahren von Miltenberg nordöstlich, am Main entlang, über Bürgstadt nach Freudenberg. Kurz vor dem Ort überqueren Sie den Main und fahren auf dem westlichen Ufer - nun schon im Naturpark Bayerischer Spessart - nach Reistenhausen (einem Ortsteil von Collenberg). Ein Sträßchen bringt Sie links zwischen bewaldeten Hügeln im Tal des Röllbachs an Mönchberg vorbei nach dem Ort Röllbach. Von dort fahren Sie im Tal des Heubachs nach Großheubach, erreichen wieder den Main und fahren links in seinem Tal nach Miltenberg zurück.

Miltenberg am Main

459

65 km

Große Rundfahrt:
Im weiten Bogen um Miltenberg

Sie starten in Amorbach und fahren nordöstlich über Neudorf und Reichartshausen nach Wenschdorf. Rechts über Schippach und Windischbuchen nach Pfohlbach ins Tal der Erfa. Sie erreichen

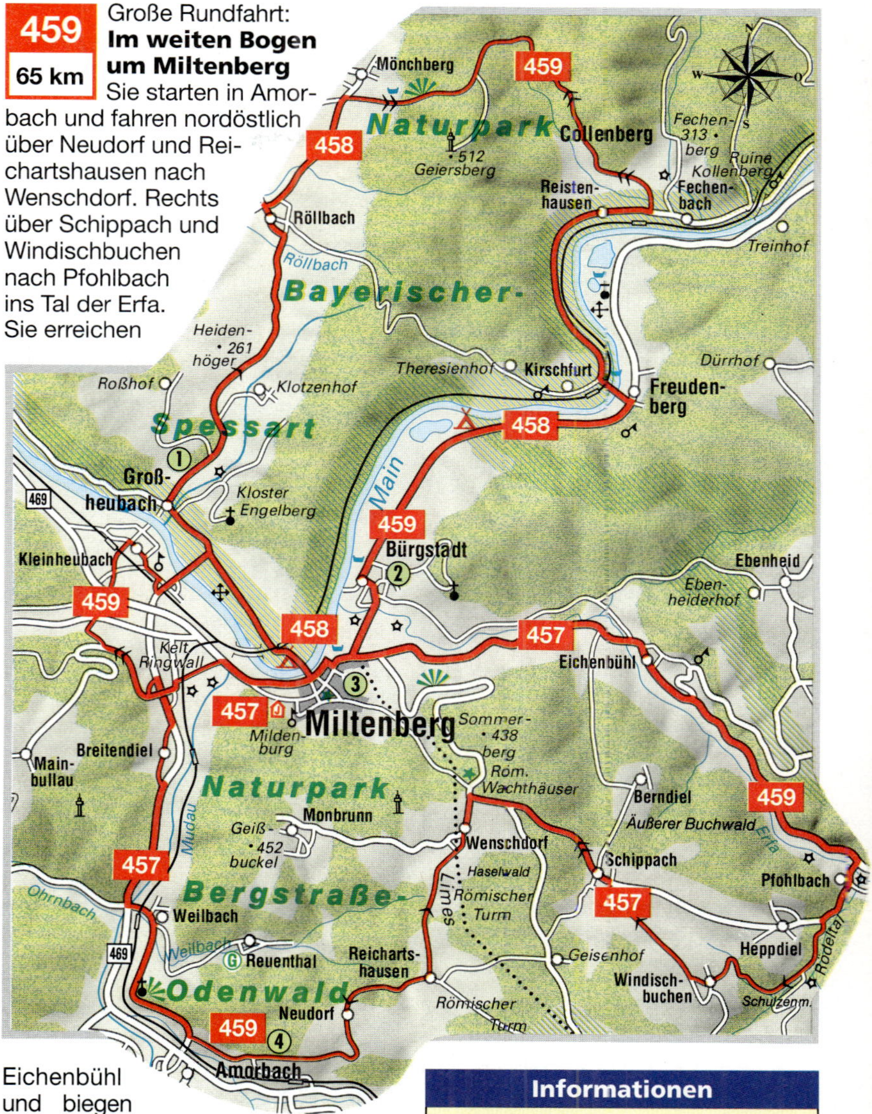

Eichenbühl und biegen kurz vor Miltenberg rechts nach Bürgstadt ab. Am Main entlang radeln Sie nach Freudenberg, dann – nach Überqueren der Brücke – über die Höhen des Naturparks Bayerischer Spessart nach Mönchberg. Über Groß- und Kleinheubach, geht es zurück nach Amorbach.

Informationen

Tourist-Information Spessart-Main-Odenwald,
Bayernstraße 18,
63739 Aschaffenburg,
Tel. 0 60 21-39 42 71/72

am Bahnhof: Seite 443

Im Seengebiet am Main-Donau-Kana

Das ist ein landschaftlich sehr angenehmes Gebiet: zwischen Steigerwald, Fränkischer Schweiz und Fränkischer Alb. Doch diese bergigen Gebiete bilden vor allem die Umrahmung. Unsere Routen spielen sich in den Niederungen ab.

460 – 28 km – Zum Kleinen Bischofsweiher

Unsere Tour beginnt in Neuhaus und führt südöstlich auf Radwegen durch teils bewaldete, teils freie Niederungen nach Röttenbach. Von dort geht es durch den Markwald an einer Kette von Weihern vorbei (darunter der Kleine Bischofsweiher) nach Groß-Dechsendorf.

Sie kreuzen die Autobahn und fahren auf einer Nebenstraße über Heßdorf und Großenseebach nach Reinersdorf.

Dort geht es rechts ab. Über Kairlindach, Mechelwind, Boxbrunn und Biengarten kommen Sie zurück nach Neuhaus – nicht ohne auch hier zwischen zahllosen Weihern hindurchzufahren.

461 – 35 km – Im Aischtal

Fahren Sie ab Höchstadt an der Aisch östlich über Medbach nach Adelsdorf! Die Straße verläuft im Aischtal; dieses verlassen Sie in Adelsdorf, um südlich nach Wiesendorf und Heppstädt zu radeln. Dann erreichen Sie Neuhaus und fahren nun über Buch, Poppenwind und Boxbrunn nach Reinersdorf. Dort biegen Sie rechts ab nach Weisendorf und fahren auf einer kleinen Straße nach Sauerheim. Nun geht es nördlich nach Rohensaas und über Schwarzenbach nach Sterpersdorf. Da kommen Sie wieder ins Aischtal, dem Sie nun bis Höchstadt folgen.

462 – 55 km – Große Rundfahrt: Zwischen Höchstadt und Herzogenaurach

Von Herzogenaurach fahren Sie auf Nebensträßchen nach Norden. So kommen Sie über Beutelsdorf nach Unter-Membach. Dort finden Sie einen Radweg, der Sie links nach Großenseebach bringt. Von hier geht es rechts über Heßdorf nach Groß-Dechsendorf, dann weiter nördlich über den Kleinen Bischofsweiher nach Röttenbach und Neu-

Sehenswertes

① Höchstadt: romantisches altes Städtchen mit spätgotischer Kirche.

② Weisendorf: mit frühbarockem Schloß.

③ Dechsendorfer Weiher: mit parkartiger Uferlandschaft und Bootsverleih.

④ Herzogenaurach: mit wehrhaften Türmen aus dem 14. Jahrhundert und alten Fachwerkhäusern.

In Herzogenaurach

Informationen

Fremdenverkehrsverband Franken,
Postfach 269,
90247 Nürnberg,
Tel. 09 11-26 42 02

Stadtverwaltung,
Marktplatz,
91315 Höchstadt an der Aisch,
Tel. 0 91 93-62 60

🚲 am Bahnhof: Seite 443

haus. Von hier geht es rechts nach Heppstädt und Adelsdorf. Im Aischtal fahren Sie über Höchstadt nach Sterpersdorf und dort auf kleinen Sträßchen weiter südlich nach Rohensaas und Sauerheim. Weitere Sträßchen und Fahrwege bringen Sie über Sintmann nach Unter-Reichenbach (und auch hier wieder durch eine Gegend mit vielen kleinen Weihern und Gewässern). Auf einer Landstraße kommen Sie über Falkendorf nach Herzogenaurach.

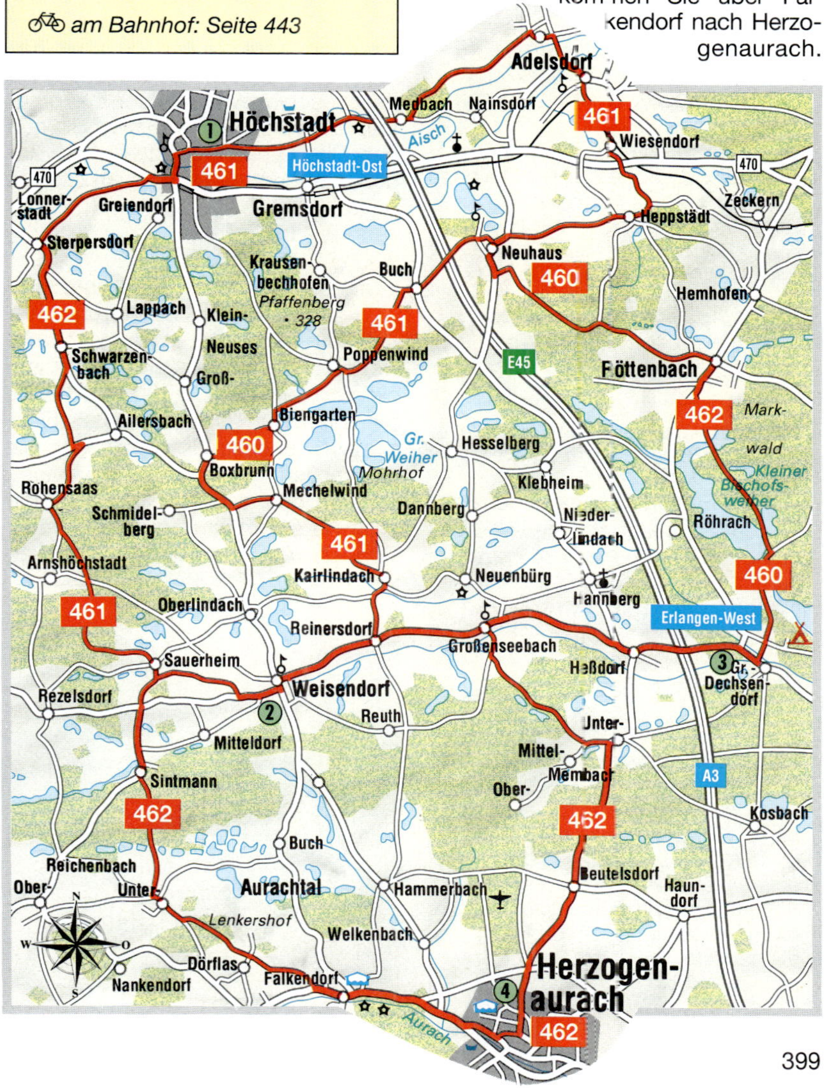

In der Fränkischen Schweiz

Die Landschaft, in der sich unsere Radwanderrouten hinziehen, heißt seit der Zeit der Romantik „Fränkische Schweiz" – wegen der oft bizarren Felsgebirge und der schluchtartigen Täler. Vor einiger Zeit wurde sie zum Naturpark erklärt.

Sehenswertes

① Die Sophienhöhle ist eine der schönsten Tropfsteinhöhlen der Fränkischen Schweiz. Knochen von Mammuts und Höhlenbären wurden gefunden.
Gegenüber liegt die kleine Ludwigshöhle, die auch Kuhloch oder Rabenloch genannt wird.

② In Tüchersfeld wurde 1985 in den Gebäuden des sogenannten Judenhofs das Museum Fränkische Schweiz eingerichtet. Es enthält Ausstellungen zur Geologie und Archäologie, man zeigt aber auch voll eingerichtete Wohnstuben und Werkstätten.

③ Gößweinstein liegt hoch über dem Wiesenthal mit seiner Burg aus dem 11. Jahrhundert und der Wallfahrtsbasilika zur Hl. Dreifaltigkeit.

④ Malerisch liegt Pottenstein am Fuß der 60 m hoch auf schroffem Felsen liegenden Burg aus dem 12. und 13. Jahrhundert. Im Ort hübsche spitzgiebelige Bürgerhäuser. Im Heimatmuseum kultur- und kunsthistorische Sammlungen.

⑤ Die Teufelshöhle ist eine der schönsten Tropfsteinhöhlen Deutschlands mit zauberhaften Tropfsteinlabyrinthen, vorgeschichtlichen Funden und dem kompletten Skelett eines Höhlenbären. Besonders beeindruckend: der 45 m lange Barbarossadom mit prächtigen Tropfsteingebilden und der Riesensaal mit Goliath, dem größten Tropfstein der Höhle.

463 25 km

Durch den Waidacher Forst

Das ist schon eine kleine Rundreise: Von Gößweinstein fahren Sie östlich über Siegmannsbrunn bis kurz vor Pottenstein.
Von dort geht es südlich über Kirchenbirkig durch den Waidacher Forst nach Weidenhüll und Leupoldstein. In einem Bogen fahren Sie nun über Obertrubach, Kleingesee und Stadelhofen nach Gößweinstein zurück.

464 35 km

Im Tal der Püttlach

Pottenstein verlassen Sie Richtung Norden und fahren aus dem Tal der Püttlach aufwärts bis Hohenmirsberg – und dann östlich wieder ins Püttlachtal hinab. Sie folgen dem Oberlauf dieses Flusses auf Nebensträßchen bis kurz vor Trockau.
Dann nehmen Sie die Straße, die westwärts über Vorderkleebach, Poppendorf, Ahorntal und Kugelau

Burg Pottenstein

nach Waischenfeld führt. Von dort geht es über Landsträßchen nach Oberailsfeld. Wenn Sie weiter südlich fahren, geraten Sie erneut zur Püttlach, die Sie bei Behringersmühle überqueren (diese Straße ist sehr romantisch). Dann fahren Sie östlich, parallel zur Püttlach, über Siegmannsbrunn nach Pottenstein zurück.

465

50 km

Große Rundfahrt:

Zwischen Waischenfeld und Obertrubach

Diese Rundstrecke erschließt Ihnen die charmantesten Teile der Fränkischen Schweiz in ihrer ganzen Schönheit. Sie starten in Gößweinstein und fahren südlich über Kleingesee, Obertrubach und Leupoldstein nach Pottenstein. Dann geht es über Hohenmirsberg, Vorderkleebach, Poppendorf, Ahorntal und Waischenfeld nach Gößweinstein zurück.

Informationen

Tourismus-Zentrale Fränkische Schweiz, Oberes Tor 1, 91317 Ebermannstadt, Tel. 0 91 94-81 01

Haus des Gastes, Burgstr. 6, 91326 Gößweinstein, Tel. 0 92 42-4 56

🚲 *am Bahnhof: Seite 443*

Im Oberpfälzer Wald

In dieser Gegend gibt es vor allem Wälder. Der Oberpfälzer Wald – an die hundert Kilometer lang – erstreckt sich zwischen dem waldigen Fichtelgebirge und dem wohlbekannten Bayerischen Wald. Er ist eigentlich ein Teil des Böhmerwaldes.

466
30 km

Zwischen Buchenhügel und Fahrnbühl

Von Neustadt a. d. Waldnaab fahren Sie östlich über Störnstein, Würnreuth, Floß und Waffenhammer bis kurz vor Flossenbürg. Sie biegen rechts ab, wo ein kleines Sträßchen nach Würzelbrunn führt, vorbei an dem 592 m hohen Buchenhügel und dem 655 m hohen Fahrnbühl.
Über Spielberg kommen Sie nach Lennesrieth. Dort geht es rechts ab über Frankenrieth nach Grafenreuth. Kleine Sträßchen bringen Sie weiter nach Bergnetsreuth. Dort biegen Sie links in die Straße nach Theisseil ab, nehmen dann aber gleich wieder rechts das kleine Sträßchen nach Wilchenreuth. Von dort kommen Sie über Altenstadt zurück nach Neustadt.

Sehenswertes

① Neustadt a.d. Waldnaab hat ein spätgotisches Altes sowie ein reich mit Stuck und Deckengemälden verziertes Neues Schloß.

② Flossenbürg war im 15. Jahrhundert eine der mächtigsten Burgen. Seit 1634 ist sie Ruine, aber neuerdings gräbt man aus und restauriert.

③ Weiden hat stolze alte Bauten: die Michaels- und die Sebastianskirche aus dem 15., das Rathaus aus dem 16. Jahrhundert.

④ In Vohenstrauß, das bereits 1242 erstmals genannt wurde, steht die Friedrichsburg von 1586.

467
30 km

Ein Stück Ostmarkstraße

Sie fahren von Weiden zunächst nördlich über Edeldorf und Wilchenreuth nach Grafenreuth. Dort biegen Sie rechts ab. Landsträßchen bringen Sie über Remmelberg, Zeßmannsrieth, Lämersdorf und Kaimling in die Nähe von Leuchtenberg. Kurz vor dem Ort biegen Sie rechts ab auf die Bundesstraße 22 (das ist die bayrische Ostmarkstraße), auf der Sie bis Michldorf fahren. Dort nehmen Sie die Landstraße nach Engleshof, fahren über Hochdorf nach Pirk und über Schirmitz zurück nach Weiden.

468
60 km

Große Rundfahrt:
Durch den nördlichen Naturpark

Genau gesagt müßte es heißen: „Durch den Naturpark nördlicher Oberpfälzer Wald“ (an den sich kurioserweise gleich der „Naturpark Oberpfälzer Wald“ anschließt). Unsere Route berührt die schönsten Teile dieses Naturparks. Von Weiden fahren Sie nördlich über Altenstadt nach Neu-

Altes Rathaus in Weiden

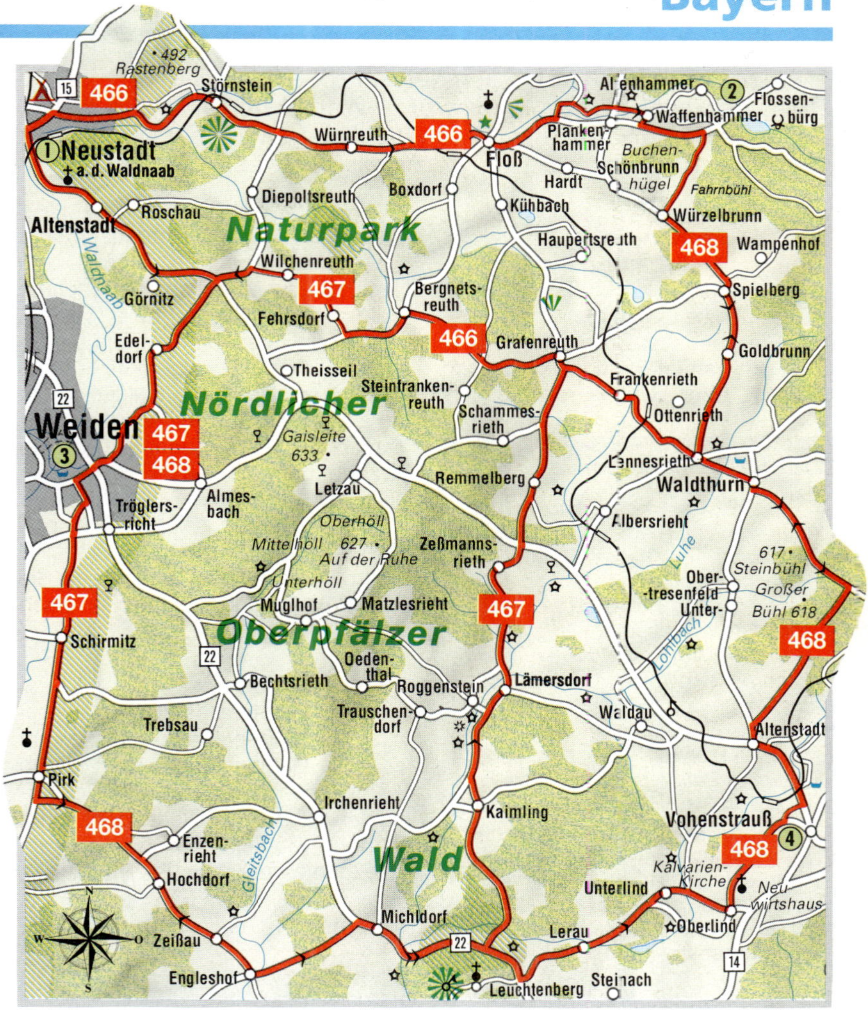

stadt, dann weiter über Störnstein, Würnreuth, Waffenhammer, Würzelbrunn, Spielberg und Goldbrunn nach Lennesrieth. Über Waldthurn radeln Sie, vorbei an Steinbühl und Großem Bühl, nach Altenstadt (das mit dem gleichnamigen Städtchen bei Neustadt nichts zu tun hat), dann vorbei an Vohenstrauß nach Oberlind.
Westwärts geht es über Leuchtenberg, Michldorf, Engleshof und Pirk nach Weiden zurück.

Informationen

Fremdenverkehrsverband Ostbayern, Landshuter Straße 13, 93047 Regensburg, Tel. 09 41-58 53 90

Verkehrsamt, Im alten Rathaus, 92637 Weiden, Tel. 09 61-81 411

🚲 am Bahnhof: Seite 443

Im Fränkischen Seenland

Man spricht vom „Fränkischen Seenland", aber das ist etwas übertrieben. Vor allem gibt es Weiher und Teiche. Und eine Reihe von Flüssen und Flüßchen. Sowie den Main-Donau-Kanal, der sich durchs das Gebiet zieht.

469 – 30 km
Im Tal von Rednitz und Roth

Roth liegt im Tal der Rednitz, und in diesem Tal bleiben Sie zunächst auch: Am westlichen Ufer fahren Sie auf sehr kleinen Straßen über Unter- und Oberheckenhofen nach Georgensgmünd. Von dort geht es links ab auf einem Nebensträßchen durch ausgedehnte Wälder nach Petersgmünd, Wernsbach und weiter nach Wallesau.

Jetzt passieren Sie eine ganze Reihe von den Weihern und kleinen Seen, die dem Fränkischen Seenland den Namen gegeben haben. Auf kleinen Straßen geht es weiter durch den Wald bis Hofstetten und von dort nach Hilpoltstein. Biegen Sie nun wieder nordwestlich ab! Jetzt sind Sie im Tal der Roth. Dem folgen Sie über Eckersmühlen bis zurück nach Roth.

Sehenswertes

① Roth ist ein altertümliches, liebenswertes Städtchen an der Mündung der Roth und der Aurach in die Rednitz. Schon 1361 bekam Roth die Stadtrechte; seine schönsten Gebäude entstanden zwischen 1511 und 1537. Dazu gehören die Stadtkirche und das Rathaus, aber auch ein Brauhaus. Außerdem sehen Sie viele feine Fachwerkbauten und das Jagdschloß Ratibor, das Markgraf Georg der Fromme im 16. Jahrhundert baute und nach seinen schlesischen Besitztümern benannte. Im Schloß ist nun das Heimatmuseum untergebracht.
Und im Schloßhof gibt's während des Sommers Freilichttheater.

② Im Rothsee wird die Roth aufgestaut. Das künstliche Gewässer ist teils fertig, teils noch im Bau.

③ Hilpoltstein ist noch von einem mittelalterlichen Mauerring umgeben. Es wird von einer Ritterburg aus dem 14. Jahrhundert überragt. Aus dieser Zeit blieb ein Wehrturm, der Döderleinsturm, erhalten. Schön sind auch die barocke Pfarrkirche, das Rathaus und das Jahresdorfer Haus von 1523 am Stadtweiher – ein ehemaliger Herrensitz.

470 – 30 km
Im Tal des Finsterbachs

Starten Sie in Hilpoltstein! Durchs Tal der Roth fahren Sie sanft abwärts über Eckersmühlen nach Roth. Weiter geht es im Tal nach Pfaffenhofen und noch ein Stückchen weiter, bis Sie im Tal des Finsterbachs sind. Dem folgen Sie jetzt östlich über Pruppach und

Das Jagdschloß Ratibor in Roth

Meckenlohe; es ist ein Radweg, der hier am Nordufer des Flüßchens entlangführt. Hinter Meckenlohe überqueren Sie den Main-Donau-Kanal. So geht es auf kleinen Wegen bis nach Finstermühle. Dort verlassen Sie das Tal des Finsterbachs und nehmen eine kleine Straße, die Sie südlich durch das Wolfsmoos nach Brunnau bringt. Über Heuberg geht es dann auf Landstraßen nach Hilpoltstein.

471
45 km

Große Rundfahrt:
Von einem Tal ins andere

Diese Tour ist lang, aber angenehm, fast stets in der Ebene, vorwiegend in kleinen Tälern. Von Roth fahren Sie nördlich im Tal der Rednitz über Pfaffenhofen ins Finsterbachtal, dort über Pruppach und Meckenlohe bis Finstermühle. Es geht weiter nach Brunnau und dort wieder in ein Tälchen, allerdings nur kurz – dann südlich über Heuberg nach Hilpoltstein. Dort fahren Sie westwärts nach Hofstetten und durch waldiges Gebiet über Wallesau (vorbei am Wallersbach mit seinem kleinen Weiher) nach Georgensgmünd. Da sind Sie nun wieder im Tal der Rednitz, in dem Sie nach Roth zurückfahren.

Informationen

Gebietsausschuß Neues Fränkisches Seenland, Hafnermarkt 13, 91710 Gunzenhausen, Tel. 0 98 31-41 91

Stadtverwaltung, Kirchplatz 2, 91154 Roth, Tel. 0 91 71-8 48 33

am Bahnhof: Seite 443

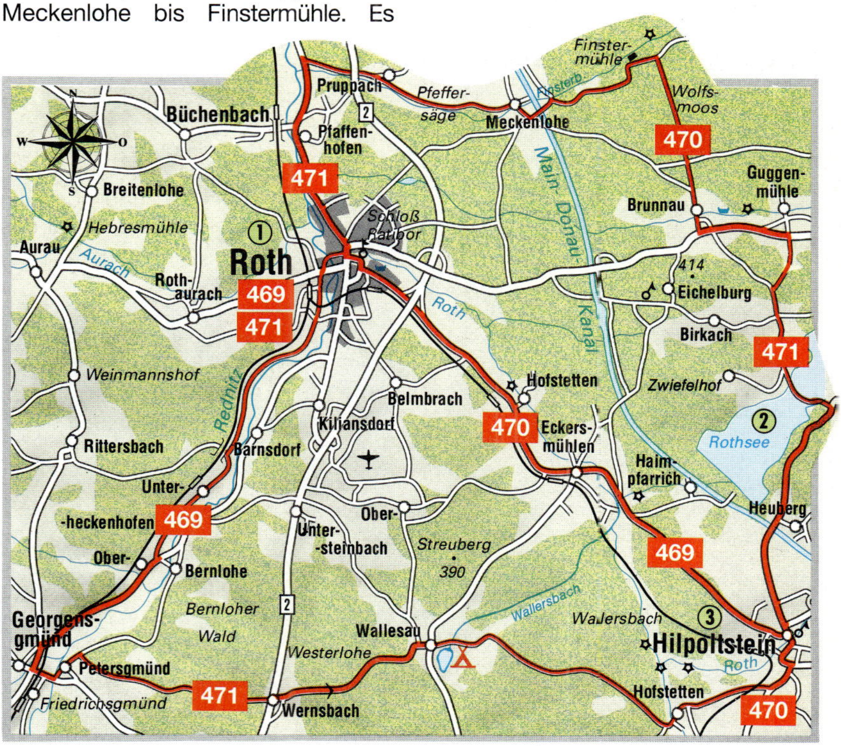

An der Frankenhöhe

Diese Gegend hat viel Romantisches. Nicht nur im Charakter der Landschaft, der weich und sanft ist. Noch mehr in der Eigenart der Städtchen, die hier liegen. Dazu gehört beispielsweise das hübsche, alte, beschauliche Feuchtwangen.

472
30 km

Durch den Dentleiner Forst

Von Feuchtwangen fahren Sie südwärts nach Koppenschallbach und im flachen Sulzachtal über Krapfenau nach Dürrwangen. Am Dentleiner Forst entlang radeln Sie über Stöckau und Burk nach Wieseth. Dort biegen Sie nach links ab, um über Kaierberg und Thürnhofen nach Feuchtwangen zurückzufahren. Auch dabei sind Sie noch im Gebiet des Dentleiner Forstes.

Sehenswertes

① Herrieden ist ein mittelalterliches Städtchen mit einer Steinbrücke und einer soliden Stadtbefestigung. Die Stiftskirche aus dem 12. Jahrhundert wurde 1746 barock erneuert.

② Feuchtwangen ist ein hübsches altes Städtchen mit großräumigem Marktplatz, der von prächtigen Häusern umrahmt wird.
Das Feuchtwanger Benediktinerkloster ist alt. Es wurde schon im 9. Jahrhundert erwähnt. Der romanische Kreuzgang blieb erhalten. Hier finden im Sommer die Kreuzgang-Festspiele statt.
Im Oberbau des Kloster, den einstigen Schlafsälen der Mönche, sind heute Handwerkerstuben eingerichtet.
Die Stiftskirche aus dem 12. Jahrhundert besitzt schöne Deckengemälde und einen Marienaltar aus dem 15. Jahrhundert.
Im Heimatmuseum sehen Sie Ausstellungen zur Flachsbearbeitung sowie Sammlungen von Fayencen, Zinn- und Emaillestücken.

③ In Thürnhofen steht eine alte Burg mit mächtigem Turm.

④ Das Barockschloß in Dürrwangen entstand um 1720.

473
30 km

Durch den Erl- und Grünwald

Die Route beginnt in Herrieden im Altmühltal (von dem allerdings an anderer Stelle in diesem Buch in Verbindung mit weiteren schönen Routen noch mehr die Rede ist). Sie verlassen die fruchtbaren Talniederungen auf einer sanft ansteigenden Straße nach Süden und kommen so allmählich in bewaldete Gebiete.
Sie fahren südlich durch Limbach, am Eberleinsberg vorbei nach Wieseth. Dort geht es rechts ab am Dentleiner Forst entlang über Kaierberg nach Heilbronn. Dort nehmen Sie ein Nebensträßchen, das Sie nördlich über Rißmannschallbach

Der Marktplatz in Feuchtwangen

parallel zum Aichabach nach Steinbach bringt. Dort halten Sie sich östlich und kommen über Birkach und das Gräbenwindener Holz nach Gräbenwinden. Sie fahren weiter bis Sickersdorf und halten sich dort – indem Sie in spitzem Winkel dem Wiesethtal folgen – nach Elbersroth.
Von hier geht es nun durch den sehr schönen Erl- und Grünwald über Stadel nach Herrieden zurück.

Informationen

Tourist-Information Naturpark Altmühltal, Notre Dame 1, 85072 Eichstätt, Tel. 0 84 21-67 33

Verkehrsamt, Marktplatz 1, 91555 Feuchtwangen, Tel. 0 98 52-9 04 44

🚲 *am Bahnhof: Seite 443*

474 **45 km**

Große Rundfahrt:
Zwischen Herrieden und Dürrwangen

Diese Route macht Sie mit vielen schönen Flecken dieser Gegend vertraut.
Sie starten in Feuchtwangen und fahren nach Heilbronn. Hier geht es links über Rißmannschallbach durch den Erl- und Grünwald nach Herrieden. Südlich fahren Sie über Leibelbach und Limbach nach Wieseth. Über Burk radeln Sie am Dentleiner Forst entlang nach Dürrwangen und von dort im Sulzachtal nach Feuchtwangen zurück.

Im Altmühltal

„Eichstätter Alb" heißt die Landschaft, in die das Flüßchen Altmühl seine romantischen Windungen gegraben hat. So entstand eins der schönsten Täler, die Deutschland aufzuweisen hat. Als „Naturpark Altmühltal" ist es geschützt.

475 · 30 km

Durchs Affental und das Gemeindeholz

In Eichstätt nehmen Sie die Straße, die östlich nach Pfünz führt. Vor dem Ort fahren Sie links ins Tal der Altmühl nach Inching. Vor Walting biegen Sie links ab und fahren nun auf einem kleinen Sträßchen das Affental aufwärts bis zum Forsthaus und dann ein Stückchen auf der Landstraße, die nach Pfahldorf führt. Weiter geht es auf Waldwegen nach Götzelshard. Von dort fahren Sie westlich nach Wachenzell, dann südlich durch das Gemeindeholz nach Eichstätt zurück.

Sehenswertes

① Tittling liegt am Limes, der alten Grenze zwischen Germanien und dem Römerreich. Sehenswert ist das fürstbischöfliche Wasserschloß. Auf den Hochflächen oberhalb der Stadt finden Sie in Steinbrüchen interessante Versteinerungen von Tieren und Pflanzen, die vor 150 Millionen Jahren hier im Jurameer lebten.

② Bei Böhming können Sie noch Reste des Rätischen Limes und eines Römerkastells sehen.

③ Bei Arnsberg finden Sie eine keltische Schanze.

④ Eichstätt ist eine Barockstadt mit vielen schönen Bauwerken und wertvollen Kunstschätzen. Sie sehen eine ehedem fürstbischöfliche Sommerresidenz mit einem Hofgarten und den Dom mit seinem eindrucksvollen Kreuzgang. Besonders schön ist der Residenzplatz.

⑤ Bei Pfünz hat man ein Römerkastell ausgegraben.

476 · 30 km

Eine lange Strecke im Altmühltal

Von Pfünz im Altmühltal fahren Sie südöstlich durch den ausgedehnten Hofstettner Forst bis nach Hofstetten. Dabei müssen Sie rund 100 Meter Höhenunterschied überwinden. Bis Böhmfeld geht es jetzt auf freier Strecke. Dann zweigen Sie links ab und fahren (an römischen Trümmern und keltischen Schanzen vorbei) erneut durch den Hofstettner Forst. Sie kommen durch Schambach und erreichen am Schloß Arnsberg wieder die Altmühl. Den Fluß überqueren Sie und fahren nun auf Radwegen und Nebensträßchen am nördlichen Ufer durch das romantische Tal – bis nach Pfalzpaint.
Hier überqueren Sie wieder den Fluß und radeln zur Brücke nach Walting. (Zu beiden Seiten des Flußtales erheben sich steil die teilweise bewaldeten, oft von Kalkfelsen

Im Altmühltal

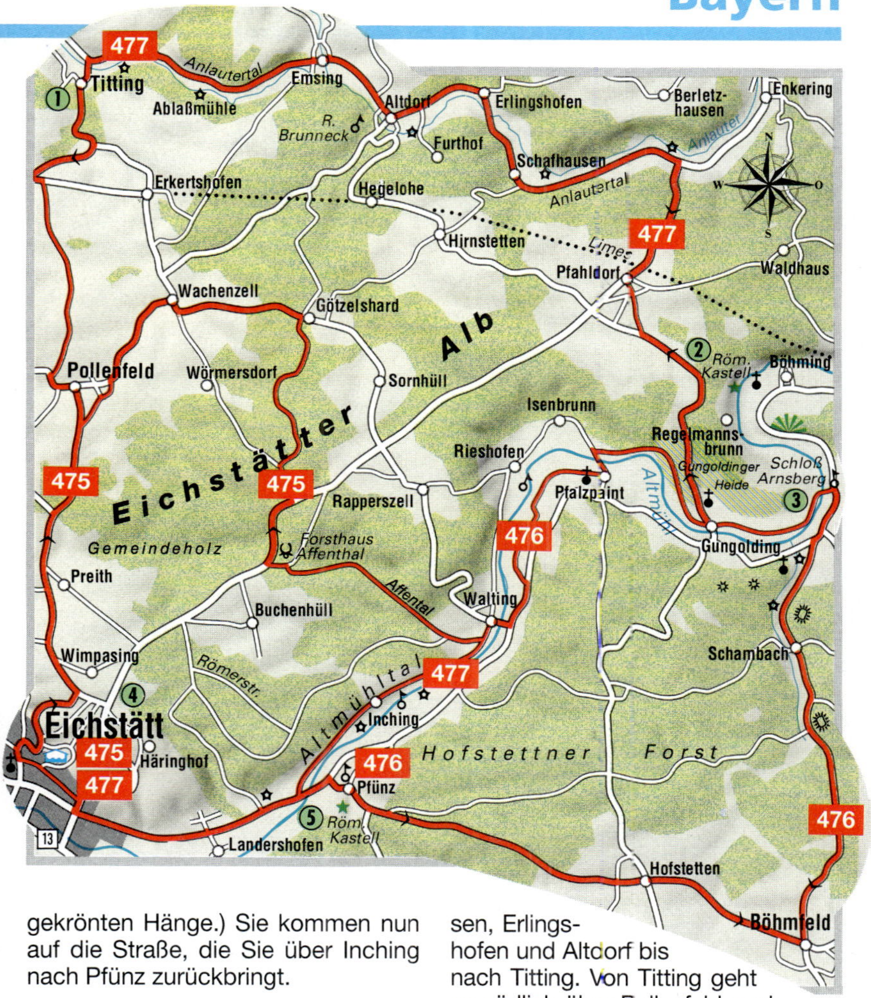

gekrönten Hänge.) Sie kommen nun auf die Straße, die Sie über Inching nach Pfünz zurückbringt.

477
45 km

Große Rundfahrt:
Zwischen Anlauter und Altmühl

Die Rundfahrt führt Sie rings um die Eichstätter Alb. Von Eichstätt fahren Sie in Richtung Pfünz und vor dem Ort links ab ins Altmühltal über Inching bis Gungolding. Von dort kommen Sie durch die Gungoldinger Wacholderheide nördlich nach Pfahldorf und dann auf einem Landsträßchen ins Tal der Anlauter. Dieses windungsreiche, romantische Tal fahren Sie nun aufwärts über Schafhausen, Erlingshofen und Altdorf bis nach Titting. Von Titting geht es südlich über Pollenfeld nach Eichstätt zurück.

Informationen

Tourist-Information Naturpark Altmühltal, Notre Dame 1, 85072 Eichstätt, Tel. 0 84 21-67 33

Verkehrsbüro, Kardinal-Preysing-Platz 14, 85067 Eichstätt, Tel. 0 84 21-67 17

🚲 am Bahnhof: Seite 443

Beiderseits von Donau und Isar

Nördlich der Donau breitet sich der Naturpark Bayerischer Wald aus. Zum Teil führen unsere Radwanderungen in dieses Gebiet. Aber auch die Gegend südwestlich der Donau, wo die Isar eine Wasserlandschaft ganz eigener Art bildet, ist interessant.

478 – 40 km
Am Rand des Bayerischen Waldes

Hier beginnt der Naturpark Bayerischer Wald. Sie fahren von Deggendorf ein Stück am Ufer der Donau entlang bis nach Untermetten. Dann biegen Sie nördlich ab und kommen nach Egg. Oberhalb des Donautals fahren Sie nun südöstlich. Dabei kommen Sie nach Deggendorf zurück, allerdings in den nördlichen Teil der hübschen Stadt. Über Simmling und Helming erreichen Sie alsbald wieder die Niederungen des Donautals - bei Hengersberg. Von dort fahren Sie vollends hinunter nach Niederalteich. Und nun können Sie im Tal der Donau, streckenweise fast gleich neben dem Fluß, nach Deggendorf zurückfahren.

Sehenswertes

① *Schloß Egg ist eine Kombination: mittelalterliche Burg plus romantische Neugotik.*

② *In der Benediktinerabtei Metten ist die Bibliothek ein Meisterwerk barocker Dekorationskunst.*

③ *Deggendorf zeigt eine sehr schöne, typisch altbayerische Altstadt.*

④ *Wasserschloß Moos entstand in der Renaissancezeit.*

⑤ *Im Benediktinerkloster Niederalteich (einem der ältesten Klöster) hat man die Kirche sehr schön barock ausgestattet.*
Vor allem der Hochaltar ist ein wahres Prachtstück.

479 – 53 km
Durch die Isarauen

Sie verlassen Deggendorf donauabwärts und fahren auf der landschaftlich eindrucksvollen Straße über Deggenau nach Niederalteich. Am Ortsende geht es rechts ab und auf Fahrwegen der Donau entlang bis Au. Hier überqueren Sie auf einer Brücke die Donau und radeln am gegenüberliegenden Ufer zurück bis Thundorf. Dort biegen Sie links ab uns fahren über Moos nach Aholming. Kurz hinter Aholming geht es rechts ab und durch die Isarauen (in denen sich die Isar zahlreiche Wege suchte, um der Donau zuzuströmen; viele dieser Altarme blieben als biotopisch interessante Gewässer erhalten) nach Plattling und dann nach Deggendorf zurück.

480 – 70 km
Große Rundfahrt: Beide Flüsse und der Wald

Diese Route bringt Ihnen die ganze landschaftliche Vielfalt dieses Gebiets nahe. Sie ist allerdings verhältnismäßig lang und infolge der Höhenunterschiede zuweilen auch

Schloß Egg

etwas anstrengend. Aber das lohnt sich!
Sie beginnen in Deggendorf und fahren über Egg, Hengersberg und Niederalteich. Dort nehmen Sie den Fahrweg am Donauufer entlang, bis Sie bei Au den Fluß überschreiten können. Nun kommen Sie auf gemütlichen Wegen in die Gegend der Isarauen. Dann führt Sie über Plattling die Route nach Deggendorf zurück.

Informationen

Fremdenverkehrsverband Ostbayern, Landshuter Straße 13, 93047 Regensburg, Tel. 09 41-56 02 60/58 53 90

Verkehrsamt, Oberer Stadtplatz, 94469 Deggendorf, Tel. 09 91-2 96 01 69

🚲 am Bahnhof: Seite 443

Über die Hügel in Niederbayern

Niederbayern unterscheidet sich von anderen (oft sehr bergigen) Gegenden Bayerns, indem es sich vorwiegend sanft und hügelig gibt. Es ist fürs Radwandern ideal, weil nur selten große Steigungen zu bewältigen sind.

481 – 45 km

Im Tal der Rott

Von Eggenfelden im Tal der Rott fahren Sie nördlich über Zellhub nach Wald. Dort geht es auf kleinen Nebensträßchen in östlicher, dann in nordöstlicher Richtung.
Sie kommen über hübsche kleine Dörfer wie Roith, Niedernkirchen und Unterhöft nach Schönau.
Von hier aus geht es dann südöstlich, wieder sehr angenehm durch kleine Ansiedlungen wie Ortprechting und Dulding, bis Sie bei Benk auf die etwas größere Landstraße kommen, auf der Sie Pfarrkirchen erreichen. Nun sind Sie wieder im Tal der Rott. In dem fahren Sie nun, am südlichen Ufer des Flusses, nach Eggenfelden zurück - das Gewässer (darunter auch, in der Nähe von Postmünster, den aufgestauten See der Rott) fast immer in Augennähe.

Sehenswertes

① *Südöstlich von Wald sehen Sie die Reste eines Römerkastells.*

② *Pfarrkirchen erhielt 1284 die Marktrechte. Einiges blieb aus alter Zeit - so die Stadtpfarrkirche St. Simon und Judas, die um 1500 auf romanischen Fundamenten entstand. Hinter ihrem Chor: eine spätgotische Friedhofskapelle. Das Alte Rathaus, äußerlich barock, zeigt innen mittelalterliche Räume (und das Städtische Museum).*

③ *In Eggenfelden blieben aus spätgotischer Zeit die Pfarrkirche St. Nikolaus und Stephan sowie das Obere Tor.*
Der Rott-Stausee, ganz in der Nähe, bietet viele Möglichkeiten zum Wassersport.

④ *In Postmünster stehen eine spätgotische Pfarrkirche, eine Rokoko-Kapelle und das Barockschloß Thurnstein.*

482 – 35 km

Im Tal des Grasenseer Baches

Von Pfarrkirchen fahren Sie im Tal der Rott sehr gemütlich über Postmünster und Hebertsfelden bis fast nach Eggenfelden.
In Gern I (so heißt der Ort) biegen Sie links ab und kommen auf Landsträßchen über Lohbruck nach Grafing.
Hier sind Sie nun im Tal des Kleinen Grasenseer Bachs. Durch die langgezogene Ortschaft Grasensee kommen Sie nach Walburgskirchen und fahren jetzt, nach wie vor im Tal des Grasenseer Bachs, über Zoglau und Altersham nach Pfarrkirchen zurück.

Niederbayerische Tracht

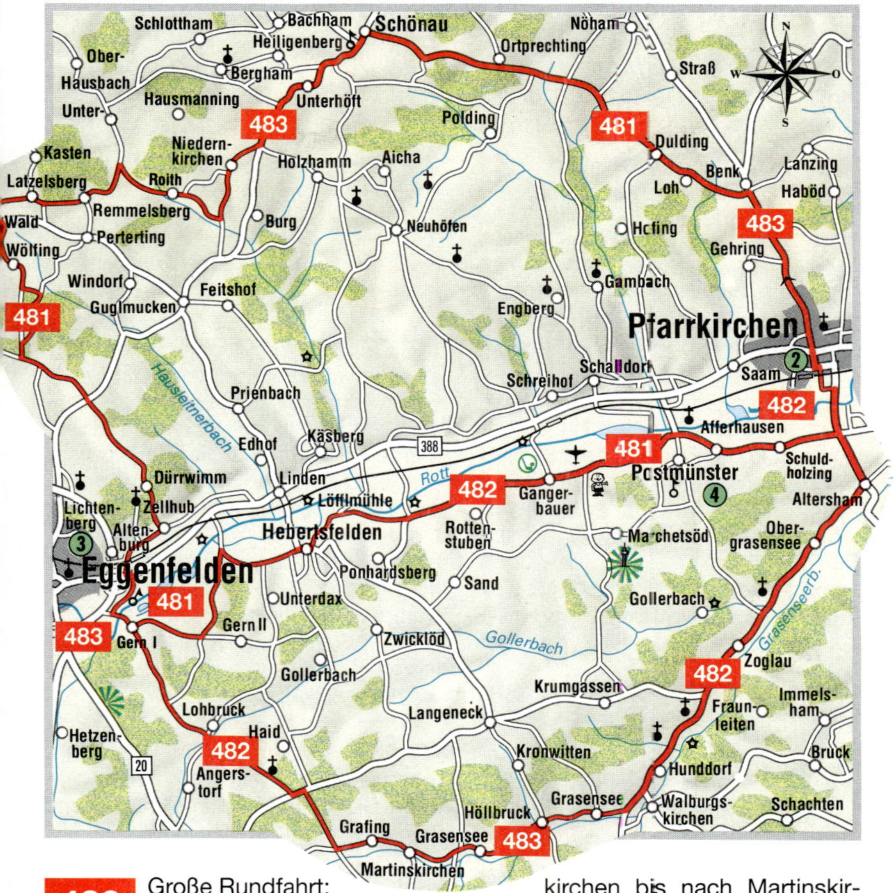

483

50 km

Große Rundfahrt:
Bei Eggenfelden und Pfarrkirchen

Obwohl diese Rundtour nicht kurz ist, haben Sie keine Probleme: Steigungen gibt es praktisch nicht. Und Sie lernen so viele hübsche Dörfer kennen, daß es eine Pracht ist: Zum Teil sehr alte, geradezu historische Ansiedlungen, manche erstaunlich gut erhalten und gepflegt. Sie beginnen in Eggenfelden und fahren über Wald, Niedernkirchen und Schönau nach Pfarrkirchen. Dort begeben Sie sich ins Tal des Grasenseer Bachs und fahren an diesem aufwärts über Walburgskirchen bis nach Martinskirchen. Kurz hinter Grafing biegen Sie rechts ab in Richtung Eggenfelden.

Informationen

Fremdenverkehrsverband Ostbayern, Landshuter Straße 13, 93047 Regensburg, Tel. 09 41-58 53 90

Fremdenverkehrsamt, Rathausplatz 1, 84307 Eggenfelden, Tel. 0 87 21-70 80

🚲 am Bahnhof: Seite 443

Im Donauried

Ein Ried – das ist eine grasähnliche Pflanze auf sumpfigem Standort, eine Binse oder ein Rohr. Aber in Süddeutschland nennt man auch ganze Moorgebiete so. Das Donauried ist eine derartige moorige Niederung. Man hat es teilweise entwässert.

484
33 km

Zwischen Oberen und Unteren Hölzern

Ab Bissingen fahren Sie bis zum Ortseingang von Unterbissingen, biegen dann rechts ab und kommen auf schmalen Waldsträßchen durch die Oberen und Unteren Hölzer – das sind hübsche Waldgebiete –, über Wolperstetten und Schwenningen nach Gremheim. Dann überqueren Sie die Donau und fahren durch winzige Orte mit originellen Namen – Ruppenschwaig, Stoffelhansenschwaig, Böldlesschwaige – nach Rettingen. Da sind Sie schon mitten im Donauried, sehen Altarme der Donau und viele andere Gewässer. Bei Donaumünster überqueren Sie wieder den Fluß und fahren nun über Brachstadt und am Rannenberg vorbei nach Bissingen zurück.

Sehenswertes

① *Die Harburg war eine Reichsburg der Hohenstaufer. Sie wurde im Lauf vieler Jahrhunderte zu einem wohnlichen Burgschloß ausgebaut. Heute wird hier eine gute Kunstsammlung gezeigt, die auch Werke von Tilman Riemenschneider enthält.*

② *Donauwörth besitzt noch zahlreiche schöne alte Gebäude – vor allem an der breiten Reichsstraße, welche die Stadt durchzieht (sie war ein Stück der Verkehrsverbindung von Nürnberg nach Augsburg). Auch ein Teil der Stadtbefestigung, zu der das Riedertor gehört, blieb gut erhalten.*

③ *Bissingen, das hübsch im Tal des Kesselbachs liegt, besitzt ein Renaissanceschloß von 1559.*

485
48 km

Zwischen Wörnitz- und Kesseltal

Von Donauwörth fahren Sie auf Nebensträßchen im eindrucksvollen Wörnitztal sanft aufwärts. Linker Hand sehen Sie schöne, waldige Landschaften. In Ebermergen überqueren Sie die Wörnitz, bleiben aber bis Harburg in deren Tal. Dort allerdings biegen Sie links ab. Jetzt müssen Sie einen kräftigen Anstieg von etwa 140 Höhenmetern überwinden und kommen in das waldreiche Hügelland zwischen Wörnitz- und Kesseltal. Sanft abwärts fahren Sie dann über Rohrbach und Stillnau nach Bissingen.
Über Brachstadt und Erlingshofen erreichen Sie die Donau und überqueren diese. Hinter Rettingen biegen Sie links ab und radeln durch das Donauried über Bauerhausenschwaig und Zusum nach Donauwörth zurück.

Das Riedertor in Donauwörth

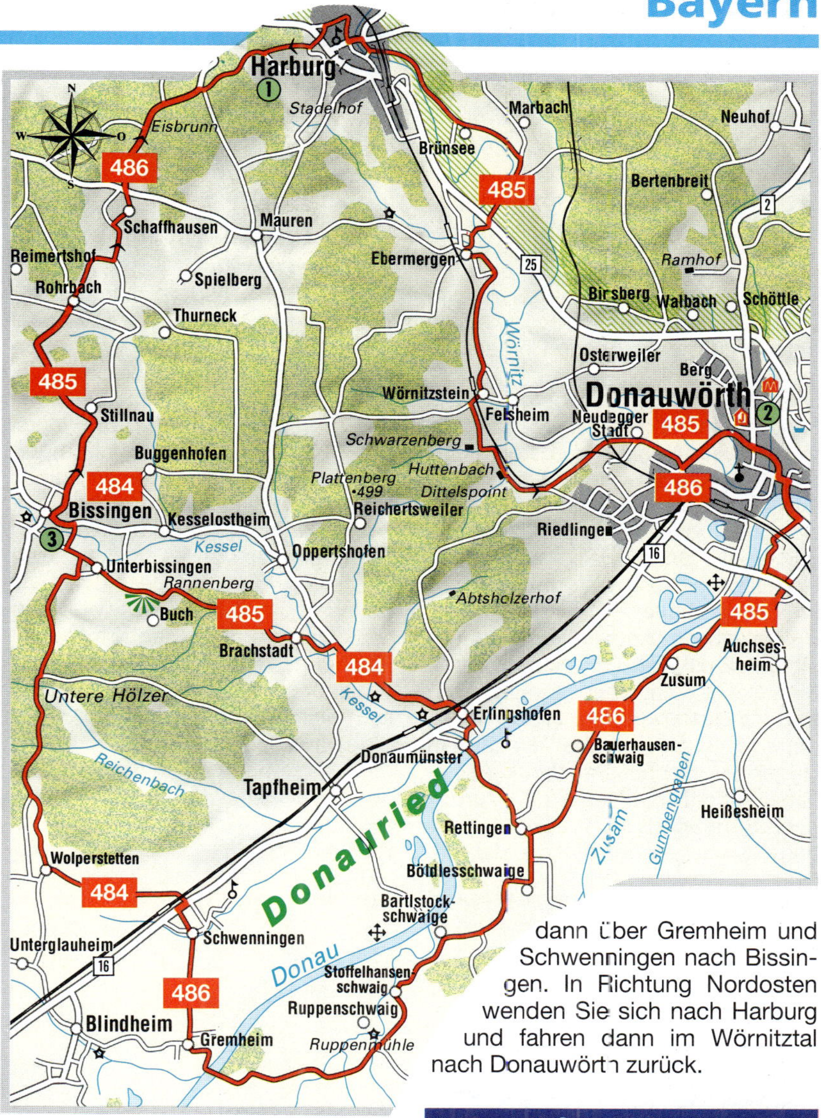

486

60 km

Große Rundfahrt:
Zwischen Donauwörth und Bissingen

Auf dieser Route fahren Sie einen weiten Kreis zwischen Donauwörth und Bissingen, zwischen Donauried und Wörnitztal. Von Donauwörth fahren Sie zunächst durch das Ried nach Rettingen, dann über Gremheim und Schwenningen nach Bissingen. In Richtung Nordosten wenden Sie sich nach Harburg und fahren dann im Wörnitztal nach Donauwörth zurück.

Informationen

Landkreis Donau-Ries,
Landratsamt, 86609 Donauwörth,
Tel. 09 06-7 41 01

Verkehrsamt, Rathausgasse 1,
86609 Donauwörth,
Tel. 09 06-78 91 45

am Bahnhof: Seite 443

Am Donaumoos

Ein Moos ist im Bayerischen nicht nur eine Gruppe dieser kleinen Pflanzen, sondern auch ein anderes Wort für „Moor". Deshalb ist das Donaumoos eine Moorniederung. Die hat man allerdings schon vor 200 Jahren trockengelegt.

487 Im Tal der Lone

35 km

Sie beginnen in Sontheim und fahren nordwestlich durch das Brenztal nach Bergenweiler. Bald hinter dem Ort biegen Sie links in Richtung Burgberg ab. Sie folgen dem Tal der Lone, das sich in vielen Windungen durch den sanften, teilweise bewaldeten Ausläufer der Schwäbischen Alb schlängelt, zwischen dem waldigen Kohlhau und dem Sparenwald. Sie halten sich südlich, kommen - immer noch im Tal der Lone - über Lontal zum Buschlenberg. An der Verbindungsstraße Bissingen-Langenau biegen Sie links ab, um über Öllingen nach Rammingen zu fahren. Hier geht es erneut links ab und über die sanften Hügel der Hochfläche durch Asselfingen und Niederstotzingen zurück nach Sontheim. Die Strecke ist zwar hügelig, aber recht einfach zu fahren.

Sehenswertes

① Im Sparenwald können Sie noch eine keltische Viereck-Schanze sehen.

② In Rammingen hat man ein Römerkastell ausgegraben, die Rötenburg.

③ Langenaus Kirche hat einen spätgotischen Turm, der einst Wehr- und Beobachtungsturm war.

④ Günzburgs Frauenkirche ist ein Meisterwerk des süddeutschen Rokoko. Der berühmte Dominikus Zimmermann hat sie gebaut.

488 Durchs Donaumoos und Ried

45 km

Von Niederstotzingen fahren Sie südöstlich nach Riedhausen und dann auf Nebenstraßen durchs Donaumoos, von dem kleine Tümpel übriggeblieben sind. So kommen Sie zur Donau, die Sie kurz vor Reisensburg überqueren. Jetzt müssen Sie einen kurzen, steilen Anstieg überwinden und erreichen so die Stadt Günzburg. Weiter geht es über Bubesheim nach Leipheim, dort wieder über die Donau und nun durch das völlig ebene Donauried über Riedheim zu den Riedhöfen. Dort biegen Sie rechts ab und fahren auf kleinen Wegen über den Freihof nach Rammingen und Niederstotzingen zurück.

Unteres Stadttor in Günzburg

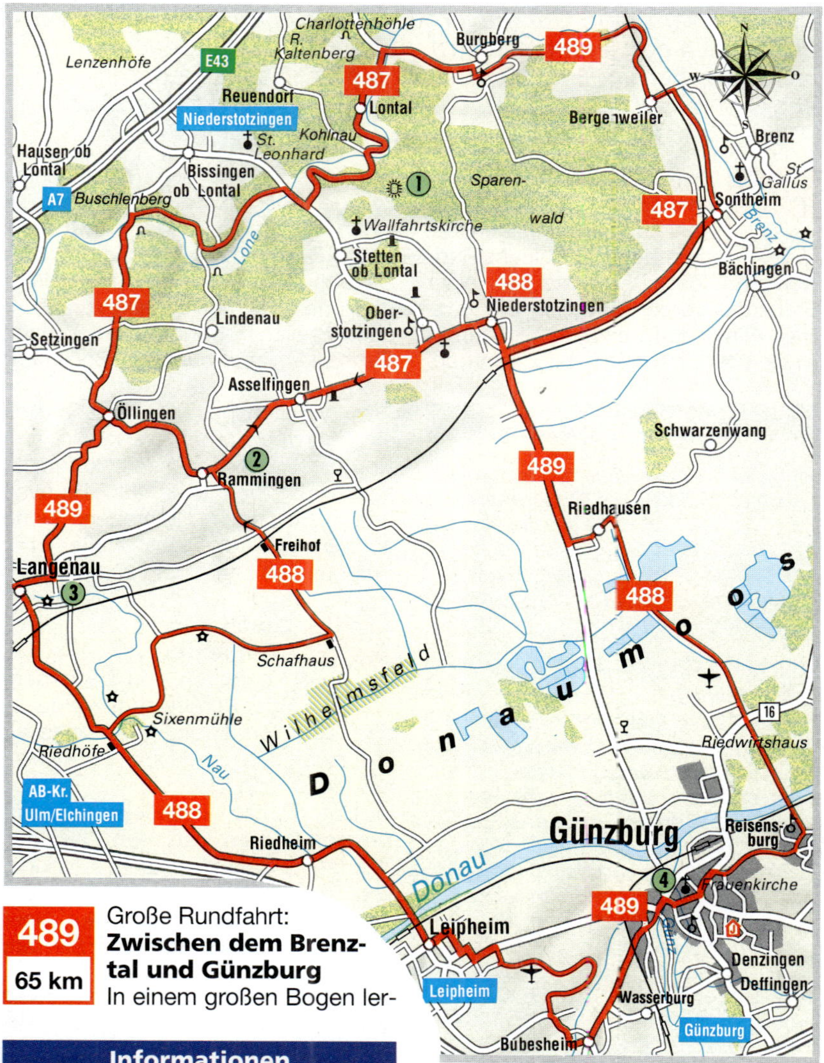

489 **65 km**

Große Rundfahrt:
Zwischen dem Brenztal und Günzburg

In einem großen Bogen lernen Sie hier die ganze Landschaft ums Donaumoos kennen. Sie beginnen in Günzburg und fahren nach Leipheim, dann durchs Donaumoos nach Langenau. Von hier geht es nördlich nach Öllingen, weiter ins Lonetal, dann ins Brenztal und über Niederstotzingen und das Donaumoos nach Günzburg zurück.

Informationen

Tourismusverband Allgäu-Bayerisch-Schwaben, Fuggerstraße 9, 86150 Augsburg, Tel. 08 21-333 35

Stadtverwaltung, Schloßplatz 1, 89312 Günzburg, Tel. 0 82 21-90 30

🚲 *am Bahnhof: Seite 443*

Im Tal des Lechs

Dies ist zwar schon Oberbayern (östlich von unseren Radtouren breitet sich der Ammersee aus), aber noch ist die Gegend nicht sehr bergig. Eine Landschaft bietet sich an, in der angenehm radzufahren ist, die aber auch viel zu zeigen hat.

490
35 km

Zum Windachspeicher

Von Landsberg folgen Sie dem Lech auf einem Radweg am östlicher Ufer. An einer Staustufe vorbei erreichen Sie Pitzling. Allmählich kommen Sie nun in einen Wald, der Weg steigt sanft an.

Am Ortseingang von Mundraching zweigen Sie links ab und biegen in einen Radweg ein, der nach Stadl führt. Dort setzt er sich in einem Sträßchen fort, das Sie über Pflugdorf und Obermühlhausen zum Windach-Speicher bringt. Dort können Sie baden, aber auch ein Boot nehmen.

Am Windachspeicher führt östlich ein Fahrweg vorbei. Wenn Sie zum Nordufer des Stausees kommen, halten Sie sich links. Ein Radweg bringt Sie nach Hofstetten. Dann nehmen Sie die Landstraße über Pürgen nach Landsberg zurück.

Sehenswertes

① Bei Schloß Kaltenberg erstreckt sich ein weitläufiges Wildgehege.

② Im Kloster St. Ottilien können Sie eine Sammlung mit Gegenständen aus den Missionsgebieten des Klosters besichtigen.

③ Landsberg war im Mittelalter ein bedeutender Handelsplatz. Aus jener Zeit blieben die Stadtmauern und Türme sowie schöne alte Bauten erhalten. Das 36 Meter hohe Bayertor von 1425 ist eine komplett und stilrein erhaltene gotische Toranlage.
Besonders romantisch ist es am Markt, den der älteste Mauerring mit seinen Tortürmen und farbenfrohen Häuserfronten umschließt. Das meiste ist gotisch, das Rathaus aber barock. Dominikus Zimmermann hat es ausgeschmückt. Der Baukünstler war hier von 1759 bis 1764 Bürgermeister. Auch die Johanniskirche stammt von ihm. Schön sind ferner die barocke Malteserkirche mit ihrem Arkadenhof sowie eine spätgotische Pfarrkirche.

④ Im Windachspeicher können Sie baden, aber auch surfen und Boot fahren.

491
40 km

Durch das Windachtal

Sie fahren von Landsberg über Pürgen zum Windachspeicher. Dort zweigen Sie links ab und sind nun im kleinen, teilweise bewaldeten Windachtal.

In Unterfinning wechseln Sie vom westlichen zum östlichen Ufer des Baches und fahren nach Windach. Von hier geht es nördlich über Eresing nach Geltendorf. Auf einer hügeligen Strecke kommen Sie, am

Informationen

Fremdenverkehrsverband Ammersee-Lech,
Von-Kühlmann-Straße 15,
86899 Landsberg am Lech,
Tel. 0 81 91-4 71 77

Kultur- und Fremdenverkehrsamt,
Altes Rathaus,
86896 Landsberg am Lech,
Tel. 0 81 91-12 82 45

🚲 am Bahnhof: Seite 443

Schloß Kaltenberg vorbei, über Petzenhausen, Geretshausen und Penzing zurück nach Landsberg.

492
50 km

Große Rundfahrt:
Östlich von Landsberg

Von Landsberg fahren Sie zunächst einmal südlich, am Lech entlang, durch den Schlegelwald nach Mundraching. Dort geht es nun ostwärts nach Obermühlhausen und dann, am Ostrand des Windachspeichers entlang, nach Finning. Im Windachtal fahren Sie nördlich nach Windach, weiter nach Geltendorf und durch die Choranger Hölzer über Petzenhausen und Penzing nach Landsberg zurück.

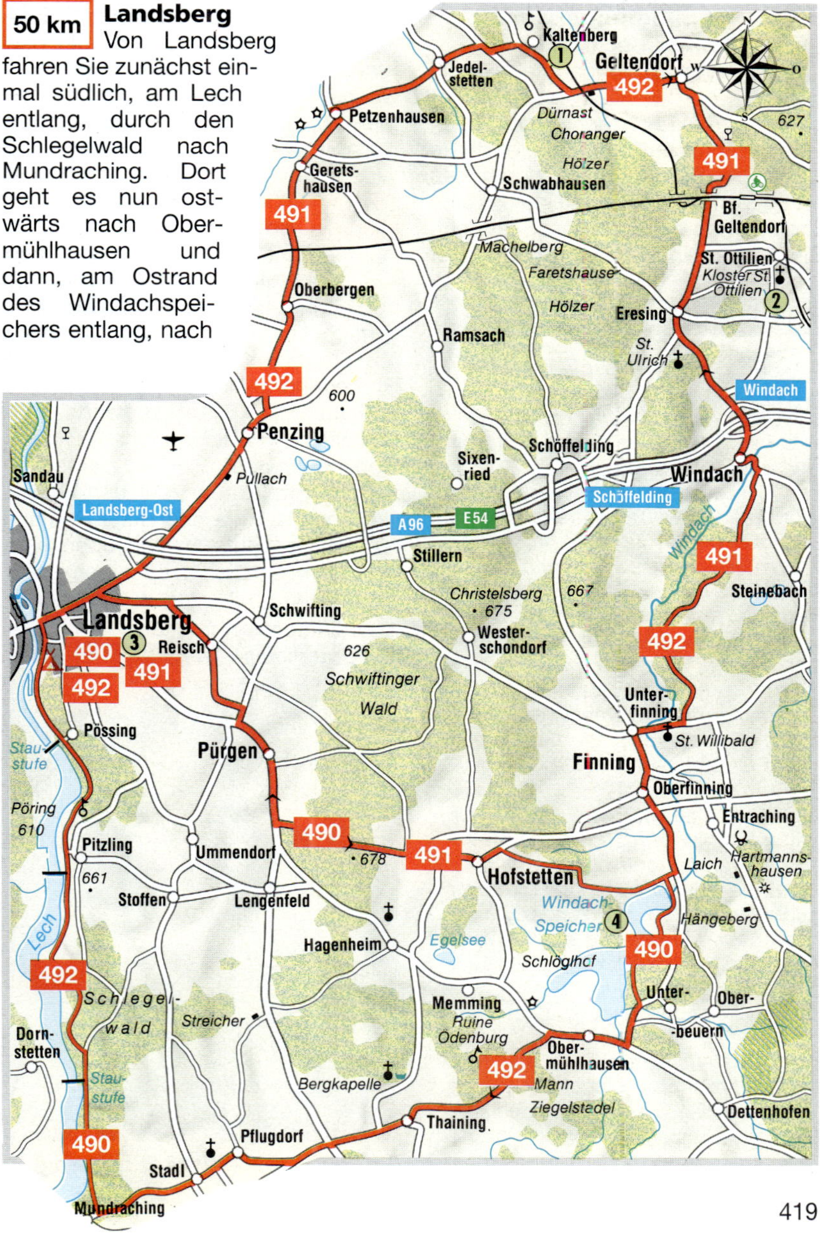

Im Pfaffenwinkel

Der Name „Pfaffenwinkel" ist historisch für dieses Stück des bayerischen Alpenvorlands zwischen Lech und Ammer. Die Klöster waren es, die der Gegend den Namen gaben – neben den vielen, zum Teil sehr schönen barocken Kirchen.

493 – 30 km
Am Heiliggeistwald und über den Lech

Von Schongau fahren Sie nordwestlich nach Altenstadt und dort rechts ab nach Hohenfurch. Auf der Bundesstraße 17 radeln Sie ein Stück durch den Heiliggeistwald, bis eine kleine Straße rechts nach Kinsau abgeht. Ein Sträßchen bringt Sie dann über den Lech nach Unterapfeldorf. Eine kleine Straße führt südlich über den Klafthof, Aich, Ried und Hauptstadtwagner nach Peiting. Von dort kommen Sie auf einem Nebensträßchen nach Schongau zurück.

Sehenswertes

① *Rott hat zwei bemerkenswerte Kirchen: die Pfarrkirche St. Johannis von 1619 und die Ottilienkapelle von 1483 – beide mit schöner Innenausstattung.*

② *In Wessobrunn, im ehemaligen Kloster und in der Pfarrkirche, finden Sie wunderschöne und reiche Stuckarbeiten. Die Stukkateurschule von Wessobrunn wurde in ganz Europa berühmt.*

③ *In Altenstadt steht eine der bedeutendsten romanischen Kirchen Oberbayerns: die monumentale Gewölbe-Basilika St. Michael.*

④ *Schongau ist eine alte Stadt mit Mauern, Wehrgängen, Türmen und Toren, gotischem Rathaus und der Pfarrkirche Mariä Himmelfahrt von 1753. Für Kinder ist da ein Märchenwald mit einem Wildgehege.*

⑤ *In Peiting sind die spätgotische Pfarrkirche St. Michael mit ihrer Rokoko-Ausstattung sowie die Wallfahrtskirche Maria unter der Egg mit den Wessobrunner Stuckarbeiten bemerkenswert.*

494 – 25 km
Zum Hohenpeißenberg

Sie fahren von Peiting nach Norden. Das kleine Sträßchen bringt Sie über Herzogsägmühle nach Hauptstadtwagner. Dort fahren Sie rechts ab über Gmain nach St. Leonhard. Hier biegen Sie rechts ab und kommen südwärts auf schmalen Waldsträßchen nach Hohenpeißenberg. Eine zauberhaft schöne Straße führt auf den Hohen Peißenberg. Sehr sportliche Radfahrer nehmen Sie, um von oben eine wundervolle Aussicht zu haben – und nachher mit Schwung wieder hinun-

Die romanische Basilika in Altenstadt

terfahren zu können. Von Hohenpeißenberg geht es auf kleinen Sträßchen nach Peiting zurück.

495
50 km

Große Rundfahrt:
Zwischen Schongau und Wessobrunn

Von Schongau fahren Sie über Altenstadt und Hohenfurch nach Kinsau. Dort geht ein kleines Sträßchen links ab nach Epfach und, nachdem Sie den Lech überquert haben, steil bergauf nach Reichling.

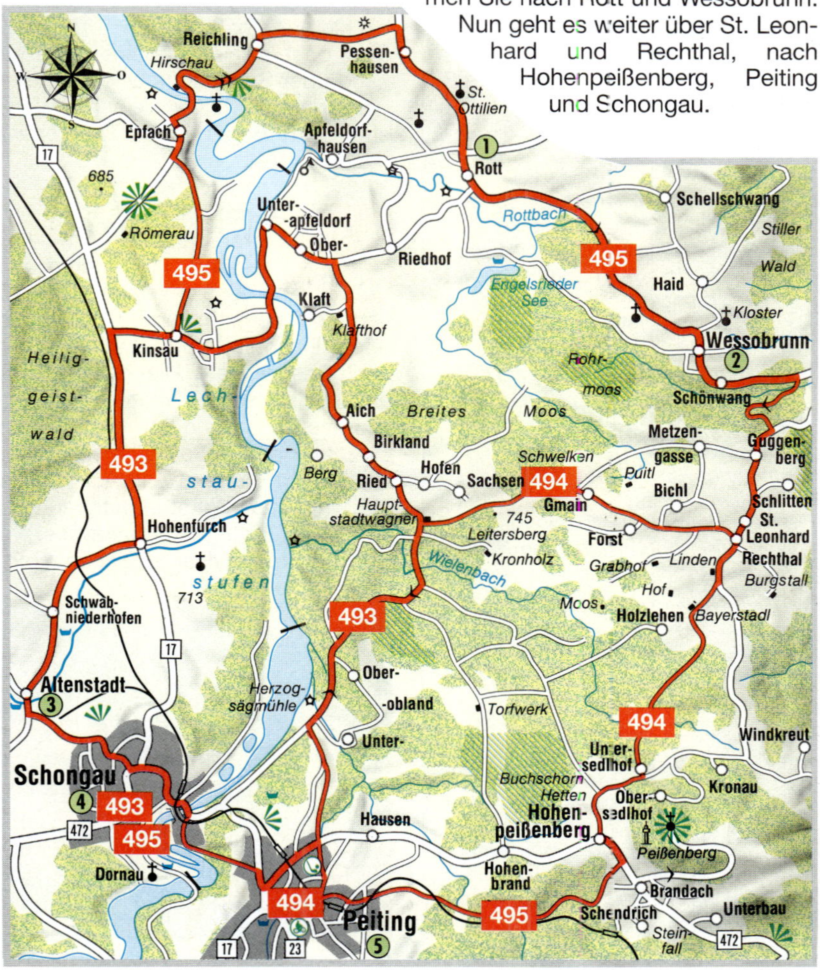

Auf weiteren kleinen Straßen kommen Sie nach Rott und Wessobrunn. Nun geht es weiter über St. Leonhard und Rechthal, nach Hohenpeißenberg, Peiting und Schongau.

Informationen

Fremdenverkehrsverband Pfaffenwinkel, Bauerngasse 5, 86956 Schongau, Tel. 0 88 61-77 73

Gemeindeverwaltung, Zöpfstraße 1, 82405 Wessobrunn, Tel. 0 88 09-3 13

am Bahnhof: Seite 443

Am Fuß der Tegernseer Berge

Hier sind Sie in Oberbayern, in einer berühmten und sehr angenehmen Urlaubslandschaft zwischen Starnberger See und Tegernsee. Die Straßen erfordern nicht allzuviel Mühe – sie verlaufen eher in hügeligem als in bergigem Gelände.

Sehenswertes

① *Der Kirchsee ist ein Moorsee, in dem man baden kann. Er liegt sehr schön inmitten eines Naturschutzgebiets.*

② *Sachsenkam war eine Sachsensiedlung zur Zeit Karls des Großen. In der Nähe steht das Kloster Reutberg von 1618. Dessen Kirche (die zwischen 1733 und 1735 entstand) ist sehr gut ausgestattet.*

③ *Bad Tölz hat eine sehr schöne Altstadt. Die betagten Häuser tragen Lüftlmalereien. Die Pfarrkirche aus dem 15. Jahrhundert besitzt ein prachtvolles Netzgewölbe sowie Glasgemälde und Fresken aus dem 16. Jahrhundert.*
Oberhalb der Stadt liegt ein Kalvarienberg mit einem Kreuzweg, einer barocken Wallfahrtskirche (die zwischen 1723 und 1732 entstand) sowie der Leonhardskapelle.
Im Heimatmuseum finden Sie Ausstellungen bodenständigen Kunsthandwerks der Schreiner, Schnitzer und Büchsenmacher.

④ *Wackersberg besitzt eine Pfarrkirche mit imposantem Turm und eine Pestkapelle von 1635.*

⑤ *In Lenggries steht die Jakobskirche von 1721 bis 1722 mit einer Ausstattung im Rokokostil. Schloß Hohenberg (1712 bis 1718) hat eine Schloßkapelle mit einem byzantinischen Marienbild aus dem frühen 13. Jahrhundert – und ein Tiermuseum.*

496 – 26 km
Rechts und links der Isar

Von Bad Tölz fahren Sie südöstlich nach Gaißach, dann im Tal der Isar über Mühle, Puchen und Kellern nach Lenggries. Dort überqueren Sie die Isar und fahren am westlichen Ufer zurück – bis hinter Arzbach.
Dort geht es links ab ins hügelige Land über Steinbach nach Wackersberg, dann auf einer kleinen Nebenstraße im Bogen über Sauersberg nach Bad Tölz zurück.

497 – 32 km
Durch den Zeller Wald

Von Bad Tölz fahren Sie nordöstlich nach Ellbach, von dort nach Rain und rechts ab über Feichten und Kirchseemoor nach Sachsenkam. Hier geht es links ab über Reutberg. Nach einem kurzen, steilen Anstieg kommen Sie auf einer kleinen Straße durch den Zeller Wald nach Dietramszell. Auf ähnlich kleinen Straßen geht es nun, südlich vom Zeller Bach, nach Bairawies, wo Sie das Tal der Isar erreichen. Dem

Bad Tölz

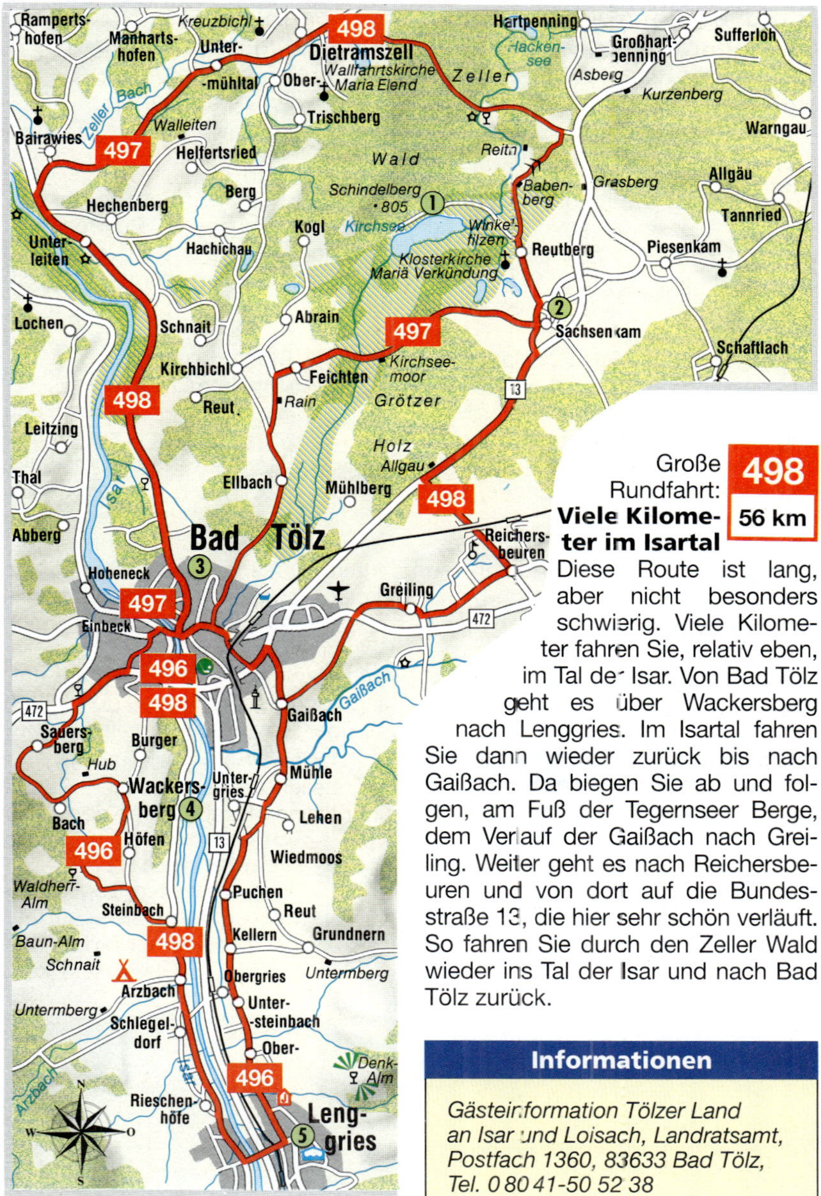

Isartal folgen Sie mehr oder weniger auf einem kleinen Sträßchen, das Sie nun direkt nach Bad Tölz zurückbringt.

Große Rundfahrt:

Viele Kilometer im Isartal

498
56 km

Diese Route ist lang, aber nicht besonders schwierig. Viele Kilometer fahren Sie, relativ eben, im Tal der Isar. Von Bad Tölz geht es über Wackersberg nach Lenggries. Im Isartal fahren Sie dann wieder zurück bis nach Gaißbach. Da biegen Sie ab und folgen, am Fuß der Tegernseer Berge, dem Verlauf der Gaißbach nach Greiling. Weiter geht es nach Reichersbeuren und von dort auf die Bundesstraße 13, die hier sehr schön verläuft. So fahren Sie durch den Zeller Wald wieder ins Tal der Isar und nach Bad Tölz zurück.

Informationen

Gästeinformation Tölzer Land an Isar und Loisach, Landratsamt, Postfach 1360, 83633 Bad Tölz, Tel. 0 80 41-50 52 38

Kurverwaltung, Ludwigstraße 11, 83646 Bad Tölz, Tel. 0 80 41-7 00 71

🚲 *am Bahnhof: Seite 443*

Am Chiemsee

Es gibt größere Seen in Deutschland. Aber nicht viele, die man schöner nennen könnte. Und bestimmt keinen, der vornehmer wäre. Wer hat schon – wie hier Herrenchiemsee – eine Insel, auf der ein Schloß im Stil von Versailles steht?

499
43 km

Am Hart- und Klostersee

Sie starten in Gstadt und bleiben zunächst auf der Straße, die dem Seeufer folgt. Über Weingarten und Urfahrn erreichen Sie Hochstätt. Dort verlassen Sie die Ufergegend und begeben sich nach Stetten. Eine Straße führt, vorbei am Langbürgner See, nördlich über Natzing nach Eggstätt. Sie sind nun in einem Naturschutzgebiet, in dem es viele kleine Seen gibt: Hartsee, Pelhamersee, Hofsee. Alle liegen in moorigem Gelände, ideal für Wasservögel. Über Meisham fahren Sie nun nach Nordosten über Oberbrunn zum Klostersee – in eine Gegend mit weiteren Seen und Teichen wie Brunnen-und Griessee. Am Klostersee biegen Sie links ab nach Großbergham. Von hier fahren Sie nach Seeon und dann ins Tal der Alz, wieder dem Chiemsee zu. Bei Seebruck erreichen Sie seine Nordspitze und fahren von dort am Ufer nach Gstadt zurück.

Sehenswertes

① *Die Klosterkirche in Seeon ist eine dreischiffige Basilika aus dem 12. Jahrhundert.*

② *Im Badaium, einem römischen Kastell in Seebruck, sieht man keltische und römische Funde.*

③ *Teile des Klosters auf der Fraueninsel stammen noch aus dem 8. Jahrhundert.*

④ *König Ludwig II. von Bayern ließ sich hier zwischen 1878 und 1885 ein Schloß mit Prunkräumen nach Versailler Vorbild bauen.*

⑤ *Ein altes Bauernhaus in Prien ist Heimatmuseum mit gut ausgestatteten Zimmern und einem Bauerngarten.*

500
60 km

Einmal rund um den Chiemsee

Sie beginnen in Prien und fahren von dort südlich um das Bernauer Moos herum nach Bernau. Hier halten Sie sich links und fahren auf Nebenstraßen durchs Chiemseemoos nach Übersee. Kurz hinterm Ortsende überqueren Sie die Tiroler Ache und radeln nordwärts über Winkl und Grabenstätt nach Chieming.
Auf Fahrwegen geht es am Ufer entlang nach Seebruck. Von dort fahren Sie über Gstadt, an Rimsting vorbei, nach Prien zurück.

501
72 km

Große Rundfahrt:
Eine ganze Seenlandschaft

Hier, im weiten Bogen, lernen Sie den großen Chiemsee und viele kleine in seinem Norden und Nordwesten dieses Gewässers ken-

Die Fraueninsel im Chiemsee

nen. Sie beginnen die Reise in Prien, fahren nördlich über Eggstätt bis hinauf nach Großbergham, dort im Bogen über Seeon und Seebruck nach Chieming und von dort über Übersee nach Prien zurück.

Informationen

Verkehrsverband Chiemsee,
Alte Rathausstr. 11,
83209 Prien am Chiemsee,
Tel. 0 80 51-22 80
am Bahnhof: Seite 443

In den Berchtesgadener Bergen

Hier sind Sie in einer der schönsten Landschaften, die Deutschland zu bieten hat. Leider auch in einer der bergigsten. Die Routen sind so gelegt, daß sie nicht gerade über jeden Gipfel führen. Aber ein wenig Kondition sollten Sie mitbringen.

502
32 km

Zum Nordzipfel des Königssees

Berchtesgaden verlassen Sie nordwestlich und müssen nun zunächst einmal 100 Meter Höhenunterschied überwinden, um über die Rostalm zu kommen. Dann geht es nach Bischofswiesen wieder hinab ins Tal. Am Ortsende bei Hundsreit biegen Sie links in eine Nebenstraße, die Sie zum Fuß des Sillbergs bringt - zunächst steil, später etwas flacher in Richtung Ramsau und in den Berchtesgadener Bürgerwald, wo Sie bei Schwarzeck 1040 Meter Meereshöhe erreichen. Von hier geht es abwärts nach Taubensee. Durch Ramsau und das Tal der Ramsauer Ache fahren Sie nach Schönau und Königssee. Von dort geht es an der Königssee-Ache nach Berchtesgaden zurück.

Sehenswertes

① Berchtesgaden liegt am Zusammentreffen dreier Täler. Eindrucksvoll ist das Salzbergwerk, durch das Sie mit der Grubenbahn und auf Rutschen zu einem unterirdischen Salzsee kommen, den man mit einem Kahn befahren kann.
Mitten im Ort erhebt sich das stattliche Schloß der Wittelsbacher. Heute ist es ein Museum für Waffen und Möbel, Porzellan und Gemälde.
Im Schloß Adelsheim finden Sie Ausstellungen heimischer Holzschnitzerkunst.

② Ramsau besitzt eine spätgotisch-barocke Pfarrkirche und am alten Friedhof einen ehemaligen Karner aus dem 17. Jahrhundert. Am Ortsrand steht, an einen Hügel angelehnt, die 1733 eingeweihte Wallfahrtskirche Mariä Himmelfahrt - in reinem Spätbarock.

③ Der Königssee ist fjordartig in die Berge eingeschnitten. Die berühmte Wallfahrtskirche St. Bartholomä aus dem 17. Jahrhundert können Sie nur mit dem Schiff erreichen.

503
40 km

Zum Saalachsee

Von Bischofswiesen fahren Sie zunächst entlang der Bundesstraße 20 aufwärts durch ein hübsches Wald- und Wiesental. Bei Winkl verlassen Sie die Bundesstraße und fahren parallel dazu auf einem Radweg - mal links, mal rechts der großen Straße - über den Paß Hallthurm nach Bayrisch Gmain. Dort kommen Sie zum Saalachsee. An dessen Westufer fahren Sie nun durch das Saalachtal bis Unterjet-

Berchtesgaden

tenberg. Dort geht es links ab und das Schwarzbachtal hinauf - sogar ziemlich steil, denn um zum Sattel hinaufzukommen, müssen Sie auf einer Strecke von fünf Kilometern 400 Meter Höhe gutmachen. Dann geht es abwärts bis Brunnhaus. Von hier radeln Sie auf einer Nebenstraße bis Taubensee. Durch den Berchtesgadener Bürgerwald fahren Sie nach Bischofswiesen zurück.

Informationen

Kurdirektion Berchtesgadener Land, Königsseer Straße 2, 83471 Berchtesgaden, Tel. 0 86 52-96 70

Kurverwaltung, Im Tal 2, 83486 Ramsau, Tel. 0 86 57-98 89 20

🚲 am Bahnhof: Seite 443

504
50 km

Große Rundfahrt:
Im großen Bogen um das Lattengebirge

Diese Tour erfordert Energie und Stehvermögen. Aber sie ist wunderschön. Sie beginnt in Berchtesgaden und bringt Sie zunächst nach Bischofswiesen. Von dort geht es über Winkl, Schwarzenlehen und Hallthurm nach Bayrisch Gmain. Nun fahren Sie im Saalachtal nach Unterjettenberg, dann im Tal des Schwarzbachs hinauf und wieder hinunter ins Tal der Ramsauer Ache. Sie erreichen Unterschönau und den Königssee. Und dann kommen Sie im Tal der Königsseer Ache wieder nach Berchtesgaden zurück.

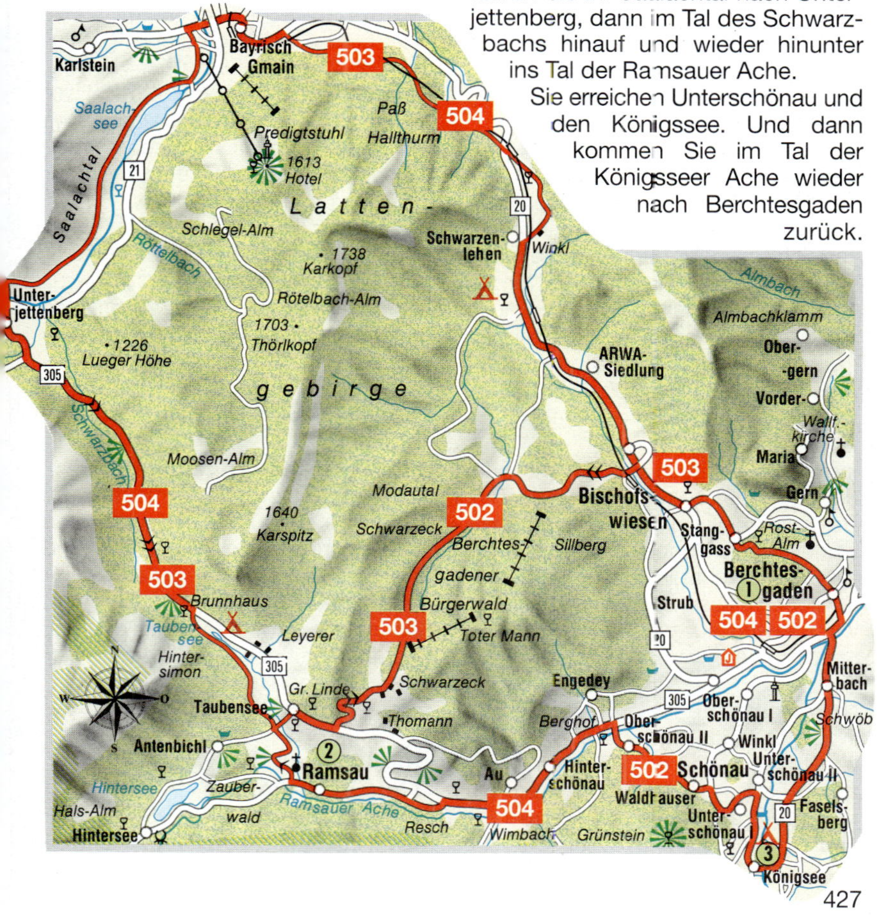

Auf den Rad-Fernwanderwegen

Viele Radwanderer haben eine Idealvorstellung: Tagelang über Land zu fahren – viele hundert Kilometer weit, vielleicht sogar über die Grenzen ins Ausland. Und nur auf Radwanderwegen, ohne auf Autos achten zu müssen. Ohne Gefahr, von einem motorisierten Raser in den Graben geworfen zu werden. Gibt es derartige Rad-Fernwanderwege überhaupt? Es gibt sie. Aber nicht als ununterbrochenen wochenlangen Spaß von einer Ecke des Landes zur anderen. Die längsten richtigen Radwanderwege messen um die 180 Kilometer.

Rad-Fernwanderwege werden immer wieder vorgestellt und angeboten. Aber bisher hat jeder Radwanderer die Erfahrung gemacht: Eigentlich gibt es die ganz weiten, zumal die internationalen Radwanderwege gar nicht. Die Vorstellung, von Lappland bis Gibraltar ununterbrochen Radfahrpfade vorzufinden, ist wohl ein unerfüllbarer Traum. Schon zwischen Köln und Kassel wird es schwierig.

Die schönen Ausnahmen
Es gibt rühmliche Ausnahmen: Radwanderwege, auf denen man einen Tag oder sogar länger unterwegs sein kann. Einige hat man im Norden Deutschlands ausgearbeitet und auch schon in Landkarten festgehalten.
In den neuen Bundesländern gibt man sich ebenfalls große Mühe, solche Verbindungen herzustellen. Es ist schwierig.
Im Süden Deutschlands ist man auf diesem Gebiet wohl am weitesten. Da hat man einige typische Radwanderwege angelegt, die sich zu einem regelrechten Netz zusammenschließen lassen. Wer mag, kann wochenlang auf diesen Radwanderstrecken unterwegs sein.

Norddeutsche Aktivitäten
Was gibt es im Norden Deutschlands an ausgearbeiteten Radwanderwegen? Einige Beispiele können wir vorführen; sicher gibt es inzwischen noch mehr.

• **Radfernweg Osnabrück–Bremen**
Der führt, weitgehend auf Sträßchen und Radwegen, über Hunteburg und Diepholz, am Dümmersee vorbei. Das Niedersächsische Sozialministerium hat die Informationen aufbereitet.

• **Radfernweg Oberweser**
Er verbindet, 190 Kilometer lang, Minden mit Münden, führt über Hameln, Holzminden und Höxter parallel zur Weser, unter möglichster Umgehung von Autostraßen. Das niedersächsische Wirtschaftsministerium hat für die Ausarbeitung gesorgt.

• **Radfernweg Hannover–Steinhuder Meer–Dümmer**
Auch hier war das niedersächsische Wirtschaftsministerium am Werk. Die Route benützt überwiegend Feldwege und kann mit dem Radfernweg Osnabrück–Bremen kombiniert werden.

Die Verbindung nach Süden
Es ist nur logisch: Man möchte der Länge nach durch Deutschland radeln können. Pläne sind da (und zum Teil schon ein gutes Stück gediehen), den Norden mit dem Süden zu verbinden. Bei den für Radfahrer ausgebauten oder eingerichteten Wegen hapert es streckenweise erheblich.

• **Rad-Fernwanderweg–Flensburg–Passau**
Diese Route führt über Schleswig, Kiel, Lübeck, Lüneburg, Braun-

schweig, Kassel, Fulda, Würzburg, Rothenburg, Dinkelsbühl, Eichstätt, Kelheim und Regensburg. Zum Teil kann sie sich auf ausgearbeitete Radwander-Routen stützen (von denen einige hier noch etwas näher beschrieben werden).

• Rad-Fernwanderweg Lübeck–Kleve–Stein am Rhein

Die Route soll über das Steinhuder Meer und Emmerich nach Kleve, dann über Bonn, Worms, Speyer und Basel nach Stein führen. Teilweise (besonders in Niedersachsen) kann sie sich auf ausgearbeitete Radtouren stützen (von denen einige hier noch vorgestellt werden), überwiegend ist die gute Idee den praktischen Gegebenheiten ein gutes Stück voraus.

Von den alten in die neuen

Auch in der Mitte Deutschlands tut sich einiges. Vor allem bemüht man sich, Radfahr-Verbindungen zwischen den alten und den neuen Bundesländern aufzutun. Hier ein Beispiel:

• Radfernwanderweg Bayreuth–Hof–Chemnitz

Hier haben sich die Regierung von Oberfranken und das Büro für Verkehrsplanung in Chemnitz zusammengetan, um eine nützliche Radwanderkarte herauszubringen.

Das Radwander-Netz im Süden

Die erfreulichsten Routenplanungen finden im Süden Deutschlands statt. Warum? Weil, mehr oder weniger zufällig, hier eine Reihe von radfahrbegeisterten Menschen in den richtigen Positionen saßen oder sitzen. Ein Musterbeispiel: Die Situation in Wangen im Allgäu – einer Stadt, der man nachrühmt, sie sei so etwas wie die süddeutsche Radwander-Metropole. Man denke nur an den bewundernswerten, musterhaften Radwanderweg Donau–Bodensee! Wie entstand dort ein den Radfahrern so wohlgesonnenes Klima? Hauptsächlich, weil dort ein sehr tüchtiger Fremdenverkehrschef im Amt ist, der früher selbst im Radsport aktiv war. Ihm ist es zu verdanken, daß es nun rund um die zauberhaft schöne alte Stadt Wangen wunderbare Radwandermöglichkeiten in allen Schwierigkeitsgraden gibt. Und eben auch jenen Fernwanderweg, der mit Bedacht und viel Mühe so angelegt wurde, daß er Autostraßen möglichst nicht berührt.

Immer sind es nur wenige Menschen mit ihren Ideen und ihrer Tatkraft, die für scheinbar so unwirtschaftliche Betätigungen wie das Radwandern Hirn und Hände rühren – mit dem Erfolg, daß sich das alsbald auszahlt. Nämlich in den Gästezahlen.

• Radwandern entlang der Romantischen Straße

Da hat sich die „Arbeitsgemeinschaft Romantische Straße" die Mühe gemacht, Radwandermöglichkeiten parallel zu dieser berühmten Verkehrsverbindung zusammenzustellen – möglichst weg vom starken Autoverkehr (freilich nicht immer) und auf Landstraßen. Da kommt man von Würzburg über Rothenburg o. T., Dinkelsbühl und Augsburg bis nach Füssen.

• Der Donau–Bodensee-Radwanderweg

Das ist, zumindest auf weite Strecken, ein Glücks- und Sonderfall: Abseits der befahrenen Straßen, perfekt mit Schildern versehen. Der Donau–Bodensee-Radwanderweg besteht aus drei Routen. Alle drei beginnen in Ulm. Die Hauptroute (160 km) führt über Laupheim, Bad Waldsee, Kißlegg und Wangen nach Kressbronn am Bodensee.

Die Westroute (160 km) zweigt in

Laupheim nach Bad Buchau ab und führt über Bad Schussenried nach Immenstaad am Bodensee. Die Ostroute (170 km) folgt weitgehend der Hauptroute, macht aber einen Umweg über Leutkirch und Isny.
Die drei Routen sind neuerdings auch in der Gegenrichtung beschildert, also vom Bodensee nach Ulm. Durch die Wegmarkierung in beiden Richtungen kann man nun eine Rundfahrt nach eigenem Ermessen planen und gestalten. Dies klingt selbstverständlich; leider ist es das bei vielen sogenannten Radfernwanderwegen nicht.

• Der Donau-Radwanderweg
Dieser Radweg folgt der Donau von Donaueschingen (über Sigmaringen, Ulm, Donauwörth) nach Passau und, wenn man will, weiter durch Österreich. Man fährt mal links, mal rechts vom Strom – wo es gerade angenehmer ist. Eine sehr hübsche Variante verläßt für einige Zeit das Donautal, um durch das Blautal über Schelklingen und Blaubeuren zu führen.
Der Donau-Radwanderweg und der Donau–Bodensee-Radwanderweg treffen in Ulm sowie bei Riedlingen zusammen; hier kann man vom einen Radwanderweg auf den anderen übergehen. Einen weiteren Anschluß bietet der folgende Radwanderweg.

• Tour de Baroque
So betont französisch geht es hier nicht zu: Der Radwanderweg beginnt in Neumarkt (Oberpfalz) und führt durch eine barocke Landschaft: über Freystadt, Berching und Beilngries, folgt dann dem zauberhaften Altmühltal und mündet mit ihm bei Kelheim ins Donautal – in den Donau-Radwanderweg.

• Der Isar-Radweg
Auch ihn kann man mit dem Donau-Radwanderweg verbinden. Er beginnt in Moosburg und führt (über Landshut, Dingolfing und Landau) immer brav parallel zur Isar, bis diese in die Donau mündet.

Radpfade des guten Willens
Die geschilderten Radwanderwege sind liebevoll ausgearbeitet worden. Bei anderen, die kühn als Fern-Radwanderwege angeboten werden, ist das keineswegs der Fall. Sehr oft ist man darauf angewiesen, dichtbefahrene Fernstraßen zu benutzen. Viele dieser Routen sind daher nicht so zu verstehen, als könne man sie unbesorgt (womöglich sogar mit Kindern) vom Anfang bis zum Ende in aller Gemütlichkeit befahren. Viel wurde getan, um auf großen Abschnitten Wanderwege einzubeziehen. Auch die Beschilderung ist streckenweise hervorragend. Doch sollte man die meisten dieser Fernrouten (zumal wenn sie als international gelten sollen) eher als Möglichkeit verstehen – als Hinweis auf Radfahrpfade des guten Willens, aus denen eines Tages vielleicht tatsächlich nennenswert ausgedehnte, das Herz und die Wadenmuskeln erfreuende Radwanderwege werden.

Geschützt auf dem Fahrrad

Es gibt eine Reihe von Vorschriften, die dem Radfahrer im Straßenverkehr mehr Sicherheit geben, als dies einst der Fall war. Einiges davon ist in der Straßenverkehrsordnung vorgeschrieben. Anderes sollte man aus eigenem Antrieb tun, um das gute Gefühl zu haben, sicher zu fahren. Unter den „Zehn Goldenen Regeln" des Bundes Deutscher Radfahrer, die Sie in diesem Buch auf Seite 20/21 finden, sind einige dieser Sicherheitshinweise festgehalten.
Auf ein Sicherheits-Zubehör müssen wir aber ganz besonders hinweisen. Und wir verwenden eine volle Druckseite dafür. Es geht um den Radfahr-Schutzhelm.

Noch gibt es keine Vorschrift, daß Radfahrer Schutzhelme tragen müssen. Vielleicht soll man ja auch nicht alles reglementieren. Daß aber solch ein Helm nützlich ist und manchen, der ihn trug, vor schlimmen Unfallfolgen bewahrt hat, läßt sich in den Statistiken der Versicherungsgesellschaften nachlesen.
Auch in Amerika wird inzwischen immer häufiger dafür geworben, daß vor allem junge Radfahrer einen Schutzhelm tragen. Man hat sich dafür einen schönen Aktionsspruch ausgedacht:
„Die Schildkröte wurde mit einer harten Schale als Schutz geboren. Ihr braucht einen Helm, um den Kopf zu schützen."
In Deutschland wurde von solchen Kampagnen noch nichts bekannt. Doch der Bund Deutscher Radfahrer empfiehlt allen, die mit dem Fahrrad unterwegs sind – ob jung oder alt, beim sportlichen Radfahren wie auf dem Weg zur Arbeit oder während des Radelns in der Freizeit – einen Schutzhelm zu tragen.

Zu schwer? Zu unbequem?

Viele Radfahrer weisen den Rat, einen Schutzhelm zu tragen, als Zumutung weit von sich. Ihre Argumente: Solch ein Helm ist doch unbequem! Man schwitzt darunter! Er ist viel zu schwer! Man hört und sieht schlecht! Bei einem fachmännisch empfohlenen Helm (der allerdings nicht ganz billig sein kann) trifft dies alles nicht zu. Und selbst wenn man sich zunächst etwas unbequem fühlt, ist das kein hoher Preis für die Sicherheit. Wunden, Brüche und Quetschungen an Armen und Beinen können meist geheilt werden. Ein Aufschlag des Kopfes ist dagegen oft tödlich. Oder es bleiben Dauerschäden, die keine Heilungschancen haben.

Der Kopf ist besonders gefährdet

Leider ist es häufig der Kopf, der bei einem Sturz mit dem Fahrrad verletzt wird. Das gilt auch für Verkehrsunfälle – beispielsweise beim Zusammenstoß mit einem Auto: Man schlägt meist mit dem Kopf auf – mit der Schläfe, der Stirn oder dem Hinterkopf. Diese Teile des Kopfes kann ein Helm schützen. Vor allem vermag er den Aufprall oder Stoß so zu dämpfen, daß schwere Gehirnschäden vermieden werden.
Noch gibt es keine deutsche Norm für Radfahrschutzhelme. Andere Länder kennen solche Normen: Australien oder die USA, Schweden oder die Schweiz. So sollte man beim Kauf darauf achten, daß der Helm mindestens einer jener ausländischen Normen entspricht.
Da außerdem jeder Kopf anders geformt ist, lassen Sie sich am besten beim Fachhandel gründlich beraten, welcher Helm der richtige für Sie ist.

Der Mountainbike-Sport (MTB)

Unter „Mountainbikes" versteht man stabile Gelände-Fahrräder. In den Bergen sind sie oft sehr praktisch. Mancher kauft sich solch ein Rad für seine Wandertouren und kann damit erstaunlich steile Hänge befahren. Die breiten Reifen und die vielen schaltbaren Gänge machen es möglich. Inzwischen gibt es mit diesen Rädern auch interessante Sportveranstaltungen. Der Bund Deutscher Radfahrer bietet Mountainbike-Sport seit 1990 offiziell an.

Allerdings ist der Begriff „Mountainbike" in seiner genauen Übersetzung „Gebirgs-Fahrrad" etwas übertrieben. Kletterfelsen kommt man damit nicht hoch, auch wenn mancher mit seinen Leistungen so angibt, als könne er es. Die englische und die französische Bezeichnung kommen der Sache näher. Die Engländer nennen die Räder „ATB" („All Terrain Bike", also „All-Gelände-Rad") und die Franzosen sagen praktisch das gleiche in ihrer Sprache: „Velo Tout Terrain" (abgekürzt „VTT").

Sport und Umwelt vertragen sich

In zahlreichen Ferienorten werden schon seit Jahren Mountainbikes für Wandertouren verliehen. Aber nicht überall sind die Naturschützer darüber glücklich. Denn manche Mountainbike-Fahrer brausen rücksichtslos quer durchs Gelände, über streng geschützte Bergwiesen und in die schönsten seltenen Pflanzen, oft auch mitten durch Gruppen friedlicher Fußwanderer – gerade so, als gälte es, einen Geländepreis zu gewinnen.

Dem Bund Deutscher Radfahrer ist solches Verhalten äußerst unangenehm: Es ist gewiß nicht sportlich und nur rowdyhaft. Der BDR ist der Meinung, daß man Sport und Umwelt auch beim Mountainbike-Fahren jederzeit in ein verträgliches Miteinander bringen kann. Er hat deshalb für den Bereich des Mountainbike-Fahrens spezielle Umweltrichtlinien aufgestellt.

Spaß mit Moutainbikes

Heute gibt es Spezialentwicklungen

Die erstaunliche Geländetauglichkeit der Mountainbikes hat sie bald zu Sportfahrzeugen werden lassen. So, wie die ersten Mountainbikes als Gebrauchsfahrzeuge aus Amerika kamen, entwickelte man dort auch den Mountainbike-Sport (abgekürzt: „MTB"). Dafür mußten die Räder natürlich weiter perfektioniert werden. Vor allem, als es darum ging, mit ihnen regelrechte Rennen zu fahren. Man benutzte anfänglich technische Hilfsmittel, wie man sie vom Moto-Cross-Sport mit Fahrrädern kannte – beispielsweise die besonders griffigen Bremsen. Inzwischen gibt es längst Spezialentwicklungen für die Mountainbikes – vom besonderen Metall der Rahmen und deren

Im Schwarzwald kann man ganze Familien Fahrrad fahren sehen.

Geometrie über die Schaltungen mit 18 oder 21 Gängen bis hin zu den eigens konstruierten Bremsen.
Mountainbikes werden in vielerlei Ausführung angeboten, aber für den Sport hat man Standards festgelegt. Dazu gehört beispielsweise die Reifengröße von 26 Zoll. Die groben Stollen und deren große Auflagefläche von 2,5 bis 4,5 Quadratzentimetern sind im Gelände weitaus griffiger als schmale Reifen.
Aber im Grund besteht zwischen dem sportlichen Standard und den Anforderungen, die man zweckmäßigerweise an ein normales Alltags-Mountainbike stellt, kein großer Unterschied.
Der Rahmen der sportlichen Mountainbikes ist 41 bis 49 Zentimeter groß (vom Mittelpunkt der Achse des Tretlagers bis zur Oberkante des Sitzrohrs gemessen), das Gewicht liegt zwischen 11 Kilogramm (bei Titan-Rädern) und 14 Kilogramm (bei Mountainbikes aus Stahl).
Der Lenker ist etwa zehn Zentimeter breiter als ein normaler Fahrradlenker, was zu besserer Kraftübersetzung beim Lenken und daher zu einer feinfühligeren Steuerführung führt.
Die Rasterschaltung mit 18 bis 21 Gängen ist in unebenem, wechselndem Gelände sehr praktisch. Aber nur dort kann man sie auch wirklich ausnutzen. Bei normalen Straßenverhältnissen wäre ein solches Schaltsystem glatt verschenkt.
Bei den Cantilever-Bremsen bestehen kaum Unterschiede zu denen an einem normalen Fahrrad. Man muß sich nur insoweit umstellen, als es keine Rücktrittbremse gibt. Man bremst ausschließlich mit der Hand.
Wer Mountainbike fährt, zieht sich nicht anders an als jeder Radfahrer. Ein Helm empfiehlt sich auch hier.
Bei den sportlich ausgelegten Moun-

tainbike-Rennen wird allerdings mehr verlangt. Da sind Helm, Knie- und Ellbogenschützer vorgeschrieben. Außerdem trägt man die im Radrennsport übliche Bekleidung: Radrennhosen, Trikots und Handschuhe.

Gehen Sie in einen Verein!
Der Bund Deutscher Radfahrer hat den Mountainbike-Sport seit 1990 im Programm. Wer mitmachen möchte, schließt sich am besten einem Radsportverein an. Über den bekommt man auch die für die Rennen nötigen Lizenzen. Man zahlt Mitgliedsbeiträge zwischen 30 und 50 DM im Jahr. Doch sind Vereine, die Mountainbike-Sport anbieten, gegenwärtig noch recht selten.

Es gibt drei populäre Arten von Mountainbike-Wettkämpfen:
- Rundstreckenrennen (Cross-Country)
- Abfahrtsrennen (Downhill)
- Bergrennen (Hillclimb)

Drei Altersklassen
Für die Rennen legt man im allgemeinen drei Altersklassen fest, die bei den Damen und Herren etwas verschieden liegen. Nur in der Juniorenklasse ist bei beiden ein Alter von 15 bis 18 Jahren vorgesehen. Amateurinnen sind 19 bis 29 Jahre, Amateure 19 bis 34 Jahre alt. Seniorin wird man schon ab 30 Jahren, Senior ab 35 Jahren.

Im Tuxertal

Im Todtnauer Ferienland

Austauschen gilt nicht
Wenn Sie an einem Mountainbike-Wettkampf teilnehmen wollen, finden Sie meist einen Ablauf vor, der sich eingebürgert hat. Sie begeben sich also schon am frühen Morgen des Wettkampftages mit ihrem Mountainbike zu den technischen Kontrollen. Ihr Rad bekommt daraufhin eine Rahmennummer, die sicherstellt, daß man es während des Rennens nicht austauschen kann (was die Wettkampfbestimmungen verbieten). Dann werden die Fahrer eingeschrieben; das kostet zwischen 10 und 20 DM. Sind viele Teilnehmer da, wird man zuerst ein Qualifikationsrennen machen. Sonst wird sofort der Finallauf angesetzt.
Und dann kommt die Siegerehrung.

Fast alles macht ein Mountainbike mit – auch jede Mode

Der Bicycle-Moto-Cross-Sport (BMX

Hier geht es um eine Art von Hindernisrennen mit dem Fahrrad. Beim Moto-Cross sind sonst Motorräder im Wettbewerb: Da geht es kreuz und quer übers Gelände, durch Wälder, Sumpf und Wiesen. Beim Fahrrad-Moto-Cross geht es nicht ganz so wild zu, aber es macht Spaß. Dieses Bicycle-Moto-Cross (BMX) ist inzwischen sowohl beim Bund Deutscher Radfahrer als auch beim ADAC als Sportangebot üblich geworden.

Der BMX-Sport ist nicht besonders hart oder gar gefährlich (wie man nach der Namens-Verwandtschaft mit dem Motorrad-Moto-Cross meinen könnte). Er kommt für jedermann in Frage, der sich sportlich fühlt – ab dem zarten Alter von fünf Jahren.

Querrillen und Steilkurven

Die Bahnen, auf denen man BMX-Sport betreibt, sind meist zwischen 250 und 350 Meter lang, aber so kurvenreich und verschlungen, daß man sie auf einem Feld von 120 Meter Länge und 100 Meter Breite unterbringen kann. Da sind Hügel eingebaut und Querrillen, Steilkurven und andere Schikanen. Der Untergrund ist sehr hart, aber möglichst wasserdurchlässig.

Schwung vom Hügel

Man startet von einem Hügel, der anderthalb bis drei Meter hoch ist, damit man von vornherein tüchtig Schwung bekommt. Die Hindernisse haben kuriose Namen: „Double-Jump“, „Table-Top“, „Speed-Jump“ und ähnlich. Dem, der Englisch kann, sagt das Wort „Jump“: Hier macht man Sprünge mit dem Rad.

Die Räder müssen dementsprechend gebaut sein. Und während man mit einem Mountainbike, das man sportlich einsetzt, durchaus auch auf die Radwanderschaft gehen kann, ist das mit einem BMX-Rad nur schwer denkbar. Es sind Spezialräder, robust, mit einem speziellen Rahmen und kleinen Reifen mit Stollenprofil.

Diese Räder haben mindestens 16 und maximal 20 Zoll (es gibt auch eine Spezialklasse, bei der Räder mit 24 bis 26 Zoll benutzt werden; das sind „Cruiser“).

Auf Radwanderwegen

Federung gibt es nicht

Ein BMX-Rad darf nicht gefedert sein, darf keine Gangschaltung und keinen montierten Fahrradständer haben, keine Kettenkästen und keine Rücktrittbremse. Die Achsen an Vorder- und Hinterrädern dürfen nicht mehr als fünf Millimeter herausstehen. Reflektoren sind nur gestattet, wenn sie in die Räder eingebaut sind.

Jedes BMX-Rad muß zwei voneinander unabhängige Bremssysteme haben, am Vorder- und am Hinterrad, außerdem Polster am Steuerkopf, an der Zwischenstange des Lenkers und am Oberrohr des Rahmens.

Auch für die Kleidung gibt es Vor-

Auch das ist Spaß: mit dem Mountainbike in den Bergen

schriften. So sind Schutzhelm und Kinnschutz Pflicht, ein Vollschutzhelm wird empfohlen. Man muß Handschuhe tragen, ein langärmeliges Trikot und eine lange, enganliegende Hose, damit bei Stürzen Schürfwunden vermieden werden. Es gibt spezielle BMX-Hosen, die an Knien und Schienbeinen Kunststoffpolster haben.

Es gibt fünf Klassen

Wer BMX-Sport richtig treiben will, schließt sich am besten einem Verein an, der ihn im Programm hat. Es gibt für diesen Sport fünf Klassen:

- die „Mädchen“,
- die (männlichen) „Junioren“ und
- die (weiblichen wie männlichen) „Experten“. Sie alle dürfen schon mit fünf Jahren an den Start.
- In der „Superclass“ sind die Topsportler ab 16 Jahren zu finden,
- „Cruiser“ (die besondere Moto-Cross-Räder fahren) müssen mindestens zwölf Jahre alt sein.

Die Wettkampftage sind von Anfang an sehr spannend. Sie beginnen mit der Kontrolle von Kleidung und Rad. Man schreibt sich ein und läßt sein Material – das Rad, die Kleidung, den Helm – überprüfen. Dann bezahlt man das Startgeld und beginnt zu trainieren.

Vor-, Zwischen- und Finalläufe

Die Wettkämpfe beginnen meist kurz vor der Mittagszeit – zunächst die Vorläufe in den einzelnen Altersklassen, dann, wenn es nötig ist, einige Zwischenläufe. Am Schluß stehen die Finalläufe.
Und ganz am Schluß natürlich die Siegerehrung.

Fahrrad am Bahnhof

Bundes- und Reichsbahn verleihen Fahrräder an den Bahnhöfen. Aber nicht an jedem Bahnhof und manchmal nur in der warmen Jahreszeit. Sie sollten sich vorher erkundigen!
Deshalb haben wir bei den Bahnhöfen, die im Folgenden als Fahrradvermietungen genannt sind, das Telefon dazugeschrieben. Das ist auch für die Vorbestellung wichtig. Manchen Bahnhöfen gehen an schönen Wochenenden bald die Räder aus.
Noch ein Hinweis: die Verleihbahnhöfe wechseln manchmal. Zuweilen auch die Telefonnummern.
Bitte haben Sie dafür Verständnis!

Schleswig-Holstein

23701 Eutin 04521-26 66
24937 Flensburg 0461-86 13 46
21481 Lauenburg/Elbe 04153-41 33
23714 Malente-Gremsmühlen 04523-22 21
19205 Mölln 04542-23 06
23720 Neustadt 04561-44 13
25899 Niebüll 04661-42 33
23758 Oldenburg 04361-21 30
24306 Plön 04522-31 17
25980 Westerland 04651-72 92

Mecklenburg-Vorpommern

17213 Malchow 039932-96 15
17033 Neubrandenburg 0395-612 13 09
19395 Plau 038735-586

Information

Nicht nur an Bahnhöfen verleiht man Fahrräder. In vielen Gebieten gibt es Fahrrad-Geschäfte, die ebenfalls Räder verleihen. Fragen Sie bei den Informationsadressen nach, die wir genannt haben.

Niedersachsen

48455 Bad Bentheim 05922-832
31812 Bad Pyrmont 05281-89 50
30900 Bissendorf 05130-87 01
29389 Bodenteich 05824-12 04
21256 Handeloh 04188-208
49809 Lingen 0591-36 71
26506 Norddeich 04931-80 03
29640 Schneverdingen 05193-23 94
21789 Wingst 04778-244

Brandenburg

16225 Eberswalde Hbf 03334-513 15
15537 Erkner 03362-31 02
16798 Fürstenberg 033093-21 08
16816 Neuruppin 03391-303 63 87
16831 Rheinsberg 033931-21 04
17268 Templin 03987-443 05

Berlin

12524 Berlin Hbf 030-19419
12555 Berlin-Köpenick 030-65 76 22 86

Nordrhein-Westfalen

56130 Bad Ems 02603-44 40
32549 Bad Oeynhausen 05731-211 44

46325 Borken 02861-8 82 52
45721 Haltern 02364-21 33
46286 Lembeck 02369-71 69
48143 Münster 0251-69 13 20
48429 Rheine 05971-500 01
46509 Xanten 02801-14 74

Sachsen-Anhalt

06536 Berga-Kelbra 034651-20 24
06773 Bergwitz 034921-82 24
06844 Dessau Hbf 0340-79 00
39245 Gommern 039200-241
38820 Halberstadt 03941-5 10
39340 Haldensleben 03904-262 23 20
06618 Naumburg 03445-5 50
39646 Oebisfelde 039002-20 16

Hessen

36251 Bad Hersfeld 06621-746 25
64733 Bad König 06063-14 12
37242 Bad Soden-Allendorf 05652-23 80
64625 Bensheim 06251-20 50
64385 Eberbach 06271-22 20
37269 Eschwege 05651-208 68
36037 Fulda 0661-1 83 16
63450 Hanau 06181-3 11 01
35745 Herborn 02772-36 54
65549 Limburg 06431-29 33 21
35037 Marburg 06421-60 13 56
34212 Melsungen 05661-22 59
65385 Rüdesheim/Rh. 06722-26 10
63500 Seligenstadt 06182-33 21

Thüringen

99310 Arnstadt Hbf 03628-239 53 77
99438 Bad Berka 036458-211 40
07980 Berga 036623-51 73
07366 Blankenstein 036642-610
99100 Doellstädt 036206-32 49

Bei der Bundesbahn ist es Tradition, daß viele Züge Fahrräder mitnehmen

07368 Ebersdorf-Friesau 036651-872 22
99817 Eisenach 03691-55 90
98673 Eisfeld 03686-20 29
04654 Frohburg 034348-20 06
07973 Greiz 03661-305 13 96
99310 Haarhausen 03628-239 53 58
07338 Kaulsdorf 036733-22 19
99448 Kranichfeld 036450-22 05
37327 Leinefelde 03605-230 73 78
07338 Leutenberg 036734-210
07356 Lobenstein 036651-25 95 16
98617 Meiningen 03693-57 63 64
08626 Mühlhausen 03601-244 23 67
99192 Neudietendorf 036202-43 13 82
07806 Neustadt 036481-25 05
99734 Nordhausen 03631-34 15
07381 Pößneck 03647-27 85
98631 Rentwertshausen 036944-289
07407 Rudolstadt 03671-2 31 83
07318 Saalfeld 03671-82 93 58
96515 Sonneberg Hbf 03675-29 97
99869 Wandersleben-Neudietendorf 036202-712

So kommt man zu einem Rad

Das Mieten: *Sie schließen mit dem Vermietbahnhof einen Mietvertrag ab, indem Sie Ihren Personalausweis vorlegen. An Jugendliche unter 16 Jahren werden Fahrräder nur vermietet, wenn sie in Begleitung von Erwachsenen sind.*

Die Rückgabe: *Sie müssen das Fahrrad in der Regel bei Ihrem Vermietbahnhof zurückgeben. Dort kann man Ihnen aber sagen, ob und an welchen Bahnhöfen sonst noch eine Rückgabe möglich ist. Wenn Ihnen die Radtour so gut gefallen hat, sagen Sie, daß Sie noch einen Tag verlängern möchten. Verständigen Sie vor Ablauf des Mietvertrages telefonisch Ihren Vermietbahnhof!*

Information

Nicht nur an Bahnhöfen verleiht man Fahrräder. In vielen Gebieten gibt es Fahrradgeschäfte, die ebenfalls Räder verleihen. Fragen Sie bei den Informationsadressen nach, die wir Ihnen bei jeder Radwander-Route genannt haben.

07507 Wünschendorf 036603-82 43
07343 Wurzbach 036652-280
07924 Ziegenrück 036483-211

Sachsen

01814 Bad Schandau 035028-407
06905 Bad Schmiedeberg 034925-7 02 39
02625 Bautzen 03591-54 23 31
01877 Bischofswerda 03594-494
04774 Dahlen 034361-321
09573 Erdmannsdorf-Augustusburg 037291-565
09557 Flöha 03726-493 90
08349 Johanngeorgenstadt 03773-20 20
01738 Klingenberg-Colmnitz 035202-20 61
08248 Klingenthal 037467-2 24 45
09484 Kurort Oberwiesenthal 037348-320
02792 Kurort Oybin 03583-6 44 69
02708 Löbau 03585-544
09648 Mittweida 03727-25 93 34
01468 Moritzburg 035207-344
02727 Neugersdorf 03586-324 66
01796 Pirna 03501-81 80
09509 Pockau-Lengefeld 037367-94 15
01896 Pulsnitz 035955-22 20
01454 Radeberg 03528-28 41
09306 Rochlitz 03737-23 24
08340 Schwarzenberg 03774-743 69
01968 Senftenberg 03573-893 68

07819 Triptis	036482-24 09
04736 Waldheim	034327-31 49
08412 Werdau	03761-30 41
02763 Zittau	03583-643 65
08297 Zwönitz	037754-22 64

Rheinland-Pfalz

55543 Bad Kreuznach	0671-20 11
55583 Bad Münster a.St.	06708-21 16
56859 Bullay	06542-20 74
56812 Cochem	02671-240
67146 Deidesheim	06326-85 14 34
67229 Gerolstein	06591-35 01
55743 Idar-Oberstein	06781-220 12
54329 Konz	06501-23 32
76829 Landau	06341-14 82 28
67433 Neustadt	06321-85 11 85
54439 Saarburg	06581-23 02
55566 Sobernheim	06751-23 19
67346 Speyer	06232-7 14 33
54290 Trier Hbf	0651-200 25 18
54516 Wittlich Hbf	06571-80 41

Saarland

66663 Merzig	06861-732 27

Baden-Württemberg

77855 Achern	07841-210 31
72275 Alpirsbach	07444-22 18
88326 Aulendorf	07525-18 11
76530 Baden-Baden	07221-614 45
79189 Bad Krozingen	07633-32 33
97980 Bad Mergentheim	07931-73 41
74960 Bad Rappenau	07264-10 34
79713 Bad Säckingen	07761-60 13
88339 Bad Waldsee	07524-17 12
74354 Besigheim	07143-351 06

Fahrräder werden auf der Bahn preiswert befördert

88400	Biberach	07351-63 66
79206	Breisach	07667-209
64385	Eberbach	06271-22 20
73479	Ellwangen	07961-23 32
76596	Forbach-Gausbach	07228-22 16
72250	Freudenstadt	07441-45 54
88045	Friedrichshafen	07541-20 13 86
77723	Gengenbach	07803-42 04
77716	Haslach	07832-22 06
77756	Hausach	07831-206
69115	Heidelberg	06221-238 36
74072	Heilbronn	07131-61 43 89
79856	Hinterzarten	07652-331
78194	Immendingen	07462-62 07
76137	Karlsruhe Hbf	0721-134 54 54
77694	Kehl	07851-813 92
79199	Kirchzarten	07661-41 27
78462	Konstanz	07531-194 19
77933	Lahr	07821-417 30
88085	Langenargen	07543-24 17
79853	Lenzkirch	07653-6 84 43
88299	Leutkirch	07561-26 52
79843	Löffingen	07654-366
79539	Lörrach	07621-80 26
72290	Loßburg-Rodt	07446-183 49
78351	Ludwigshafen	07773-52 92
88677	Markdorf	07544-23 20
88047	Meckenbeuren	07542-46 71
79822	Neustadt	07651-14 15
77704	Oberkirch	07802-33 36
77652	Offenburg	0781-710 85
75177	Pforzheim	07231-18 53 75
88212	Ravensburg	0751-236 29
88682	Salem	07553-289
78112	St. Georgen	07724-21 10
77761	Schiltach	07836-319
79859	Schluchsee	07656-227

In den Inter-Regio-Zügen ist fast immer Platz für Fahrräder

72270 Schönmünzach	07447-327
72488 Sigmaringen	07571-20 30
97941 Tauberbischofsheim	09341-22 19
79822 Titisee	07651-82 98
72072 Tübingen	07071-15 53 35
78532 Tuttlingen	07461-710 07
88609 Uhldingen-Mühlhofen	07556-85 30
89073 Ulm	0731-102 14 59
78048 Villingen	07721-29 53 54
79761 Waldshut	07751-813 93
88239 Wangen	07522-210 08
97990 Weikersheim	07934-83 15
69469 Weinheim	06201-630 40
97877 Wertheim	09342-13 41
75323 Wildbad	07081-24 96

Bayern

91522 Ansbach	0981-37 60
63739 Aschaffenburg	06021-33 73 46
86150 Augsburg	0821-32 64 93
83043 Bad Aibling	08061-24 58
83093 Bad Endorf	08053-12 21
97688 Bad Kissingen	0971-27 18
97616 Bad Neustadt	09771-22 09
83435 Bad Reichenhall	08651-50 89
95138 Bad Steben	09288-418
83646 Bad Tölz	08041-44 04
91438 Bad Windsheim	09841-36 90
86825 Bad Wörishofen	08247-48 21
96047 Bamberg	0951-83 23 52
95444 Bayreuth	0921-28 23 60
83735 Bayrischzell	08023-616
83471 Berchtesgaden	08652-50 44
93413 Cham	09971-60 21
96450 Coburg	09561-77 21
94469 Deggendorf	0991-40 68
86911 Dießen	08807-73 91
91795 Dollnstein	08422-261
85072 Eichstätt Stadt	08421-44 09
87538 Fischen	08326-83 67
83727 Fischhausen-Neuhaus	08026-712 16
91301 Forchheim	09191-17 07
83395 Freilassing	08654-20 21
85354 Freising	08161-58 06
82256 Fürstenfeldbruck	08141-925 37
87629 Füssen	08362-63 13
93437 Furth i.Wald	09973-20 16
82467 Garmisch-Partenkirchen	08821-509 35
82269 Geltendorf	08193-201
91710 Gunzenhausen	09831-33 76
82211 Herrsching	08152-34 26
91217 Hersbruck	09151-25 60
83607 Holzkirchen	08024-65 76
87509 Immenstadt	08323-87 06
87435 Kempten	0831-25 13 46
87318 Kitzingen	09321-51 00
96317 Kronach	09261-21 96
95326 Kulmbach	09221-27 05
83661 Lenggries	08042-87 11
88131 Lindau	08382-40 66
87616 Marktoberdorf	08342-23 09
97638 Mellrichstadt Bf	09776-214
63897 Miltenberg	09371-25 10
82418 Murnau	08841-18 91
87484 Nesselwang	08361-31 37
86633 Neuburg/Donau	08431-76 66
91284 Neuhaus/Pegnitz	09156-230
82487 Oberammergau	08822-35 13

Fahrrad im Zug

Sie können Ihr Fahrrad auch mitnehmen. Auf dem Autodach (das sieht man immer häufiger), aber auch in der Eisenbahn. Im Fahrplan finden Sie bei vielen Zügen das kleine Fahrrad-Symbol. In denen können Sie Ihr Rad befördern. Das ist sehr preiswert. Sie müssen es aber selbst zum Gepäckwagen bringen und dort auch wieder abholen. Oder Sie geben es (etwas teurer) als Reisegepäck auf. In den neuen InterRegio-Zügen haben Fahrräder ein eigenes Abteil für sich. Acht Räder passen hinein, acht Sitze für die Radler sind im Nebenabteil reserviert

Bei langen Fahrradtouren ist die Bahn oft sehr hilfreich

83080	Oberaudorf	08033-14 22
87534	Oberstaufen	08386-329
87561	Oberstdorf	08322-30 92
97199	Ochsenfurt	09331-22 03
82441	Ohlstadt	08841-72 56
87466	Oy-Mittelberg	08366-466
94032	Passau	0851-530 43 97
87459	Pfronten-Ried	08363-386
83209	Prien	08051-28 74
93047	Regensburg	0941-50 03 30
83022	Rosenheim	08031-1 67 34
91541	Rothenburg o.d.Tauber	09861-23 30
83324	Ruhpolding	08663-17 13
83666	Schaftlach	08021-213
83727	Schliersee	08026-64 97
82402	Seeshaupt	08801-754
83313	Siegsdorf	08662-94 18
91807	Solnhofen	09145-208
87527	Sonthofen	08321-24 11
96231	Staffelstein	09573-266
82319	Starnberg	08151-2 95 57
94315	Straubing	09421-86 23 68
83684	Tegernsee	08022-44 67
91757	Treuchtlingen	09142-10 41
82372	Tutzing	08158-63 28
83236	Übersee	08642-203
88143	Wasserburg	08071-1 05 22
92637	Weiden	0961-883 82
91781	Weißenburg	09141-43 22
97070	Würzburg	0931-344 24
94227	Zwiesel	09922-52 13

Informationen

Nicht nur an Bahnhöfen verleiht man Fahrräder. In vielen Gebieten gibt es Fahrrad-Geschäfte, die ebenfalls Räder verleihen.
Fragen Sie bei den Informationsadressen nach, die wir bei jeder Radwander-Route genannt haben.

Die Adressen des BDR

Bund Deutscher Radfahrer
Otto-Fleck-Schneise 4,
60528 Frankfurt 71,
Tel. 069-9 67 80 00,
Fax 069-96 78 00 80

Radsportverband Schleswig-Holstein
Birkenweg 2,
24796 Krummwisch-Groß Nordsee,
Tel. u. Fax: 04340-87 65

Radsportverband Hamburg
Brummerskamp 48,
22457 Hamburg 61, Tel. 040-5509680

Radsportverband Mecklenburg-Vorpommern
Wittenburger Str. 116,
19059 Schwerin, Tel. 0385-21 34 94

Radsportverband Niedersachsen
Maschstraße 20, 30169 Hannover 1,
Tel. 0511-88 75 28, Fax 0511-80 46 86

Bremer Radsportverband
Wilhelm-Wolters-Str. 152,
28309 Bremen,
Tel. 0421-45 40 25, Fax 0421-45 56 71

Brandenburgischer Radsportverband
Spremberger Straße 125,
03149 Forst (L), Tel. 03562-98 40 69,
Fax 03562-98 40 21

Berliner Radsportverband
Priesterweg 3, 10829 Berlin,
Tel. 030-7 81 17 22, Fax 030-7 88 11 24

Radsportverband Nordrhein-Westfalen
Olympiastraße 5,
41554 Kaarst, Tel. 02131-51 41 40

Landesverband Radsport Sachsen-Anhalt
Thietmarstr. 18, 39128 Magdeburg,
Tel. 0391-2 56 01 22,
Fax 0391-2 56 01 32

Hessischer Radfahrerverband
Otto-Fleck-Schneise 4,
60528 Frankfurt,
Tel. 069-6 78 92 19,
Fax 069-6 78 92 22

Thüringer Radsportverband
Anger 55, 99096 Erfurt,
Tel. u. Fax 0361-3 50 89

Sächsischer Radfahrerbund
Windorfer Str. 63,
04229 Leipzig,
Tel. + Fax 0341-47 04 96

Radsportverband Rheinland-Pfalz
Kleestraße 20,
67659 Kaiserslautern
Tel. 0631-9 64 84

Saarländischer Radfahrerbund
Saaruferstraße 16,
66117 Saarbrücken,
Tel. 0681-586 03 37 + 3 38

Badischer Radsportverband
Jahnstraße 98,
68794 Oberhausen,
Tel. 07254-712 04

Badischer Rad- und Motorfahrerbund
Ensisheimer Straße 20,
79110 Freiburg,
Tel. 0761-8 22 47
Fax 0761-8 48 31

Württembergischer Radsportverband
Mercedesstraße 83,
70372 Stuttgart,
Tel. 0711-56 22 07,
Fax 0711-56 55 71

Bayerischer Radsportverband
Georg-Brauchle-Ring 93,
80992 München,
Tel. 089-15 70 23 71,
Fax 089-1 57 45 61

Ortsregister